U0813021

世图心理

博客：http://blog.sina.com.cn/bjwpcpsy
微博：http://weibo.com/wpcpsy

伯恩斯
焦虑自助疗法

When panic attacks

[美] 戴维·伯恩斯 著
叶可非 译

世界图书出版公司
北京·广州·上海·西安

图书在版编目（CIP）数据

伯恩斯焦虑自助疗法 /（美）戴维·伯恩斯著；叶可非译. —北京：世界图书出版有限公司北京分公司，2020. 4（2025. 11重印）

书名原文：When Panic Attacks: The New, Drug-Free Anxiety Therapy That Can Change Your Life

ISBN 978-7-5192-5367-7

Ⅰ.①伯… Ⅱ.①戴… ②叶… Ⅲ.①焦虑—心理调节—通俗读物 Ⅳ.①B842.6-49

中国版本图书馆CIP数据核字（2019）第263171号

This translation published by arrangement with Harmony Books,
an imprint of the Crown Publishing Group, a division of Penguin Random House LLC

书　　名　伯恩斯焦虑自助疗法
　　　　　BOENSI JIAOLÜ ZIZHU LIAOFA

著　　者　［美］戴维·伯恩斯（David Burns）
责任编辑　李晓庆
装帧设计　沙逸云

出版发行　世界图书出版有限公司北京分公司
地　　址　北京市东城区朝内大街137号
邮　　编　100010
电　　话　010-64038355（发行）　64037380（客服）　64033507（总编室）
网　　址　http://www.wpcbj.com.cn
邮　　箱　wpcbjst@vip.163.com
销　　售　新华书店
印　　刷　三河市国英印务有限公司
开　　本　787mm × 1092mm　1/16
印　　张　29.75
字　　数　450千字
版　　次　2020年4月第1版
印　　次　2025年11月第9次印刷
版权登记　01-2018-9169
国际书号　ISBN 978-7-5192-5367-7
定　　价　79.80元

作者按

本书中的想法和方法并非旨在替代合格的心理健康专业人员的咨询或治疗。本书中出现的人名和身份信息均已进行文学化处理，如有雷同，纯属巧合。本书中的大多数病例其实都是我的患者们的问题的结合体，这样处理是为了保护患者的隐私。但是，我也希望能够在内容中保留我与患者们共同努力的精神，希望这些故事能够更有真实感，并与读者们的个人经历产生共鸣。

致谢

感谢我的女儿西格尼·伯恩斯对我的创作的巨大贡献。如果没有西格尼的编辑和意见，我将无法完成这本书。我们一起工作了一年多，过程欢乐但有时也会令我羞愧，因为西格尼给我的反馈始终是诚实得让人觉得无情。我们常常在编辑写作的过程中突然情不自禁地笑成一团。

还要感谢编辑艾米·赫尔兹，让我有机会得以完成此书。十多年来，我在斯坦福大学的学术研究和临床教学方面一直保持领先，在焦虑和抑郁的治疗方面取得了许多新的进展，所以想与同事和公众分享。我特别感谢马克·哈林杰，感谢他在我创作本手稿时的出色的编辑与合作。

我要感谢许多有天赋的同事，他们的创造力和创新为本书中方法的开发和验证做出了巨大贡献。当然，阿尔伯特·埃利斯博士与艾伦·贝克博士是这一领域的先驱，但认知行为疗法的发展确实也离不开团队的努力。是成千上万的临床医生和研究人员共同努力将认知行为疗法纳入焦虑抑郁治疗的版图。

最后，我要感谢斯坦福大学医学院的精神科住院医师们，他们参加了我过去几年的周三晚间心理治疗研讨会。这对我来说是一次充满活力的个人和专业经历，虽然我一直是老师，但我也是学生。我从各位身上学到了很多东西。你们的同情心和热情是一份不可思议的礼物！

导言

自助类书籍真的会对人们有帮助吗？在过去的十五年里，来自阿拉巴马大学医学中心的福里斯特·斯克金博士和他的同事进行了一系列创新实验，想要回答这个问题。

研究人员将60名想要治疗严重抑郁症的患者随机分为两组，他们告诉两组患者必须等四周才能看到精神科医生。与此同时，他们给其中一组患者每人发了一本我的第一本书《感觉良好》，并鼓励他们在等待看医生的期间阅读这本书。对照组患者则没有收到这本书。一名助理研究员每周都会集合所有患者做两项测试，追踪患者们抑郁情绪的变化情况。

研究人员对他们的实验结果感到惊讶。在为期四周的等待期结束时，三分之二的没有接受任何药物治疗或心理治疗的患者在阅读了《感觉良好》之后，情况已经大大改善或恢复，而且他们的状况其实已经改善到不需要接受任何额外的治疗了。相反，未拿到《感觉良好》的患者的情况未能得到改善。

接着，研究人员也给这一组人员每人发了一本《感觉良好》，并要求他们在第二个四周的等待期间阅读它。其中三分之二的人在阅读完《感觉良好》之后康复了。此外，对《感觉良好》一书有良好反馈的患者都尚未复发，这本书至今已经帮助他们维持了三年左右的康复成果了。

这些都不是一夜之间做出的研究，而是在顶级心理和医学期刊上发表的经过同行评审的研究。研究人员得出结论，认为《感觉良好》的“阅读疗法”应该是大多数抑郁症患者的首选治疗方法，因为它见效通常比药物或心理治疗更快。

此外，这种方法还具有令人难以置信的成本效益，完全不会有精神科药物的副作用，如体重增加、失眠、性障碍或上瘾。

我在《感觉良好》中所描述的疗法被称为认知行为疗法（Cognitive Behavior Therapy，以下简称CBT），这种方法要求人们学会改变导致抑郁的消极想法或认知，学会改变让你陷入困境的自我挫败的行为模式。

斯克金博士的开创性研究清楚地表明，对于许多人来说，即使没有药物或治疗师的指导，CBT在自助治疗方面也非常有效。

数十项已发表的研究证实，治疗师也可以很有效地使用CBT。它的疗效在短期内与最好的抗抑郁药物一样好，从长远来看甚至更加有效。比如，最近在宾夕法尼亚大学和范德比尔特大学的门诊诊所进行的一项具有里程碑意义的研究中，240名患有中度至重度抑郁症的患者被随机分配为3组，分别接受CBT治疗、服用帕罗西汀或安慰剂，这样可以从短期和长期比较这些疗法的效果。其研究结果最近被发表在精神病学最高级别的杂志《普通精神病学档案》中，该研究结果再次证明，CBT在短期内至少与抗抑郁药一样有效，长期来看甚至更有效。

宾夕法尼亚大学心理学系主任罗伯特·德鲁比斯博士解释说，CBT具有更持久的效果，因为它为患者提供了管理自己的问题和情绪所需要的工具。他总结说，对于患有中度至重度抑郁症的患者，CBT才应该是治疗的首选。他说："患有抑郁症的患者往往被生活中的其他因素所压倒，这也是药物完全无法控制的。认知疗法之所以成功，是因为它教会了人们应对消极情绪的方法。"

CBT也被证明可以有效治疗焦虑症。纵观全球研究者们的文献，来自约克大学的亨尼·威斯特拉博士和来自哈利法克斯达尔豪斯大学的雪莉·斯图瓦特博士早已得出结论：

·CBT是治疗各种焦虑症的黄金标准。

·CBT比任何其他类型的心理治疗或药物更有效。而且，不使用药物治疗的CBT似乎比使用药物的CBT更有效。

这些结论与我自己的临床经验一致。但问题是：CBT对焦虑症有效吗？如果你患有慢性焦虑、惊恐发作、恐惧症、公共演讲焦虑、考试焦虑、创伤后应激障碍或强迫症，这本书对你会有帮助吗？

研究表明答案可能是肯定的。来自伦敦大学精神病学研究所的艾萨克·马克斯博士已经证明，许多人可以使用CBT技术克服焦虑症，而无须面对面的心理治疗或药物治疗。我希望这本书对于焦虑的人来说同样有效，因为使用了CBT的抑郁症患者现在感觉良好。

但是，没有任何书籍、方法或药物是适用于所有患者的。除了本书中的方法之外，有些人还需要心理治疗师的帮助。这也不是什么丢脸的事情。

那么，你应该何时向心理健康专业人士寻求治疗？其实没有绝对的规则，但以下指南可能会对你有所帮助：

· **你的问题有多严重？**如果你感到不知所措或绝望，面对面的治疗可能会非常有帮助。

· **你有任何自杀冲动吗？**如果你有自杀的冲动，你就不应该单靠自助，而是必须接受紧急的面对面干预。如果你有治疗师，请立即给他或她打电话并描述你的感受。如果你没有治疗师，请致电911[①]或去最近的医院的急诊室。你的生命很宝贵，并不是一场赌博。

· **你有任何杀人冲动吗？**如果你感到愤怒，并有杀害他人的冲动，那么请马上去最近的急诊室寻求帮助。不要拿你珍贵的人生去赌博！

· **你有什么类型的情绪问题？**有些问题比其他问题更难治疗，有时需要药物的干预。比如，如果你患有双相情感障碍，那么你可能需要稳定情绪的药物。

· **你的痛苦持续了多久？**如果你已经使用本书中的工具三到四周，但你的症

① 编者注：美国急救电话。

状仍未开始改善，那么专业指导可以帮助你走上正轨。这与你想要学习的任何东西都是一样的。比如，如果你很久不和大家一起练习网球的发球动作，你可能会发现自己无法进步，因为你无法完全看清自己的错误。但是，一位优秀的教练却可以快速发现问题并告诉你如何提高。

我们可以在没有药物的情况下快速有效地治疗患有抑郁症和焦虑症的病人，这的的确确是一个好消息。无论你是打算去看心理治疗师，还是服用精神科药物，或是试图自己打败恐惧，本书中的方法都非常重要。我们的目标不仅仅是缓解症状，而且是改变你的思维方式。

目　录

第三部分

暴露模型

第四部分
情感隐藏模型

第五部分 选择适合你的治疗方法

本书常用缩略语

缩写	英文原文	释义
AON	All-or-Nothing	非黑即白
OG	Overgeneralization	过度概括
MF	Mental Filter	心理过滤
DP	Discounting the Positive	优势打折
MR	Mind-Reading	读心
FT	Fortune-Telling	臆测未来
MAG/MIN	Magnification/Minimization	放大或缩小
ER	Emotional Reasoning	情绪化推论
SH	Should Statements	“应该”句式
LAB	Labeling	乱贴标签
SB	Self-Blame	罪责归己
OB	Other-Blame	罪责归他
DT	The Disarming Technique	解除武装法
TE	Thought Empathy	思想同理
FE	Feeling Empathy	感受同理
IN	Inquiry	质询法
IF	“I Feel” Statements	“我觉得”句式
ST	Stroking	夸赞法

第一部分

常识篇

第一章　我思，故我惧

所有人都了解焦虑担心、紧张害怕、坐立不安或惊恐难当的滋味。一般情况下，焦虑只是一种令人觉得讨厌的情绪罢了，但有的时候，焦虑会使人陷入停滞，成为我们正常生活的阻碍。不过大家也无须担心，因为我们完全可以战胜焦虑。我们发现了一种全新疗法，这种疗法十分有效，无须用药即可治疗抑郁症以及其他可能出现的焦虑情绪，例如慢性焦虑、羞怯、公共演讲焦虑、考试焦虑、各种恐惧症和惊恐发作。该疗法的治疗目标不仅仅是局部改善，而且是完全康复。我们希望每一个人在早上醒来之时，心中都毫无恐惧，并且充满着对新鲜生活的渴望，然后告诉自己：活着真好。

焦虑有许多不同的形式，欢迎大家对号入座：

· **慢性焦虑。**经常担心自己的家庭、健康、事业或财务状况。总是提心吊胆，感觉会发生不好的事情，但又无法确切地说出是什么事。

· **各种恐惧症。**可能表现为晕针、晕血、恐高，也可能会害怕搭电梯、开车或坐飞机，不敢下水，害怕蜘蛛、蛇、狗、暴风雨、桥梁或是有各种形式的幽闭恐惧。

· **表现焦虑。**只要是参加考试、体育比赛，或是需要在其他人面前展示自己的时候就会不知所措。

· **公众演讲焦虑。**面对人群说话会感到紧张，还会不停地告诉自己：“我肯定会发抖，大家都会看出我很紧张。我的大脑一片空白，就像个不折不扣的傻子，所有人都会瞧不起我，觉得我是个神经病。”

· **羞怯。** 在社交聚会中会感到紧张和害羞，脑子里会充斥着这样的想法：“每个人都显得如此迷人和放松，但我却那么无趣。我的脸上可能写满了羞愧和尴尬。大家肯定会觉得我是个怪胎，或者认为我很失败。我是唯一一个有这种感觉的人，我到底怎么了？”

· **惊恐发作。**会感到突如其来的恐慌，这种恐慌如同闪电般毫无预兆，让人头晕目眩、心跳过速、手脚发麻。你可能会想：“我一定是心脏病发作了，我会昏迷吗？我会死吗？ 我无法呼吸了！ 如果窒息了怎么办？”你努力地挣扎着想要活下去。但过了一会儿，这种恐慌就会突然神奇地消失，这时，你可能会感到困惑、恐惧和丢脸，不知道刚才到底发生了什么，也不知道下一次发生会是什么时候。

· **广场恐怖症。** 独自一人离开家时会感到恐惧，总觉得出门在外就会发生可怕的事（比如惊恐发作）并且孤立无援。害怕开放式空间、桥梁、人群。在杂货店排队或乘坐公共交通工具也会感到恐惧。

· **强迫症。**被强迫性的想法所困扰，无法摆脱自己的思想，会在强迫性冲动的驱使下进行迷信的仪式以控制恐惧。比如因为害怕细菌就强迫性地整天洗手，或是上床睡觉之后反复确认是否关上了煤气。

· **创伤后应激障碍症。**被几个月甚至多年前发生的恐怖记忆困扰，比如强奸、虐待、酷刑或谋杀。

· **过度担心自己的外表（躯体变形障碍症）。**不论朋友和家人如何保证，总会觉得自己的外表不正常，可能会感觉自己鼻子变形、头发脱落，或是身体畸形。坚信所有人都认为自己畸形，因此可能会花大量时间咨询整形外科医生，或者盯着镜子试图改善缺陷。

· **过度担心健康（疑病症）。**因为疼痛、疲劳、头晕或其他症状四处求医，总觉得自己得了重疾，但实际上身体毫无问题。得到医生的保证后可能会轻松几天，但很快又会再度陷入循环，开始过度担心自己的健康状况。

如果你常常能够感受到这些恐惧并且不堪其扰，那么请想一想：如果我能教你克服这些恐惧，将会给你带来怎样的改变?

如果你是个容易紧张的人，克服紧张之后，你就可以在演讲或考试前夜睡一个自信满满的安稳觉；如果你是个害羞的人，克服害羞之后，在任何地方你都可以自在地与周围的人攀谈；如果你常常感到恐惧，或者是有任何形式的强迫症，克服它们之后，想象一下，你又会有怎样的改变呢?

如果你常年在焦虑或抑郁中挣扎，克服恐惧与焦虑简直是天方夜谭。但我相信，我们是可以战胜恐惧或焦虑的，而且整个过程无须用药，也无须接受长期治疗。这听起来可能有些离经叛道。医生可能会告诉我们，我们之所以感到焦虑，是因为大脑中存在的化学物质失衡了，所以需要用药来纠正这种失衡。然而，最新的研究证实了我多年来的临床经验：**我们完全可以在不用药的情况下战胜恐惧。**我们所需要的只是一点点勇气、生活常识以及本书中教给大家的技巧。

关于焦虑的成因，心理学家们提出了很多理论模型，本书主要关注以下四个模型：

· **认知模型**（Cognitive Model）认为焦虑是由消极想法导致的。“认知”这个词说白了就是“想法”的意思。每当我们感到焦虑或害怕的时候，其实都是我们自己在杞人忧天。打个比方，如果你害怕坐飞机，当飞机遇到气流产生颠簸的时候，你可能就会感到无比恐慌，因为你的潜意识会认为，这架飞机马上就要坠毁了。然后你的眼前就会出现飞机爆炸，乘客们尖叫的画面。你的恐惧不是来源于客观上的“气流”，而是主观上的臆想。当你改变自己的思考方式的时候，你的感受也会随之改变。

· **暴露模型**（Exposure Model）认为逃避（avoidance）是焦虑的主要原因。简单来说，我们之所以会感到焦虑，是因为我们在刻意逃避那些我们恐惧的事物。比如说，假如你恐高，你可能就会刻意避免爬梯子、登山或是搭乘观光电梯。再比如说，假如你很害羞，你可能就会刻意避开他人。这种模型认为，只要你勇敢直面心中的恐惧，就可以战胜这种恐惧。就好像我们抬起头来，勇敢地对一直欺负我们的人说：“你尽管打我吧！我根本不怕你！我不会再逃避了！”

· **情感隐藏模型**（Hidden Emotion Model）认为善良（niceness）是焦虑的主要原因。容易感到焦虑的人通常都是讨好者，因为他们会害怕冲突，也会害怕包括愤怒在内的消极情绪。当这一类人感到沮丧的时候，他们往往会将这种感情隐藏起来，因为他们不希望自己的情绪牵连到他人。而且这种反应可能是非常迅速和自然的，他们可能根本没有意识到自己做出了这样的反应。而被他们自己主动隐藏起来的消极情绪就会自然而然地变成焦虑、担忧或是恐惧。因此，只要你能够将自己的情绪原原本本地展现出来，并且主动出击解决问题，焦虑感自然会被一扫而空。

· **生物学模型**（Biological Model）认为焦虑与抑郁都是由于脑内化学成分失衡造成，因此我们需要吃药来缓解焦虑或抑郁的情绪。通常医生们会建议使用两种类型的药物：一种是安定类镇静剂，如阿普唑仑（Xanax）、劳拉西泮（Ativan）和地西泮（Valium）；另一种是抗抑郁药，如氟西汀（Prozac）、帕罗西汀（Paxil）和舍曲林（Zoloft）。医生可能会告诉你，这些药物是治疗抑郁症和焦虑症的唯一真正有效的方法，而且病人需要终身服药，就像糖尿病人为了调节血糖，不得不终身注射胰岛素一样。

你看，我们现在就有了四种完全不一样的理论解释焦虑的原因，也有了四种脱胎于不同的理论的治疗方法。那么哪一种理论才是正确的呢？根据认知模型，要想战胜焦虑，我们必须改变思维方式；根据暴露模型，要想战胜焦虑，我们需要直面心中的恐惧，不再逃避；根据情感隐藏模型，要想战胜焦虑，我们就要直接表达自己的感受，不再躲躲藏藏；而根据生物学模型，要想战胜焦虑，我们就得去医院看病吃药。

每个理论都有一批忠实的支持者。我个人比较赞同前三种理论。因此我在治疗焦虑症病人的时候，主要用到的是认知模型、暴露模型和情感隐藏模型指导下的治疗技术。相比之下，生物学模型的争议会比较大。虽然我早年一直都是一个全职的精神病药理学家，也基本是以药物手段进行治疗，但如今我却坚定地支持这种全新治疗方法，我深信无须用药就可以治疗焦虑症和抑郁症，这也是我多年行医的经验告诉我的。比起药物，这种全新的方法更加有效，起效也更快。此外，长期来看，这种新方法也更有优势，因为在未来的病程中，患者可以一直用这种方法来克服不良情绪的反扑。

当然，我并不是说大家必须要做一个决断，一定要在这些方法中做一个选择。如果你和你的医生一致认为药物治疗是必须的，或者你自己坚信你必须要一直服用抗抑郁的药物，你也完全可以选择继续服药或是采用药物和心理治疗相结合的方法。但还有成百上千万吃了药却仍然饱受焦虑和抑郁侵扰的病人和一些强烈反对用药的病人，对他们来说，这种全新无须用药的治疗方法无疑就是一种福音了。

我们一起来看一看这种新方法是怎样操作的吧。

认知模型

认知模型基于以下三种简单的想法：

1. 你的思维方式会影响你的感受。

2. 当你感到焦虑的时候，其实都是在自己吓自己。焦虑是由一些扭曲的、没有逻辑的想法导致的，是一种精神“骗术”。

3. 当你改变自己的思维方式的时候，你的感受也会随之改变。

法国哲学家笛卡尔曾说过：“我思，故我在。”在本书中，我们对这句名言稍加改动：“我思，故我惧。”简单来说，焦虑是由我们的想法，或者说是认知导致的。

打个比方，在你读到这一段的时候，你的脑子里肯定也思绪万千。你可能会想："这只不过是又一本自欺欺人的工具书罢了，太假了！"如果你这么想，你现在可能会觉得很失望、沮丧，甚至还会感到一丝气愤。你也可能会想："这本书对我来说肯定没用，我的问题比这本书里写的严重多了。"如果你这么想，你现在可能会觉得非常泄气，看不到希望。当然你也可能会想："咦，这本书挺有意思的，里面讲的内容也挺有道理，说不定真的能帮到我呢！"如果你这样想，你现在可能会觉得精神振奋，还会很好奇，想要继续读下去。

你看，每一种想法其实都是源于同样的内容。大家现在所读到的内容是完全一样的，但我们却有着不同的感受。我们的感受不是由书上写的这些字决定的，而是完完全全受我们自己的想法左右。

对于每一件发生在身边的事情，我们的大脑都会加以解释。但这一过程是非常自然的，自然到我们甚至无法意识到它。这些想法会在我们的脑海中一闪而过，哪怕只有一瞬，也拥有创造积极或消极情绪的强大魔力。

认知疗法[①]就是基于这种理论产生的，该理论认为，每一种想法或认知都可以创造出一种特定的感受。宾夕法尼亚大学医学院的亚伦·贝克（Aaron Beck）博士称之为"认知特异性理论"（Theory of Cognitive Specificity）。

举个例子，如果你感到悲伤或抑郁，你可能认为自己失去了你爱的人或是关系到你自尊的某件事物。如果你感到内疚或惭愧，你可能会认为是自己不好或是认为自己违背了个人原则。如果你感到绝望，你可能会认为自己永远无法改变现状。如果你感到气愤，你可能会认为自己受到了不公平的对待或是遭人利用。你也许还会认为身边的某个人是个以自我为中心的混蛋。

那么焦虑、担忧和恐惧又是由哪些想法引起的呢？在你继续往下读之前，请先在下面的横线上写下你的想法。你可能还不习惯一边读书还得一边写东西。但

① 认知疗法（Cognitive Therapy）和认知行为学疗法（Cognitive Behavior Therapy）是相同的，我在本书中交替使用了这两个名词。

是这本书可不仅仅是居高临下地与大家分享想法。更重要的是，我希望教给大家一些可以改变人生的新技巧。如果你暂时还不知道是什么样的想法导致了你的焦虑或恐惧，可以先猜一猜。即使猜错了，这个练习也能够帮大家更好地理顺自己的现有想法。请一边猜一边继续往下读，我也会和你分享我的想法。

____

____

____

____

____

答案：

每当我们感到焦虑或害怕的时候，都是我们自己在杞人忧天。打个比方说，如果你突然感到一阵恐慌，可能是因为你认为你自己处在崩溃边缘，马上就要失去控制。如果你害怕开车，可能是因为你觉得自己开车的时候会手足无措，无法控制汽车，最终车毁人亡。

当你开始感到焦虑的时候，你的消极想法和情绪开始相互作用，形成了一个不断加深的恶性循环。这些消极想法会导致焦虑和恐惧，而焦虑和恐惧又会让你的想法更加消极。比如，你告诉自己："我感觉害怕，所以我一定面临着某种危险，否则，我肯定不会这么害怕。"

如果你深究触发自己不良情绪的源头，你就会很自然地认为是外界的事物刺激你产生了这种感受。这看似真实，但实际并非如此。当你感到焦虑时，心中的很多想法都并非现实。这就是神经性焦虑和健康的焦虑情绪之间的最大区别。

神经性焦虑和健康的焦虑情绪都完全源自我们的想法。健康的焦虑情绪源自对实际存在的危险的感知，因此，这种焦虑是无须治疗的。如果你真的处在危险之中，这种健康的焦虑情绪甚至可以帮助你存活下来。相比之下，神经性焦虑则没有这样的功能，因为神经性焦虑并不是由真实的威胁导致的。导致神经性焦虑的想法往往都是扭曲的、不合逻辑的。

“认知扭曲对照表”中列出了10种常见的可能导致焦虑、抑郁或愤怒的扭曲认知。其中也有一些互相重合的部分。当你感到焦虑、担心、害羞或恐慌的时候，有些认知扭曲是非常常见的。包括：

表1–1 认知扭曲对照表

1. 非黑即白（All-or-Nothing Thinking, AON）。你的世界是绝对的，非黑即白，没有灰色地带。	**6. 放大或缩小**（Magnification and Minimization, MAG/MIN）。你要么把一件事看得过分重要，要么会把一件事情的重要性无限缩小。
2. 过度概括（Overgeneralization, OG）。你认为坏事永远都不会结束，或者把一次失败看成永远的失败，你还会告诉自己：“我总是这样！”	**7. 情绪化推论**（Emotional Reasoning, ER）。你的推论源于你的感受：“我觉得自己是个傻子，我一定就是个傻子。”
3. 心理过滤（Mental Filter, MF）。你只看得到事物消极的一面，而完全忽视积极的一面。	**8. “应该”句式**（Should Statements, SH）。你总是告诉自己，你应该、必须、不得不做什么。
4. 优势打折（Discounting the Positive, DP）。你坚持认为自己取得的成就或是优良品质都无足轻重。	**9. 乱贴标签**（Labeling, LAB）。在不顺利的时候，你会告诉自己“我是个傻瓜”或者“我是个失败者”，而不是坦然承认自己只是犯了一个错误。
5. 妄下结论。即使没有确切的事实证明，也会迅速地定下消极结论。 **·读心**（Mind-Reading, MR）。觉得所有人都戴着有色眼镜看自己，认为自己不好。 **·臆测未来**（Fortune-Telling, FT）。你总觉得所有的事都会以失败收尾。	**10. 归咎责备。**在遇到问题的时候你总是寻找犯错的人，而不是积极解决问题。 **·罪责归己**（Self-Blame, SB）。每次出现了问题，不管是不是自己的责任，你都会责怪自己。 **·罪责归他**（Other-Blame, OB）。每次出现了问题，你都会直接无视自己的问题，而不停地怪罪别人。

* 该模型由戴维·伯恩斯（David D. Burns）1984年提出，2003年修订。

对照上面的表格，大家有没有看到自己的影子呢？如果这些描述看起来非常眼熟，那其实是件好事。因为你只需要逆转自己的想法，就可以改变自己的感受了。当你真正意识到，所有的这些扭曲的思绪都并非真实，你的恐惧会自然而然地烟消云散。

在我的病人当中有一位出色的律师，叫杰弗里，他可以算得上是洛杉矶所有出庭律师中的佼佼者了。作为律师，杰弗里非常成功，在他的整个职业生涯中，他只打过一次败仗。虽然他如此成功，但他却丝毫感受不到快乐。他一直都处在焦虑的状态，一刻都无法放松：“如果我输了官司怎么办？真是太可怕了！”

杰弗里因为太害怕败诉，便强迫自己不停地工作，除了睡觉就是工作，从不休息。他甚至放弃了所有的假期，因为他根本无法停下来享受人生，只能不停地连轴转。杰弗里的整个人生就好像被放上了一台跑步机，永远陷在工作和焦虑的死循环里。他很害怕自己会一直工作到死，行将就木之时也不曾享受一分一秒的平和与幸福。

为了缓解自己的焦虑，杰弗里吃了很多药，并且坚持做了35年的心理咨询，却收效甚微，他仍然受到焦虑的侵扰。他认为，自己之所以这么焦虑，有可能是因为他5岁的时候曾亲眼看见了自己的妹妹死于脑炎。杰弗里的一位心理咨询师告诉他，他很可能是在为妹妹的死而感到内疚，所以一直无法感受到快乐。咨询师推测，因为妹妹一直都被父母视为掌上明珠，杰弗里的内心深处可能很嫉妒妹妹，甚至有点希望妹妹赶紧死掉。正因为如此，当妹妹真的死掉之后，杰弗里的内心会感到非常愧疚。杰弗里跟他妹妹的死当然没有直接关系，但他本人确实也承认小时候确实有点嫉妒妹妹。

然而，心理咨询并没有让杰弗里轻松多少。杰弗里仍然发自内心地认为自己是一个“坏”人，他的心理咨询师也从未告诉他要如何解决这一问题。其实杰弗里知道自己的这种想法不够理性，但他就是无法把这种觉得自己肮脏不堪且充满罪孽的念头从脑海中抹去。而且他很害怕人们会因为知道他的“本来面目”而讨厌他。

所以，一直以来，他都在努力隐藏自己的情绪，并且希望给所有人都留下好印象。他努力学习，在加州大学洛杉矶分校的法学院一直名列前茅，毕业后也成为了一名前途无量的律师。

在法庭上的他，就像一只猛虎。在一桩环境污染诉讼中，他曾经以一己之力在法庭上扳倒了几家大公司。在法庭之上，他是人人敬畏的对手，但在其他场合，他却非常没有安全感，显得十分局促。他的秘书、妻子、女儿都常常对他颐指气使。因为害怕被身边的人讨厌，杰弗里不得不一直持续地满足他们的各种需求。

杰弗里找到我时，我建议他使用“如果法”（What-If Technique）治疗。这种方法能够帮助患者快速找到恐惧背后的真正原因。我们从杰弗里最表层的想法开始——“如果我在法庭上输了官司，那真的太可怕了。”

基于这个想法，我们展开了如下对话：

戴　维：杰弗里，我们来一起想象一下，如果你真的在法庭上输了官司，会发生什么事？你心里最怕的是什么？

杰弗里：如果我输了官司，那消息肯定很快就传开了，大家都会知道我其实并不优秀。

戴　维：如果大家真的知道你其实并不优秀，会发生什么呢？最坏的情况会是怎样的呢？

杰弗里：大家都意识到其实我并不是他们想象中的那样，就不会再委托我帮他们打官司了。

戴　维：好的，那我们再假设一次，如果大家真的不再委托你帮忙打官司了，会发生什么事？

杰弗里：我可能会因此破产。

戴　维：是的，大家肯定都不想破产。但是破产对你来说又意味着什么？如果你破产了，会发生什么事？你心里最怕的是什么？

杰弗里：那我的妻子和女儿就不会再爱我了。

戴　维：然后呢？

杰弗里：然后他们就会离开我。到时候我不仅身无分文，而且还会孤独终老。

戴　维：那会怎么样呢？你最怕的到底是什么？你想像一下那时候的自己，会发生什么？

杰弗里：我会无家可归，在洛杉矶的街上落魄地流浪。

在杰弗里的想象中，破产之后被家人抛弃的他衣衫褴褛地坐在街边乞讨，一群他曾经的手下败将穿着价值两千美金的西装路过他身边。他们鄙夷地指着他："哎哟喂，这不是大名鼎鼎的杰弗里嘛。看看他现在的样子！太可怜了！真失败！"

如果理性地进行分析，杰弗里就会知道这些想法其实毫无逻辑，但感性地看，杰弗里真的很害怕这种想法会变成现实。他总是觉得，只要自己失败了，身边的人都会鄙夷自己，离自己而去。

第14页的表格详细列出了23种常见的自我攻击信念（Self-Defeating Beliefs，SDBs）。这些想法会让我们更容易焦虑、抑郁，并且更容易和他人发生冲突。

仔细读一读这张表，看看能不能在这些描述里看到杰弗里的影子。我们再理一遍杰弗里的思路。他最开始的念头是："如果在法庭上输了官司，那真的太可怕了。"发展到最后，这种想法变成了："我会无家可归、孤独终老、悲惨不已。"这种思路的演变反映了哪些自我攻击信念呢？请在下方写下你的看法：

1. ______________________________

2. ______________________________

3. ______________________________

4. ______________________________

表1–2 常见的自我攻击信念

成就	抑郁
1. 行为完美主义。认为自己不可以失败，也不可以犯错。 **2. 认知完美主义。**认为如果自己不够完美或表现得很脆弱，他人就不会喜欢自己，也不会接受自己。 **3. 成就上瘾。**认为自己的人生价值依赖于自己的成就、智慧、才能、地位、收入或外表。	**13. 失去希望。**认为自己的问题永远无法解决，自己永远无法获得真正的快乐与满足。 **14. 觉得自己毫无价值或低人一等。**认为自己是个没有价值的“残次品”，比不上别人。
爱	**焦虑**
4. 赞赏上瘾。需要所有人都赞赏自己才觉得自己有价值。 **5. 被爱上瘾。**认为如果没有被爱，就不会感到开心和满足；认为如果没有被爱，人生也会变得无足轻重。 **6. 害怕被拒绝。**认为如果被拒绝，就意味着自己有问题，如果自己孤身一人，就一定会过得非常凄凉、悲惨。	**15. 情感完美主义。**认为自己应当觉得开心、自信，且能够自我控制。 **16. 害怕愤怒。**认为愤怒是危险的，不可以发怒。 **17. 情感恐惧。**认为自己不应该感到悲伤、焦虑、不满足、嫉妒或脆弱；觉得应该隐藏所有的情绪，不要把负能量带给他人。 **18. 认知自恋。**认为自己关心的人都毫不知足，权力巨大，且想要控制自己。
服从	
7. 讨好他人。认为自己必须讨别人开心，即使这个过程会让自己很不开心。 **8. 害怕争斗。**认为所有人都应该互敬互爱，不应该吵架、争斗。 **9. 罪责归己。**认为所有关系当中出现的问题都是自己的问题。	**19. 林火谬误**（brushfire fallacy）。认为所有人的想法都一样。只要有一个人鄙夷自己，这种情绪就会像林火一样迅速蔓延，很快所有人都会讨厌自己。 **20. 聚光灯谬误**（spotlight fallacy）。认为自己在和别人说话的时候就好像在聚光灯下表演；认为自己如果不努力表现得非常有趣或睿智，别人就不会喜欢自己。 **21. 魔法思维**（magical thinking）。认为如果自己担心得够多，一切都会好起来。
绝对化的要求	**其他**
10. 罪责归他。认为所有关系当中出现的问题都是他人的问题。 **11. 理所应当。**认为所有人都应该按照自己设想的样子对待自己。 **12. 我对你错。**认为自己才是真理。	**22. 无法容忍沮丧。**认为自己根本不应该感到沮丧，认为生活必须一直都顺风顺水。 **23. 超人思维。**认为自己必须强大，不能软弱。

* 该模型由戴维·伯恩斯（David D. Burns）2003年提出。

答案：

以下是我和杰弗里一起找到的自我攻击信念：

· **行为完美主义。**杰弗里总是认为自己不可以失败，也不可以犯任何错误。

· **认知完美主义。**杰弗里认为其他人对自己的要求都非常严格，因此他希望取得成就，给所有人都留下好印象。他认为，如果他有缺点或是承认自己的软弱，身边的人就会不爱自己，也不会接受自己。

· **成就上瘾。**杰弗里把自己的存在价值建立在成就之上。而且他认为只有非常成功才是成功，普通的小成就根本没有用。

· **赞赏上瘾。**杰弗里所有的自尊都是建立在别人对他的赞赏之上的。

· **害怕被拒绝。**杰弗里认为，哪怕只有一个人拒绝自己，自己都会变得一无所有，凄凉悲惨。

· **讨好他人。**杰弗里认为自己必须不停地满足同事和家人的需求，而自己的感受则是次要的。

· **觉得自己毫无价值或低人一等。**杰弗里似乎认定自己天生就是有缺陷的，所以他终其一生都想掩盖这一事实，并且想假装自己比实际过得更好。

· **认知自恋。**杰弗里觉得他在乎的人都是需求旺盛的控制狂。

· **林火谬误。**杰弗里认为身边所有人都有着一样的想法，会采取一样的举措。他坚信，只要有一个人看不起他，流言马上就会传开，接着所有人都会看不起他，并且离他而去。

· **超人思维。**杰弗里认为他在法庭上必须战无不胜，不容许任何失败。

所以我们可以看到，尽管杰弗里是一个非常优秀的律师，但是他仍然觉得自己一事无成。他觉得自己的本质是坏的，是不值得被爱的。与此同时，他对他身边的同事和家人的评价也不高。在他的脑海里，他身边的这些人个个都是欲求不满的势利眼，只要自己展示出一点点缺点，这群人就会全部离他而去。有这样的想法，也难怪他总是这么焦虑了。后面我也会教大家怎样使用包括“如果法”在内的多种方法来识别自己的自我攻击信念。

看完第14页的“常见的自我攻击信念”表之后，你可能现在就能立刻识别出自己身上的某些自我挫败迹象。你可以在表格上做个记号，提醒自己，这已经是了不起的进步啦！

不过，我们的目标应当更加远大。我们希望从根本上改变这些信念。还是以杰弗里为例。我们是怎样帮助杰弗里逃出自怨自艾的怪圈的呢？杰弗里是怎样告别过去，重新享受到曾经想都不敢想的快乐与自尊的呢？

其实，在杰弗里到我这来咨询的时候，他刚输了一场官司。这是他人生中输掉的第二场官司。这是一个小案子，是他免费帮一个朋友打的，而且他所辩护的对象是真的有罪。尽管如此，杰弗里还是觉得非常羞愧和焦虑，他不希望任何人发现他输了官司。

这就给我们的治疗提供了一个很好的机会。我问杰弗里愿不愿意试一试，如果大家知道他失败了，是不是真的会离他而去。

当时，杰弗里是加州律师协会的会长。我让他在出席下一次协会会议的时候，在口袋里揣一张画着表格的小卡片，并且在会议上分别告诉10个同样身居高位的同事自己输了一场官司。每说完一遍，他都可以在这张小卡片上勾选出听者的态度到底是积极、消极还是无所谓。这样一来就可以弄清楚这些同事到底会不会因为杰弗里输了一场官司就看不起他。

最开始，杰弗里对这个提议非常抗拒。这个提议本身就让他陷入了极度的焦虑。但这么多年来，他试过了各种各样的疗法，都收效甚微。所以，他最终还是决定碰碰运气，试一试我建议的方法。

实验的结果让杰弗里大吃一惊。他强迫自己向另外十位法官说了自己输掉官司的事。他告诉我，其中五位好像根本没有听到他说了什么，而是继续大谈特谈他们自己的事。顿时，杰弗里感到如释重负。他也发现自己其实无限放大了自己在别人眼中的重要性，却忽略了身边的很多律师其实都是以自我为中心的“自恋狂”。当他发现自己其实没那么重要的时候，他感到一种前所未有的轻松。

另外五位律师的反应则让他更加吃惊。他们不仅没有像杰弗里想象中那样离他而去，而且对他打开了心门。律师们告诉杰弗里，听到他也输了官司的消息，大家都觉得心中轻松了许多。他们还跟杰弗里分享了自己输掉的官司，甚至还有律师跟杰弗里倾吐了自己的家庭矛盾。杰弗里说，这是他第一次感觉和自己的同事这么近，也真正感觉到自己其实有很多可以为别人做的事。

通过这个实验，杰弗里发现其实他的很多想法都是和事实完全相反的。过去，他一直试图隐藏自己的脆弱，因为软弱是一件很羞耻的事情。尽管他已经有钱有权，也非常成功，但他从来没有在真正意义上和别人亲近过，因此也从未找到过内心的平和与幸福。相反，他有人情味儿的、脆弱的一面，恰恰是他最宝贵的财富。

我把这个称为接受悖论（acceptance paradox）。这其实是一种认知疗法，但这也是大部分宗教传统的核心思想。比如说，早期基督教运动的领导人之一圣保罗就深受“肉中刺”的困扰。如今的圣经学者也不知道当年圣保罗到底有什么问题。有些人推测圣保罗可能患有双相情感障碍、性别认知模糊或口吃。在绝望之中，圣保罗祈求上帝替自己除掉身体中的这根刺。但上帝无视了他的祈求。最后，圣灵来到圣保罗面前，对他说：“我的恩典对你已经足够了，因为我赐予你的力量在你软弱的时候发挥到了极致。”

杰弗里说他就是听着这个故事长大的，但他从来不知道这个故事的意义。他觉得“软弱让力量更强大”的说辞很荒谬，因此他从不当真。但他现在终于读懂了圣经中这个故事的含义。他意识到，“软弱”实际上是他最强的力量，而他引以为傲的“力量”恰恰一直是他最大的软肋。因为他总是把自己的“力量”物化，认为力量就是金装上阵、巧舌如簧、在法庭上战无不胜，因此他的心从来没有感受过平和。而他试图隐藏的软弱、焦虑和对自己的怀疑恰恰是他和其他人连接的一根红线。

其实，在这个实验治疗开始前，我每次和杰弗里接触，都感觉不太舒服。我确实很崇拜他，但同时也很怕他。他总是穿着昂贵的西装，每次咨询开始前都会很正式地朝我鞠躬，过程中还会记录会面的细节，并且认真地总结每次咨询的要点。然后下一次会面时，他还会带来修订后打印出来的总结，让我检查审阅，这些总结看起来就像法律文书。有的时候我都忍不住想，这个人该不会是想收集证据将来好去法院告我吧？但当做完这个实验后，他的治疗取得了突破性的进展，在我面前，他忽然就像变了一个人似的，变得有人情味了，而且很接地气。我也越来越喜欢这个人了。

我喜欢认知疗法的另一个原因就是，它是宗教信仰的补充。不管你信仰的是什么，在你使用认知疗法康复的瞬间，都会对自己的信仰根源有更加深刻的认识。即使你没有任何宗教信仰也是如此。很多价值观或者信念都可能是自我压抑或焦虑的源头，但是它们也可以转化为自由和快乐。

我们可以从佛教的角度来审视杰弗里的转变。佛教教导我们痛苦不是来自现实，而是来自我们对现实的判断。佛教教义认为，世间万事万物本无成败或强弱之分，成败与强弱只是我们用来判断经历的标签，而这些标签可能会导致误解和伤害。确实，乱贴标签是认知扭曲清单上的第九种扭曲形式，它可能导致抑郁、焦虑和愤怒。

佛教教义乍一听似乎毫无意义。我们可能很难理解佛教教义的内涵。成功就是成功，失败就是失败；强就是强，弱就是弱。分得多清楚呀！但是如果你经历了一场戏剧性的人生变故，你会突然在更深层次上理解事物。

对杰弗里来说，重大人生变故就是输掉官司这件事。

输掉官司是否真的是他一直认为的“失败”呢？输掉官司有没有可能成为一个契机，让他从此走向内心的平和与幸福？

暴露模型

对杰弗里的治疗的重大进展说明了认知模型确实行之有效：当你改变思维方式时，你就可以改变你的感受。

而暴露模型的运作机制则不尽相同。这种模型认为，当你焦虑时，你其实是在极力逃避你害怕的事情。因此，只要你勇敢直面心中的恐惧，就可以战胜这种恐惧。所以我们也可以说，杰弗里之所以能迅速康复，可能是因为他终于能够直面失败了。当他最终打开心门，告诉他的同事他输了官司这件事的时候，他发现自己担心害怕的庞然大物其实是一只纸老虎。

人们恐惧的事物可能有许多，而直面恐惧的方法也有很多。

在我的成长历程中，曾经有一段时间特别害怕看到血。在我进入医学院念书之前，怕血其实对我没什么影响。但是在我上大二的那一年，我们需要给病人抽血。当时我的脑子里只有一个想法：我绝对不要做这种会看到血的工作！于是，我从医学院休学了一年。在我休学的这一年中，我仔细思考了我的人生选择，并且认真地想清楚了一件事——我是真的很想当医生。我知道我迟早都得咬紧牙关，克服对血液的恐惧。

所以，在我开始实习之前，我决定在加州的海兰德医院的急诊室做一个月的志愿者。这是当地一个重要的创伤中心，每月急诊人次能达到8000。许多来急诊的病人状态都非常糟糕，所以我觉得在这里工作肯定可以帮我克服对血的恐惧。

当我第一次走进急诊室的时候，我非常焦虑，甚至感觉自己走起路来都轻飘飘的。我完全不知道自己要做什么。幸运的是，第一天的志愿经历倒是非常顺利，我记得那天急诊室里只接诊了两个酗酒者和几名感染或骨折的患者，我并没有见到什么鲜血淋漓的场面。

但有一天，我听到了救护车的鸣笛声，而且这刺耳的警报声越来越近。突然间，我的心仿佛被狠狠揪紧了，焦虑不断升级，我突然开始感到头晕目眩，仿佛马上就要晕过去了。突然间，我听到几名警察和救护人员在近乎疯狂地大喊着什么，场面一度非常嘈杂。他们飞快地将一个浑身是血的病人推到轮床上，然后迅速地将轮床推往主急救室，一群医生和护士也跟在后面飞奔进去，争分夺秒地为病人进行手术。他们将大口径的静脉针扎入病人的手臂和腿部，用血压计的袖带做成了临时的气泵，一下下地用力挤压液体袋，尽可能快地为病人补液，试图维持病人急剧下降的血压。

我一直待在大厅里看着，时不时地向一位护士询问进展。护士告诉我说，这位病人其实是一个恐怖分子，他自己制作了炸弹，本来想去炸掉市政厅。但是就在他做炸弹的时候，炸弹直接在他手里爆炸了。如此近距离的爆炸基本让他是半死不活了。他的脸、胸部和手臂都被严重烧伤，腰部以上的大部分皮肤似乎都炸没了。我根本没法直视他。

说着，这位护士拉了拉我的袖子说："你也过来帮忙吧！"

我慌忙解释说，我只是一个医学生，没有任何临床经验，不知道该怎么处理。

护士不由分说地递给我一把牙刷说："拿着这个！"

我非常疑惑："这个人都快死了，还要让我给他刷牙？"

"当然不是！"护士皱了皱眉，"你没看到他器官组织上的那些黑色斑点吗？那是火药残留。你就拿牙刷把这些火药粉刷掉，不然病人会中毒的。"

这真是一项让人毛骨悚然的任务，因为这个病人已经被炸得不成人形，胸部看起来就像血淋淋的肉块。

我强迫自己把手伸进这带血的身体里，用牙刷清理火药残留。那时候医院并没有硬性要求医生们在工作的时候戴上手套，所以我就更害怕了。但我不能停下，因为我眼前的这个人命悬一线，我必须克服恐惧帮助他。我也很庆幸他已经被炸得失去知觉，不会感觉到疼痛或者害怕。

刚开始，我还有些恐慌，仍然感觉晕眩。但神奇的事发生了！十分钟后，我发现我的恐慌逐渐减轻，然后突然就消失了。就在这么一瞬间，我的恐血症被"治愈"了！

那时，我偶然发现了这种名为“洪水法”（Flooding）的治疗方法。在恐慌之时，我们不要刻意逃避，而是故意让自己暴露在害怕的事物面前，让自己充满焦虑。这时候，我们不要想着要如何战胜焦虑或是控制焦虑，而是向焦虑妥协，承认它的存在。最后，这种焦虑会像一支蜡烛一样自己燃烧殆尽，你自然就不再焦虑了。

在这件事之后，我爱上了急诊室的工作，而且我再也不怕血了。一群医生和护士能够充满同情心又如此专业地处理这么多复杂的、危及生命的紧急情况，这看起来简直就是奇迹。我一直很难相信我是他们中的一员，也很难相信我也可以为此做出贡献，甚至也不敢相信我现在就正在学习如何成为一名真正的医生。如果我没有如此坚定地投身于精神病学，我现在可能会是一个外科或者急诊室医生。

情感隐藏模型

情感隐藏模型和认知模型及暴露模型都有所不同。情感隐藏模型认为“善良”（niceness）是焦虑的主要原因。事实上，有的时候我会觉得，焦虑其实是一种“善良病”。如果你给我看一百个焦虑的人，我会告诉你这一百个人都是你见过的最好的人！

当我给治疗师们开关于焦虑的研讨会时，我通常会告诉他们，我想针对关于善良和焦虑的理论进行一些研究，并且会问他们两个问题。首先，我问他们有多少人在他们生命中的某个时刻曾经受到某种焦虑症的困扰。几乎全员都举手了。然后我告诉他们，在我问第二个问题的时候，我希望人家仍然保持举手的姿势。我的第二个问题是：“你们当中有多少人认为自己基本上算是个善良的人？”大家的手仍然高高举着，然后便纷纷笑了起来。“看到了吧？”我半开玩笑半认真地说，“善良和焦虑之间就是百分之百相关的！”

当然，这只是一个幽默的演示，而不是真正的研究，但这个实验确实说明了焦虑的一些非常基本的东西。当你焦虑的时候，你几乎总是在刻意逃避困扰你的问题，但是你并没有意识到这一点。你之所以会把困扰自己的问题从意识中推出来，是因为你想要变得善良，不想让任何人因此感到沮丧或不安。所以几乎是一瞬间的功夫，你自己会觉得非常焦虑，而且你根本不知道自己为什么会焦虑。你可能会经常感到恐慌，或者开始过分关注自己的家庭、财务状况或健康状况。这可能会发展为任何一种形式的焦虑，但背后的原因其实总是一样的，那就是——你很沮丧，但你又不想承认自己很沮丧。

你隐藏的问题不会被埋藏在过去，相反，它们会出现在当下。你的心情沮丧，可能是因为被老板批评，也可能是因为在生家人和朋友的气。如果你把你隐藏的这些冲突和情感都拿上台面，你会突然意识到为什么你会感到如此焦虑、害怕或恐慌。因此，在这种模型之下，只要你将自己的情绪原原本本地展现出来，你的焦虑感自然会一扫而空。

我曾经在我们学校的附属医院组织过一个认知疗法小组。当时，在我的小组当中，有一位名叫做布伦特的病人，他从急诊部转到了住院部，因为他坚信自己要疯了。但是他以前从未出现过任何心理问题，也从未接受过任何心理方面的治疗。他的婚姻十分幸福，自己也在当地的一所高中教授生物。他告诉我他很爱自己的工作，每周会花差不多六十个小时教课、备课。而且，他自豪地告诉我，学生们在过去的五年中每年都将他评选为“年度最佳教师”。

布伦特和他的妻子一直都特别想要个孩子。他们结婚多年，但妻子一直没有怀孕。现在他的妻子已经年近四十，夫妻二人都很担心以后都没法再要孩子了。最后，他们绝望地去了我们医院的不孕不育门诊，希望那里的医生能够提供帮助。一天，在布伦特夫妇开车去岳母家里参加圣诞派对的路上，妻子突然神秘地说为他准备了一份圣诞礼物。原来，早晨医生给她打电话，告诉了她怀孕的好消息。听到这个消息的布伦特却非常惊慌，甚至觉得有些无法开车了，所以他把车停在了路边，并告诉妻子，他觉得自己的手太抖，不能再开车了。妻子很担心他，便换到了驾驶座，继续开车行驶剩下的路程。过了一会儿，布伦特才从恐慌中缓过神来，但他仍然感到非常焦虑。圣诞节过去两天后，布伦特仍然在焦虑和恐慌中挣扎。他去了一家快餐店，并点了这家店的外带特制超大墨西哥卷饼。他告诉店员不要在卷饼里放豆子，并且强调了两遍“不要豆子”，因为他讨厌豆子。

虽然店员几乎不会说英语，但他看起来听明白了布伦特的要求。布伦特取餐的时候换了一个店员，所以布伦特又再一次确认自己的卷饼是不是没有加豆子。店员点点头，又和旁边的人用西班牙语交谈了几句，然后回过头来表示他们知道布伦特的要求，绝对是按他的要求制作了卷饼。布伦特付了钱之后，店员递给了他一个大袋子，里头装着超大卷饼。布伦特回到家后，立刻走进厨房，在桌边坐下，他非常期待吃这个卷饼。但当他打开袋子时，出现在他眼前的是一个巨大的豆卷饼。布伦特简直怒不可遏，抄起刀子猛扎这个卷饼。他扎了很久，卷饼的残渣溅得整个厨房的桌子和墙壁上都是。布伦特平时特别爱看探案类的节目，比如《铁证悬案录》（Cold Case File），因此，他对于血液喷溅方式的分析非常熟悉。当他缓过神来，看着一墙的卷饼残渣时，他突然慌了：“天哪，这看起来太像喷得满墙都是的血了。如果我是一个连环杀人凶手，我可能就会突然发狂，直接把人捅死了！我可能不适合当爸爸！我马上就要疯了！”这些想法在布伦特的脑中挥之不去。晚上他也很难入睡，一直在想，假如自己是个杀手该怎么办。他甚至还想象自己上了早报的头条——“墨西哥卷饼杀手的杀戮狂欢，追捕进行中！”第二天一早，不堪其扰的布伦特告诉妻子，自己马上就要疯了，需要穿着控制精神病人的那种束身衣去精神病院。妻子赶紧把他送到了斯坦福大学附属医院急诊部，接着布伦特就被转去了封闭的精神科。

布伦特以前从来没有任何暴力史，看起来也一直都彬彬有礼。他说他一直想要一个自己的孩子，现在他的梦想终于实现了，他却无法理解为什么自己会因此产生这样奇怪又可怕的想法。到底是为什么？

我们一起来做一回侦探吧！ 看看我们是否可以从布伦特的恐惧中找到他焦虑

的蛛丝马迹。

布伦特一直是一位敬业的高中老师，他认真工作，也很爱自己的妻子，但有一天他突然发现自己用菜刀愤怒地猛扎墨西哥卷饼。他跟妻子说，他觉得自己要发狂了。到底是什么困扰着布伦特？是不是他一直有什么隐藏起来的问题或情绪？你可能暂时没什么思路，毕竟布伦特可能是唯一能够肯定地告诉我们正确答案的人。

请试着猜一猜。写下答案之后，就可以继续往后读了。

请在下方的横线上写下你的答案。

答案：

再回想一下布伦特是什么时候开始焦虑的？他觉得特别焦虑的时刻发生了什么？——他的妻子告诉了他怀孕的消息。有没有可能，对于为人父母这件事，布伦特本身就有复杂的感情呢？如果是，那么这又是为什么呢？毕竟，他一直说他喜欢孩子，作为教师，他也很爱自己的学生。

那么我们再继续往下挖深一些。布伦特也曾经告诉我们，他为了尽可能地当好老师，一周工作六十个小时。他是不是在担心为人父母之后需要承担的额外责任呢？成为父亲之后，他就需要每天给孩子换尿布了。或者换句话说，他是不是对成为父亲这件事感到矛盾？

一方面，他一直想要一个属于自己的孩子，但现在他真的有孩子了，却觉得非常害怕。他感到困惑，也不知道要怎么处理这个突然出现的小生命。谁会乐意每天半夜三点起来给孩子换尿布呢？

我对布伦特说了我的这些想法，布伦特表示，我简直就像在读他的心。他承认他确实觉得很困惑，不知道孩子出生之后，自己要怎么应对全新的环境。

然而，他从来没有向他的妻子吐露过这些心声，因为他觉得，自己是不应该因为有孩子而困惑或是不开心的。他说他觉得作为父亲，他应该爱自己的孩子，不应该有任何消极的想法。他也很害怕如果妻子发现自己有这样的想法会觉得难过，他不想让妻子失望。所以布伦特脑子中的这些想法替他把心中的情绪发泄了出来。这种想法非常明确："我不确定自己是否适合做父亲，而且我不知道一旦孩子真的生出来，我将如何协调我的生活。事实上，一想到要做父亲这件事，我就感觉自己要被逼疯了！"

布伦特会觉得这么害怕，是不是意味着他根本不想要这个孩子，或者说他会对他的孩子构成威胁呢？当然不是。布伦特很爱他的妻子，他也非常想要一个孩子。他需要做的仅仅是把他心中的焦虑一五一十地说出来。

我告诉他，这种焦虑是非常正常的。然后我问治疗小组里的其他成员有多少人有孩子。几乎所有人都举手了。接着我又问："你们当中有谁曾经因为孩子的事而伤心或生气？"大家的手仍然高高举着。我又问了第三个问题："有多少人有过生气到想掐死自己孩子的时刻？"大家几乎都举着手，并且开始不好意思地咯咯笑了起来。

通过这个小调查，我告诉布伦特，所有的父母都会和他有同样的感觉。如果他和妻子在这方面敞开心扉，互相交流，两人或许可以走得更近，一起应对孩子带来的全新挑战。

布伦特的脸庞一下子亮了起来，他说他有一种如释重负的感觉，但还是有点担心自己的妻子会因为自己的想法而感到失望。

可是，不去试一试怎么知道呢？

当然，如果妻子并不像布伦特一样焦虑，也并不奇怪。我告诉布伦特，他的妻子可能并不像他想象中那样脆弱，开诚布公地与她分享自己的想法可能可以让你们的感情更进一步。我还告诉他，在这个认知治疗小组活动结束后，他的妻子刚好要来这里参加一个社工组织的家庭疗法课程，到时候刚好可以试着和妻子沟通。尽管布伦特仍然很害怕和妻子坦白，但他决定试一试。

最后结果证明妻子完全没有因为他的坦白而感到难过。相反，她说她早就注意到布伦特的情绪不太对了。而布伦特终于向她敞开心扉，她也觉得如释重负。

此时此刻，布伦特对于自己要当爸爸这件事的恐惧完全消失，只剩下了兴奋。他仿佛重获新生，直接就出院了。

看到这里，你应该已经了解了三种对抗焦虑的有效方式。认知法帮助我们识破那些让我们焦虑抑郁的消极想法。暴露法帮我们直面过去一直逃避的恐惧。情感隐藏法则帮助我们找到我们精心隐藏在内心深处的冲突或情感。

你会使用哪一种方法呢?

三种方法都是无价之宝，也是我治疗焦虑病人的不二法门。

在治疗了这么多深受焦虑和抑郁侵扰的病人之后，我也学到了一点：人，生而不同。

我永远都无法预测，治疗病人到底用哪种方法最合适，也没有什么万能的方法可以一次性治愈所有的病人。在治疗过程中，我们需要不断试错。不过只要你肯坚持，最后肯定可以找到适合自己的治疗方法。

第二章　你是焦虑还是抑郁？

大部分时候，负面情绪的种类不会以单一的形式出现。事实上，焦虑和抑郁的确往往相伴而来。

话虽如此，这两种情绪还是非常不同的。

焦虑情绪源自对危险的感知。如果你一直告诉自己马上就会有不好的事情发生，你就会感到焦虑。举个例子，如果你恐高，当你走在一条非常陡峭的下坡路上时，你就可能会感到恐慌，因为你觉得自己随时可能滑倒。

与杞人忧天的焦虑情绪不同，如果你感到抑郁，你会觉得悲剧已经发生了。还是这个下山的例子，如果你是抑郁症患者，当你走在下坡路上的时候，你的眼前仿佛就已经看见自己坠落悬崖、支离破碎地躺在谷底的样子。这样想着，你就会觉得心情非常低落，无法提起精神。你会觉得自己毫无价值，觉得自己是个彻头彻尾的失败者，觉得自己达不到应有的期待。你会失去对生活以及对人对事的兴趣，参加任何活动都不会给你带来愉悦感。再也不会有什么东西能够让你开心起来。你会觉得自己被生活压得喘不过气来，生活本身看起来也非常冗长无味。最糟糕的是，你完全看不到希望。你觉得身边的一切都是无法改变的，你认为自己会悲惨地度过一生。

如果你感到抑郁，就一定会感到焦虑。如果你感到焦虑，你也许也会感到一丝抑郁。为什么会这样呢？科学家目前对此也没有定论，不知道为什么焦虑和抑郁这两种情绪往往相伴而行。但目前，主要有四种比较让人信服的理论。

第一种理论认为，大部分人其实是无法区分焦虑情绪和抑郁情绪的。大家只能感觉到："我现在不开心。"这就好比，如果你常年生活在沙漠里，你可能就没有多少形容"雪"的辞藻，因为你一年到头也看不到雪。而生活在极地地区的因纽特人却有很多很多关于"雪"的词汇，因为他们常年都在雪地里生活，因此需要描述他们见到的不同类型的雪。

第二种理论认为，抑郁本身就会导致焦虑。比如说，如果你觉得抑郁，你可能就会觉得自己是有缺陷的，并且低人一等，毫无干劲。你可能也会担心抑郁的情绪会影响你的工作和生活，担心自己会因为抑郁而无法完成人生目标，更害怕自己会永远也无法开心起来。

第三种理论认为，焦虑会导致抑郁。毫无疑问，不论是焦虑、害羞还是担心、恐慌，都会影响我们的工作和日常生活，尤其是当焦虑情绪非常严重的时候，这种不良情绪对我们的生活也会产生严重的影响，这就可能让人产生沮丧或者抑郁的情绪。有些人在接受了药物治疗或心理疏导后，仍然会长期受到焦虑的影响，甚至可能会持续几十年。他们最终可能会感到抑郁和绝望，因为他们无论怎么努力，都始终无法摆脱焦虑。羞耻感是焦虑情绪的核心特征之一。你可能会想要隐藏自己的恐慌和不安全感，因为你会觉得，如果让别人看到自己内心的脆弱，别人就会看不起自己，更害怕别人会觉得自己是个怪胎。这种觉得自己有缺陷并且主动进行自我隔离的行为很可能会导致抑郁，因为一旦你有了这种心态，你是肯定无法和别人开诚布公地交流的，自然也就无法感受到他人的温暖了。

最后一种关于焦虑和抑郁之间关系的理论叫作共同原因理论（Common Cause Theory）。该理论认为，焦虑和抑郁虽然有很多不同之处，但是这两种情绪至少有一个相同的成因。换句话说，可能大脑内有一种物质可以同时激发焦虑和抑郁这两种不同的情绪。我觉得这种理论还是很有道理的。我的很多病人都会在某一个时刻同时感受到不同的负面情绪，比如抑郁、愧疚、无望、焦虑、气愤或沮丧。

现在，让我们一起探究一下自己当下的感受吧！请大家填写下面的"简明情绪量表"。

表2-1 简明情绪量表

说明：请将日期填写至右栏中。请基于您最近的感受为每一项打分，每一项的得分都填写在日期下面的空白处。在底部的空白处填上您的分数总和。 **请回答下面的问题。**	填写日期							
计分规则：0分=从不；1分=有一点；2分=不少；3分=很多时候；4分=极其								

焦虑情绪测试

1. 焦虑								
2. 紧张								
3. 担忧								
4. 恐惧								
5. 坐立不安								
今日总分⟶								

焦虑的躯体症状

1. 心慌心悸、心跳加速								
2. 出汗、打寒战，或者感到脸上发烫								
3. 发抖								
4. 觉得呼吸困难								
5. 觉得窒息								
6. 胸部感到很紧绷或疼痛								
7. 恶心想吐								
8. 感到晕眩、头重脚轻或失去平衡								
9. 感到不真实								
10. 全身麻木或有麻刺感								
今日总分⟶								

抑郁情绪测试

1. 悲伤或觉得情绪低落								
2. 觉得提不起精神，毫无希望								
3. 自卑								
4. 觉得自己毫无价值或不完整								
5. 无法感受到生活中的快乐或满足感								
今日总分⟶								

自杀倾向测试

1. 你是否有过想要自杀的想法？								
2. 你想结束自己的生命吗？								
今日总分⟶								

＊该模型由戴维·伯恩斯（David D. Burns）2005年提出。

这个量表的测试内容分为四个部分。填写完只需要一到两分钟。把四个部分都填写完毕后，你可以自己对照后面的打分标准，对自己的答案进行计分。

大家在继续阅读之前可以先完成表格填写。

在大家阅读这本书并且完成练习的过程中，可以经常回到这里做“简明情绪量表”，以跟踪自己的情绪变化。我的很多病人每周都至少用它做一次情绪测试。

这张量表虽然看起来内容简单，但却是信效度俱佳的情绪测量工具。通过填写这张表格，你就能够轻而易举地发现情绪中微小的变化。这个测试和我们在大众杂志上做的心理测试不同。事实上，研究表明，“简明情绪量表”比目前用于研究的很多量表工具都更加精确。而且一张表上最多可以做8次记录。

我在后文中给大家举了我的一位女性病人的例子（表2–2）。我的这位病人已经连续两周感到极其焦虑了。从量表中可以看出，在6月1日和8日做测试时，她的得分是16分。一周后再做测试时，她的得分降到了10分，这说明她的情绪有了明显的改善。到6月22日时，她的得分为6分，一周后，分数降到了3分。等到了7月5日时，她的分数为1分，她已经完全不会感觉到焦虑了。

一周后，她的焦虑情绪再次爆发，因此分数又回到了11分。这种情绪的反复也是很正常的。接着，她又采用了和之前一样的方法缓解自己的焦虑情绪，因此，等到了7月9日再做测试的时候，她的分数再度降到了0分。**我们要如何解读量表中的数据呢？**量表测量的是你情绪中的焦虑水平。若得分越高，则说明你越焦虑。

你的量表测试成绩可能变化很快。你可能第一天做测试的时候觉得特别焦虑紧张，但是下一次做测试的时候突然间就放松了下来。如果你经常做测试，就能够知道你自己的分数是如何变化的。此外，焦虑情绪也与你所处的情境有关。如果你生性害羞，在生活中时时都会刻意避开人群，你也许就不会感到特别焦虑。

表2-2　简明情绪量表

说明： 请将日期填写至右栏中。请基于您最近的感受为每一项打分，每一项的得分都填写在日期下面的空白处。在底部的空白处填上您的分数总和。**请回答下面的问题。**	日期填写处							
	6月1日	6月8日	6月15日	6月22日	6月29日	7月5日	7月12日	7月19日
计分规则：0分=从不；1分=有一点；2分=不少；3分=很多时候；4分=极其								
焦虑情绪测试								
1. 焦虑	3	3	2	1	1	0	2	0
2. 紧张	2	2	2	2	1	0	1	0
3. 担忧	4	4	3	1	0	0	3	0
4. 恐惧	4	3	2	1	0	0	3	0
5. 坐立不安	3	4	1	1	1	1	2	0
今日总分→	16	16	10	6	3	1	11	0

＊该模型由戴维·伯恩斯（David D. Burns）2005年提出。

表2-3　焦虑情绪测试分数解读

	得分	意义
正常范围	0—1	**几乎没有焦虑情绪。**这是最好的测试结果，说明你目前没有受到任何焦虑或担忧情绪的侵扰。
	2—4	**轻微焦虑。**尽管你会有一些焦虑的表现，但本书提供的很多方法都可以帮助你缓解焦虑。
就医范围（建议进行治疗）	5—8	**轻度焦虑。**这个得分区间不算太严重，但是焦虑情绪已经让你感到沮丧或不舒服。
	9—12	**中度焦虑。**得分在这个区间内，说明你在至少两个项目上都勾选了“很多时候”及以上的答案。你的焦虑情绪已经足以让你感到非常沮丧，但你的情绪有很大的提升空间。
	13—16	**重度焦虑。**得分在该区间说明你感到非常焦虑。你可能会感觉焦虑引起了身体上的不适。不过也不必太过担心。即使你处于重度焦虑之中，只要你能够多一点勇气，努力战胜这种情绪，最后的结果一定是好的。
	17—20	**极度焦虑。**你因为感到极度焦虑而痛苦，你的精神备受焦虑折磨。你或许需要本书提供的方法以及专业性的治疗。

焦虑的程度和康复的进程也是不尽相同的。我曾经治疗过几个极度焦虑但恢复很快的病人。反而是那些轻微焦虑的病人需要花更多的时间、精力以及耐心克服焦虑。

焦虑可能是一种让人感到害怕的情绪，但并不是一种危险的情绪。不管你做测试的得分是多少，都有改善的空间。研究表明，很多焦虑病人使用诸如本书内的方法都可以自己克服焦虑情绪。当然，专业治疗也是很有效的，尤其是当你觉得自己被负能量压垮，感到极度焦虑的时候。你没有必要总是硬撑着，让自己独自承受这一切。

那么，如何解读“焦虑的躯体症状”量表的数据呢？这张量表测量的是你身体上的焦虑水平。得分越高，说明你的焦虑程度越高。

表2–4　焦虑的躯体症状分数解读

得分	意义
0—2	几乎没有焦虑的躯体症状。
3—6	轻微焦虑的躯体症状。
7—10	轻度焦虑的躯体症状。
11—20	中度焦虑的躯体症状。
21—30	重度焦虑的躯体症状。
31—40	极度焦虑的躯体症状。

得分高是不是就说明你现在的状况很危险？是不是意味着你的精神出现了严重问题，永远也无法痊愈？

当然不是。

焦虑的躯体症状是非常正常的现象，而且有些类型的焦虑就是会导致某些特定躯体症状的。比如说，如果你感到惊恐发作，那你肯定会感到头晕目眩，无法呼吸，胸部觉得特别紧绷。这时很多人可能都会觉得自己“非常”或者“极其”焦虑。

但现在治疗惊恐发作有很多有效的新方法，很多病人只需要接受几个疗程的治疗，就能完全康复，有时候甚至一个疗程就能解决问题。

焦虑的躯体症状没有焦虑情绪量表中的症状那样有针对性。比如说，当你觉得特别生气的时候，你也可能会觉得肌肉紧张、呼吸急促、心跳加速。这时，和焦虑相同的躯体症状可能并不能说明你感到焦虑，这种躯体症状其实是气愤引起的。同样的，假如你感觉恶心想吐，也有可能不是因为焦虑，而仅仅是因为你感冒了。

有些人会将焦虑的躯体症状和其他病的症状弄混淆。比如说，有些病人在惊恐发作的时候就会觉得自己是身体健康出了问题。在这个过程中，他们会觉得自己马上就要陷入严重危机，觉得自己面临生命危险，或是感觉马上要心脏病发作。

如果这时去看医生，医生会告诉你，你的身体并没有问题。患有疑病症的病人也会过度地解释自己身体的良性症状。比如当他们感到头痛、腹痛、疲劳或身上出现淤青的时候，他们就会觉得自己肯定是得了癌症之类的大病，然后到处寻医问药以求诊断，却得不到结果，因为他们根本没有意识到造成他们症状的不是疾病，而是情感上的痛苦。

如何解读“抑郁情绪测试”量表的数据呢？这个量表测量的是抑郁症的主要症状，比如悲伤、沮丧、无价值感以及对生活满意度的丧失。分数越高表明抑郁症越严重。

如果在这项测试中，你的得分大于或等于2，你也可能会有其他一些常见的抑郁症状，比如愧疚、失眠、极度疲惫、对曾经喜欢的事物失去兴趣，比如，不愿意工作也不愿意培养兴趣爱好，不愿意运动或是和朋友家人聊天。

表2-5 抑郁情绪测试分数解读

	得分	意义
正常范围	0—1	**几乎没有抑郁情绪。**这是最好的测试结果。目前来看，你并没有抑郁的问题。如果你曾经抑郁，那么这个分数区间就是你努力的目标。当然你可能需要花点时间才能达到这个目标，但是只要你肯努力坚持，这个目标肯定可以达到。
	2—4	**轻微抑郁。**尽管你会有一些抑郁的表现，但是你可能只是需要调整一下心态。这个分数区间反映出的是正常的情绪波动。这个区间的得分就有点像发低烧，虽然发烧并不严重，但你还是会觉得浑身无力、没有干劲。而且，如果你任由这种轻微抑郁情绪自由发展，通常情况会变得更加糟糕。 本书提供的方法主要针对焦虑症治疗，但很多方法对于抑郁症也同样有效。
就医范围（建议进行治疗）	5—8	**轻度抑郁。**尽管你会有一些轻度抑郁的表现，甚至会有一两个中度抑郁的表现，但整体来说，你的抑郁程度还是很轻的，你并不会因此而感到自卑或是对生活完全失去兴趣。
	9—12	**中度抑郁。**这是比较严重的程度。很多患者的得分会在这个区间保持很长时间，有时可以长达数月或数年。尽管这个程度的抑郁是很有希望康复的，但抑郁症患者们往往会自己觉得悲观。他们觉得自己是有缺陷的，或是低人一等的。他们觉得自己天生不如人，也不会感到一丝一毫的快乐或满足感。希望大家都不要有这样的想法，因为一旦这么想了，现实很可能真的就会变成这样。一旦你真的放弃改变自己，你就真的无法再改变了。到那时，你就会觉得自己真的毫无希望。 我一直坚信，所有的抑郁症患者都是有可能重新感受到生活的喜悦和满足的。
	13—16	**严重抑郁。**如果你的分数在这个区间，你的心情一定非常低落，觉得没有干劲，认为自己毫无价值，任何事情都无法提起你的兴致。这种情绪的折磨是非常糟糕的，会压得你喘不过气来，而且旁人无法理解你的感受。如果你告诉你身边的家人和朋友这种感受，他们可能会鼓励你，让你振作起来，尽量看到事情好的一面。而正是这种浮于表面的建议会让你的情绪变得更糟。因为你觉得自己本身就低人一等，会被人拒绝。即使现在看来你的抑郁症好像非常严重，好像不太可能痊愈，但实际上，这种严重抑郁的预后康复是非常乐观的。
	17—20	**极度抑郁。**这种程度的抑郁会导致难以想象的痛苦，但是这种状况仍然是有可能改善或康复的。尽管自助式的方法很有用，但得分在这个区间的患者也会很需要专业性治疗。极度抑郁的感觉就有点像迷失在森林之中，你会觉得很害怕，因为越往里走，森林就越发幽深湿冷，你找不到回家的路。所以在这种情况下，你需要找一位你喜欢并且信任的向导，在他/她的指引下，你会走向一个安全的地方。

抑郁会带来很大的痛苦，因为抑郁的情绪会剥夺你的自尊。而且，在抑郁的状态下，你也会更加容易觉得没有希望，会很容易认为自己的痛苦是永不休止的。

我常常说，抑郁是这个世界上最古老、也是最残酷的骗子，因为你会骗自己去相信很多根本不真实的东西。抑郁情绪会让你认为自己很糟糕，认为自己应该做得更好，还会感觉自己从来不曾开心、满足，也不会拥有创造力，无法和他人建立亲密的关系。

此外，在抑郁的状态下，你眼中的自己和生活都是消极悲观的。但是，这种情况是可以改善的。实际上，如果你能从抑郁中康复，这可能是人类能感受到的最大的快乐了。

很多病人都说，抑郁症康复后感觉整个人都重获新生，他们感到了前所未有的幸福。

表2-6　自杀倾向测试分数解读

	意义
问题1	如果你觉得特别抑郁或是毫无干劲，这一项的得分变高是正常的。很多抑郁症患者都会有想要自杀的瞬间。只要你没有计划实施自杀，这种念头也并不危险。但如果你在抑郁或情绪不佳几周后有这种念头，我还是非常建议你与专业的心理治疗师进行沟通。生命是很宝贵的，不要拿自己的生命开玩笑。
问题2	这一项测量的是你自杀的冲动。你的得分如果大于等于1，是非常危险的。这种情况下，需要有专业性的治疗介入。如果你有想要结束自己生命的冲动，你需要立刻拨打“911”（美国的紧急报警电话）和医院的急救电话。

如何解读自杀倾向量表的数据呢？产生自杀冲动通常是由于你感觉自己已经失去了一切希望。当人处在抑郁状态中的时候，就很容易产生一种念头，消极地认为身边的一切都不会发生任何改变。然后就会产生自杀的念头，希望能够一了百了。

实际上，这种绝望完全是毫无根据的。我之前接触过很多严重抑郁的病人，他们都觉得自己的人生毫无意义，一切都没法改变。其中有一些人一直坚持吃抗抑郁药都没有好转的迹象。但是在经过我的治疗后，他们最终康复了，再一次体会到了生活的快乐与满足。

我相信你也一定可以痊愈。

如果你在焦虑或者抑郁量表测试的得分区间在“就医范围”，这是不是意味着你的情况特别严重，必须要去看医生呢？并不尽然。很多得分在这个区间的病人使用了这本书里教授的方法后都自行康复了。当然，也有一些病患是需要专业治疗介入的。如果你一直都想要战胜消极的情绪，长期尝试却徒劳无功，如果你感到焦虑或者抑郁已经对你的生活造成了影响，那你应该去找个专业的心理医生做一下咨询。如果你有任何自杀的想法或冲动，请马上去医院找专业的心理医生进行治疗。

如果你的得分并不高，在抑郁和焦虑测试中都是处在2—4分的轻微症状区间，你该怎么做呢？这是不是就说明你不需要任何帮助？这本书上的内容对你来说也没有什么用处？

答案当然也是否定的。

我个人认为，我们的目标应该是0分。在战胜焦虑和抑郁这方面，我们应该力求完美。如果你在这个量表中取得0分，你的整体感觉会和得2—4分完全不同。当然，我也从来不会认为一个人可以一年到头时时刻刻都保持开心，这也是不必要的。生活不可能一帆风顺，总有压力激增的时候，我们也总有可能掉进自我怀疑的黑洞，并且感到焦虑。重要的是，我们必须要知道，我们是完全有方法战胜这些消极的情绪波动的。因此，我们不必害怕它们，也不会一直被这些情绪所困。

第三章　你有焦虑症吗?

焦虑有许多不同的类型。我们当中有一些人会受到慢性焦虑的困扰，而有些人的焦虑可能会表现为惊恐发作、强迫症、各类恐惧症，或者是过度担心自己的身体健康状况，等等。

下文的图表列出了最常见的焦虑形式和专业医疗诊断标签。这些诊断标签来自《精神疾病的诊断和统计手册》（后文简称DSM-IV）。比如羞怯在医疗诊断当中就被称作“社交焦虑症”，而长期的担忧则会被诊断为“广泛性焦虑症”。

下面，我们来简单给大家介绍一下这些诊断标签的含义以及一些常见的理解误区。比如说，你最近正在担心一些事情，并因此而觉得有些焦虑。你只是一般意义上地担心吗？还是说你其实是患上了一种被称为“广泛性焦虑障碍”（GAD）的疾病？再比如说，你因为尴尬或者有些害羞，在社交的过程中会觉得非常不自在。你只是害羞吗？还是说你其实是患上了一种叫作“社交焦虑障碍”的病？你是什么时候从单纯的害羞变成社交焦虑的？

在浏览下表之后，你也可以试着问自己一些类似的问题。比如说，我们对自己的外表多多少少都会有一些不自信。那这种感受达到什么程度会演变成“躯体变形障碍”（BDD）？

表3-1 你的焦虑类型

说明：给所有你符合的焦虑类型打“√”

焦虑类型	症状	（√）	官方诊断标签
1. 慢性焦虑	你会长期担忧自己的工作、健康状况、财政状况、教育或是家庭情况。		广泛性焦虑障碍（GAD）
2. 焦虑发作	你突然觉得自己好像马上就要晕倒、发疯，或者觉得自己马上就要死了，或者要失去控制了。		恐慌症（PD）
3. 广场恐怖症	你觉得只要你独自一人离开家，就会发生可怕的事情。		广场恐怖症
4. 恐惧情绪	你可能会非常害怕某些事物，比如蜘蛛、血，也可能恐高，害怕开车、乘坐飞机，或是害怕被困在很小的空间里。		针对某种具体事物的恐惧症
5. 害羞	你在人群之中会感到紧张或害羞。		社交障碍
6. 膀胱害羞症	当你在使用公共厕所的时候，会觉得非常焦虑。		这种问题通常没有特定的诊断标签。膀胱害羞症目前被认为是社交障碍的一种形式。
7. 考试焦虑	只要你一考试，就会非常紧张，头脑一片空白。		
8. 公共演讲焦虑	只要站在人前演讲，你就会觉得焦虑不已。		
9. 表现焦虑	只要在观众面前表演或是比赛，你就会变得无比紧张。		
10. 强迫想法	你的脑海中会盘旋着你无法克制的想法，比如你害怕自己会失去控制或者伤害他人、害怕自己会坦白一件自己从来没有做过的罪行，或是害怕被不净之物或细菌污染。		强迫症（OCD）
11. 强迫行为	你总是有要做某件事的冲动，比如克制不住地要清点物品、不停擦洗、祷告、把东西按照一定的次序排列，或者克制不住地要低声重复某一个词。		
12. 创伤后应激障碍症（PTSD）	你会被某些痛苦的回忆侵扰，比如强奸、死亡、暴力、折磨或曾经受过的重伤。		创伤后应激障碍症（PTSD）
13. 担忧健康	你常常会担心自己患有严重的疾病，但每次去看医生，检查结果都完全正常。		疑病症
14. 担心自己的外表	你总是觉得你自己的外表异常或变形，你常常会对自己的外表过分在意，但是在别人看来，你的外表没有任何问题。		躯体变形障碍（BDD）

注意：有些人会有焦虑或者担忧的倾向。如果你发现自己有某一种焦虑问题，也有可能还会发现你自己同时也有其他几种问题。

医生比较喜欢用这些诊断术语，比如广泛性焦虑障碍、社交障碍、躯体变形障碍，因为这可以帮助医生以一种更精确的方式和病人沟通。除此之外，这些诊断标签可以为医生治疗病人提供有力依据，从而进行最为对症下药的治疗。以我自己为例，我在治疗惊恐发作的病人时采用的方法就和我治疗社交障碍、强迫症或是抑郁症的患者时采用的方法不同。

诊断分类对于研究来说也是非常有用的，因为这样医生就可以在特定的病人组内测试某种特定的方法。打个比方，如果我想要发表一项研究，我想要通过这项研究证明关于治疗害羞的某种方法是切实有效的。独立的研究者就可以将我的治疗方法应用到被他们打了“社交障碍”诊断标签的病人小组当中去，看看我的这个治疗方法是不是也能够帮助其他类似的患者。如果使用我的这项疗法真的能够改善组内病人的害羞状况，这项治疗就是经过实证的有效治疗。

这就是人类科学发展的方式。实际上，我在本书中介绍的方法已经在很大一部分病人身上验证过，效果斐然，可以用以治疗各式各样的焦虑患者和抑郁症患者，不论是长期的还是短期的治疗效果都非常不错。

当然，这些诊断标签也会带来一些问题：

- 焦虑和担忧其实是两种非常常见的情绪，给他们贴上“病”的标签其实是很没有必要的。
- 当你的医生诊断出你有一种或一种以上焦虑障碍的时候，你可能会有一种莫名的羞耻感，你可能会因此觉得自己是有缺陷的。本来那些特别焦虑的病人就已经有这种感觉了，做出这样的诊断结果则会使他们这种低人一等的感觉更加强烈。
- 病人可能会因此得出结论，认为自己是“脑子有问题的”或者是患有“精神疾病”，但其实这种想法并不正确。
- 你可能会认为自己无法控制自己，并且因此觉得必须接受药物治疗才能改善自己的状况。但在大多时候，这种想法也是不正确的。

如果你去看一看在DSM-IV中的关于焦虑症的诊断标准，你会发现，这些标准其实非常模糊，让人觉得摸不着头脑。比如说，如果要被诊断为广泛性焦虑障碍症，你需要具备如下条件：

- 你可能会持续过度担心某件事，“担心持续时间通常比较长，至少达到六个月及以上”。
- 你会觉得自己无法控制自己的担心情绪。
- 这种情绪会让你产生“严重沮丧”的感觉。
- 你可能还会有某些焦虑的躯体症状，比如肌肉紧张。

这些诊断标准都是很合理的，但是如果你带着批判的思维去审视这些标准，也会发现问题。比方说，如果你没有“过度”担心某件事，你就不会被诊断为广泛性焦虑障碍，那么我们要怎样来界定“过度”这个概念呢？既然本身就没有一个定论，那为什么非得等到病人焦虑满六个月之后，才能够被诊断为广泛性焦虑障碍呢？为什么不是四个月？两个月？或者甚至两天？举个极端的例子，如果你在持续担心一件事，已经担心了五个月零二十九天，这是不是意味着你就没有患广泛性焦虑障碍？然后睡了一觉之后，到了第六个月，你突然就得了这种病？如果真的是这样，你之前的那些焦虑状况应该属于什么病？毕竟，焦虑持续的时长并不会改变你在焦虑的这个事实，小于六个月和超过六个月也没有什么不同。

其他关于广泛性焦虑障碍的诊断标准也都有些奇怪。我们要怎样断定自己是不是有能力控制自己的担忧情绪呢？衡量的标准到底是我们在某一时刻可以控制焦虑，还是说必须得一直都能控制住这种情绪？我遇见的所有的焦虑病人其实都多多少少会无法控制自己的焦虑情绪。毕竟我们都不是机器人，我们没有办法随意关闭自己情绪的阀门。

此外，根据诊断标准，如果你的焦虑担忧情绪没有让你觉得“非常沮丧”，那你也不会被诊断为广泛性焦虑障碍。那么什么程度的沮丧才能够被称为“非常”沮丧呢？如果你非常担忧某事，那么这件事带来的某些情绪对你来说就可能是非常沮丧的。其实担忧的情绪人人都有。比如说，如果你有孩子，你可能就会“非常”担心自己的孩子，并且认为这种担心是作为一个爱孩子的母亲必须有的情绪。这是不是意味着你就患有广泛性焦虑障碍？

外科临床医生就不会用这种既主观又模糊的标准来诊断疾病。打个比方说，你发烧了，咳嗽了，觉得喘不过气来，就去照了个X光，确诊了肺炎。然后你去急诊部，医生肯定会按照治疗肺炎的方式来治疗你。医生绝对不会说：“你这个症状只持续了两天，时间还不够长。等你的症状持续一个星期，才能够确诊是肺炎。所以，如果你下周五还活着的话，记得回来急诊部，那个时候我就可以把你当肺炎病人来治疗了。”对于肺炎来说，这种诊断方法是绝对不可能出现的。肺炎就是肺炎。即使你的肺炎症状只持续了一天、一个小时，甚至只持续了一分钟，都不会影响你得了肺炎的现实。

在我看来，DSM-IV对焦虑症的诊断标准是相当荒谬的。你当然可以认为你的焦虑若是持续六个月，就会被确诊为广泛性焦虑障碍，但是你必须了解，这只是一种对于广泛性焦虑障碍的官方界定，六个月这个分界线其实是非常模糊的。广泛性焦虑和肺炎不同，肺炎是一种真实存在的疾病。你有焦虑的情绪并不一定意味着你就有广泛性焦虑障碍。你可能会容易害羞，但这也并不意味着你就一定有社交障碍。

为什么我们最初会设立这些诊断标准？你甚至可能根本不会想到，这些诊断标准并不是建立在严格的科学基础之上的。相反，这套诊断标准相当主观。一群精神病学专家聚集在一起，经过一轮又一轮的讨论和投票，最终才敲定了这一套最新版本的诊断标准。他们抓耳挠腮，唇枪舌剑，想要确定到底担心情绪持续几个月才可以被确诊为广泛性焦虑障碍。

所以，不论从什么意义上说，六个月的分野都不是“精确的”，这只是上一次开会的时候，大家投票投出来的结果。很可能下次大会就会投出一个完全不同的数字，这个新的数字同样也是不够准确的，没有任何科学依据。这就有点像中世纪的哲学家们一直在争论，到底有多少位天使可以在针尖上跳舞一样。

为什么焦虑障碍的诊断会如此模糊呢？

这是因为大部分被精神病学家们定义为“焦虑症”的感受其实都是大家平时常常会产生的情绪。把我们正常起落的情绪归类为“病症”的表现，然后通过我们到底有没有一些具体的表现来诊断我们是否得了这种病，这种做法其实会导致严重的概念性问题。我们会凭空创造出一整套本来并不存在的分界线，这就是最大的问题。

大多时候，焦虑症其实是精神病学家虚构出来的一个概念，他们认为焦虑到某种程度就可以称之为“症”，但这种症状并不是真实存在的脑部疾病。我之前也提到过，很多治疗师自己也曾经受到过至少一种焦虑情绪的侵扰，比如害羞、公共演讲焦虑、各种形式的恐惧、强迫症等。他们也曾经觉得前途渺茫，看不到希望，觉得自己仿佛置身黑暗，一无是处。他们也曾自我怀疑。治疗师也是人，和周围的所有普通人没有什么区别。这些情绪是所有人都会感受到的，那么这是否意味着我们都“脑子有问题”呢？

毫无疑问，有些人体会到的焦虑情绪和自我怀疑可能比一般人要强烈，而有些人则天生乐观，很少焦虑担心，一直表现得自信而快乐。科学家也不知道为什么有些人会更容易感到焦虑，目前普遍认为基因和环境因素可能在其中起到了很大的作用。如果你有焦虑的情绪，也并不意味着你脑子有问题，或者一定患有焦虑障碍症。人类的情绪并不是一个非黑即白的命题。

当然，我也并不是说焦虑情绪就完全没有问题：

- 焦虑和抑郁是真实存在的情绪。
- 这些情绪会让我们感到痛苦，不知所措。
- 那些常年受到焦虑和抑郁侵扰的病人也需要治疗。
- 目前存在一些全新且有效的疗法，无须药物就可以治愈焦虑和抑郁，并且很有希望让病人完全康复。

· 我们没有必要把所有的这些消极情绪都打上“障碍”或者“脑子有病”的标签。

不过，确实也有部分患者是因为大脑真的出现了问题而感到持续焦虑。比如有些严重的精神问题，比如精神分裂症和双相情感障碍，无疑是由大脑的生物缺陷造成的。但在大多数情况下，这种诊断标签都是模糊的。尽管如此，这些标签多多少少还是能够让我们信服。比如，如果你的医生告诉你，你有肺炎，你的肺部发生了病理变化，因此你需要医学治疗，你会相信你确实有病，因为你认为医生在医学方面受过的训练比你多得多。但是如果你的医生告诉你，你患有广泛性焦虑障碍、强迫症、创伤后应激障碍症、社交障碍等，他们告诉你的也只是一件你已经知道的事情——你感到很焦虑。

一旦你知道自己的焦虑类型以及焦虑程度后，我们就可以撸起袖子开始治疗了。在得知自己患有焦虑症之后，也无须紧张，因为你并不会因为被诊断为“焦虑症”就会多出什么新的症状。

不过，现在大家似乎普遍认为焦虑和抑郁都是大脑中的化学物质失衡所致，所以只要吃药就可以治愈这些不良情绪。这种观点到底是不是有理可依的呢？我们在下一个章节中会具体讨论这一具有诱惑性的观点。

第四章　安慰剂国度

抗抑郁和抗焦虑药物背后的真相

你可能曾经听到过一种说法，认为抑郁症和焦虑症都是由大脑中的某种化学物质的失衡引发的，因此，只要摄入合适的药物，就可以重新让脑内的化学物质达到平衡，从而治愈抑郁症和焦虑症。你的身边甚至可能有朋友或者家人言之凿凿地告诉你，是帕罗西汀和氟西汀将他们拉出抑郁的旋涡。

但是，最近的一些研究让我们不得不怀疑这种理论的正确性，抑郁症或焦虑症到底是不是由大脑内化学物质失衡导致的呢？这些研究也让我们怀疑，这些抗抑郁药物并没有我们想象中的那样有效。如果你对这些研究感兴趣，我可以跟大家分享一些信息，不过这些信息可能会和我们日常生活中的认知有所出入。

你可能会在电视上看到这样的广告：

“在面对着很多人的时候你是不是会觉得害羞？你可能正遭受着社交障碍的困扰！研究人员认为社交障碍症是由脑内的某种化学物质的失调引起的。不过别担心，你是很幸运的！我们最近推出的XXX药物恰好可以矫正这种化学物质的失调。快去看医生开处方，拯救你的社交障碍症吧！”

旁白刚落，你就会看到一段动画。一群小小的血清素分子快乐地在你的神经末梢游动，刺激着你大脑的快乐中枢。接着，卡通渐渐淡出，画面中出现了一对情侣，他们手牵着手，在沙滩上奔跑玩闹。他们曾经也是社交障碍症患者，但是他们服用了XXX药物之后，已经从社交障碍中痊愈了，甚至还勇敢地谈起了轰轰烈烈的恋爱！

这种广告是非常具有诱导性的。看完广告之后，你可能满脑子都想着：我要吃药，我也想和漂亮姑娘手牵手在沙滩上打闹！但广告中传达的这些信息到底是不是真实有效的呢？焦虑症和抑郁症是不是真的是因为你脑内的化学物质失调导致的呢？服用药物到底是不是治疗焦虑和抑郁最有效的方式呢？

我们常常会觉得，如果一个病症是由生理原因导致的，那就应该用药物治疗。反之，如果一个病症是由心理原因导致的，那么就需要进行谈话式的心理治疗。然而，这种逻辑推论非常具有误导性。有的时候，心理问题也可以使用药物治疗。比如说，你因为过度紧张而头痛，就会去吃阿司匹林。阿司匹林在止痛方面效果超群，不到一个小时，你的头疼就会消失得无影无踪。所以你看，尽管你的病症是由于心理原因导致的，但通过吃阿司匹林这种药，病症确实可以得到很有效的解决。但这并不意味着，头疼是因为脑子里缺乏阿司匹林这种物质，阿司匹林只不过刚好是最快最有效的止疼药。反过来也是成立的，有的时候心理治疗对于治疗生理问题导致的症状也是很有用的。很多研究都表明，基因的问题可能会导致抑郁症或者多种形式的焦虑症。比如，有研究者就认为，晕血完完全全是由基因导致的。这种观点认为，我们不管出现了什么样的病征，肯定都是身体本身出了一点问题。因此，晕血肯定也是有其生理学原因的。但是，你可能会想起我在上一个章节中给大家分享过的那段经历。我只是在急诊室实习的时候遇到了一个浑身是血的病人，一瞬间就治愈了困扰我多年的晕血症。在我个人的例子中，其实就无意间运用了心理学疗法中的“洪水暴露法”（flooding），从而成功治愈了我的生理问题。

那么现在问题来了，到底用什么方法可以更有效地治疗抑郁症和焦虑症？我们应该吃药调整生理指标吗？还是应该做心理治疗？抑或是我们需要将两者结合?

根据化学物质失衡理论，药物显然是治愈焦虑症和抑郁症最好的方式。这种理论存在历时已久。实际上，该疗法甚至可以追溯到希波克拉底时期。当时，他把抑郁症称为“忧郁症”（melancholia），因为他认为抑郁症的病因是胆囊分泌出来了某种黑色有毒物质。这个词的前半部分“melanin”是一种黑色颜料的名称，后半部分“cholia”则代指胆囊。如今，科学家们仍然在苦苦追寻这种一旦失衡就会导致抑郁症和焦虑症的化学物质。与希波克拉底不同的是，现代科学家并不认为抑郁症是胆囊分泌物的问题，而是与大脑内的物质失衡息息相关。

目前，科学家们普遍重视的一种物质叫作血清素。血清素和其他脑内的化学物质一样，都在神经末梢之间传导电信号。很多神经病学家都认为，抑郁症和焦虑症的成因是大脑分泌的血清素不足，而躁狂症（极其欣快兴奋的状态）的成因则是大脑分泌的血清素过多。如果其背后的成因真的如此，那些可以刺激大脑分泌血清素的药物应该就有抗抑郁和抗焦虑的功能了。事实上，你可能会产生一种印象，认为血清素就是一种可以让人感到快乐的分子。

在我还在宾夕法尼亚大学医学院接受精神病住院医师培训期间，我对这套化学物质失衡理论做了多年研究。在那段时间里，我也在同业监督的期刊杂志上发表过一些研究，参与编写了一些心理学药物治疗的教科书，并且在美国和其他国家都教过相关的课程，主持过相关会议。我也因为一直以来对血清素代谢的研究而非常幸运地获得了A. E. 本内特奖（A. E. Bennett Award），这也是精神科学研究的最高奖项。

在20世纪70年代，我和我的同事做了一系列实验测试这套理论，想看看抑郁症到底是不是由大脑内血清素分泌不足导致的，可以说，我们的研究结果基本和这个理论背道而驰。比如说，在我们的一个实验中，我们人为提高了患有抑郁症的退伍军人脑内的血清素含量，每天给他们使用大量的L色氨酸（L色氨酸是一种氨基酸，在进入大脑后可以迅速地转化为血清素）。但是，我们发现，这些军人的情绪并没有因为注射了药物而得到改善。

我们把这个研究发表在了业内顶尖期刊上。在研究过程中，我还回顾了世界上所有和脑内血清素水平相关的文献和报告，没有找到任何直接证据证明血清素或是其他任何一种脑内化学物质的失衡会导致抑郁症、焦虑症或是其他的精神性障碍。时至今日，我仍然没有见到任何研究可以直接证明化学物质失衡理论。

很多抗抑郁类药物都是在20世纪80年代推出的，氟西汀就是一个典型的代表。当时，这类药物被称作选择性血清素再摄取抑制剂（SSRI），这种药物可以对大脑的血清素分泌系统产生极大的影响。因此，如果抑郁症或焦虑症真的是由血清素分泌不足所致，那这类药物无疑是可以迅速治疗抑郁症和焦虑症的。换句话说，抑郁症和焦虑症患者们如果服用了选择性血清素再摄取抑制剂，就会迅速康复，因为这类药物可以大大提升脑内的血清素水平。

但是事实却并非如此。实际上，最新研究已经开始质疑这些所谓的抗抑郁药物的效果了。除了安慰剂效应外，这些药物是否真的有其他的真实的抗抑郁或抗焦虑功效呢?

很多神经学家都不再认为脑内化学物质失衡会导致焦虑症或是抑郁症。他们现在的研究重点主要在大脑内的神经回路上，而并非化学物质的平衡问题。毕竟，我们的大脑不是一个像汽车刹车那样简单的液压系统。相反，大脑是一个复杂而巨大的信息处理加工中枢，有点像一个可以自己思考，并且有自己的感情的超级电脑。但是人脑和电脑的区别在于，人脑每天都会产生新的脑细胞和新的电信号回路。所以，每天早上我们醒来的时候，从字面意义上说，我们都是一个“全新的人”，因为我们的脑细胞在过去的24小时里已经全部更新一遍了。

不过，很多抑郁症或是焦虑症患者都坚持认为自己的情绪问题是脑内化学物质失衡所致，这也是可以理解的，毕竟你的主治医生是这样说的，你在电视上看到的广告也不停地在灌输相同的理念。其实，在你的医生告诉你，你脑内的化学物质失衡的时候，他们可能混淆了一个概念——化学物质失衡导致抑郁症和焦虑症目前仅仅停留在理论的层面，而理论并不等同于事实。医生们认真工作，也真心实意地希望能够尽他们所能帮助患者康复。医生们自己每天也不停地听到这种化学物质失衡理论。而这种理论的传播动力更多地是来自其背后的制药公司，而非其强有力的治疗效果。每年销售抗抑郁药物和抗焦虑药物的利润可达数十亿美元，一旦研究表明这些药物其实没有实际效果，那么这个药物帝国就将倾覆。因此，制药公司才会花重金宣传这种化学物质失衡理论。他们还为美国精神病学会提供了巨额赞助，也赞助了很多医学院的研究和教学。

当然，支持研究和教育肯定不是件坏事，但这种影响力是用钱买来的，而不是因为这些药物真的有神奇的效果。一直以来，制药公司都致力于营销他们自己生产的药物。原本科学研究的真谛是为了寻找真理，而药物公司赞助这些研究只是为了更好地销售他们的新产品。

就比如说，如果你最近经常觉得疲倦，来我这里看病，我怀疑这可能是缺铁性贫血导致的，而我是一个内科医师，我肯定不能做出没有任何依据的判断，所以，我会让你去做个血常规来验证我的想法。如果血常规检测的结果符合我的诊断，我就会给你开处方，处方里会包括一些铁元素补充剂。服用一段时间后，你就会觉得自己的身体重获活力。那么现在，我们换一个情境。如果我告诉你，你的抑郁或是惊恐发作是由于你脑内的某种化学物质失衡了，但是这种失衡是无法验证的，因为现在不存在任何测试可以检测人脑内的化学物质水平。你还会相信我的判断吗？有些人可能会觉得这个事实难以接受。因为化学物质失衡理论早就被广泛接受了。打个比方说，你可能会在杂志或者电视上看到一些抑郁症或焦虑症患者的脑部扫描图像。研究者们可能会指出，和那些已经康复并且重新感受到快乐的患者们相比，这些病人的脑部扫描图像是有着显著不同的。有些人可能会认为，仅凭这些图像就可以证明是脑部的化学物质失衡导致了抑郁症或者焦虑症。实际上，人们曾经确实是使用这种逻辑去“证实”了一系列包括抑郁症、焦虑症、多动症在内的情绪或行为问题都属于脑部疾病，需要用药物治疗。

科学家也对于新型的神经成像技术，比如核磁共振（MRI）、单光子发射计算机断层扫描（SPECT）或正电子发射计算机断层扫描（PET）抱有很高的期待。正是这些技术让我们第一次得以窥见活体人脑的 角。这些影像可以显示出脑部的血液流动状况和氧气利用情况。从影像上可以看出，当大脑的某一部分活跃的时候，会消耗更多的血氧。因此，通过测量脑内的血液流动和氧气利用情况，研究者就可以间接地了解当病人处在不同的行为和情绪状态之时，大脑不同部分的活跃程度。

然而，大脑中血液流动的情况对我们有意识的想法以及感受的影响是非常有限的。大脑的影像无法向我们揭示到底什么物质是正常水平，什么物质是非正常水平。简单来说，大脑成像技术无法揭示任何脑内的“化学物质失衡”。这种成像技术也无法向我们揭示出任何脑内物质变化与情绪之间的因果关系。从脑成像中，我们只能得知，我们的大脑是活的，是正常运转的。如果你觉得难过，你的脑成像可能会呈现出某一种模式；如果你觉得开心，脑成像可能也会随之变化。但这些影像并不能够让我们下定论说这种悲伤、开心或是兴奋的情绪一定和某种脑部疾病有关，也不能告诉我们是我们的大脑创造出了这些感受。实际上，我们到现在为止，甚至都不知道大脑是怎么创造出意识的，更别提其他的一些诸如抑郁、愤怒或惊恐之类的非正常状态了。

不管抑郁和焦虑到底是由什么原因导致的，我们都面临着一个很实际的问题，那就是我们要如何战胜抑郁和焦虑。

很多人都会觉得，药物治疗是最有效的治疗手段。事实上，这也是美国精神病学会的官方立场，大部分美国的精神病学家也都认为这是不争的事实。我在第一章中也提到过，治疗焦虑和抑郁一般都会被推荐使用两种类型的药物。

种是安定类镇静剂，如：阿普唑仑（Xanax）、劳拉西泮（Ativan）和地西泮（Valium）。另一种则是抗抑郁药，如：氟西汀（Prozac）、帕罗西汀（Paxil）和舍曲林（Zoloft）。安定类镇静剂也被称为苯二氮类，他们确实有很强的抗焦虑效果。打个比方说，你因为持续地担忧而失眠，所以你就服用了2.5毫克剂量的阿普唑仑片。如果你以前从来没有吃过阿普唑仑，这种药物可以发挥出近乎神奇的功效。到了休息的时间，你会立刻睡着，第二天早上醒来，你会觉得自己重获新生，全身轻松，简直像是奇迹！但这是不是就能说明阿普唑仑片校正了你脑内的化学物质失衡呢？并不尽然。这只能说明阿普唑仑能帮助你放松，并且有很好的助眠作用。也许你在睡前喝一两口小酒，也会有一样的效果，但很显然，酒精并没有校正你脑内的化学物质失衡。

阿普唑仑疗法也并非尽善尽美。如果你开始吃阿普唑仑或是其他的安定类镇静药物，你的身体可能在三周内就会产生赖药性。当你决定停药的时候，你就会体会到一种强烈的戒断反应，会感受到甚至比之前更加严重的焦虑和失眠。你服用安定类镇静剂的剂量和频率越高，你的戒断反应持续的时间也就会越长，严重程度也会越深。而戒断反应引起的焦虑和失眠恰恰就是你最初开始吃阿普唑仑的原因。由于你重新回到了焦虑和失眠的状态，你的医生也许就会告诉你，你并没有完全康复，因此需要继续服药。这也就是很多人会对安定类镇静剂上瘾的原因。

实际上，很多专家都表示，戒阿普唑仑片的难度可能和戒海洛因的难度相当。因此，在我的从医生涯中，我从来没有给焦虑或者抑郁症病人开过任何的安定类镇静剂。当然了，在某些病例中，阿普唑仑还是很有帮助的。比如说，你要做结肠镜检查，然后主治医生就给你的静脉注射安定类镇静剂，帮助你在做检查时保持放松。这种时候你就不要犹豫了，注射了阿普唑仑后，你可能会觉得脑袋晕晕乎乎的，并且爱上结肠检查，你甚至可能会希望每周都做一次结肠检查！

不过，如果你受到的是焦虑、失眠或抑郁带来的影响，就不要太心急地使用安定类镇静剂。在治疗抑郁症和焦虑症的时候，医生们都会推荐使用抗抑郁药。大家都听说过氟西汀。相比于安定类镇静剂来说，抗抑郁药最大的优点就是——服用不会上瘾。但是这种抗抑郁药到底有没有用呢？有没有最新的调查数据呢？

安慰剂效应

在回答这些问题之前，我想先跟大家简单谈一谈“安慰剂效应”，也就是给病人吃毫无作用的糖丸的升级版。

大家试想一个场景：有一个病人几个月来都觉得自己毫无价值，生活毫无干劲，他不断地寻求当地精神科医生的帮助。医生告诉他，他得的是抑郁症，这是由于脑内的化学物质失衡引起的。医生不停地安慰他，并且给他开了能够校正脑内化学物质不失衡的抗抑郁药的处方。几周后，这个病人表示他的情况比以前好了许多。服药之后，他的睡眠质量提高了，情绪也有所改善，又开始积极地生活了。

不论是病人还是医生，都把这归功于抗抑郁药。听起来是不是很有道理？我们是不是可以就因此而下定论：

- 这位病人的抑郁症是由于脑内化学物质失衡引起的。
- 抗抑郁药修正了这种化学物质失衡。
- 病人的病情之所以有所改善，是因为他服用了抗抑郁药。

虽然很多人都会按照这种逻辑进行推理，但实际上，这位病人情况的改善并没有给我们提供任何能够证明抗抑郁药效果的证据。我们唯一能确定的就是，他曾经抑郁，而现在有所好转。这当然是件好事，但我们并不知道到底是什么导致了他的抑郁，也不知道他到底是怎样好转起来的。他的好转可能是因为时间的疗愈，也可能是因为他经历了一系列情绪上的积极变化，还可能是因为他本身就变得更加积极了，当然也有可能是因为服药，或者说是安慰剂效应。

为什么安慰剂效应这么重要？

这是因为我们对自己的期待有的时候会给我们的思维方式、感受以及行为方式带来意料之外的影响。如果你完全相信这个药物是有效的，那么即使它没有实际效果，这种药物可能还是会改善你的状况。举个例子，假设我和你都是一家药物公司的营销推广人员。有一天，在一个新闻发布会上，我们一起宣布了一个消息：我们的公司合成了一款具有奇效的抗抑郁药，叫作安慰药。我们一直都在强调这种新药的神奇抗抑郁效果，并且告诉大家这款药物几乎没有任何副作用，也不含有任何有毒物质。而且我们强调我们计划向全国范围内的大量诊所投放安慰药，以进行大规模临床试验，预期治疗100万名抑郁症患者。市场上对于安慰药的热情会急速上涨，我们公司的股价也会在一夜之间飚上10亿美元大关。当然，我们没有告诉任何人我们的新药其实就是一种安慰剂，里面没有任何有效的化学成分。

那么，有多少服用安慰药的病人会因此康复呢？

很多研究实验都表明，如果医生给抑郁症患者开安慰剂，至少有30%～40%的病人会康复。这意味着，在我们的临床试验中，可以治愈30万～40万病人。这部分被治愈了的病人会非常信任这种新药，并且口口相传，告诉自己的亲人朋友这种药多么有用。有些人甚至可能还会登上像《奥普拉秀》这样的脱口秀节目，激情澎湃、眉飞色舞地给大家介绍安慰药和它的神奇疗效，并且以身说法，展示安慰药是如何矫正了他们脑内的化学物质失衡并且改变了他们的生活的。接着，这种新药的广告就会铺天盖地而来，成百上千的病人都会去医院开这种药。到那时，可能还会有一些故意唱反调以蹭热度的书籍问世，讨论给病人开这种强效“快乐药”是否有伦理道德风险。

当然了，其实安慰药本身并没有任何效果。让病人得到好转的不是药物本身，而是他们自己对于好转的期待。其实是病人们自己治好了自己，只不过他们自己并没有意识到这一点。

其实，“希望”是最有效的抗抑郁药。

安慰剂效应会让人非常疑惑，会让我们忍不住开始思考，为什么这种没有添加任何有效物质的药物能够治疗抑郁症呢？其实，你可以为抑郁症或焦虑症创造任何一种奇特的新药，只要你可以让人们相信这是一种有效的药物，那么对一些病人来说，这种药物就会是有效的，即使它可能伴随了一些副作用，比如会让人咳嗽。如果有病人因此而康复，你可能就会认为，你开发出的这种新药物有强效的抗抑郁或抗焦虑作用，但实际上，这种新药可能并没有实际的作用。

事实上，这种所谓的“安慰剂疗法”已经持续了数千年，早就不是什么新鲜事了。古时候，一些卖蛇油的商人就一直鼓吹蛇油是一种灵丹妙药，靠着这种安慰剂效应发了横财。病人们通常会希望能够找到一种快速见效的万灵药，而蛇油商人正是利用了这种心态。

看到这里，你可能会想要反驳我：“你所说的这一切可能只是学术上的理论。但在现实中，我们都知道，这些抗抑郁药确实是有用的。在很多科学研究中都证明了这种药物的有效性，这些药物也因此得到了食品药监局的批准。”

实际上，当前的情况并不是像你想的那么简单。最近的研究证明，所有的处方类抗抑郁药其实除了安慰剂效应之外真的都没有其他的治疗效果。比方说，在美国国立精神卫生研究院的资助下，多所大学共同组织了一次关于抗抑郁药的研究。在研究中，我们组织了320个严重的抑郁症患者，随机分配贯叶连翘、舍曲林或是安慰剂。调查者想一次性弄清楚，到底贯叶连翘有没有抗抑郁的效果，所以他们就想把贯叶连翘和“真正”的抗抑郁药舍曲林以及安慰剂的效果进行对比。结果显示，贯叶连翘和舍曲林其实都没有什么明显的效果。在所有服用安慰剂的患者当中，有32%的病人康复了，相比之下，服用舍曲林的病人中只有25%的人康复，而服用贯叶连翘的病人中仅有24%的人康复。

因此，该研究表明，贯叶连翘除了安慰剂效应外，并不存在任何抗抑郁的治疗效果。不过，大家现在都知道贯叶连翘其实并不能抗抑郁，我怀疑正是制药公司故意把这个实验结果泄露出去的，因为制药公司希望人们不要吃贯叶连翘，转而服用专门的抗抑郁药。但制药公司没有披露的是，其实在同一个研究中，抗抑郁药的表现也没有比贯叶连翘好多少。实际上，不管是舍曲林还是贯叶连翘，除了安慰剂效应之外，它们都根本没有任何的抗抑郁治疗效果！

这个研究可以说是关于抗抑郁药物效果的最好的一个研究，而且研究的结果和我们大家一贯以来的认知都有所不同。我们一直都认为，抗抑郁药应当药如其名，拥有强劲的抗抑郁效果。那这种实验结果会不会只是反映了少数特定药物的缺陷呢？

在过去几十年的相关研究中，只要制药公司取得了相关的数据，都会立刻回传给食品药监局。来自康涅狄格大学的厄文·基尔什（Irving Kirsch）和他的同事们认为，这种实验结果其实是非常典型的。他们的分析也表明抗抑郁类药物和安慰剂之间的差别是非常小的。抗抑郁药所谓的功效之中，大概有75%到80%都归功于安慰剂效应。

下面表格中的数字就可以说明这个问题。这是制药公司提交给食品药监局申请批准其新型抗抑郁药的数据图。

表4–1　抗抑郁药 V. S. 安慰剂："最好"的研究结果

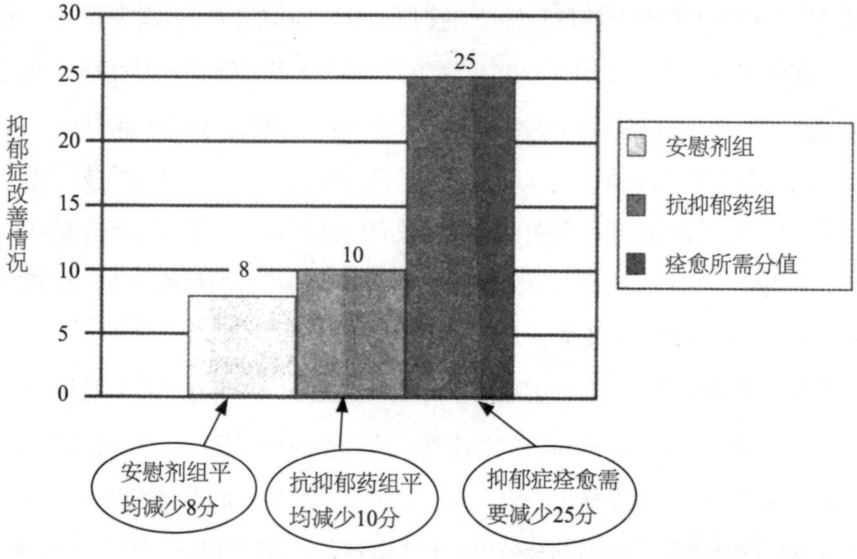

表4-2 抗抑郁药 V. S. 安慰剂：典型研究

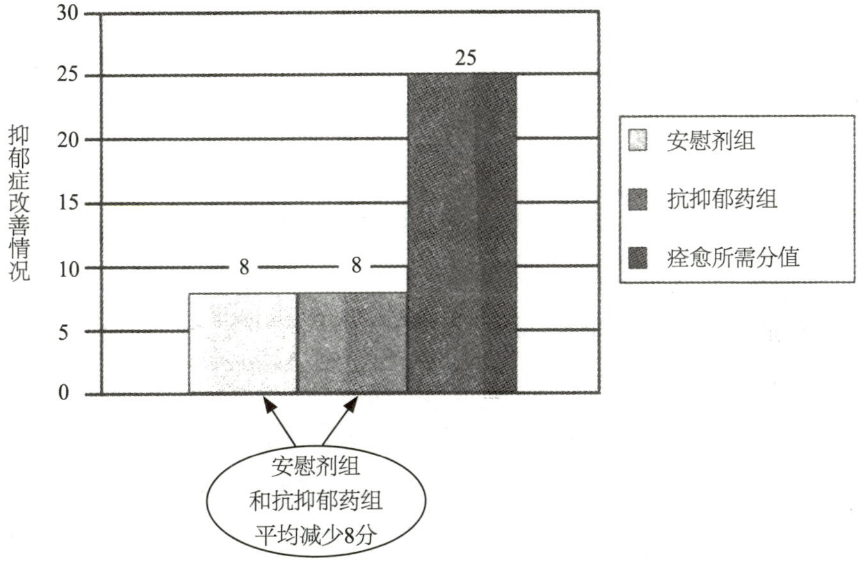

在这些研究中，数千名患有中度到重度抑郁症的患者都被随机分配了安慰剂或者抗抑郁药。他们的汉密顿抑郁量表分数平均可达25分。在抑郁量表中取得的分数越高，说明抑郁程度越严重。所以，这些病人如果想要完全康复，就必须从25分降至0分。在实验中，服用抗抑郁药的病人的抑郁量表测试成绩降到了15分，而服用安慰剂的病人的得分降到了17分。

这个实验结果是非常惊人的。

首先，这说明不管是抗抑郁药还是安慰剂，对于治疗抑郁症来说都没有明显的效果。但这已经是制药公司进行的所有抗抑郁药物实验中取得的最好的结果了。

其次，抗抑郁药和安慰剂取得的有限效果仅仅只有2分之差。而且这已经是药物所能取得的最好效果。若要达到痊愈的目标，患者的分数需要降至0分，而服药后仅仅降低十几分是完全不够的。有些研究者认为，既然这些药物的功效并不明显，就不应该给病人开抗抑郁药的处方，毕竟是药三分毒，这些抗抑郁药通常都有严重的副作用和毒副反应，人服用后可能会威胁健康。这些治疗效果只比安慰剂多2分的药物甚至都无法进入我的治疗方案TOP100的推荐列表。毕竟除了服药之外，还有很多治疗方法可以迅速地让病人的情绪发生很大的改善。

最后，其实抗抑郁药的效果当中，有80%都是由安慰剂效应带来的，而非药物本身的效果。如果大家平时不经常和研究数据打交道，看到这里可能会觉得非常困惑。因此，我在这里跟大家做一个简单的解释，帮助大家理顺当前的事实，而认清楚这一点十分重要。

如果你感觉到抑郁，我给你服用了安慰剂，但我告诉你，这其实是抗抑郁药。在做抗抑郁量表测试的时候，你的分数可能平均会减少8分。反之，如果我给你服用的是货真价实的抗抑郁药，比如说氟西汀，你的分数可能平均会减少10分。因此，其实抗抑郁药的功效中，有80%都是安慰剂的效果。也就是说，你在服用了氟西汀后感觉到自己的状态有所改善，这其实是安慰剂效应，而不是氟西汀本身的作用。换句话说，当人们相信自己的抑郁情况会因为服用抗抑郁药而有所改善的时候，服药产生的效果其实都是安慰剂效应，而不是药物的作用。

请大家记住上一个图表中的数据，那已经是制药公司最理想的药物测试结果了，但单从这个结果上看，这根本算不上理想。然而，制药公司却一直对这些结果秘而不宣，或是宣称这些不理想的数据是由于实验过程不够完善所致。

业内人士也会告诉你，他们其实已经对这种实验结果司空见惯。但是这些结果却基本不会被公布出来，这背后的利益原因也非常明显。制药公司不希望消费者知道他们正在拼命营销的药物实际上并没有理想的治疗效果。因此，药物本身在相关文献中就存在数据偏见，因为很多制药公司在发表数据的时候，会先对数据进行筛选，只发表理想的数据。这就让公众对于抗抑郁药的效果产生了过高的期待，目前发表出来的研究数据通常都是支持抗抑郁药物的疗效的。而制药公司为了让公众相信抗抑郁药的效果，可以说是无所不用其极。比如说，制药公司会给参加实验的抑郁症患者随机分配抗抑郁药和安慰剂。但是患者们并不知道自己到底被分到哪一组，就连对患者们的情绪进行评估的研究人员也不知道具体的分组。这种实验被称为双盲实验法，在这样的实验条件下，患者和医生彼此都不知道具体的分组情况。听起来好像还不错，似乎挺科学的。但是，实验者会告诉患者，这种安慰剂是完全没有任何作用的，因此，如果他们拿到的是安慰剂，肯定不会出现任何的副作用。相反，如果他们拿到的是抗抑郁药，那可能就会出现一系列的副作用，比如说胃不舒服、腹泻、神经紧张、失眠或感觉不到性冲动。实验开始后，那些感觉到副作用影响的病人就会自然而然地认为自己吃的是抗抑郁药。而那些没有感到一点副作用的病人则会认为自己吃的是安慰剂。如果你随便找一个病人问他们的组别，十个人当中有八个人的猜测都是正确的。如果你再去问那些全程负责监测这些病人的研究者，他们对组别的猜测也基本都是正确的。这就意味着，虽然这个实验是个双盲实验，但实际上受试者和研究者双方都已经知道了基本的分组，都知道哪些人吃的是抗抑郁药，而哪些人吃的是安慰剂。那些感受到副作用的病人觉得自己吃的是最新型的抗抑郁药，因此他们也会更加乐观，对自己的康复充满着希望。他们的抑郁状况也可能就会因此而改善。相比之下，那些没有体会到副作用的病人则认为自己服用的是安慰剂。他们就会觉得非常沮丧，并且告诉自己："太倒霉了！我竟然被分到了安慰剂组！安慰剂根本没有用！我的抑郁症没法康复了！"有了这样的想法，他们的抑郁情况反而会加重。

这样操作下来的实验就可以得到令制药公司满意的结果，即使抗抑郁药和安慰剂实质上真的没有什么区别，抗抑郁药也会大获全胜。这种实验研究还有其他的重大缺陷，这些缺陷的存在令人非常震惊，毕竟在设计实验的时候，这些缺陷都是很容易解决的。比如说，制药公司本可以使用那些同样会让人产生副作用的安慰剂进行实验。如果他们要测试的药物有镇静效果，他们就可以用诸如苯海拉明之类的抗组织胺药作为安慰剂，因为这种药物也会让病人感到困倦。如果要测试的药物像氟西汀一样，会让人觉得坐立不安、神经紧张或是腹泻，那他们就可以使用含有咖啡因的安慰剂。这样一来，病人们就不那么容易发现自己实际的分组了。

既然修正缺陷只不过是举手之劳，那为什么制药公司还是对这些明显的缺陷置之不理、视而不见呢？这是因为他们营销药物的需求和科学研究之间出现了矛盾。制药公司如果能够证明在至少两个实验中，他们的药物在数据上都比安慰剂的治疗效果强劲，他们就能够得到食品药监局的药物生产批准，公司股价便会迅速上升。所以，他们之所以以这样的方式操作实验，是有其背后的经济原因的。

抗抑郁药真的有效吗？

最近的一些关于抗抑郁药的实验结果更让人担忧。近期公布的一份调查研究显示，所有的这些新型抗抑郁药都增加了儿童的实际自杀率。食品药监局也因此要求在这些药物的包装外打上黑色警告标签，一般来说，只有最危险的药物才会打上黑标。虽然这份研究报告揭示的是儿童自杀率和抗抑郁药之间的联系，但实际上，服用抗抑郁药也可能会导致成人自杀。威尔士大学医学院的戴维·黑利（David Healy）博士最近利用美国联邦政府颁布的《信息自由法》从食品药监局处获得了近年来全球药物公司对于服用选择性血清素再摄取抑制剂（SSRI）类抗抑郁药的成年患者数据，并且与安慰剂实验组的数据进行了对比。他发现，服用抗抑郁药实验组的病人自杀率是安慰剂组自杀率的3倍。如果这些所谓的抗抑郁药真的具有抗抑郁的效果，那为什么服药后，成年病人和儿童患者的自杀率都有如此大的提升呢？按照这个实验数据，我们甚至都会觉得，根本不该给任何抑郁症患者开抗抑郁药作为处方！①

这些研究都表明，根本不存在真正有抗抑郁效果的药物。虽然诸如氟西汀和帕罗西汀一类的化学品都被称作抗抑郁药，但它们几乎都没有真正意义上的抗抑郁效果，很多人都觉得这些反面的研究结果一时间难以接受，甚至干脆拒绝相信

① 你可以去往下面的网址阅读服用SSRI抗抑郁药导致自杀率提升的文章：www. ohri. ca/newsroom/02172005. asp

这些结果。我们也常常听到患者说：“氟西汀真的有用，是氟西汀救了我。”但大家有没有想过，其实在那些服用安慰剂的人群当中，也有三到四成的人会发表类似的言论。

我过去几年的临床经验其实和最近这些新的科学研究结果是一致的。在前文中我也曾经提到过，我最早是在宾夕法尼亚州立大学医学院的情感类疾病研究小组做脑科学及精神药物学研究的。在那个时候，毫不夸张地说，我几乎是一桶一桶地给病人开抗抑郁药。少数病人的情况得到了很大改善，有一些病人得到了部分改善，但大部分病人即使吃了抗抑郁药，抑郁的症状也没有好转。

这些临床经验和我参加制药公司赞助的那些美国精神病协会大会或其他的持续性教育研讨会上发布的数据大相径庭。这些大会上总是有人声称，80%的抑郁症或焦虑症病人在服用了抗抑郁药后会有所好转，而我却不明白为什么我的病人的治愈率远没有达到这么高。我确信我开的药肯定没问题，因为宾大的精神药理学团队是世界一流的。

在我还在疯狂给病人开抗抑郁药的时候，其实我就已经开始尝试使用某些特定的心理疗法作为药物治疗的补充了。然而，我第一次听到认知行为学疗法（CBT）的时候，我并没有觉得印象特别深刻。我知道我的病人常年都暴露在消极想法之下，比如，他们常常会觉得：“我没救了，我不可能好起来了。”但我并不相信，只要他们改变自己的想法，就会慢慢走向康复。因为这听起来太像诺曼·文森特·皮尔（Norman Vincent Peale）博士的畅销书《积极思考的力量》了。我一直认为，抑郁与焦虑的情况更为复杂，也更为严重，似乎不适用于这么简单的方法。

我有几位症状特别严重的病人，最后我不得不尝试用这种方法治疗他们。正是这种尝试彻底改变了我对认知行为疗法的看法。我那几位感到绝望、认为自己毫无价值的病人在接受了认知行为疗法后，竟然开始一点点康复了！

最开始的时候，我很难相信这种简单的转换思维方式的操作会起作用，但我也不否认，当我的病人们开始转变想法，认为自己所有的消极想法都是大脑的骗局时，他们的状态都有所改善。有的时候他们就突然间在我的面前康复了，那些被绝望困扰了多年的病人们就在那么一瞬间战胜了自己的问题。我至今仍然记得我有一位来自法国的女病人，她被抑郁症困扰了超过50年。她曾经试图自杀过三次，每一次都差一点点就成功了。就是这样一位严重的病人，竟然有一天会在我的办公室里用法语兴奋地大喊："活着真好！"

随着临床康复的案例越来越多，我逐渐也将工作的重心从脑科学研究转移到了临床治疗中来，也有意识地探索了一下我内心深处的想法。最终，我决定放弃我的科学研究事业，转而做一名全职的临床心理治疗师。在过去的多年中，我为抑郁症和焦虑症患者提供了三万五千多次治疗，我至今仍然对认知行为疗法的疗效感到兴奋不已。

然而，我和我的同事们在20世纪70年代中期才开始改进这种疗法，今天，这种治疗方法比当年更加先进有效。在过去的30年中，很多研究都证实了认知行为疗法在抑郁症和焦虑症治疗中的有效性。实际上，认知行为疗法也是目前在美国实验最广的心理治疗方法，同时也是在临床治疗中使用最多的疗法。

比如，在书籍的导论部分，我就援引了亨利·A.韦斯特拉（Henry A. Westra）博士和雪莉·H. 斯图瓦特（Sherry H. Stewart）博士的研究数据。他们回顾了全球所有使用药物治疗或认知行为疗法治疗的研究文献，然后总结认为，其实治疗焦虑症最好的方法就是认知行为疗法而非药物疗法，并且建议将认知行为疗法作为治疗焦虑症的黄金准则。

大卫·安东卢西奥（David Antonuccio）博士和他的同事们也回顾了很多研究文献，对比了认知行为疗法和药物治疗在抑郁症治疗方面的作用。他们认为，不管是对于儿童、青少年，还是成年的抑郁症患者来说，认知行为疗法都比药物治疗更加有效。最近的几项研究还表明，认知行为疗法在短期上看可以快速改善病人的情绪，从长期来看其效果也优于药物疗法。这些研究结果和我的临床经验如出一辙。在每个病人正式出院之前，我都会仔细地给他们做防复发训练（RPT），至今为止，因为抑郁症或焦虑症复发而回来就诊的病人屈指可数。而且，大部分复发的病人都只需要再做一到两次治疗就可以彻底掐灭抑郁或焦虑的种子，重归幸福生活。我觉得这是一件很激动人心的事情，因为如果单用药物治疗抑郁症和焦虑症，病人的症状是很容易长期反复的。

那么你自己要不要试一试使用认知行为疗法呢？在做认知行为疗法的时候是不是一定就需要找一个优秀的治疗师配合呢？

在导论中，我也援引了斯克金（Scogin）博士和他同事们在阿拉巴马大学医学中心得出的研究结果。他们的研究清晰地表明，患有严重抑郁症和焦虑症的病人自己就可以使用认知行为疗法有效地治疗自己，而不需要进行药物治疗或是其他心理治疗，只需要看一本像本书一样的工具书，然后按照要求做练习就可以了。我把这种治疗方式称作“图书治疗法”。

斯克金博士的研究结果让很多病人的心为之一振，这一研究也至关重要，毕竟不是人人都有经济能力负担长期的治疗费用，也不是人人都能找到最好的心理治疗师。

当然，我也并不是说所有人都不应该去找医生，只需要自己读书治疗。很多病情比较严重的抑郁症患者还是很需要去医院找专业精神科医生进行治疗和康复指导的。这也不是什么丢脸的事情。有时候，治疗性地改变一下过去的生活方式，再辅以一点点专业的心理指导，就可以让病人的情况大大改善！

药物治疗还是心理治疗：伯恩斯医生的处方

· 毫无疑问，基因因素和环境因素都会对一个人思考、感受和行为的方式造成巨大的影响，但目前仍未有证据可以证明抑郁和焦虑是脑中化学物质失衡导致的。科学家们还不知道到底是什么导致了抑郁和焦虑情绪。

· 把药物奉为抑郁症和焦虑症对症治疗的法宝是不理性的。虽然美国精神病学会一直对外宣传药物治疗的诸多效果，在药物学界也广泛达成了这样的共识，但最近的研究结果与之并不相符，甚至还会让人对于抗抑郁药和安定类药物的安全性和有效性产生怀疑。目前的研究显示，对于抑郁症和焦虑症的治疗来说，无论是从长期来看还是短期来看，认知行为疗法都比药物治疗更加有效。

· 对于有些情况特别严重的抑郁症或者焦虑症患者来说，吃药可能也很有用，甚至可以救他们的命。但是药物治疗也需要和认知行为疗法结合方可达到最佳治疗效果。

· 有些严重的精神障碍症（比如精神分裂或者双相情感障碍）需要药物治疗，但认知行为疗法也同样有效。

· 病人其实并不需要长期服用抗抑郁药。在病人完全从抑郁或焦虑发作中康复过来的时候，如果开始使用认知行为疗法或者开始学习本书内教授的技巧，就可以停用抗抑郁类药物了。

· 很多人都可以自己学会书中教授的这些技巧，这一过程并不需要治疗师的指导。但一个好的治疗师却可以加快病人康复的速度，尤其是当病人的状况比较严重的时候。

· 不管你目前接受的是药物治疗、心理治疗还是同时接受两种治疗，或者是你已经开始自学书中的技巧，你都应该至少一周做一次“简明情绪量表”的测试（见本书第29页），以随时监测自己是否有康复的迹象。不管是哪一种疗法，其目的都是相同的，那就是康复。

· 不过请记住不要服用安定类药物，比如：阿普唑仑片、地西泮、劳拉西泮，这些药物是会成瘾的。

· 也尽量不要同时服用几种不同的药物，因为不同的药物交叉服用可能会导致不良反应。

· 如果你已经在服用抗抑郁药了，请时刻检测自己的自杀冲动，如果想要自杀，请立刻寻求帮助。当然，同样的建议对那些还没有开始服用抗抑郁药的病人也同样适用。

· 千万不要自己乱买药、乱吃药，买药前请咨询医师。团队协作和互相信任亦是治疗的关键。

第五章　改变的秘诀

从全球范围来看，焦虑和抑郁是两种最普通、最常见的心理健康问题，这两种情绪会让人觉得非常痛苦。

被焦虑和抑郁困扰的病人会失去自信，工作效率会极大地受到影响，从而失去内心的平和，这些负面情绪还会让你很容易和周围的人闹不愉快。但是这并不是毫无办法的。无须用药，也无须接受长期的治疗，你就可以战胜焦虑和抑郁。我接下来就要教大家一些小方法，可以帮助大家克服心中的恐惧，并且战胜焦虑和抑郁情绪。一般来说，使用了这种方法之后，你可以迅速康复，而且康复的速度会比你想象的快很多。当然，天下没有免费的午餐，只是阅读这些技巧是没有效果的。理解技巧固然重要，但只是停留在理解的层面，并没有办法治愈焦虑或抑郁。如果你想要真正改变你现在的生活，你不仅需要学习这些方法，还要主动在生活中运用它们才行。

为此，你必须要做到以下三件事：

1. 你必须放弃焦虑和抑郁的某些隐藏的好处，这可能会给你造成损失。
2. 你必须敢于直面心中最大的恐惧，这需要你拥有极大的勇气和决心。
3. 你必须做一些笔头上的练习，这要求你必须脚踏实地地做出积极的努力。

你可能不相信这些小方法可以真正改变你的生活，但如果它们确实行之有效，这会不会对你很有帮助呢？如果我向你证明这些方法真的可以帮你走出焦虑和抑郁的阴霾，你愿不愿意立刻尝试使用这些方法呢？

我们可以一起来做一个小小的思维实验。

想象一下，假如我正在给你做治疗，我的桌上安装了一个神奇按钮。如果你按一下这个按钮，你所有的问题都会轻而易举地烟消云散，然后你就可以开开心心地走出我的治疗室。

在这种设定之下，你会不会愿意按下这个按钮？

答案显然是："我愿意！"

但实际上，在现实生活中，很多人都恰好会有相反的选择。他们可能会不愿意按下这个按钮。尽管这些病人确实深受抑郁和焦虑的折磨，但他们对于"改变自己"这件事，心中也觉得相当矛盾。他们往往更愿意维持现状。

传统意义上说，心理治疗师把这种神奇的心理现象称为"阻抗"。在本章中，你会了解该如何识别这种可能会阻碍你康复的隐藏力量。当你发现这种隐藏力量并且主动将它们展示出来的时候，它们就再也无法阻碍你了。

在我的病人当中，有一位名叫萨姆的年轻人，他在华盛顿的一家快餐店里工作。有一天晚上，在他准备关店门的时候，两名持枪歹徒突然出现，用枪指着萨姆的脑袋，实施了抢劫。这两个歹徒将萨姆关在了快餐店的冷库里，从外面上了锁，然后带着抢来的钱扬长而去。第二天早晨，大堂经理才在冷库中发现了蜷缩在角落早已奄奄一息的萨姆，他的身心都因此受到了严重的创伤。过了几个月之后，萨姆找到了我，在他身上，你几乎可以找到所有创伤后应激障碍（PTSD）的症状。

虽然经过调养之后，他的身体已经康复，但他心灵上的创伤却一直存在，他常常会感到非常焦虑，有时候还会莫名觉得气愤。他的脑中会不停地闪回重演当时那段痛苦而可怕的经历，他总是能够看到那两个劫匪突然出现在面前的画面。这些萦绕在萨姆脑中的回忆让他非常惊慌害怕、脆弱无助。他甚至还会生出想要报复这两个劫匪的幻想。自这件事之后的每一分每一秒，萨姆都觉得非常痛苦，他想要回归到之前的正常生活。

当时我就告诉萨姆，虽然他的经历非常可怕，也非常屈辱，但是痊愈的可能性很大。我解释说，他所有的消极感受其实都源于这段阴魂不散的过去，当时遭受的屈辱和此时此刻复仇的念头一直在他的脑中盘旋。我向他保证，有很多方法都可以有效地帮助他改变平时思考和感受的方式。如果运气好，并且他也足够努力的话，这种焦虑和气愤的情绪甚至可能完全消失。我本来以为，萨姆在听到我的保证之后，应该会觉得非常激动和兴奋。但是恰恰相反，他坚持认为这些方法不可能对他有任何帮助，并且开始和我针锋相对地辩论了起来。我在那一瞬间突然有一种感觉，我觉得萨姆把我当成了他的敌人，而不是盟友。此时此刻的萨姆非常痛苦，也非常绝望，他希望能够改善自己的情绪，得到心灵上的平静。我想帮助他，并且也能够帮助他，但在我提出我的方法之时，他却开始和我吵架。

为什么萨姆会对我的帮助如此抗拒？

请你想一想为什么会这样，然后在下面的横线上写下你自己的答案。在你做完这个练习之前，请先拿一张纸把我的答案遮挡起来。请独立完成这个练习，不要被我的思路干扰。

____

____

____

____

答案：

尽管萨姆觉得自己饱受折磨，但我想，从某种程度上来说，他这种焦虑和气愤的情绪会不会也对他有所帮助呢？如果真的是这样的话，也许就能够解释为什么他会对我的建议如此抗拒了。

成本效益分析与阻抗

为了验证我的想法，我建议大家和我一起做一次成本效益分析（CBA），这个方法可以帮助我们更好更快地识别出一直阻碍我们改善情绪的潜意识。你可以列出所有让你抓狂的感受、想法或者习惯的优缺点。然后就这些列出来的优点和缺点做一个权衡，再来综合考虑到底要不要改变。

于是，我问萨姆，对他来说，一直觉得焦虑和愤怒是否也在一定程度上对他的生活有所帮助。

你可以看到萨姆确实列出了一些不良情绪的优点。

表5-1　萨姆的成本效益分析表

描述你想要改变的一种态度、感受或习惯：长时间感到愤怒，并且担心会再次被抢劫。

优点	缺点
1. 如果我一直保持警惕，我可能就不会再次被抢劫了。	1. 我每天的每一分每一秒都觉得很痛苦。
2. 我的焦虑是有现实依据的，我住的社区一直都不太安宁，经常会有人被抢劫。	2. 焦虑的人被抢劫的概率和那些开心的人被抢的概率一样高。而且，如果你看起来很焦虑，并且没有安全感，甚至可能更容易让你成为罪犯挑选的抢劫目标。
3. 我的愤怒显示出我是个坚强的人，我是不会被那些抢劫我的懦夫打败的，他们也别想逍遥法外。	3. 亲身遭遇持枪抢劫的概率是非常小的。
4. 我有权感到愤怒，这本来就是那群歹徒的错，是他们抢劫了我。	4. 假如我真的又被抢劫了，持续的焦虑也没有办法帮到我。
5. 我之所以会感到愤怒，是因为我有着正确的道德观。	5. 抢劫我的罪犯根本不知道我这么生气，他们当然也不可能在乎我的感受。在整个抢劫事件中，我是唯一受到折磨的人。我这是在为了别人的错误惩罚我自己。
6. 我有权感到难过，因为我本身就是这件事的受害者。	
7. 如果我一直保持警惕，说不定哪天我就能一眼认出他们，然后警察就可以逮捕他们了。	
8. 我常常幻想对他们进行报复。	
30	70

首先，他认为焦虑感可以让他始终保持警惕，从而免受未来的其他潜在的伤害。这其实是所有焦虑患者都共有的一种想法。我把这称为“魔法思维”（magical thinking）。一旦有这样的想法，患者可能会觉得，虽然焦虑很痛苦，但这种焦虑情绪可以在某种程度上保护自己。

在萨姆的愤怒情绪的背后，其实也有一些隐藏的优点。这种愤怒显示出萨姆是个非常坚强的人，他不想任由歹徒摆布，也不想让他们逍遥法外。他对于向歹徒复仇的幻想则说明，萨姆一直是一个非常自信也非常有自尊心的人，他绝对不想被这两个疯狂的持枪抢劫犯打败。正是由于焦虑和愤怒情绪其实也会给萨姆带来一些好处，才让他如此抗拒接受治疗。他会做出这样的选择，也并不是因为他有多么不理智，脾气有多么差或是做人有多么固执。萨姆并不是有意要和我对着干。从他的角度看，他可能只是想显得更加负责、讲道理，也更加有男人味、更现实一些。

接着，我让萨姆思考一下，一直以来的焦虑和气愤给他带来了怎样的困扰。他是否为此付出了什么代价?

就像你在“萨姆的成本效益分析表”中看到的那样，萨姆列出了一系列困扰，比如说，他觉得他生活中的每一分每一秒都非常痛苦。同时，他也会质疑自己，他其实并不确定持续感觉焦虑是不是真的能够让自己一直保持警惕，让自己不会再次遭遇抢劫。萨姆感到如此愤怒，而伤害他的两个歹徒对他的感受一无所知。这让萨姆更加生气了，并且萌生了复仇的幻想。他的生活因此被毁掉了，而那两个歹徒却还在逍遥法外。

萨姆写完所有的优缺点后，我让他对这些优缺点进行衡量比较。如果优点和缺点相加的总分是100分，那么优点的得分是否会超过缺点呢?

虽然在萨姆看来，感到焦虑和气愤带来的优点比缺点更多。但经过反复衡量，萨姆还是觉得缺点更加严重，因此，他给优点打了30分，而给缺点打了70分。有的时候，仅仅一个重大的缺点就可以战胜好几个优点，反之亦然。

基于这个打分，我给萨姆布置了一项作业。我建议萨姆在治疗结束之后去一趟当地的警局，告诉警察，他住在一个治安比较混乱的街区，问一问警察有没有什么防止被抢劫的好方法。

萨姆照做了。到了警察局之后，警察给了萨姆一个小册子，里面介绍了8种非常好的防抢劫法。萨姆非常吃惊，因为他终于意识到，持续焦虑并不能真的防止他被抢劫。因此，在进行第二周的治疗的时候，我发现萨姆的态度发生了一百八十度大转变。他不再抗拒我的治疗，相反，他非常配合，从那时起，我们真正成了一个团队。又做了几次治疗之后，萨姆的焦虑与气愤情绪几乎完全消失，他已经可以不用再继续接受治疗了。

萨姆的故事告诉我们阻抗到底是如何起作用的。从某种意义上看，有的时候，即使不需要你自己做出什么努力，你仍然不愿意改变自己，不希望自己痊愈。当然，这还是得具体问题具体分析，不同的人有不同的心理问题，因此他们各自的阻抗也有所不同。比如说，如果你一直都有考试焦虑，你可能在期末考试之前就会非常紧张，并且在考试的时候，脑子一片空白，也许还会手脚僵硬。但是你可能仍然会认为，只有感受到这种焦虑，才可能考出好成绩。你也可能会觉得，正是这种持续的焦虑在驱使着你努力学习。但是这其实是毫无依据的。

真正能让你提高效率的焦虑情绪很少很少，更多情况下，焦虑会让你的效率越来越低。如果你过度焦虑，你的生活会受到严重的影响。以我自己为例，我就发现我表现最好的时候往往是我觉得放松又自信的时候，而不是我紧张焦虑的时候。

你可能想要战胜自己的恐惧，但是又不希望你接下来做的事情会影响到你的工作。要想完全康复，你可能需要付出很大的代价。对于那些深受焦虑困扰的人来说，如果想要康复，你的内心不想去做但又不得不做的事只有一件。你还记得是什么吗？

在继续往下读之前，先在下面的横线上写下你的答案。

答案：

你可能已经猜到答案了。如果你想要战胜你的焦虑，你就必须直面你心中的怪兽，战胜你心中最深处的恐惧。比如说，如果你有幽闭恐惧症，我可能就会要求你自己待在一个像是壁橱之类的狭小密闭的空间里，让你自己被焦虑的情绪完全吞噬。你愿意这样做吗？

当然，将自己暴露在内心的恐惧面前并不是我们唯一的治疗方法。如果需要，我可以教你40种不重样的战胜恐惧的方法。而且大部分方法都不会让你觉得害怕。相反，这些方法很可能还会让你觉得非常兴奋！不过，暴露治疗法确实也是我们治疗计划的重要组成部分。刚开始使用暴露治疗法的时候可能会让你感到害怕，因此这就要求病人拥有极大的勇气和决心。

暴露疗法

我曾经治疗过一位名叫特雷弗的病人，他来找我的时候，已经有5年没有和女孩子约过会了。听他这么说，我觉得特别震惊，因为特雷弗又高又帅，而且也非常友善，看起来相当有魅力。我想确定我自己的这个判断是不是符合大众的审美，于是，我就找来了我的女儿帮忙。在特雷弗来接受治疗的那个夏天，我让我女儿在诊所的前台做登记的工作。虽然由于保密协定，我没法告诉她更多关于某个特定病人的信息，但我还是在一天工作结束的时候，问她有没有留意到一个名叫特雷弗的病人，对这个人有没有什么特别的印象。我女儿非常肯定地说她确实留意到了特雷弗，并且表示，特雷弗实在是太帅了！我女儿对特雷弗的评价非常高，她觉得特雷弗简直就像是从时尚杂志封面上走出来的男模！

那么为什么这样一个又帅又有魅力的人会没有办法跟人约会呢？

后来，我才知道，原来是因为特雷弗特别容易出汗，而且他对这一点极其敏感。他觉得女孩子只要看到他衬衫腋窝处的汗渍，一定都会觉得他很恶心。于是，他变得非常害怕出汗，也因此而变得越来宅，尤其是在夏天的时候，他几乎不敢出门。

在治疗开始之前，特雷弗告诉我，他实在是受够了孤独，他想要再次投入社交之中。我问他，如果我能让他摆脱孤独，这会不会对他很有帮助。他表示自己真的很绝望，只要有可能重新和人交往，他愿意做任何事。这正是我希望听到的宣言。

我给特雷弗定下一周两次的治疗，并且建议他和我一起走出家门，做一些克服羞耻练习（Shame-Attacking Exercises），而不仅仅是坐在室内夸夸而谈。我告诉他，在做这种练习的时候，其实就是故意在公共场合做一些愚蠢的事，然后你就会发现，做愚蠢的事并不会让天塌下来。我事前也提醒了特雷弗，这种克服羞耻练习可能一开始会让他觉得害怕，但是这种方法可以有效地帮助他克服心中的恐惧。

因此，按照计划，周四下午两点，特雷弗来找我了。当时正值八月，八月的费城又热又潮湿。在我们准备一起出去做克服羞耻的练习的时候，我去诊所的实验室里借了一个塑料喷雾瓶，在里面装满了水。我和特雷弗刚一走出门，我就提议一起跑步去附近的一家便利店，这样就可以多出一点汗。特雷弗看起来很紧张，但是他还是同意了我的要求，于是我们就出发了。过了几分钟，我们跑到了便利店，我们俩都出了一点汗。然后我告诉特雷弗，让他抬起手臂，我用喷雾瓶朝他的腋下用力喷了几下，营造出一种出了很多汗的效果。接着，我还在他的脑袋上也浇了点水，水从他的脸上不停地往下滴，就像汗水一样。当他整个人都完全湿透之后，我提出，让他现在立刻走进便利店，然后直接站到收银台边上，这样所有进入便利店的人都能看到他。我想让他把右手手肘抬起来，故意露出自己的腋窝，然后抬起左手指着腋窝的位置，用所有人都能听到的音量大声说：“天哪，今天好热啊！大家看看我！我一身都是汗！”

特雷弗听到我的提议后吓坏了，他根本无法想象我会对他提出这样的要求。他坚持说自己绝对不会这样做，因为只要他抬起手肘，整个商店的人都会看到他被汗水弄湿的腋窝，然后大家就会觉得他很恶心。

这时，我提醒他想想之前所做的承诺，他曾经说过，为了克服这种恐惧，他愿意做任何事。尽管整个任务听起来有些令人害怕，但我告诉他，这其实就是他战胜恐惧、改变生活必须付出的代价。我们还就克服羞耻练习的诸多优点进行了长达数分钟的辩论。他到底该不该按照我说的去做？应该去做的话，为什么？不该做的话，又是为什么？最后，特雷弗无奈地对我说：“好吧，既然你觉得这不是什么难事，不如你先做一次示范给我看看吧！”

我非常爽快地答应了。我在我的腋下喷了水，然后也给自己的脑袋上浇了水。接着，我就满脸滴水地走进了便利店。我抬起手肘，故意摸着自己的后脑勺，然后另一只手指着自己露出的腋窝，响亮地告诉店里的所有人，今天真热，我出了好多汗。便利店里的人其实也没有对我的宣言多么感兴趣，他们只是抬头看了看我，就接着低头做自己的事情了。就好像我是个隐形人一样。然后我还发现，在便利店旁边还蹲坐着一个流浪汉，便利店里的顾客对他也是视而不见！

我走出店门，告诉特雷弗，轮到他了。特雷弗看起来非常害怕，他用力吞了吞口水，然后鼓起勇气，按照我的要求，向全店的人展示了自己都是汗水的腋窝。果不其然，根本没人因为他腋窝出汗而觉得他很恶心。但他和我唯一的区别在于，他真的是太帅了。所以，在他展示完腋窝之后，甚至还有好几个人过来和他搭话，而且非常自来熟，就好像他们是很久没见面的朋友一样。特雷弗觉得，现在发生的这一切真的太神奇了。

接着，我们又一路跑步去了另外几个便利店，轮流做同样的克服羞耻练习。大家不仅没有觉得我们恶心，还觉得我们很搞笑。也有很多人跟我们搭话，一起抱怨今天真的很热。这一切对于特雷弗来说几乎是不敢想象的。他觉得非常震惊，因为他发现，身边的所有人竟然都对他如此友善。

最后，我们跑到了一家专卖女性运动服的精品店。我注意到一个年轻漂亮的姑娘给特雷弗抛了个媚眼，但特雷弗却完全没有发现，也没有注意到这个姑娘。我让特雷弗主动去跟这个姑娘搭话，然后抬起手肘，再一次展示自己出汗的腋窝。这一回，他的抗拒非常强烈，他坚持认为，如果这位姑娘看到他出的汗，一定会被恶心得晕过去。我告诉他，他必须要这样做，只有这样做才能够最终赢得对抗恐惧的战争，这将是对他的终极挑战。我也向他保证，如果他这次照做，以后我就不会让他再做更多的克服羞耻练习了。最后，特雷弗不情不愿地走向了这个姑娘，然后抬起手臂，非常害羞地对姑娘抱怨说自己非常容易出汗。

这位姑娘似乎完全不在意他出汗的腋窝，反而因为特雷弗主动找她说话而非常开心。接着，他们就很自然地热聊了起来。又聊了几分钟之后，这位姑娘甚至提议说他们可以偶尔一起去咖啡厅里喝点东西。特雷弗看起来似乎惊呆了，嘴里一直念叨着“太棒了”。只见姑娘莞尔一笑，从包里掏出了一张小纸片，在纸上飞速地写下一串数字，然后轻轻塞到特雷弗的手里，笑着说：“要约我喝咖啡的话，就给我打电话吧！一定记得打给我哦！”特雷弗飘飘然地走出精品店，手里紧紧攥着姑娘的手机号码，满脸的幸福。此刻的他开心得说不出话来。

为什么克服羞耻练习会如此有效呢？

特雷弗在做完练习后惊奇地发现，自己的消极想法已经完全烟消云散了。当他不再相信自己曾经不停告诉自己的想法的时候，他的害羞也随之消失。很多心理学专家都认为这种暴露治疗法总是这样起作用。事实上，并不是暴露本身让你不再恐惧，而是在暴露治疗的过程中出现了某一刻，这一刻你突然意识到，让你恐惧的想法其实并不是事实。

但是，直面恐惧从来都不是一件容易的事。而且在直面恐惧的过程中，可能会产生一种心理麻醉的效果，会麻木你的恐惧感。到目前为止，我们探讨的都是要大家放弃消极想法给你带来的优点，并且直面恐惧。但实际上，如果你想克服焦虑感，从而获得更大的自尊，还有另外一件你必须要做的事，那就是我之前提到的笔头工作。

这种笔头工作其实是你成功的关键。如果你一直保持记录，你的治疗就很难失败。而相反，如果你抗拒做这种记录，你就很难成功。我之前其实已经让你做了一系列笔头练习了。你都照做了吗？还是说你每次看到这种指示都会直接跳过，然后接着往后读？如果你想要看得见的改变，这些笔头练习的作用就是不可忽视的。

在下一个章节，我会教你如何使用“每日情绪日志”（Daily Mood Log），这也是治疗的主心骨。“每日情绪日志”可以帮助你厘清并且改变那些导致你焦虑和抑郁情绪的想法。然而，这也需要我们切切实实的努力，光是在脑子里想一想是没有用的。

重要的笔头工作

很多研究以及我的临床经验都强调一个非常重要的事实：那些在治疗期间不做自助练习的焦虑症和抑郁症患者的情况通常都不会得到改善。有的时候，他们的病情甚至会恶化。相反，那些真正撸起袖子实打实进行操练的病人康复的速度就会快很多，其治疗效果也更加持久。我真心希望你也能够康复。

很多病人都会抗拒做笔头练习。他们不想拿起笔写下自己的想法，因为他们觉得这毫无必要。他们会陷入一种消极的心态。他们希望天上能够掉馅饼，不付出就有收获。但是如果你真的想要改善自己的情绪，是需要努力和刻意的练习的。

我曾经治疗过一个名叫艾琳的女病人，她的心情特别抑郁，而且常常在治疗的过程中“忘记”填写“每日情绪日志”。在我治疗她的过程中，她几乎会抱怨她生活中的每一个让她感到失望的人，但她从来没有指出任何一个她想要改善的问题。

有一天，艾琳突然告诉我：“我可能就是在享受这种焦虑和抑郁的感觉。”我告诉艾琳，她可能确实是被这种情绪吸引了，我建议她列出抑郁和焦虑给她带来的所有好处以及康复会给她带来的坏处。这其实很像之前我给萨姆做的那个“成本效益分析”，但我这次试用了“矛盾法”。我们只去看那些让艾琳拒绝康复的原因。

艾琳写了抑郁的很多优点，包括：

· 我心情沮丧的时候，我的丈夫就会格外关心我。

· 我也不需要做饭或是做家务，我老公会帮我把所有的事情都料理好。

· 我也不需要出门工作，因为工作会让我感到害怕。

· 如果我抑郁，我就可以一直扮演着受害者的角色，并且心疼自己的遭遇。

· 我可以肆意抱怨身边所有我认为不够爱我的人，尤其是我的爸爸和哥哥。

· 我随时都有权利生气。

· 这让我觉得自己很特别。

· 我可以让伯恩斯医生感到沮丧，并且让他知道绝对不可能控制我或者对我做出任何要求。

· 因为我心情不好，所以我想喝酒就可以喝酒，想打镇静剂就可以打镇静剂。

艾琳同时还列出了很多康复的缺点，包括：

· 我在治疗的过程中必须做很多心理治疗师布置的家庭作业。

· 我必须戒酒，而且甚至可能还需要去参加互助会。

- 我不得不开始下厨做家务。
- 我可能还得出去找工作。
- 我以后都没有理由再来找伯恩斯医生了。
- 我感觉我自己不再特别。我将成为一个普通人，和我身边的所有人一样。
- 我将不得不和身边的人打交道，但是和他们打交道会让我觉得特别焦虑。
- 我不得不捡起之前我丢掉的很多事。
- 我也没法再去抱怨身边那些对我不好的人了。
- 我将不再是一个受害者。

我告诉艾琳，她的抑郁情绪显然是一件好事。看到她能够列出这么多抑郁的优点和康复的缺点，我真的感到如释重负，毕竟她是一个自费全款看病的病人，每周会找我两次，这对我来说可是很大的一笔收入呀。虽然每次治疗的时候我们都会吵起来，我仍然表示，我特别喜欢跟她斗智斗勇，如果她真的康复的话，我也会觉得很遗憾，会很想她。我补充说，我希望她继续“忘记”做我布置给她的任务，这样在未来的几年里，我们就可以一直见面了。

第二周，艾琳来接受新一轮的治疗，她告诉我每天她都会抽30分钟来填写“每日情绪日志”。此外，她还戒了酒，甚至还去了两次互助会。她说她感觉自己的状态好了许多，并觉得自己差不多痊愈了，可以不需要再接受治疗了。尽管她一直都饱受抑郁的折磨，但她对于治疗的抵触情绪也持续了数年。她不愿意去写我布置给她的作业，这其实就是她害怕治疗会有效果的体现，她很害怕在结束治疗之后就必须要和我这个忠实的老朋友说再见。

其实有很多像艾琳一样的人。他们一只脚在河里，一只脚却踏在岸上。一方面，他们特别希望改变自己的生活，但是同时，他们又一直抗拒着改变。对于我们每个人来讲，抗拒改变的理由可能都各有不同。但不管你的问题是什么，如果你真的想要改变自己的生活，那就必须要放弃眼前的蝇头小利，付出改变的代价。就像你在本章中看到的所有例子一样，窝在沙发里空谈自己的感受并且分析恐惧的原因是远远不够的。治疗师和病人必须通力合作。

现在我想知道你的答案，你会如何回答下面的三个问题?

· 如果有一个神奇按钮可以一瞬间就让你的焦虑、抑郁、愤怒情绪一扫而空，你会不会去按这个按钮?

· 你愿不愿意直面自己内心最大的恐惧，即使刚开始的时候会让你异常焦虑?

· 在你阅读这本书的时候愿不愿意花点时间和精力，动动笔做我给出的练习?

如果你对这三个问题的答案都是“能”，那么只要看完这本书，你就可以像扔掉一块石头一样简单地摆脱焦虑和抑郁情绪了。

第六章　每日情绪日志

最近，我在纽约组织了一次心理治疗工作坊。在一次研讨中，我问现场是否有人愿意当着所有参加者的面，和我一起解决一个自己的私人问题。一位名叫做玛莎的治疗师自告奋勇地举了手。她告诉大家，她最近一直都在担心自己女儿的问题。她的女儿叫雷思丽，今年26岁。玛莎自称是一个“传统的犹太母亲”，她这种不由自主的担忧情绪不仅影响到了她自己，有的时候也会让女儿雷思丽烦躁不堪。原来，雷思丽从很小的时候开始，就一直在为体重而烦恼。尤其是当她进入青春期后，她的体重问题更加严重了。即使一直在节食，雷思丽的体重仍然直线上升。最后迫不得已，雷思丽只好去做了缩胃手术。手术非常顺利。手术后，雷思丽瘦了超过70磅，她觉得棒极了。

尽管如此，玛莎仍然非常担心雷思丽的状态，她成天都在想：雷思丽今天有没有忘记吃药啊？雷思丽今天有没有喝够八杯水啊？因为她实在太担心女儿，她会忍不住经常打电话给雷思丽，一天打好几次，以确保每天雷思丽都有规律地生活。尽管玛莎这种近乎神经质的担忧有时候会让人觉得很心烦，但雷思丽每次都非常耐心地接听电话。玛莎说她和女儿之间的关系一直都非常好。

其实我们也不难想象玛莎的感受，毕竟为人父母，担心孩子也是人之常情。但问题在于，雷思丽一直都过得挺好的，所以玛莎的担心确实是有些过度了。

玛莎说她自己也觉得有点不好意思，毕竟她自己就是个心理治疗师，每天都在和焦虑的病人打交道。她现在甚至觉得自己每天行医就像是在欺诈，纵使她给自己的焦虑病人提再多的建议，却似乎没有一条能够帮到她自己。她对自己非常失望。

于是，我便让玛莎填写“每日情绪日志”。

“每日情绪日志”的基本理念就是：只要你改变了自己的想法，你就可以改变自己的感受。下面就有一张空白的“每日情绪日志”模板。

填写“每日情绪日志”可以分为五个步骤：

第一步　写下令你难受或不安的事件。在表格的顶部简单描述一下你遇到的一件令你难受或不安的事情，可以选择记录下任何一个让你觉得焦虑或沮丧的瞬间。

第二步　圈出你的“情绪”。在表格中给出的词汇里圈出能够准确描述你此刻情绪的词语，并且给情绪的强烈程度打分，0分代表完全没有这种感受，100分代表感觉极其强烈。在“之前”这一栏里为你的情绪打分。

第三步　记录消极想法。找到与这些情绪相关的消极想法，试着问自己类似的问题：“当我觉得愧疚的时候，我在想什么？此时此刻我的脑中有着怎样的想法？”或者“当我觉得焦虑或者持续担忧的时候，我给了自己怎样的暗示？”。打个比方说，如果你感觉抑郁，你可能在暗示自己是一个毫无价值、不值得被爱的人。在记录下消极想法之后，可以再给你自己的每一个想法打分，0分代表从来不这么想，100分表示这完全就是你的想法。在“之前”这一栏里为你的消极想法打分。

第四步　识别出认知扭曲。识别出每一个消极想法的扭曲之处，可以对照“每日情绪日志”下一页的“认知扭曲对照表”进行填写。

第五步　想出积极想法。试着用新的更积极的想法来推翻之前的每一个消极想法。在“相信程度”一栏中，给每一个积极想法打分，0分表示你完全不这么想，100分表示这完全就是你的想法。接着，再给你的消极想法重新打分，把新的分数写在“之后”这一栏中。

表6–1　每日情绪日志

令人难受的事件：

情绪	之前	之后	情绪	之前	之后
悲伤、忧郁、沮丧、消沉、难过			**尴尬**、愚蠢、受辱、害羞		
焦虑、担忧、惊恐、紧张、害怕			**无望**、没有干劲、悲观、绝望		
愧疚、悔过、感觉不好、羞愧			**沮丧**、受阻、受挫、挫败感		
自卑、无价值感、无能、有缺陷、无竞争力			**愤怒**、抓狂、仇恨、恼怒、易发火、局促不安、狂怒		
孤独、不被爱、被排斥、被拒绝、寂寞、被抛弃			其他（请描述）		

消极想法	之前	之后	认知扭曲	积极想法	相信程度
1.				1.	
2.				2.	
3.				3.	
4.				4.	
5.				5.	
6.				6.	
7.				7.	
8.				8.	

表6–2 认知扭曲对照表

1. 非黑即白（All-or-Nothing Thinking, AON）。你的世界是绝对的，非黑即白，没有灰色地带。	**6. 放大或缩小**（Magnification and Minimization, MAG/MIN）。你要么把一件事看得过分重要，要么会把一件事情的重要性无限缩小。
2. 过度概括（Overgeneralization, OG）。你认为坏事永远都不会结束，或者把一次失败看成永远的失败，你还会告诉自己："我总是这样！"	**7. 情绪化推论**（Emotional Reasoning, ER）。你的推论源于你的感受："我觉得自己是个傻子，我一定就是个傻子。"
3. 心理过滤（Mental Filter, MF）。你只看得到事物消极的一面，而完全忽视积极的一面。	**8. "应该"句式**（Should Statements, SH）。你总是告诉自己，你应该、必须、不得不做什么。
4. 优势打折（Discounting the Positive, DP）。你坚持认为自己取得的成就或是优良品质都无足轻重。	**9. 乱贴标签**（Labeling, LAB）。在不顺利的时候，你会告诉自己"我是个傻瓜"或者"我是个失败者"，而不是坦然承认自己只是犯了一个错误。
5. 妄下结论。即使没有确切的事实证明，也会迅速地下定消极结论。 **·读心**（Mind-Reading, MR）。觉得所有人都戴着有色眼镜看自己，认为自己不好。 **·臆测未来**（Fortune Telling, FT）。你总觉得所有的事都会以失败收尾。	**10. 归咎责备。**在遇到问题的时候你总是寻找犯错的人，而不是积极解决问题。 **·罪责归己**（Self-Blame, SB）。每次出现了问题，不管是不是自己的责任，你都会责怪自己。 **·罪责归他**（Other-Blame, OB）。每次出现了问题，你都会直接无视自己的问题，而不停地怪罪别人。

* 该模型由戴维·伯恩斯（David D. Burns）1984年提出，2003年修订。

第一步其实是最重要的，因为在你感到焦虑和沮丧的瞬间就可能发现你的所有问题。当你开始改变自己的思考和感受的方式的时候，你就可以找到解决你所有问题的方法了。

第82页的表格是玛莎的"每日情绪日志"。我们可以看到，玛莎在"令你难受的事件"这一栏只填了简单的几个字：在做工作坊的时候也很担心雷思丽。

首先，我让玛莎圈出自己的消极情绪，并且给这些情绪打分。

每日情绪日志列出了10种情绪。第一种情绪是“悲伤、忧郁、沮丧、消沉、难过”，玛莎圈出了“悲伤”这个词，然后在“之前”一栏中给这个情绪打了100分，因为她真的觉得非常悲伤。

此外，她还圈出了“焦虑”、“愧疚”、“羞愧”、“自卑”、“无能”、“无竞争力”、“孤独”、“尴尬”、“没有干劲”、“受阻”、“易发火”和“手足无措”。

她最强烈的情绪就是“受阻”和“手足无措”，她甚至给这两项打了200分。这两项的分值已经超过了上限。

接着，玛莎在“消极想法”一栏中写下了三个想法。

1. 我不应该这么傻傻地一直担心雷思丽。
2. 我得让自己放下心来，毕竟我是一个心理学家，我不应该这么神经质的。
3. 我可能会因此失去雷思丽的信任和尊重，因为我是这么无助！

我们可以看到，在“之前”这一栏里，玛莎给前两个想法打了100分，给第三个想法打了50分。

玛莎实际上真的有两个重大的问题：第一，她觉得非常担心；第二，这种长期持续的担心让她觉得非常有挫败感。

我们都知道玛莎是自告奋勇在所有的同事面前做这个练习的。但是很多时候，事情不能只看表面。

有没有可能玛莎对于让自己放宽心这件事本身就有很复杂的情绪呢？你能不能想到玛莎抗拒改变的原因？请在下方写下你的看法。

即使你完全没有头绪，也请在继续往下读之前大胆猜一猜。

____

____

____

表6-3 玛莎的每日情绪日志（一）

令人难受的事件：在参加工作坊的时候一直担心雷思丽。

情绪	之前	之后	情绪	之前	之后
悲伤、忧郁、沮丧、消沉、难过	100分		**尴尬**、愚蠢、受辱、害羞	60分	
焦虑、担忧、惊恐、紧张、害怕	100分		**无望**、没有干劲、悲观、绝望	90分	
愧疚、悔过、感觉不好、羞愧	90分		**沮丧**、受阻、受挫、挫败感	200分	
自卑、无价值感、无能、有缺陷、无竞争力	75分		**愤怒**、抓狂、仇恨、恼怒、易发火、局促不安、狂怒	25分	
孤独、不被爱、被排斥、被拒绝、寂寞、被抛弃	90分		**其他（请描述）**：手足无措	200分	

消极想法	之前	之后	认知扭曲	积极想法	相信程度
1. 我不应该这么傻傻地一直担心雷思丽。	100分			1.	
2. 我得让自己放下心来，毕竟我是一个心理学家，我不应该这么神经质的。	100分			2.	
3. 我可能会因此失去雷思丽的信任和尊重，因为我现在是这么无助！	50分			3.	
4. 失去另一个孩子真的让人难以接受。	100分			4.	
5. 我应该为伊莱莎的死负责。我真自私，我让她失望了。	100分			5.	
6. 我最好不要再把事情弄得一团糟了！	100分			6.	

* 该模型由戴维·伯恩斯（David D. Burns）1984年提出，2003年修订。

答案：

玛莎之所以会拒绝改变，可能是由于以下原因：

- 她可能认为，作为一位慈爱的母亲，担心孩子是必不可少的特质。她可能觉得自己是在保护雷思丽。
- 她可能有些迷信，认为一旦自己放松下来不再担心雷思丽，就会发生不好的事情。
- 她可能认为愧疚感和自我批评会帮助她解决问题。
- 她可能觉得这些消极想法其实都是真实存在的。
- 这种持续的担心可能会让她暂时忘记其他问题，比如孤独，或是她婚姻中的问题。

当然，这些都只是推测，除了玛莎自己，谁也不知道正确答案。

于是我问道："玛莎，如果我可以告诉你，我今天就能够帮助你克服焦虑，从今天起，你就可以不用再一直担心雷思丽了，你会愿意接受我的治疗吗？"

玛莎表示，只要我帮助她摆脱焦虑，她肯定会照做。我希望玛莎能够完全下定决心，于是，我就换了一种方式问她："假如雷思丽有一天真的忘记吃药了，或者没有喝够水，那可怎么办呀？如果你不再担心她，你可能也会忘记提醒她记得吃药喝水，这不就很危险了吗？而且，你会担心雷思丽，也正是因为你是一个爱孩子的妈妈呀。"

玛莎完全看穿了我这样问的意图，她表示她认为雷思丽自己就是一个非常独立自主的孩子了，其实并不需要她一直提醒。但接着，她突然沉默着低下了头，她轻声地说："但是，我不能再失去另一个孩子了。"玛莎的眼睛里忽然间噙满泪水。她[illegible]，其实除了雷思丽以外，她还有过一个女儿，名叫伊莱莎，但伊莱莎患有先天水脑症，这种病通常都是由于脑室中或脑底部蛛网膜下隙的脑脊液流出受阻引起的。因此，在伊莱莎出生后不久，外科医生就在她的脑中植入了一个分流器，让脑脊液能够绕过阻塞处，从而防止脑部因为阻塞进一步肿大。手术过后，伊莱莎和其他正常孩子一样健康成长，她的术后恢复也做得很好，她长成了一名阳光女孩。伊莱莎在读中学的时候非常努力，并且成功考上了康奈尔大学的医学系预科。在学校的家长访问日当天，玛莎从伊萨卡市的家中驱车前往曼哈顿和伊莱莎见面。伊莱莎见到母亲很开心，但是还是忍不住抱怨了两句，说自己最近常常感到头疼恶心。玛莎问伊莱莎最近有没有去做分流器清洁，她的症状可能是因为脑脊液阻塞引起的。伊莱莎向她保证分流器没有问题。玛莎实在是太累了，她开了一天的车，只想去酒店休息，不过她还是问伊莱莎要不要一起出去吃饭。在听到伊莱莎说她第二天有个考试所以要在学校复习的时候，玛莎如释重负。

说到这里，玛莎再次沉默了。我可以看到眼泪在她的眼眶里打转。但她仍然强忍着不哭出来。当时，整个屋子都陷入了沉默，安静到连一根针掉在地上的声音都能听得清清楚楚。接着，玛莎说道："伊莱莎就在那个晚上去世了。"话音未落，她就无法控制地哭了出来。

静静地等她哭了一会儿之后，我问玛莎是不是至今都对伊莱莎的死无法释怀。玛莎点了点头。我又问她是不是对伊莱莎的死感到愧疚。她再次点了点头。她说她觉得那一天的自己实在是太自私了，如果她能够多陪一陪伊莱莎，也许伊莱莎就不会死。她觉得自己让伊莱莎失望了，因此不希望在雷思丽身上重复过去的错误。我让玛莎把这些消极想法也加入"每日情绪日志"中。

所以，在上面的表格中，我们可以看到，玛莎给所有这些新添加的消极想法都打了100分。

我问玛莎想要最先解决哪个问题。她选择了第五个想法："我该为伊莱莎的死负责。我真自私，我让她失望了。"

在下面的表格中，请你勾选出这个想法背后的扭曲认知。在做这个练习的时候，请对照参考第80页的"认知扭曲对照表"。正确识别出消极想法中的扭曲认知与其说是科学，不如说是一门艺术，所以即使没有全部勾对，也无须担心。

表6-4　玛莎的认知扭曲

认知扭曲	（√）	解释
1. 非黑即白		玛莎告诉自己，伊莱莎的死全是自己的错，但实际上，这是由一连串的因素共同导致的。
2. 以偏概全		玛莎认为她那一晚的行动就代表了她整个人的品质。在伊莱莎去世的当晚，她因为太过疲倦就去酒店休息了，因此她认为自己是一个自私自利的人。
3. 心理过滤		玛莎一直被困在自己过去的“错误”之中，每天都觉得自己对不起伊莱莎。
4. 优势打折		玛莎完全没有看到这些年来她为自己的两个女儿做出的牺牲。
5. 妄下结论 ·读心 ·臆测未来		玛莎觉得她完全应该预料到那天晚上的事，如果她能及时采取行动，伊莱莎就不会死（臆测未来）。当然，如果她知道伊莱莎在危险之中，她肯定是会采取行动的。玛莎认为自己让伊莱莎失望了（读心），但没有任何证据可以表明伊莱莎曾经对自己的母亲失望过。
6. 放大或缩小		玛莎放大了自己的重要性，而忽略了伊莱莎本身自己就是个独立自主的女孩的事实。
7. 情绪化推论		玛莎感觉到内疚，因此她觉得自己真的是有罪的。
8. “应该”句式		玛莎告诉自己，她那天晚上应该做出不一样的选择。
9. 乱贴标签		玛莎给自己贴上了“自私”的标签。
10. 归咎责备 ·罪责归己 ·罪责归他		玛莎因为伊莱莎的死不停地责怪自己。

在表6-5中，你会看到玛莎自己是如何识别“每日情绪日志”中消极想法背后的认知扭曲的。她用了一些英文首字母缩写，MF代表的是心理过滤（Mental Filter），DP代表的是优势打折（Discounting the Positive）。

你在做这个练习的过程中有没有什么体会呢？

首先，你会发现，这些消极的想法其实并不真实。原本，玛莎觉得她的大部分消极想法都是百分之百真实的，所以她给它们全部打上了100分。但是，如果说这些想法中能够发现那么多的扭曲认知，那这些想法又能够有多真实呢？

其次，这些扭曲认知可以让你发现有些想法确实是彻头彻尾的谎言。

我接下来就要教大家使用一些小方法，帮助大家克服心中的恐惧，并且战胜抑郁情绪。当你在你的想法中发现这些扭曲认知的时候，你得先想一想首先需要用到哪个方法。

因为玛莎的第五个消极想法显然属于“罪责归己”，于是，我决定先试一试“双重标准法”。

双重标准法本身利用的就是人类在处理事情时的天性。当我们沮丧的时候，我们就会觉得心烦意乱，抓狂不已。但是当我们和有同样情绪问题的朋友聊天的时候，又会变得格外客观冷静，并且有同情心。于是，我问玛莎，如果现在她有个朋友，朋友的女儿也和伊莱莎遭遇了一样的事情，她会对朋友说什么？会说“你得为你女儿的死负责”这样的话吗？会告诉这个朋友“你真自私，你让你女儿失望了”吗？

玛莎看起来震惊极了，她告诉我，她绝对不会对自己的朋友这样说。然后我问她会对这位朋友说什么。

玛莎回答说：“我会告诉她，她自己也是个人，不是神，她不可能无时无刻都能够照看自己的孩子。我也会告诉她，如果她真的知道自己的女儿那个晚上需要她，她肯定会陪在女儿身边的，她也一直是这样做的。我还会告诉她，我觉得她一直都是一个善良的、爱孩子的妈妈，她一点都不自私。”

我问玛莎这番话是真心话还是只是出于对朋友境遇的同情。

玛莎说她的每一个字都是真心话。

接着，我让她在“每日情绪日志”中第五个消极想法后面的“积极想法”一栏中写下自己的积极想法。

我们可以在表6-6中看到她写下的话：如果我知道伊莱莎那天晚上需要我，我一定会陪在她身边，就像所有其他爱孩子的妈妈一样。

我也让玛莎给这个想法打分。她在“相信程度”这一栏里打了100分，因为她认为这完全是事实。

我指出，她的积极想法和消极想法是冲突的。一方面，她觉得自己是个自

表6–5　玛莎的每日情绪日志（二）

令人难受的事件：在参加工作坊的时候一直担心雷思丽。

情绪	之前	之后	情绪	之前	之后
悲伤、忧郁、沮丧、消沉、难过	100分		**尴尬**、愚蠢、受辱、害羞	60分	
焦虑、担忧、惊恐、紧张、害怕	100分		**无望**、没有干劲、悲观、绝望	90分	
愧疚、悔过、感觉不好、羞愧	90分		**沮丧**、受阻、受挫、挫败感	200分	
自卑、无价值感、无能、有缺陷、无竞争力	75分		**愤怒**、抓狂、仇恨、恼怒、易发火、局促不安、狂怒	25分	
孤独、不被爱、被排斥、被拒绝、寂寞、被抛弃	90分		**其他（请描述）**：手足无措	200分	
消极想法	**之前**	**之后**	**认知扭曲**	**积极想法**	**相信程度**
1. 我不应该这么傻傻地一直担心雷思丽。	100分		MF，DP，ER，SH，LAB，SB	1.	
2. 我得让自己放下心来，毕竟我是一个心理学家，我不应该这么神经质的。	100分		SH，LAB，SB	2.	
3. 我可能会因此失去雷思丽的信任和尊重，因为我现在是这么无助！	50分		MR，FT，SH，LAB	3.	
4. 失去另一个孩子真的让人难以接受。	100分		FT	4.	
5. 我应该为弗莱莎的死负责。我真自私，我让她失望了。	100分		AON，OG，MF，DP，MR，FT，MAG/MIN，ER，SH，LAB，SB	5.	
6. 我最好不要再把事情弄得一团糟了！	100分		FT，ER，SH，LAB，SB	6.	

* 该模型由戴维·伯恩斯（David D. Burns）1984年提出，2003年修订。

私的人，应当为伊莱莎的死负责。另一方面，她又觉得如果能救伊莱莎的命，她愿意做任何事。人不可能同时觉得两个互相矛盾的想法都是事实，因此我告诉玛莎，她必须放弃其中的一个想法。

玛莎说，此时此刻，她不再觉得自己的消极想法是事实。我让她也给这些想法打分，100分表示她完全相信这个想法，0分表示她觉得这个想法是无稽之谈。我们可以看到，玛莎在“之前”这栏里打了100分，而在“之后”这一栏里只打了5分，这说明她已经不再相信她的第五个消极想法了。

如果你希望这个积极想法完完全全地改变你发自内心的感受，它必须满足两个条件。

· 必要条件：这个积极想法一定得百分之百真实，或是接近百分之百真实，否则的话就没有效果。如果这个积极想法只是理想化的幻想，或者说这个想法本身就不是现实，你的情绪就不会得到改善。

· 充分条件：积极想法需要让消极想法不攻自破。记住，当你改变你的思考方式的时候，你的感受也会随之改变。

玛莎的积极想法是完全真实的。而且积极想法与消极想法完全矛盾，也让消极想法不攻自破，因此她不再认为是她的自私导致了伊莱莎的死亡。因此，她的积极想法满足了情绪改善的充分条件和必要条件。

事实上，玛莎就是在那一瞬间才终于放下了伊莱莎的死，不再觉得有负罪感，也不再怪自己。我问她，她现在对雷思丽的担忧是不是因为一直都对伊莱莎的死抱有负罪感。换句话说，她是不是一直很害怕自己会因为犯了同样的错误而失去第二个女儿？

这个想法对于读者朋友们来说可能是很自然的，但对于玛莎来说，她却觉得意外极了。虽然她自己就是一个心理学家，但她从来没想过这种可能性。这大概就是所谓的“医者不自医”“当局者迷，旁观者清”吧！当问题发生在自己身上

表6–6 玛莎的每日情绪日志（三）

令人难受的事件：在参加工作坊的时候一直担心雷思丽。

情绪	之前	之后	情绪	之前	之后
悲伤、忧郁、丧气、消沉、难过	100分	15分	**尴尬**、愚蠢、受辱、害羞	60分	0分
焦虑、担忧、惊恐、紧张、害怕	100分	5分	**无望**、没有干劲、悲观、绝望	90分	0分
愧疚、悔过、感觉不好、羞愧	90分	5分	**沮丧**、受阻、受挫、挫败感	200分	0分
自卑、无价值感、无能、有缺陷、无竞争力	75分	0分	**愤怒**、抓狂、仇恨、恼怒、易发火、局促不安、狂怒	25分	0分
孤独、不被爱、被排斥、被拒绝、寂寞、被抛弃	90分	0分	**其他（请描述）**：手足无措	200分	0分

消极想法	之前	之后	认知扭曲	积极想法	相信程度
1. 我不应该这么傻傻地一直担心雷思丽。	100分	10分	MF，DP，ER，SH，LAB，SB	1. 我一直以来的担心其实并没有什么必要，跟我傻不傻也没有关系。我担心是因为我爱我的女儿。	100分
2. 我得让自己放下心来，毕竟我是一个心理学家，我不应该这么神经质的。	100分	10分	SH，LAB，SB	2. 心理学家也是人类，也有权感到悲伤或者生气。	100分
3. 我可能会因此失去雷思丽的信任和尊重，因为我现在是这么无助！	50分	5分	MR，FT，SH，LAB	3. 也许我想要停止对雷思丽的过度担心，在我向她展示我对她的爱与关心的时候，我是不会失去她的信任的。	100分
4. 失去另一个孩子真的让人难以接受。	100分	0分	FT	4. 不太可能发生这样的事，雷思丽现在挺好的。	100分
5. 我应该为伊莱莎的死负责。我真自私，我让她失望了。	100分	5分	AON，OG，MF，DP，MR，FT，MAG/MIN，ER，SH，LAB，SB	5. 如果我真的知道伊莱莎那个晚上需要我，我肯定会陪在女儿身边的，我一直以来也是这样做的。	100分
6. 我最好不要再把事情弄得一团糟了！	100分	0分	FT，ER，SH，LAB，SB	6. 这一条简直太要命了，让我一直以来都觉得如履薄冰，活得好累。其实我从一开始就没有做错什么事。	100分

* 该模型由戴维·伯恩斯（David D. Burns）1984年提出，2003年修订。

的时候，往往就会成为盲点，而我的这个问题让她重新从另一个角度审视了自己的担忧。她不再把这种担忧当作自己的神经质，而是她把它当作对两个女儿的爱的表现。

我还问玛莎这种负罪感是不是一直让她困在过去，至今无法释怀，觉得是自己害死了伊莱莎。

她点了点头，又开始哭了起来。

这种没有出口的情感，比如愤怒和负罪感，有的时候会让我们的伤口难以愈合，让我们始终无法释怀。这些感受会让我们难以与已经死去的亲人和朋友告别，让我们一直沉浸在过去的悲伤之中。

但现在，玛莎不再觉得有负罪感，她终于能够把她藏在心中许多年的悲伤和痛苦全盘托出。

哭完之后，玛莎觉得心情好多了。

接着，我问她愿不愿意如法炮制，给“每日情绪日志”里填写的另外几个消极想法也写一些针锋相对的积极想法。

所以，在玛莎的“每日情绪日志”中，我们可以看到她几乎在每一条曾经让她痛苦万分的消极想法后面都写出了与之完全矛盾的积极想法。而这些消极想法的分数几乎都曾经是100分。而在“之后”这一栏中，消极想法的分数明显大幅度下降了，这说明玛莎写出的积极想法达到了我们之前提到的充分必要条件，真的改善了她的心情。

为了证明玛莎的情绪真的有所改善，我让玛莎重新评估自己的消极情绪，和之前一样，0分表示一点都不痛苦，100分表示极其痛苦。

我们可以看到，在情绪部分“之后”的一栏中，她的消极情绪得分明显大幅下降。她仍然会觉得有些悲伤、焦虑和内疚，但这是非常正常的心理感受。毕竟，她刚才一直都在回忆自己女儿去世的事。

我问玛莎有没有和雷思丽讨论过自己对于伊莱莎死亡的感受。玛莎告诉我她以前从未想过这样做，但在做完今天的练习后，她决定一回家就和雷思丽讨论这件事。

玛莎只花了45分钟时间，就给困扰自己多年的担忧和负罪感画上了圆满的句号。当然，这并不代表所有人都能在45分钟之内迅速甩掉不良情绪。但我确定，所有饱受焦虑和抑郁侵扰的人都能够像玛莎一样好起来。

玛莎的康复受到几个重要因素的影响。

第一，玛莎把目光聚焦在了某一个特定的、让她觉得焦虑的时刻。

第二，她准确地在每日情绪日志中识别出了自己的感受，并且记录了让自己内疚、担忧的所有消极想法。这让我们能够得知玛莎给了自己怎样的暗示。但人生而不同，不同的人对于同一件事的思考方式可能也是不一样的。“每日情绪日志”最大的好处就是它能够反映出你独特的想法和感受。

第三，我们找到了玛莎担心雷思丽的深层次情感原因。最开始她自己甚至都没有意识到，她之所以会这么担心雷思丽，是因为自己一直对伊莱莎的死怀有负罪感。她始终走不出来是因为她的负罪感和羞耻感将她困在了过去的悲伤之中。

第四，玛莎愿意尝试面对心中最大的恐惧。她其实很害怕重新打开这些痛苦不堪的记忆，但是她仍然把这些记忆和盘托出，并且努力直面它们，这样一来，康复也只是时间的问题。

最后，玛莎成功意识到自己的消极想法其实都是无稽之谈，她原谅了自己，得到了释怀。在她放过自己的那一瞬间，她真正地康复了。

当你在生活的某个时刻，突然感受到了某种启迪，你对自己和世界的所有看法几乎都会发生戏剧性的转变。

“每日情绪日志”可能看起来很简单，但它是一个非常复杂的工具，善加利用就可以改变你的想法和感受。它也将是你治疗的基石。接下来，我将回顾这五个步骤，并重点介绍人们在每一步中犯下的最常见错误。

现在就立即开始使用自己的“每日情绪日志”吧！

在对照这些步骤的时候，请一定要真的拿笔在纸上写下来，只是在脑子里想想是行不通的，因为你的消极想法会无休止地越堆越多，最后会让你陷入消极的怪圈里毫无头绪。

不要担心在书里写字。在本书的最后我还为你准备了另一份“每日情绪日志”的空白模板。你还可以复印更多来使用。

第一步　写下令你难受的事件

在每日情感日志的顶部，简短地描述一件让你感到不安或难受的事。确保你的问题是确切的，问题中应提到相关的人物、时间和地点信息。这可能是你感到沮丧、担心或恐慌的任何时刻。你可以问自己如下问题：

- 我感到不安的是一天中的什么时间？
- 我当时在哪儿？
- 当时发生了什么？

请时刻记住，你感到焦虑和沮丧的瞬间就可能会暴露你所有的问题。

当我们确定玛莎在工作坊期间所面临的消极想法和感受时，我们也理解了她之所以会这么担心背后的原因。当她改变了当时思考和感受的方式时，她经历了一次深刻的变化，这影响了她的整个生活。

人们在第一步中犯的最常见错误之一是总是很着急，试图在第一步的时候就解决自己的问题。心急吃不了热豆腐，你只是在消极的情绪世界中打转，因为你的消极想法和感受看起来都太真实了，这种真实的体验是压倒性的。但如果你把这些消极想法记录在纸上就会觉得轻松许多，然后你可以一次只解决一个问题。

这个建议似乎是常识，但很多人都忽略了它。人们宁愿只谈论自己生活中的问题，而不愿意写下来。当然，当我们感到不安或难受时，我们都希望有人倾听。但是，如果你真的想改变自己的生活，你迟早得关注你自己感到不安或难受的这个特殊时刻。所有痛苦的根源可能都隐藏在这一刻里。

这与传统疗法完全不同。在传统疗法中，你可能会和一位善于倾听并偶尔点头的治疗师谈话，这位治疗师可能会一直跟你说：“还有其他想说的吗？”

传统疗法的核心理念是，如果你主动谈论自己的感受，并长时间探索过去，最终，你会发生某种类型的深刻变化。几乎所有关于心理治疗的电影和电视节目都刻画过这种治疗模式，例如《心灵捕手》和《凡夫俗子》。我喜欢这些电影是因为这些电影确确实实让传统的治疗模式看起来很有效。但根据我的临床经验，如果只是谈话而没有任何逻辑章法，反而会有可能无休止地拖延病情，也不会给病人带来任何真正的改变。如果在你的家人或朋友中有多年来一直接受心理治疗的人，你可能就会明白我的担忧。

如果你一直都有焦虑、不安全或抑郁的感觉，我希望有朝一日，你能够在早上开心地醒来，并对自己说：“活着真好。”

为了达到这个目标，你必须拿起“每日情绪日志”，实打实地努力。

第二步　圈出消极情绪

在你描述完令你难受不安的事件后，在表内的情绪词汇中圈出能够准确描述你此刻情绪的词语，并且给情绪的强烈程度打分，0分代表完全没有感觉，100分代表感觉极其强烈。

在“之前”这一栏内打上分数。当你填完“每日情绪日志”的时候，你可以在“之后”一栏中再次给你的感受打分，就像玛莎刚才所做的那样。

识别和评估你的消极情绪很重要，因为特定种类的感受是由某些特定的消极想法引起的。这样做可以更容易地在第三步中识别你的消极想法。

“每日情绪日志”列出了以下情绪词：

· 焦虑、紧张或担忧。你告诉自己你处于危险之中并且即将发生可怕的事情。

· 惊恐。你突然觉得自己好像马上就要晕倒、发疯，或者觉得自己马上就要死了，或者失去控制。

· 尴尬。你告诉自己，你在别人面前看起来像个白痴。

· 害羞。你告诉自己，其他人会看到你如此紧张不安，并且会因此而看不起你。

· 孤独。你告诉自己，你是不值得被爱的，注定要永远孤独。

· 忧郁。你告诉自己，你就是一个失败者，或者你认为自己失去了你爱的人或是失去了关系到你自尊的某件事物。

· 无望。你告诉自己，你的问题永远不会得到解决，你的痛苦将永远持续下去。

· 愧疚。你告诉自己，你是一个坏人，或者你违反了自己的价值观。

· 羞愧。你告诉自己，其他人会看到你有多么糟糕，会觉得你有很多缺点，并且因此看不起你。

· 自卑 。你会觉得自己毫无价值，觉得自己是个彻头彻尾的失败品，觉得自己达不到应有的期待。

· 沮丧。你告诉自己，其他人或事本应该符合你的期待。

· 愤怒。你告诉自己，其他人都是以自我为中心的混蛋，他们会不公平地对待你，或者故意地利用你。

· 束缚。你告诉自己，你必须屈服于你的朋友、爱人、配偶或其他家人。

第三步　识别消极想法

当你感到不安时，记录你脑中闪现出的所有消极想法。问自己这样的问题：当我感到绝望和沮丧时，我在想什么？当我感到恐慌时，我又在想什么？

在“每日情绪日志”的“消极想法”一栏中列出你的消极想法，并评估你对每个想法的相信程度，从0分（根本不信）到100分（完全相信）。在“之前”这一栏的下面打上分数。在这里，我想就大家记录消极想法的过程做一些小提示。

· 使用完整的句子。不要在“消极想法”一栏中写下“要疯了”这样的不完整的句子，因为它没有任何意义。相反，你可以写：我快要疯了。

· 让每个消极想法都尽可能地精简。写一句话就足矣，因为我们很难处理那些又长又绕的想法。

· 尽量避免使用诸如“为什么我一直如此焦虑？”或“我怎么了？”这样的问句。你可以将此类问题变成消极的想法，比如“我不应该一直这么焦虑”或者“我一定哪里有问题”。

· 不要在“消极想法”一栏中描述你的感受。不要使用诸如“我担心考砸”或“我现在感到恐慌”之类的陈述。在“每日情绪日志”的“情绪”部分记录你的感受。如果你在“消极想法”一栏中描述了感受，你会感到沮丧，因为你无法反驳这种感觉。而且让你焦虑恐慌的想法可能其实并不是事实。

· 确保不要在消极想法中描述自己的感受。打个比方说，在“消极想法”一栏中，就不要写下诸如“特丽莎拒绝了我，我觉得我自己好痛苦”这样的句子，这其实是一种描述（特丽莎拒绝了我）和感受（痛苦）的结合。将事件记录在每日情绪记录的顶部，并在下方直接列出你的情绪（孤独、受伤、愤怒、低人一等、尴尬、毫无干劲和痛苦等）。在“消极想法”一栏，你可以记录下导致这些感受的想法，例如：

1. “全部都是我的错。”
2. “根本没有女孩子会喜欢我。”
3. “我会孤独终老。”

第四步　识别出想法中的认知扭曲

在“认知扭曲”一列中记录每个消极想法中的扭曲认知。正如你在上文看到的那样，第80页的“认知扭曲对照表”里列出了所有十种扭曲认知的定义，你可以在记录完消极想法之后对照查看。通常你会在每个想法中发现许多扭曲认知。

你在“每日情绪日志”上列出扭曲认知时，可以参照“认知扭曲对照表”中的缩写来节省时间。比如说，你可以用MAG代表放大，LAB表示乱贴标签，SH表示“应该”句式，SB表示罪责归己。

第五步　想出积极想法

思考出一些更积极更现实的想法，让你的消极想法不攻自破。问问自己：我能以更积极和现实的方式思考这个问题吗？

请记住能引起情绪变化的积极想法需要满足的必要和充分条件：

- 必要条件：积极的想法必须是百分之百真实的。
- 充分条件：积极想法需要让消极想法不攻自破。

第五步其实是很难的。如果真的那么容易就能破除所有的消极想法，那你可能根本不需要看这本书了。确保你在“相信程度”一栏中记录你对每个积极想法的相信程度，然后重新给相对应的消极想法打分。

和我多年来治疗过的那些病人们一样，如果你的积极想法没有达到情绪改善的充分必要条件的话，即使再多努力也是徒劳无功的。如果积极的想法不是百分之百真实的，那么它们就无法满足情绪变化的必要条件，如果这个积极的想法无法破除消极的想法，那就无法满足情绪改善的充分条件。

不过不要担心。这种治疗方式就是这样的。接下来，我要教你如何使用一系列强大的治疗方法，帮助你破除那些让你焦虑、担忧、恐慌或抑郁的消极想法，我也会教你如何选择最适合自己的治疗方式，不论是在现在还是在未来。

第二部分

认知模型

第七章　发现自我攻击信念

认知行为疗法认为焦虑、抑郁和愤怒都是由当下的消极想法导致的。这个理论也解释了我们为什么会产生诸如焦虑、抑郁或愤怒等情绪，但它没有回答另外几个重要的问题：

· 为什么有些人如此容易受到痛苦情绪的影响，而其他人似乎总是能够自然而然地感到快乐和自信？

· 为什么有些人容易受到各种状况的影响？比如，当受到批评时，有些人可能就会觉得非常崩溃；在开车的时候，假如被超车，有些人可能就会觉得非常愤怒。

· 如何解释抑郁、焦虑或愤怒发作的特定时间？到底是什么事会在第一时间触发这些情绪？

在这里，我就要给大家介绍一下常见的自我攻击信念（Self-Defeating Beliefs, SDBs）了。你的态度和价值观可以解释你的心理脆弱性。一旦你识别出了自己的自我攻击信念，你就会知道为什么自己会感到不安，并且了解自己在未来什么样的时刻可能会感到不安。

自我攻击信念有两种基本类型：个人自我挫败和人际自我挫败。

个人自我挫败常常与自尊相关，自尊会告诉你要做什么，要怎样才能成为有价值的人。自尊常常会让你认为：“我需要___，才能够觉得幸福与满足。”你可能会在空白的横线上填入“完美”“成功”“爱”或是“认可”。

以下是个人自我攻击信念的一些例子：

- 行为完美主义。你认为自己总是应该尽力做到完美。无论何时，只要你失败了，或者没有达到既定目标，你都会无情地鞭策自己，并告诉自己没有达到应有的水平。
- 认知完美主义。你认为你必须用你的才能或是成就给每个人留下深刻的印象，才能让他们喜欢和接受你。在你的心里，你总是认为，如果你的朋友和同事发现你并不完美或是你很脆弱，大家就不会再尊重你了。
- 成就上瘾。你的自尊心完全建立在自己的智力、才能、成就或生产力之上。
- 赞赏上瘾。你认为你需要得到每个人的认可才能获得成功。每当有人批评你或不赞成你的看法时，你就会主动采取防御姿态，并感觉到受到了威胁。

与个人自我攻击信念相比，人际自我攻击信念可能更容易导致与其他人之间的冲突。通常，具有人际自我攻击信念的人对亲密关系中发生的事情会抱有极高的期望。这些想法塑造了我们对被爱、受到尊重以及其他人对待我们的方式的理解。给大家举几个典型的人际自我攻击信念的例子。

- 归咎责备。你总是觉得自己是无辜的，那些和你关系不好的人应该为你们关系中的问题负责。
- 我对你错。你总觉得自己是对的，其他人都是错的。
- 理所应当。你觉得所有人都应该按照你期望的方式思考、感受和行事。当他们不这样做时，你就会觉得很生气、很沮丧。
- 被爱上瘾。你认为唯一真正的幸福来自被你关心的人所爱。你认为如果你被你关心的人拒绝，或是一个人独处，你就是毫无价值的，注定会孤独终老。

· 盲目服从。你认为自己必须满足其他人的需求和期望，即使在这个过程中你已感到痛苦不堪。爱成了一种被奴役的形式，因为你觉得你必须不停地给予，只有给予才能让你被爱。

· 认知自恋。你认为关心你的人都很脆弱，都会以自我为中心，并且认为他们都想利用你。你觉得你永远不会对别人打开心扉，永远不会主动告诉别人你内心的真实感受，因为大家都会因为了解你的内心而拒绝你。

· 冲突恐惧。你认为愤怒、冲突以及与其他人产生分歧都是危险的事情，应该不惜一切代价避免这些情况。

说到这里，你可能会觉得疑惑，这些自我攻击信念和消极想法之间有什么关系呢？它们是不是一回事呢？

实际上，两者之间的关系是非常简单的。自我攻击信念其实始终存在，但消极想法只有在你感到不安时才会浮现在你的脑海中。举个例子，如果你有成就上瘾，这就意味着你的自尊心完全建立在自己的智力、地位、才能、成就或生产力之上。只要你的学习或职业生涯顺利，你就会感到相当快乐和满足。但是当你失败或者没有达到目标的时候，你将很容易受到痛苦情绪的影响。那时，你的脑中会充满消极想法，比如：“我是个失败者”或是“为什么我会搞砸？我不应该犯这个错误！”

每个人脆弱的点可能各有不同。比如说，如果你对被爱上瘾，只要你和你关心的人有一段浪漫的关系，你就会感到相当快乐和满足。但如果你感到孤独、被拒绝或不受欢迎，你可能会陷入严重的抑郁症，因为你会感到自己毫无价值。

识别你的自我攻击信念不仅仅是一种对自我意识的训练。当你能够改变这些想法时，你将变得更加坚强，不容易受到痛苦情绪的影响。你将变得更有创造力、生产力，也会更容易享受到快乐和亲密感。

向下箭头法

你可以使用向下箭头法来识别自己的自我攻击信念。

从“每日情绪日志”中选择一个消极想法，并在其下方画一个向下的箭头“↓”。箭头代表着以下问题：“如果这个想法是真的，那么为什么它会让我感到不安？这对我来说意味着什么？”

当你问自己这些问题时，可能就会有新的消极想法浮现在你的脑海中。将其直接写在箭头下方，并在其下方绘制另一个箭头。再问自己同样的问题。如果你多次重复这个过程，你会产生一系列消极想法。当你回顾这些想法时，你就可以轻松找出自己内心深处的自我攻击信念。

下面，我就来给大家举个例子，教大家如何使用这种方法。

一位名叫拉希德的年轻人正在学习飞行员课程，他即将参加联邦航空管理局（以下简称FAA）的考试，这让他觉得非常紧张。虽然拉希德在班里一直都名列前茅，但他总是感到惴惴不安，因为他总是克制不住地问自己：“如果我考试不及格该怎么办？”

不知道大家还记不记得在第六章中，我曾经建议大家将这些假设性质的自问自答都转换成陈述句，然后将这些内容写进自己的“每日情绪日志”中“消极想法”那一栏里。接着你就可以对这些消极想法提出质疑了。

我们可以看到，在拉希德的“每日情绪日志”（见106页表7-1）中，他写道：我可能没法通过考试。

我让拉希德在这个想法的正下方画一个向下的箭头，然后对他说：“拉希德，我们知道你是一名尖子生，所以你在测试中应该会做得很好。但现在让我们假设一种相反的情况。我们一起想象一下，六个月后，你确实没通过FAA考试。这对你来说意味着什么？为什么这会让你难过？”

拉希德回答：“这会让我在我的朋友面前丢脸。”

我让他把这个想法直接写在箭头下方，并在这个想法的下方绘制另一个箭头。然后我接着问道："然后呢？我们来继续这个假设，如果你在考试中真的失败了，你确确实实也在你的同伴面前丢脸了，这对你来说意味着什么？为什么这会让你难过？"

拉希德回答："那样我的同伴们就会看不起我。"

我让他把这个想法直接写在箭头下方，并在这个想法的下方绘制另一个箭头。我们重复了几次这个过程，找到了拉希德内心深处的想法——"这意味着我毫无价值。"

当你找到你内心最深处的想法之时，就做完向下箭头法了：

- 这意味着我毫无价值。
- 我的生活毫无意义。
- 我绝对不可能开心起来。

在拉希德的"每日情绪日志"后面，你可以看到拉希德和我推导出的所有消极想法。

下面，我们一起看一看这些想法，你是否可以找出一些拉希德的自我攻击信念呢？第109页列出的23种常见的自我攻击信念可能会对你有帮助。在继续阅读之前，请在下方的空白处写下你识别出的拉希德的自我攻击信念。

1. ______________________________
2. ______________________________
3. ______________________________
4. ______________________________

答案：

以下是我和拉希德一起找到的他的自我攻击信念（见108页）：

表7–1 拉希德的每日情绪日志

令人难受的事件：6个月后我就要参加FAA考试了。

情绪	之前	之后	情绪	之前	之后
悲伤、忧郁、沮丧、消沉、难过	50分		**尴尬**、愚蠢、受辱、害羞	0分	
焦虑、担忧、惊恐、紧张、害怕	85分		**无望**、没有干劲、悲观、绝望	80分	
愧疚、悔过、感觉不好、羞愧	25分		**沮丧**、受阻、受挫、挫败感	50分	
自卑、无价值感、无能、有缺陷、无竞争力	90分		**愤怒**、抓狂、仇恨、恼怒、易发火、局促不安、狂怒	0分	
孤独、不被爱、被排斥、被拒绝、寂寞、被抛弃	80分		**其他（请描述）**：		

消极想法	之前	之后	认知扭曲	积极想法	相信程度
1. 我可能没法通过考试。				1.	
2. ↓				2.	
3.				3.	
4.				4.	
5.				5.	
6.				6.	

* 该模型由戴维·伯恩斯（David D. Burns）1984年提出， 2003年修订。

表7-2　拉希德的向下箭头法

情绪	之前	之后	认知扭曲	积极想法	相信程度
1. 我可能没法通过考试。	100分			1.	
2. 这会让我在我的朋友面前丢脸。	100分			2.	
3. 我的同伴们就会看不起我。	100分			3.	
4. 我不仅浪费了时间，还浪费了钱。	100分			4.	
5. 这会毁掉我的生活和工作。	100分			5.	
6. 我是个失败者。	100分			6.	
7. 我毫无价值。	100分			7.	

- 行为完美主义
- 认知完美主义
- 赞赏上瘾
- 成就上瘾
- 聚光灯谬误
- 林火谬误

这些想法在焦虑患者中极为常见。

拉希德的担忧并不是因为他不得不参加考试，而是来源于他的思考方式。拉希德所有的自尊都是建立在自己的成就和别人的赞赏之上的。他是个完美主义者，并认为他的同学将像他一样非常具有批判性。他觉得自己好像在一个明亮的聚光灯下表演，不得不给他的朋友留下深刻的印象以得到大家的喜欢。他还认为身边的朋友就像克隆人，会以完全相同的方式做出反应，所以如果其中一个人看不起他，其他所有人就都会看不起他。很显然，这些扭曲的想法使他承受着巨大的压力。

尽管自我攻击信念确实能够反映一些事实，但它们往往是非常具有误导性的。

首先，拉希德一直都在班里名列前茅，所以他不太可能不及格。他在FAA考试中确实有可能不及格，但这也并不是世界末日，因为考生是可以报名重考的，因此，拉希德的灾难性思维并不现实。他总是认为只要第一次没有通过FAA考试，他的职业生涯就会被毁掉，生活也会因此变得一团糟，但这也不是事实。此外，拉希德的同学可能比他想象得更加包容开放，而且他们可能更关心他们自己的表现，而不是拉希德的表现。我建议他可以问他的几个朋友，如果他不及格，不得不重考，朋友们会不会觉得很失望。在问过朋友之后，拉希德惊奇地发现朋友们其实也和他一样紧张，并且还因为得知拉希德也同样紧张而如释重负！最终，拉希德以高分一次性通过了考试。

表7–3 常见的自我攻击信念

成就	抑郁
1. 行为完美主义。认为自己不可以失败，也不可以犯错。 **2. 认知完美主义。**认为如果自己不够完美或表现得很脆弱，他人就不会喜欢自己，也不会接受自己。 **3. 成就上瘾。**认为自己的人生价值依赖于自己的成就、智慧、才能、地位、收入或外表。	**13. 失去希望。**认为自己的问题永远无法解决，自己永远无法获得真正的快乐与满足。 **14. 觉得自己毫无价值或低人一等。**认为自己是个没有价值的“残次品”，比不上别人。
爱	**焦虑**
4. 赞赏上瘾。需要所有人都赞赏自己才觉得自己有价值。 **5. 被爱上瘾。**认为如果没有被爱，就不会感到开心和满足；认为如果没有被爱，人生也会变得无足轻重。 **6. 害怕被拒绝。**认为如果被拒绝，就意味着自己有问题，如果自己孤身一人，就一定会过得非常凄凉、悲惨。 **服从** **7. 讨好他人。**认为自己必须讨别人开心，即使这个过程会让自己很不开心。 **8. 害怕争斗。**认为所有人都应该互敬互爱，不应该吵架、争斗。 **9. 罪责归己。**认为所有关系当中出现的问题都是自己的问题。	**15. 情感完美主义。**认为自己应当觉得开心、自信，且能够自我控制。 **16. 害怕愤怒。**认为愤怒是危险的，不可以发怒。 **17. 情感恐惧。**认为自己不应该感到悲伤、焦虑、不满足、嫉妒或脆弱；觉得应该隐藏所有的情绪，不要把负能量带给他人。 **18. 认知自恋。**认为自己关心的人都毫不知足，权力巨大，且想要控制自己。 **19. 林火谬误**（brushfire fallacy）。认为所有人的想法都一样。只要有一个人鄙夷自己，这种情绪就会像林火一样迅速蔓延，很快所有人都会讨厌自己。 **20. 聚光灯谬误**（spotlight fallacy）。认为自己在和别人说话的时候就好像在聚光灯下表演；认为自己如果不努力表现得非常有趣或睿智，别人就不会喜欢自己。 **21. 魔法思维**（magical thinking）。认为如果自己担心得够多，一切都会好起来。
绝对化的要求	**其他**
10. 罪责归他。认为所有关系当中出现的问题都是他人的问题。 **11. 理所应当。**认为所有人都应该按照自己设想的样子对待自己。 **12. 我对你错。**认为自己才是真理。	**22. 无法容忍沮丧。**认为自己根本不应该感到沮丧，认为生活必须一直都顺风顺水。 **23. 超人思维。**认为自己必须强大，不能软弱。

* 该模型由戴维·伯恩斯（David D. Burns）2003年提出。

向下箭头法是一种很容易操作的方法，可以快速地让你了解自己内心深处的想法和态度。在使用向下箭头法时，我们可以从“每日情绪日志”的消极想法开始。你选择哪一个消极想法都行，选择一个你感兴趣的就好。在它下面画一个向下的箭头“↓”并问自己：“如果这是真的，那对我来说意味着什么？为什么这会让我难过？”这时，一个新的消极想法将浮现在你的脑海中，你可以在箭头下把这个想法写下来。

如果你多次重复这个过程，你会产生一系列消极想法，并且最终找到自己最深层的担忧。然后对照第109页“常见的自我攻击信念”列表，你就能轻而易举地识别出自己的自我攻击信念了。

这个练习将帮助你理解为什么你容易受到各种情绪问题的影响。当然，仅仅识别出这些想法是不够的。在下一章中，我将教你如何应对这些自我攻击信念，并重建自信。

第八章　如何调整自我攻击信念

我们应如何改变自己的自我攻击信念呢？我认为这个过程可以分为三步。

1. 进行成本效益分析。没有看到白纸黑字的利大于弊，你是不会有动力改变自己的想法的。

2. 修正自己的想法。试着看看你是否能够提出一个新的想法，这个想法应包含之前分析出的所有的优点，但排除了缺点。

3. 测试新的想法。通常，你可以先进行实验，看看自己的自我攻击信念是否真实有效。这样一来，你就可以将理性层面上的理解转化为感性层面上的情感变化。

第一步　成本效益分析

我们一起来实践一次上文介绍的三步法。

我在下面的成本效益分析表的顶部写下了我想分析的想法：我总是想要尽力做到完美。

你能找出这种心态的优点吗？

你可以问问自己："这种想法对我会有什么帮助？以这种方式思考有什么好处？"

然后你可以在"优点"这一栏中，列出所有你能想到的优点。

表8-1 行为完美主义：成本效益分析

描述你想要改变的一种态度、感受或习惯：我应该总是尽力做到完美。

优点	缺点

接着，你可以再问问自己，这种想法会如何伤害你。例如，完美主义的缺点是什么？它会不会阻碍你？你为了达到完美会付出怎样的代价？然后你可以将完美主义的缺点写在“缺点”一栏中。

请在分析表中列出完美主义或将自尊心建立在完美主义之上的优点和缺点。但请注意，不要混淆“完美”和“完美主义”，毕竟“完美”本身是没有错的。

现在大家来一起做一下成本效益分析吧。列出完美主义的所有优点和缺点。当你完成后，就可以衡量一下这些优点和缺点在你心中的重要性，并给它们打分，两个分数加在一起为100分。

如果优点大于缺点，则左侧圆圈中的数字将更大。如果缺点大于优点，则右侧圆圈中的数字会更大。

记住，有时候一个优点如果足够强大，就可以胜过好几个缺点，反之亦然。完成后可以参考对照第114页我给出的成本效益分析样例。

进行该成本效益分析的受试者认为，完美主义的缺点超过了优点，因此他在左边的圆圈中写了“35”，在右边的圆圈中写了“65”。但是，每个人打分的结果都会有所不同。如果某一个想法的优点分数更高，那就意味着这个想法对你有用，所以可能也不需要对其进行修改或是放弃这个想法。如果缺点分数更高，则意味着这种想法对你来说效果不佳。如果是这样的话，你就可以对这种想法进行修正了。

第二步　修正自己的想法

一旦你意识到这些自我攻击信念是一把双刃剑，要修正它们也会变得容易起来。你也不必觉得你的个人价值观完全是非理性的或荒谬的，更不必放弃所有的想法。相反，你可以做一些心理调整，这样你就可以摆脱这些自我攻击信念带来的消极影响，同时保持对它的积极态度。

表8–2　行为完美主义：成本效益分析

描述你想要改变的一种态度、感受或习惯：我总是应该尽力做到完美。

优点	缺点
1. 我会努力工作。	1. 我的完美主义可能会给我带来很多压力和担忧。
2. 当我工作完成得很好的时候，我会觉得很棒。	2. 当我失败或犯错时，会觉得整个人生都被毁了。
3. 我不甘于平庸，也不愿意做比别人低一等的工作。	3. 我的完美主义可能会阻止我进行创造或冒险，因为我会害怕失败。
4. 我有极高的标准表明我是一个非常特殊和非常有才华的人，我比其他人优秀。毕竟，我们绝对不会指望一个平凡的人是完美的。	4. 从批评中学习很难，因为我会感到受到威胁和防御。保持自尊心对我来说永远如履薄冰。
5. 我的完美主义给了我一个简单的方法去衡量自己的自尊程度。	5. 当我放松并且不那么迫切地想要做好一件事的时候，反而更容易把工作做好。
6. 其他人会钦佩我，因为我很勤奋、尽职尽责。	6. 我可能会忽视大局，因为我会过分关注所有小细节。
	7. 当我追求完美主义并且以完美主义的标准要求自己和身边其他人时，我与其他人的关系并不好。
	8. 当我表达对周围的人的兴趣时，大家似乎更喜欢我，而当我试图用我自己的成就给他们留下深刻印象的时候，反而效果不好。
	9. 我可能因为想把这件事做得完美而常常拖延。
	10. 我永远不会觉得自己成功了，因为我永远不会完美无缺。而且我的情绪会有很大的改善空间。
35	65

如果我们假设完美主义的弊大于利，那么我们应该给自己怎样的暗示？在往下读之前，先在下面的横线上写下你的答案。

____

____

____

答案：

修正包括完美主义在内的自我攻击信念的方法有很多，这里给大家介绍其中的一种：

尝试出色地完成每一项工作并没有什么不对，但如果我努力想要追求完美，我就必须为自己的压力、担忧和失望做好准备。当我犯错误或没有达到既定目标时，我不需要感到羞耻或觉得自己毫无价值，我总是有很大提升空间的。我可以把我的错误视为学习和个人成长的机会。

如果你采取这种态度，除了压力、紧张和自我怀疑外，你什么都不会失去。你最终可能会变得更有效率和创造力，因为你会感到更放松，你的自尊心并不总是会出来作祟。

第三步 测试你的想法

修正自我攻击信念可以带来认知上的变化，但在内心深处，你可能仍然对这些自我攻击信念深信不疑。比如说，即使你意识到你的完美主义让你感到沮丧和焦虑，你仍然觉得你应该努力做到完美。如果不为了达成完美的目标不断鞭策自己，你就觉得一定会发生一些可怕的事情。因此，在第三步我们就要从根本上改变这些想法。你可以测试一下自己的自我攻击信念，这样你就可以了解这种想法的真面目。

在我的《感觉良好》一书中，我介绍了一位长期焦虑的医学院教授，他叫内特，他自尊感很低，觉得自己有很多缺陷。有一天，内特给我带了一份他的简历，我简直惊呆了。他列出了他在全球各大会议上发表的研究、获得的大奖和做过的主题演讲，足足列了60页。

我问内特，既然你有如此高的成就，为什么仍然会自尊感低下呢？内特告诉我，每当看到自己的简历时，他都会感到沮丧，而且他会忍不住告诉自己，同事的研究报告比他自己的研究更为严谨和重要。他说他自己的论文整体感觉很“软”，主要是理论工作，而不是核心的实验室研究，不够硬核。

内特无助地问我：“伯恩斯医生，无论我做出多少努力，我总觉得还不够好。我感觉自己就像在爬山，我只想去最高的山顶。但是一旦我到达山顶，我感觉到的不是成就感，而是压迫，因为我看到在我面前还有更高的山峰。我知道我必须再次踏上旅程，去攀登更高的山峰。我这样的付出给我带来的回报在哪里？”

完美主义显然是内特的自我攻击信念之一。他告诉自己，“如果我不能做得很完美，那这件事根本就不值得去做”。尽管他知道这种态度让他的生活变得很悲惨，但他并不愿意放弃这种想法。他认为如果没有他的完美主义，他就只能过平庸的生活了。

我建议内特可以使用“快乐/完美主义对照表”来测试这种想法。

在内特的“快乐/完美主义对照表”中，他在顶部写下了他的想法：如果我不能完美地完成某件事，那这件事根本就不值得做。然后，我要求他在左边的一栏内列出一些趣事、学习经历、个人成长或成就。我鼓励他参加各种各样的活动，而不仅仅是做与他的工作有关的事情。

我让他以打分的方法预测每个活动的满意度和回报率，分数为0分（完全不满意）到100分（完全令人满意），并且要求他在每次开始活动之前都在纸上做出这些预测。在完成每项活动后，他可以再次打分。

此外，我还要求内特评估他完成每项活动的完美程度。这样一来，他就可以了解：

- 他是不是真的只喜欢做他可以完美地完成的事情。
- 他的预测满意度与他的实际满意度相比如何。
- 哪些活动是最有价值的，哪些活动是最不值得做的。

第二周，内特与我分享了一些有趣的结果。他的其中一项活动是为即将入学的医学生做一个欢迎讲座。内特每年都会做这个讲座，因为大家都觉得他是医学院最有魅力的演讲老师。

内特预测讲座的满意度为70分，但他的实际满意度仅为20分。这非常令人惊讶，因为在讲座结束的时候，所有的听众都起立为内特鼓了30秒的掌，内特自己也给这个讲座的完美程度评为90分。

于是我问内特，为什么他的满意度评分如此之低。内特解释说，经常会有听众为他起立鼓掌，所以他经常给掌声计时。去年，医学生们在演讲结束时站起来鼓了一分多钟的掌。而今年，他们只鼓了半分钟的掌。内特感到很失望，并开始担心是自己的演讲在走下坡路。

我心想："真是人比人气死人！我也经常去做讲座，但从来没有观众起立鼓掌过！而我面前这个家伙居然因为观众只给他鼓了30秒的掌而难过！"

内特的对照表上的第二个条目同样有趣。星期六下午，他发现浴室里的水管坏了，水漏出来把地板全部弄湿了。内特决定尝试自己修理水管，没有叫管道工。他的预测满意度只有10分，因为他不太擅长修理房子里的这些设施，而且他以前也从未尝试修过任何管道。为此，他不得不多次前往五金店购买工具和零件，并虚心请教该如何使用这些工具，直到晚上10点，他才将管道修好。他打趣

表8–3　内特的快乐／完美主义对照表

想法：如果不能做得很完美，那这件事根本就不值得去做。

活动	预期满意度（0分～100分）	实际满意度（0分～100分）	完美程度（0分～100分）	备注
1. 给医学院新生做一个入学欢迎讲座	70分	20分	90分	讲座结束大家照例起立鼓掌，但这一次学生只鼓了30秒的掌。
2. 修理浴室破损的管道	10分	100分	5分	虽然花了很长时间，也犯了很多错误，但我最终做到了！
3. 和乔一起打壁球	75分	90分	40分	虽然我们都打得不是特别好，但我们度过了愉快的时光。
4. 慢跑	50分	85分	50分	只是普通的慢跑，但至少我做到了。
5. 带家人去市中心吃冰激凌	60分	90分	50分	我们一起玩得很开心。

说，随便找一个水管工都可以在五分钟内修好管道，所以他将此事的完美程度评定为5分。但他对这项活动的满意度却是100分。而且，他为此感到兴奋不已。内特说，这是他多年来所做的最令自己满意的事情。

我开玩笑说："内特，原来你问题的根源是你入错了行，你应该去做水管工的！"

我也提醒内特，他的实验结果与他之前的想法出现了矛盾，他之前的想法是，如果他不能完美地做到某件事，那么这件事就是不值得做的。这时，内特突然意识到，生活中其实一直有很多让他觉得满意而幸福的小事：比如和他的妻子一起在树林里散步，尽管他们都不是世界级的徒步旅行者；比如和他的儿子打壁球，虽然他们都打得不怎么好；比如在温暖的夏日晚上与家人一起出去吃冰激凌……

这个实验对内特的自尊心和职业生涯产生了重大影响。他告诉我他的焦虑和自卑情绪都得到了缓解，他的工作效率反而有所提高，因为他不再那么要求必须完美地完成所有事情。

你的自我攻击信念可能与内特有所不同，但是对它们进行修正和测试的基本过程却是类似的。一旦你确定了一个会对你造成影响的自我攻击信念之后，你就可以对它进行成本效益分析了。如果这一想法弊大于利，那么就可以试着修正这种想法，这样你就可以在保持这一想法的优势的同时摆脱它的劣势。接着，你可以测试这个想法，看看它是否属实。

你所做的实验类型取决于你正在测试的想法以及令你感到不安的情境类型。在第一章中，我给大家介绍了杰弗里律师，他测试自己感知完美主义的方法是告诉十位同事他刚刚在法庭上败诉的消息。

让我们再来练习一下修正自我攻击信念的三个步骤。请从下列的自我攻击信念中选一个你比较感兴趣的。

·被爱上瘾。如果没有被爱就不会感到开心和满足。

·认知完美主义。如果自己不够完美或表现得很脆弱，其他人就不会喜欢自己，也不会接受自己。

·理所应当/归咎责备。其他人或事必须符合我的期待。

使用下面的成本效益分析表格为你自己选出的一个想法进行分析。问问自己这个想法会如何帮助你，又将如何伤害你。

一旦列出了你可以想到的这个想法的所有优点和缺点，请在底部的圆圈中进行打分，两项相加应为100分，这样我们就可以更直观地衡量每一个想法的利弊。而且一定要在纸上列出这些想法的优缺点。

比如说，你挑出来的想法是被爱上瘾，那么你就在分析表中列出将自尊心建立在被爱之上的优点和缺点。但是请注意，不要把“将自尊心建立在被爱之上”和“被爱”本身混为一谈。被爱本身是没有任何问题的，至少我不认为有任何问题。但如果你的自尊心基于别人给你的爱，就会产生许多或积极或消极的后果。从积极方面来看，你会觉得幸福快乐，如果你觉得自己被爱，你就是有价值的。但从消极方面来看，被拒绝可能会给你带来毁灭性的影响，同时你对其他人的索求可能会让人们想离开你。

我确定你肯定能想到更多的优点和缺点。完成你自己的成本效益分析后，逐条回顾你写上去的每一个想法。我没有在底部的圆圈中填写数字，因为这些评估是高度个人化的，并且没有“正确”的答案。在你完成成本效益分析后，我们将讨论如何修正任何会导致问题的自我攻击信念。

表8–4　被爱上瘾：成本效益分析（一）

描述你想要改变的一种态度、感受或习惯：只要没有人爱我，我就无法感受到幸福与圆满。如果我被拒绝或是孤身一人，就一定会过得非常凄凉、悲惨。

优点	缺点

表8–5　被爱上瘾：成本效益分析（二）

描述你想要改变的一种态度、感受或习惯：只要没有人爱我，我就无法感受到幸福与圆满。如果我被拒绝或是孤身一人，就一定会过得非常凄凉、悲惨。

优点	缺点
1. 当我感到被爱时，我会感觉很棒。	1. 每当我独自一人时，我都会感到沮丧。
2. 如果我相信真正的幸福和自尊只能来自别人的爱，我就不必为自己的幸福承担责任。	2. 我可能看起来很需要有人陪伴，但我却总是把接近我的人推开。
3. 大多数人都认为，如果没有被爱，就不会感到真正的快乐或满足，所以我的想法其实和很多人都相似。	3. 被拒绝将是毁灭性的。
4. 这种看法似乎属实，所以我觉得我对自己很诚实。	4. 我会对冲突和与其他人的分歧过于敏感。比起倾听，我更多的时候会采取防御姿态，因为我会感到自己受到威胁。保持自尊心让我永远感到如履薄冰。
5. 我将成为一个“自来熟”，并努力让其他人喜欢我。	5. 如果我认为我的自尊来源于伴侣，我可能会试图拼命寻找一个伴侣，让他/她给我一些只有我能给自己的东西。
6. 我可以因为我的不快而责怪别人。	6. 其他人会控制我的情绪和自尊心。
7. 有人拒绝我的时候，我可以感觉自己像个受害者并且同情自己。	7. 在感情之中，我总是处于弱势，不得不追逐另一个人。这会给其他人太多的权力，他们可能不会再尊重我。
8. 这种想法将使我有动力去约会和社交。	
9. 我幻想会有一个王子（或公主）让我脱离困境，让我所有的梦想成真，我感觉这很浪漫，也很刺激。	

表8–6　认知完美主义：成本效益分析（一）

描述你想要改变的一种态度、感受或习惯：如果自己不够完美或表现得很脆弱，其他人就不会喜欢自己，也不会接受自己。

优点	缺点

表8–7　认知完美主义：成本效益分析（二）

描述你想要改变的一种态度、感受或习惯：如果自己不够完美或表现得很脆弱，其他人就不会喜欢自己，也不会接受自己。

优点	缺点
1. 我会努力给人留下深刻印象。	1. 我觉得我必须完美才能被爱。
2. 人们喜欢赢家，所以当我表现好的时候，人们会尊重和钦佩我。	2. 我不会对其他人敞开心扉。
3. 我不必分享我的感受或告诉别人我内心的想法。	3. 每当有人批评我时，我都可能会采取防御措施，因为我觉得我必须每次都是对的。这可能会引发更多冲突，因为另一个人会感到沮丧，觉得我从来都听不进他们的话。
4. 我不必担心被拒绝。	4. 人们不会了解真实的我。
5. 我可以隐藏自己的弱点，向世界展示一个我精心雕琢的形象。	5. 每当我和其他人在一起时，我都会感到焦虑。
6. 我可能感觉自己是一个受害者，并因此而暗暗憎恨那些我认为不愿意接受真实的我的人们。	6. 我会和人们保持距离。
7. 我总是显得很冷静，仿佛控制着一切。	7. 我永远都不会达到我想要的那种亲密感。
8. 我会觉得我是诚实的，敢于面对生活的真相，因为人们总是会讨厌做错事的人。	8. 我可能会小看身边的人，并对他们做出不准确的预判，他们可能比我想象的更接受我。
	9. 我需要花费大量的时间和精力才能保持如此完美，因此我真的感到精疲力竭。
	10. 当我更放松而不显得那么努力时，人们似乎更喜欢我。
	11. 我可能暗暗地反感这样一个事实：人们似乎总是戴着有色眼镜，并且对我有很多要求。

表8-8　理所应当／归咎责备：成本效益分析（一）

描述你想要改变的一种态度、感受或习惯：其他人或事必须符合我的期待。

优点	缺点

表8–9 理所应当／归咎责备：成本效益分析（二）

描述你想要改变的一种态度、感受或习惯：其他人或事必须符合我的期待。

优点	缺点
1. 我在道德上会有优越感。	1. 大多数时候我会感到生气、沮丧、有压力。
2. 我会和人们保持距离。我不必亲近他们。	2. 我很难解决冲突和分歧，因为我总是认为自己是对的，这会让对方觉得我处于防御状态。
3. 当我与周围人的关系出现问题时，我可以责怪他们。	3. 我的朋友可能会因为我的消极态度和对别人的不断抱怨而远离我。
4. 我不必自我检讨。	4. 大多数时候我会处于一种酸涩、愤世嫉俗的情绪中。
5. 这种想法可以让我不再觉得自己那么脆弱。当事情不顺利的时候，我会感到愤怒而不是感到受伤或失望。	5. 我不会感到非常快乐，也没有什么创意。
6. 我会确信我是对的，而其他人都是错的。	6. 愤怒可能会是非常令人疲惫的。
7. 我可以幻想出复仇的画面，并且为我的攻击性行为寻找合理的理由。	7. 我会感到沮丧，因为当我开始指责他们时，其他人会变得非常顽固，不愿意接受我的指责，他们会坚持一切都是我的错。
8. 愤怒让我觉得自己非常强大，这是很激动人心的。它让我了解自己是谁以及我的立场是怎样的。	8. 我会有很多敌人。
9. 我可以告诉我的朋友，某一个人是个混蛋和失败者。	9. 我可能会出现高血压或心脏病等健康问题。
10. 我会坚持自己的想法。我不会让别人推开我。	10. 事实是，无论我多么生气或苛刻，世界都不会像我期望的那样发展。

如果你喜欢做成本效益分析，你可能也想尝试给其他的想法做分析。你可以从中学到很多东西。有的时候，你会惊讶地发现自己的某一个想法居然有这么多隐藏的优点和缺点。现在我们一起假设你的想法弊大于利，这样你就可以修正这种想法，消除所有的缺点。试着修正一下被爱上瘾的想法：只要没有人爱我，我就无法感受到幸福与满足；如果我被拒绝或是孤身一人，就一定会过得非常凄凉、悲惨。

请在下方写下你的看法：

____

____

____

答案：

我给大家介绍一种修正的方法：

把自己的快乐和价值建立在别人给我的爱上是很不明智的，因为如果他们拒绝我，我的世界就会崩溃。此外，如果我一味索取，可能会让人们更想离开我，会破坏我的人际关系。与我爱的人在一起很棒，但我独立做事也可以获得极大的回报。

另一种可能的修正方法：

我可以渴望被爱，但我并不一定需要被爱。另一个人的爱永远不会让我有价值，他们的拒绝也永远不会让我变得毫无价值。如果有人对我感到不满，我可以尝试了解他们的感受，并询问我是否做过让他们烦恼或伤害他们感情的事情。如果我们开诚布公地谈这件事，我们可能会感觉更加接近彼此。如果他们不愿意谈论这个问题并决定拒绝我，我确实会很失望，但这不会是世界末日，这当然也并不意味着我毫无价值，更多的是对我的生活的反思。

当你修正自我攻击信念时，会有很大的创造力和个性化空间。

如果你以一种深思熟虑的方式修正这些想法，这也是完全没问题的。在这一过程中，你不必放弃任何你重视或相信的东西。你将缔造一个更强大、更真实的价值体系，当周围的环境变得艰难时，你也不会因此陷入困境。

一旦你修正了自己的自我攻击信念，你就会想发自内心地改变它。我们应该如何测试自己这种“只要没有人爱我，我就无法感受到幸福与满足”的被爱上瘾的想法呢？请在下方写下你的看法：

____

____

____

____

____

答案：

你可以安排一些自己一个人做的事情，再安排一些和其他人一起做的事情，然后比较这些活动的回报和自己对这些活动的满足程度。

在做这个实验的时候，请使用下一页的“快乐程度预测表”。

我已经在表格的顶部列出了我们要测试的想法。

在左栏中，你可以记录下各种可能带来愉悦、学习或个人成长的活动。确保这些活动中既包括可以自己独立完成的活动，例如慢跑或整理办公桌，也包括必须与他人一起完成的活动，例如去看电影或和朋友一起散步。

在“同伴”一列中，请写下你计划和谁一起做这件事。如果你是打算独立完成这件事，只需要写一个“自己”就可以了。记住，不要填写“独自”这个词，

表8-10　快乐程度预测表

想法：如果没有被爱就不会感到开心和满足。如果我被拒绝或是孤身一人，就一定会过得非常凄凉、悲惨。

活动 记录下各种可能带来愉悦、学习或个人成长的活动。	同伴 如果是自己独立完成，就填写“自己”。	预期满意度（0分～100分） 在开始活动之前记录	实际满意度（0分～100分） 在活动完成之后记录

因为你从来不是孤身一人，你自己就是自己最好的伙伴。

在进行活动之前，你需要在“预期满意度”这一栏中预测每个活动的满意度，从0分（完全不满意）到100分（完全令人满意）给预测的满意度打分。在完成每项活动后，你可以在“实际满意度”一栏中给实际满意度打分。

查看数据时，你可以将预测的满意度与你体验到的实际满意度进行比较。通常你会发现，许多活动比你预期的更有价值、更令人满意。这一发现可以激励你做更多事情。你还可以将你从与其他人一起进行的活动和你自己完成的活动中所获得的满足感进行比较。

你可能会发现，你最快乐的时候，可能恰恰就是你和自己相处的时候。当然，我并不是说和其他人的关系不重要。快乐程度预测表可以告诉你，你的幸福能力不一定只依赖于其他人。这个想法可以让你不再把自己的自尊建立在别人给你的爱之上，这样一来，反而可能会让你和别人的关系越来越好。

第九章　如果法

如果说向下箭头法可以帮助你找到那些让你和其他人的关系出现问题并导致你焦虑、抑郁的自我攻击信念，那么如果法就可以帮助你发现引发焦虑的可怕幻想。当你敢于直面这种幻想时，你就可以打败你的恐惧。

我有一位叫克里斯汀的病人，她离婚了，独自一人带着两个儿子住在费城，两个儿子一个9岁，另一个11岁。克里斯汀来自一个优渥的家庭，一直以来她都积极参与各种慈善活动。然而，她多年来一直患有广场恐怖症，除非她和她的孩子或者其他值得信赖的朋友在一起，否则她就不敢一个人离开家。

我让克里斯汀填写了一份“每日情绪日志”，希望能够从日志中找出真正让她害怕的东西。在她的“每日情绪日志”上，她在“令人难受的事件”一栏上写着：光是想象自己一个人走到商店就很令人难受。她感到沮丧、焦虑、内疚、羞愧、有缺陷、孤独、尴尬、毫无干劲和挫败。她总是会告诉自己：“如果我一个人走到商店，可能会发生一些可怕的事情。”

我决定使用如果法来探索克里斯汀的恐惧，希望能够找到她恐惧的根源。

如果法和向下箭头法有点像，但这种方法专门针对焦虑。

你在“每日情绪日志”的消极想法下画一个向下的箭头“↓”，并问自己这样的问题：“如果这是真的怎么办？会发生什么呢？最坏的情况会是怎样的呢？我心里最害怕的到底是什么？”

这时，一个新的消极想法又会浮现在你的脑海中。将这个想法直接写在箭头下方，并在其下方绘制另一个箭头。不停地问自己同样的问题：“如果这件事真的发生了会怎么样？我心里最害怕的到底是什么？”如果你重复做几次这样的练习，你就可以一路寻找到你内心最深处的想法，正是这种想法触发了你最深层次的恐惧。

我让克里斯汀在她的消极想法下画了一个向下的箭头，然后问她：“我们现在假设你决定自己走去商店。会发生什么呢？最坏的情况会是怎样的呢？你心里最害怕的是什么？”

克里斯汀回答说：“我可能会把手帕丢在人行道上，而且根本不知道我丢了手帕。”

我让她直接在箭头下面记录这个想法，然后在这个想法下面再画另一个箭头，在下文中，你可以看到克里斯汀当时的记录。

以下是我们的对话：

戴　　维：让我们假设，现在已经发生了这种情况。你在去商店的路上不小心丢了手帕。接下来会发生什么事？你心里最怕的是什么？

克里斯汀：在我不小心丢掉手帕的地方可能会发生可怕的犯罪。有人可能会在那里被谋杀。

戴　　维：好的，那现在你把这个想法直接写在箭头下方，并在这个想法的下面画另一个箭头。现在，让我们接着假设，你刚才描述的事件确实发生了。你把你的手帕丢在人行道上，在那个地方真的有人被杀了。接下来会发生什么？你心里在怕什么？

克里斯汀：警察可能会在犯罪现场找到我的手帕，然后就会一路追踪到我身上。他们可能会直接采集手帕上的DNA。

戴　　维：好的。把这个想法写下来，然后在这个想法的下方再画一个箭头。现在，我们再假设警察真的找到了你的手帕。接下来会发生什么？

克里斯汀：接下来他们可能会觉得我是凶手，然后过来逮捕我。因为我是一个人去的商店，所以我没有不在场证明。

戴　　维：好的，那我们现在假设警方真的逮捕了你，并对你进行了调查，你也确实没有不在场证明。接下来会发生什么？你心里最害怕的到底是什么？

克里斯汀：他们可能会送我受审，然后我会被判谋杀罪。

戴　　维：然后呢？

克里斯汀：然后他们就会判我终身监禁，我这一辈子都得在监狱里度过。

戴　　维：确实，肯定没有人愿意在大牢里度过他们的余生。但这对你来说意味着什么呢？为什么你会这么害怕进监狱？

克里斯汀脱口而出："如果我被关进了监狱，那我的儿子们就必须独自成长，他们会失去母亲，我也没法在他们身边陪伴他们。"说完她便克制不住地大哭了起来，好像这已经触碰到了她内心最深处的恐惧了。

在克里斯汀的情绪稳定一些之后，我让她告诉我更多关于这种恐惧的想法。

当然，没有母亲会想要锒铛入狱、骨肉分离，但克里斯汀描述的这一系列情况发生的可能性真的微乎其微，到底是什么会让她如此害怕与孩子分开，甚至已经到了这种有些神经质的地步？

克里斯汀解释说，她十一岁的儿子汤姆在学校里一直就属于问题学生，经常惹是生非。

之前有几个邻居向警方报案说有人在晚上砸窗户，结果几天后，警察在汤姆向邻居的窗户扔石头的时候将他抓了个现行，警察警告汤姆说，如果他不改过自新，就要把他抓进少管所。此外，克里斯汀还收到了学校的报告，说汤姆经常故意扰乱课堂秩序，并且参与打架斗殴。

克里斯汀对汤姆很生气，但是又不愿意给他强制性地立规矩。她一直试图用爱和讲道理来约束汤姆，但一直都没什么效果。她觉得沮丧极了，她认为这都是因为前夫太宠孩子了。在他们离婚之前，前夫就很不支持她管教孩子。当时，她

表9-1 克里斯汀：如果法

消极想法	之前	之后	认知扭曲	积极想法	相信程度
1. 如果我一个人走到商店，可能会发生一些可怕的事情。	100分				
2. 我可能会把手帕丢在人行道上，而且根本不知道我丢了手帕。	100分				
3. 在我丢手帕的地方可能会发生可怕的犯罪行为。	100分				
4. 警察可能会在犯罪现场找到我的手帕，然后就会一路追踪到我身上。	100分				
5. 他们可能会觉得我是凶手，然后过来逮捕我。	100分				
6. 我会被判谋杀罪，我必须在监狱里度过我的余生。	100分				
7. 我的儿子们必须独自成长，他们会失去妈妈的陪伴。	100分				

* 该模型由戴维·伯恩斯（David D. Burns）1984年提出。

向前夫妥协了，没有说出自己心中的想法，因为她是一个非常善良的人，不想在家庭关系中掀起任何波澜。

克里斯汀的恐惧背后似乎隐藏着一些情感。在她的幻想中，她觉得自己会因为一项自己没有犯的罪行而被定罪。但在她的内心之中，她其实真正害怕的是汤姆最终会变成罪犯，锒铛入狱。她很生气，但仍然感到内疚，因为她认为这都是她的错。所以，在她的幻想中，她自己才是那个最终入狱的人。与此同时，在这个幻想中，她也惩罚了汤姆，因为汤姆必须在没有母亲陪伴的情况下成长。精神分析学家称之为“自虐式解决方案”。简单来说，自虐式解决方案就是指你认为只要你惩罚自己，你就可以惩罚别人。

当克里斯汀将一直以来的愤怒情绪隐藏起来的时候，这种情绪又重新出现，摇身一变成为了可怕的幻想。你的确可以试着忽略自己的愤怒，但这种情绪可能会换一种形式间接地出现。焦虑几乎总是你内心真实感受的象征性表达。

克里斯汀告诉我她如何以一种坚定而又慈爱的方式管教汤姆，她自己也渴望能够找到一种真正行之有效的方法约束孩子。她意识到，一味地给予母爱可能并没有办法真正地解决问题。除此之外，我还教她如何更熟练地与前夫沟通，这样他们就可以不再冷战，并且开始团队合作，共同教育孩子。

此后，克里斯汀的人际交往能力和自信心大大增强。

后来，汤姆的老师还给克里斯汀写了一张纸条，说汤姆的成绩和行为有了明显的改善，几个月后，汤姆甚至还被选为班长。

虽然我们已经一起解决了一些表面上的问题，但克里斯汀仍然害怕独自离家。不过她迟早得直面自己内心的恐惧。于是，我鼓励她在周六早上独自离开她的房子，就在离她家几个街区的公园的长凳上坐一坐。我告诉她，不管花多久，不管是花一个小时还是更长时间，只要焦虑的情绪没有消失或是改善，就一直坐在长凳上不要动。我还建议她随身携带一本笔记本，每隔几分钟，就在本子上记录一次自己焦虑的强度，从0分到100分给焦虑的程度打分。她还可以记录下任何令她产生恐惧的想法或幻想。这个方法叫作“自我监控法”。

克里斯汀表示这项任务听起来真的很恐怖，但她也愿意试一试，因为她已经下定决心想要克服她的广场恐怖症。我还给她提了一个建议，我告诉她，如果她真的特别焦虑，那么就把注意力放在需要她集中所有注意力的事情上。克里斯汀想了想，说，以防万一，她会带上她的魔方。

对克里斯汀来说至关重要的一天终于来了。

她强迫自己走到公园，坐在长凳上。她的焦虑程度上升到了90分，她满脑子里想着的都是自己被逮捕然后被扭送进监狱的画面。但她仍然坐在那里，强迫自己忍受这种焦虑，坐了大概20分钟。突然，她瞥见50米远的地方走过了一名警察。她的焦虑程度直接飙升到了100分，她此时此刻只想立刻起身跑回家。但她想起了她在出门之前对自己的承诺：不管有多么焦虑，都不可以半途而废跑回家。所以，她用力地盯着她的脚尖，祈祷警察千万不要看到自己。她用眼角的余光看到那个警察走到了街边的转角，她拼命地希望他离开。没想到，这个警察没有继续往前走，反而转过身，慢慢朝克里斯汀走来。克里斯汀陷入了极度恐慌！她赶忙拿出了她的魔方，颤抖着双手开始玩了起来。但警察越走越近了。突然，一双黑色皮鞋映入眼帘，出现在克里斯汀面前的人行道上。她知道警察正盯着她看。她觉得警察要来逮捕她了。她把魔方放在膝盖上，抬起头，抬起双手，这样警察就可以给她戴上手铐。当她抬起头时，她看到的竟然是奥莱利警官！自克里斯汀还是个小女孩的时候，就已经和这位爱尔兰裔老警官非常熟络了。奥莱利警官对克里斯汀绽放出一个大大的笑容，亲切地问候道：“早上好呀，克里斯汀！今天天气真好呀！在这里见到你真高兴！”一瞬间，克里斯汀的恐惧消失了。她和奥莱利警官热情地聊了几分钟，然后在费城市中心花了几个小时散步、逛街、购物，她终于做到了她多年来一直无法做到的事情。她告诉我，在那几个小时之中，她没有感到一丝的焦虑。她的广场恐怖症完全消失了。

克里斯汀的康复其实用到了五种方法。

首先，我们使用“如果法”一步步找到她恐惧的根源。与此同时，我们发现，真正引发她的恐惧的其实是她一直以来隐藏的沮丧和愤怒。这其实是“情感隐藏法”。最后，我们将“洪水法”（一种非常强烈的暴露疗法）与“自我监控法”和“分散注意法”相结合，这样她就可以直面她心中最深处的恐惧了。

“如果法”可以引导你找到触发恐惧的幻想，但仅靠洞察力是不够的。最终，你还是需要直面自己的恐惧，就像克里斯汀一样。使用何种暴露疗法其实取决于你恐惧的性质。我们在本书的第三部分“暴露模型”中会详细给大家介绍更多非常有创意的暴露治疗方法。

第十章　基于同情的治疗法

我们当中的很多人在为人处世的时候都会采用双重标准。当我们感到沮丧时，我们会毫不留情地批判自己，仿佛想要将自己撕成碎片。但是当我们和有同样情绪问题的朋友聊天的时候，又会变得格外客观冷静。当我们使用双重标准法时，就意味着我们要放弃自己的双重标准，用基于真相和同情心的同一标准对待包括你自己在内的所有人。

我们一起来看一看这种方法是怎样运作的。

当你觉得焦虑或沮丧时，你的脑海中通常会充斥着对自己和生活的消极想法。你可能会告诉自己，自己一无是处，搞砸了一切，而且事情永远不会改变。在这种时候，你可以试着问问自己：如果我的亲人或者朋友和我有着同样的问题，我会对他们说什么？我会对他或她说这么严厉的话吗？如果答案是否定的，那么这又是为什么呢？

你可能会认为，你不会这样对朋友说话，因为这些话真的很残忍，而且究其根本也并不属实。如果你同意这种观点，就再问问自己你会对你的朋友说些什么。也问问自己，你是否愿意以同样富有同情心的方式与自己交谈。

几年前，我在佛罗里达州为一小群心理治疗师开办了为期三天的强化研讨会。研讨会的重点是个人疗愈和心理治疗培训，主题为：医生，治愈你自己。

一位名叫沃尔特的婚姻家庭治疗师告诉我，他这几个月来一直在焦虑和沮丧中苦苦挣扎，因为和他一起生活了八年的男朋友保罗找到了新欢，从家里搬出去了。当沃尔特得知保罗和他的现任男友要去夏威夷庆祝生日时，沃尔特感到非常沮丧。他感到很羞耻，甚至没有敢告诉自己的父母其实自己已经和保罗分手的事实。

“我的心真的感觉好沉重，就是这个位置。”沃尔特把手放在自己的胸前，凝重地说，“我感受到了一种孤独感和空虚感。我的生活曾经那么有条理，一切都按计划进行着。但是突然之间，我失去了一切，我感到很孤单。我有一种一下子从天堂掉入凡间的感觉，我觉得我的世界就要结束了。我觉得我的这种痛苦会持续下去，一直到永远。”

我非常同情沃尔特，看到他如此痛苦，我的心里也很难过，因为他是那么善良而温和。当然，当你失去一个你非常关心的人时，自然会感到一种失落感。但是大多数时候，被别人拒绝的痛苦都是来自我们自己的想法，而不是拒绝本身。有时，这些想法是极度扭曲的，会给我们带来很大的伤害。

我问沃尔特，在他和保罗分手的时候，他的想法和感受是怎样的，那时的他对自己说了什么。

沃尔特回答说：“和保罗分手的时候，我觉得非常内疚和羞愧，好像我们分手就一定是我的错。可能是因为我处理感情问题时不够娴熟，不够吸引人，或者不够活泼开朗。也许是因为我在他情绪低落的时候没有陪在他身边……我觉得肯定是我把事情搞砸了，否则保罗肯定不会离开我。有时候，我觉得自己就是个大骗子。我是一个婚姻和家庭治疗师，但我却连自己的婚姻关系都处理不好。我觉得自己是一个失败者，一个非常非常彻底的失败者。”

沃尔特感到悲伤、焦虑、内疚，觉得自己毫无价值、孤独、尴尬、绝望、沮丧并且愤怒。他的大部分情绪都是非常强烈的。他在他的“每日情绪日志”中记录了以下五个消极想法：

1. 我再也没有办法和别人谈恋爱。
2. 我永远不可能与别人生活在一起，也不可能与别人建立永恒的关系。
3. 我肯定哪里出了问题。
4. 我完全搞砸了，我毁掉了我的生活。

5. 我最终将成为一个年老、肥胖、白发苍苍、孤独的同性恋男子。

他非常强烈地相信所有这些消极想法。下面，大家一起在下列的表格中勾选沃尔特的消极想法中的所有扭曲认知。在做这个练习的时候，请对照参考“认知扭曲对照表”。

表10-1 认知扭曲

认知扭曲	（√）	认知扭曲	（√）
1. 非黑即白		6. 放大或缩小	
2. 以偏概全		7. 情绪化推论	
3. 心理过滤		8. “应该”句式	
4. 优势打折		9. 乱贴标签	
5. 妄下结论 · 读心 · 臆测未来		10. 归咎责备 · 罪责归己 · 罪责归他	

答案：

你会发现沃尔特和我在他的消极想法中发现了所有这十种扭曲认知。你也会发现，沃尔特的大部分痛苦都来自他对拒绝的不合逻辑的解释。你甚至可以认为，与保罗相比，其实沃尔特对自己的态度会更加严厉。

我认为双重标准法可能可以改善沃尔特的情况，因为我一直都觉得他是一个温暖而富有同情心的个人。我问他，如果他现在有一位朋友也被一个与他一起生活了八年的人抛弃了，他会对这位朋友说什么。我接着追问：“你会跟这位朋友说，他肯定是哪里出了问题，他不可能和别人一起生活，或者他把自己的人生完全毁掉了吗？”

沃尔特看起来震惊极了，他告诉我，他绝对不会对自己的朋友这样说。

于是，我建议我们尝试角色扮演练习，这样我们就可以很自然地了解沃尔特

表10–2 沃尔特想法中的认知扭曲

认知扭曲	(√)	解释
1. 非黑即白	√	沃尔特看问题非常绝对，非黑即白。他告诉自己这段关系是完全失败的，而且他自己应该为分手负百分之百的责任。
2. 以偏概全	√	因为被拒绝了一次，沃尔特就断定自己没有价值，不可爱，也没有任何优点。这就是他感到羞耻和无望的原因。
3. 心理过滤	√	沃尔特只看到了他的缺点，完全过滤掉他的许多积极品质。
4. 优势打折	√	沃尔特非常看不起自己，他完全忽视了自己其实是一个热情、忠诚、富有同情心的人的事实。
5. 妄下结论 · 读心 · 臆测未来	√	沃尔特认为自己永远无法和别人发展出任何亲密关系，并最终会变得肥胖而孤独，这显然是对未来的一种臆测。
6. 放大或缩小	√	沃尔特无限放大了自己在整件事中的责任并无限缩小了保罗的责任。虽然他愿意在分手中反思自己的过错是非常令人钦佩的，但他并没有考虑到一个事实——谈恋爱一直都是两个人的事。
7. 情绪化推论	√	沃尔特觉得心里很内疚，所以他认为他应该为分手负责。沃尔特觉得自己毫无价值，所以他认为自己就是一个失败者。沃尔特觉得很绝望，所以他告诉自己，他注定会永远孤独。
8. “应该”句式	√	沃尔特告诉自己他不应该有任何缺陷或缺点。他似乎还认为，如果他真的充满爱心并且对爱情忠诚，那么每一段关系都应该永远延续下去。
9. 乱贴标签	√	他认为自己是个大骗子，也是一个彻头彻尾的失败者。
10. 归咎责备 · 罪责归己 · 罪责归他	√	他仅仅因为这段关系失败就无限责备自己，尽管他自己也没法说清楚他到底做错了什么。

会对处于同样困境的朋友说些什么。

我让沃尔特想象他有一个名叫柯克的好朋友。柯克几乎就像沃尔特的翻版，他也是一位婚姻和家庭治疗师，和沃尔特的年龄相同，他的所有优点和缺点都与沃尔特一样。此外，柯克也刚刚与他的情人杰克分手，在分手之前，他们已经共同生活了八年。我告诉沃尔特，我会扮演柯克，他则扮演他自己。以下是我们的对话：

柯克（戴维饰）：沃尔特，我可以和你聊一会儿吗？

沃尔特：怎么啦？发生了什么事？

柯　克：我不知道你知不知道，杰克和我在一个月前分手了，而且我刚刚发现他去夏威夷和他的新男朋友一起庆祝生日了，我真的好难过。

沃尔特：天哪，怎么会这样？你肯定感觉很糟糕。

柯　克：我确实觉得糟糕透了。我觉得我完全搞砸了，我毁掉了我的生活。我觉得我肯定是哪里出了问题，我可能以后再也没法和别人建立亲密关系了。这个想法是不是很疯狂？

沃尔特：我知道，杰克的离开对你来说肯定是一个巨大的打击，但我不明白你为什么会有这种想法。你怎么会觉得是你自己出了问题？为什么你会认为你以后再也没法和别人建立亲密关系了呢？

柯　克：我觉得这一定是我的错，因为我觉得自己毫无价值，而且我觉得特别内疚和羞愧。我觉得我根本没有什么优点，我一定哪里有问题。

沃尔特：听起来你对自己过分严格了。你之前有没有做过什么让杰克伤心的事情？你觉得自己做错什么了吗？

柯　克：我想不到我做错了什么，我只是觉得，他之所以会离开我，一定是因为我不够好，否则，他为什么要离开我呢？

沃尔特：杰克离开你确实是件令人难过的事，我也很能理解你的感受，我完全能够感受到这种痛苦。但人们分手可能会有各种各样的原因。可能他觉得无聊了，也可能他是生气了，或是他觉得太累了，或者也可能是因为他没禁受住外界的诱惑出轨了，喜欢上了别人。还有许许多多其他的可能性。即使你们俩之间真的有什么冲突或者不合，要负责的也应是他，因为他才是逃跑、不愿意直面问题的那一个人，而不是你。

柯　克：也许你说的对，但事实是，无论出于什么原因，他确确实实离开了我。我觉得我再也没法谈恋爱了。我觉得自己的生命就要走到尽头，除了寂寞、羞耻和悲惨之外，我活着已经没有什么可以期待的了。

沃尔特：你是怎么得出自己以后没有办法谈恋爱了这一结论的呢？这听起来过于极端了。在杰克之前你谈过其他男朋友吗？

柯　克：在过去的八年里，我就只谈过杰克这一个男朋友。但在那之前，我也谈过其他对象。

沃尔特：所以其实你以前谈过挺多对象，杰克只是你的众多前男友中的一个，对吗？

柯　克：是的，没错。

沃尔特：如果是这样，那么我完全不觉得你以后会没法谈恋爱呀。

柯　克：你的意思是因为我曾经谈过很多次恋爱，所以即使我现在感觉很糟糕，我未来可能还可以再次开始一段新的恋爱关系吗？

沃尔特：完全正确！

柯　克：你这样说是为了让我感觉好一点吗？

沃尔特：我只是在陈述一个事实。你之前和那么多人有过美妙的恋爱关系，所以你将来很可能还会继续再和别人建立起这种关系。

戴　维（角色扮演杰克）：我真的同意你所说的每一句话，沃尔特。对你自己来说不也是如此吗？毕竟，你的朋友柯克和你一模一样。

沃尔特：哦！我明白你的意思了。我觉得这对我来说也是一样。

大家注意到没有，当我们进行角色扮演时，沃尔特在听到“我觉得我以后再也没法谈恋爱了”这个消极想法之时非常公正，并且有理有据地反驳了想象中的朋友柯克。双重标准法似乎对他很有用，但我想确定这个方法确实对他的情绪起到了改善作用。于是，我问沃尔特，他是否能想出一个积极的想法，然后用这个想法推翻他的“每日情绪日志”里的第一个消极想法。

你可以在下文中看到他写下的积极想法。这个想法对沃尔特来说似乎就是现实，所以他在“相信程度”这一栏中打了95分。这意味着它满足了情绪变化的必要条件。此外，沃尔特对消极想法的相信程度从95分下降到了15分。这意味着他的这个积极想法也满足了情绪变化的充分条件。

表10–3 沃尔特的每日情绪日志（部分）

消极想法	之前	之后	认知扭曲	积极想法	相信程度
我再也没有办法和别人谈恋爱。	95分	15分	OG，MF，DP，MR，FT，MAG，ER，SH，SB	这个想法毫无根据。我过去曾经谈过那么多次恋爱，我现在之所以觉得我永远无法再谈恋爱，是因为我此时此刻觉得非常受伤。但最终这些受伤的感觉会消失，我会再次与其他人交往，就像以前一样。	95分

为什么沃尔特的想法会突然发生这种变化？因为在做角色扮演练习的时候，沃尔特能够以更加现实和富有同情心的方式思考“被拒绝”这件事，他觉得他正在和一位被拒绝的好朋友交谈，但其实他是在和自己对话。

我想确保沃尔特真的战胜了大脑中那个不断把错误揽到自己身上的自己，所以我决定再和他进行一次角色扮演练习。这一次，我们专注于沃尔特的第二个消极想法：我没有办法和别人一起生活，也没有办法和别人建立亲密关系。这一次，我还是会尽我所能地为沃尔特的想法辩解，因为我想看看他是否可以再次成功扭转想法。当然，我这次还是扮演沃尔特的朋友，柯克。

柯　克（戴维饰）：沃尔特，我还有一件事没告诉你。你根本就不知道，我这个人根本就不可能和别人生活在一起，也不可能和别人建立亲密关系。这才是我会感觉这么糟糕的真正原因，我的余生一定会在孤独中度过。

沃尔特：天哪，你怎么会有这种想法？我认识你这么久了，我从来没有这样想过你。相反，我觉得你平时总是热情又开放，是一个特别忠诚的朋友。你为什么觉得自己不可能和其他人建立亲密关系了呢？

柯　克：我和杰克分手了，我们的亲密关系彻底崩塌了。这难道还不足以证明我没法和别人建立亲密关系吗？

沃尔特：我觉得你的逻辑真的很奇怪，也没有什么道理。首先，杰克也应该为你们的关系负责，谈恋爱一直都是两个人的事。其次，你和杰克的这段关系成功地维持了八年！这难道还不能证明你是完全能够和别人建立亲密关系的吗？

柯　克：你的意思是说，我能和杰克维持这一段恋爱关系已经是件相当成功的事情了，所以说我未来一定还可以和其他人建立亲密关系？

沃尔特：完全正确！再清楚不过了！

一瞬间，沃尔特的脸仿佛被点亮了，就像一个灯泡突然在他脑海中亮起。我们俩开始大笑起来。

他原先的消极想法对他来说突然变得荒谬，他的情绪立刻发生了变化。接着我让他在“每日情绪日志”中第二个消极想法后面写下自己的积极想法。

在后文的表格中，你可以看到他写下了：“我和保罗的这段关系成功地维持了八年。”他在“相信程度”这一栏中打了100分。这说明在此时此刻，他根本不再相信第二个消极想法了。你可以看到沃尔特是如何用积极想法使消极想法不攻自破的。

针对第一个负面想法“我一定是哪里出了问题”，他也做出了积极的回应。这个回应非常有意思。他想出了三个积极想法，并且百分之百地认同它们。他的第一个积极想法是“保罗的行为并不一定是衡量我作为一个人的价值的标准。”

这个想法起到了一点作用，沃尔特对消极想法的相信程度降到了50分。接着他又写道：“这听起来有点极端，对我自己也很不公平。我们会分手，保罗也有错。”这一回，沃尔特对消极想法的相信程度从50分下降到了30分。他的第三个积极想法则对消极想法给出了致命一击。他写道：“我在这段关系中的确有很多不妥之处，我也承认这个事实。但我也为这份感情付出了许多。”这一次，积极想法压制了消极想法，所以沃尔特对消极想法的相信程度直接下降到了0分。

当你应对自己的消极想法时，你可能会看到和沃尔特相同的模式。你会先从某一个角度质疑自己的消极想法，这会起到一点点帮助，但你仍然会坚持消极想法。然后，你会换一个角度进行质疑，你对消极想法的相信程度会进一步下降。接着，你会再从一个完全不同的角度思考，突然间，你可能就完全不再相信之前那个消极想法了。

当然，你的目标不仅仅是要改变你的思维方式，更重要的是要改变你的感受。

在沃尔特识破自己所有的消极想法之后，我让他评估了自己当下的感受。我想看一看，他是不是没有之前那么心烦意乱了。

在下面的表格中，你可以看到在“之后”那一栏中，沃尔特的消极情绪发生了显著的变化。他的悲伤情绪从80分降到了20分。我认为这很正常，毕竟沃尔特刚刚失去了自己的爱人，他有权感到悲伤。他的内疚、羞耻感和焦虑感下降到了10分，绝望感下降到了5分。而孤独、尴尬、沮丧和愤怒的感觉则是完全消失了。

当人们听到像沃尔特这样迅速且富有戏剧性的情绪变化时，他们几乎总是会有所怀疑，常常会有人问我：“这种改变的效果会持续吗？这会不会只能维持很短一段时间？”事实上，过去很多老派精神分析学家不鼓励快速康复。他们认为这种快速康复是一种“临阵脱逃”，患者只是短暂地恢复健康，他们认为这意味着患者正在逃避自己的问题。

我的想法则非常不同，我完全赞成快速康复。要我说，康复这件事，当然是越快越好！你想要什么时候克服痛苦？一个月后？一年后？五年后？还是今天马上康复？

表10-4　沃尔特的每日情绪日志

令你难过的事件：保罗去夏威夷和他的新男朋友一起庆祝生日了。

情绪	之前	之后	情绪	之前	之后
悲伤、忧郁、沮丧、消沉、难过	80分	20分	**尴尬**、愚蠢、受辱、害羞	100分	0分
焦虑、担忧、恐慌、紧张、害怕	100分	10分	**无望**、没有干劲、悲观、绝望	60分	5分
愧疚、悔过、感觉不好、羞愧	100分	10分	**沮丧**、受阻、受挫、挫败感	100分	0分
自卑、无价值感、无能、有缺陷、无竞争力	90分	5分	**愤怒**、抓狂、仇恨、恼怒、易发火、局促不安、狂怒	50分	0分
孤独、不被爱、被排斥、被拒绝、寂寞、被抛弃	100分	0分	**其他（请描述）：**		

消极想法	之前	之后	扭曲	积极想法	相信程度
1. 我再也没有办法和别人谈恋爱。	95分	15分	OG, MF, DP, MR, FT, MAG, ER, SH, SB	1. 这个想法毫无根据。我过去曾经谈过那么多次恋爱，我现在之所以觉得我永远无法再谈恋爱，是因为我此时此刻觉得非常受伤。但最终这些受伤的感觉会消失，我会再次与其他人交往，就像以前一样。	95分
2. 我一定不可能与别人生活在一起，也不可能与别人建立亲密关系。	95分	0分	AON, OG, MF, DP, MR, MAG/MIN, ER, SH, LAB, SB	2. 我和保罗的这段关系成功地维持了八年。	100分
3. 我肯定哪里出了问题。	100分	50分 30分 0分	AON, OG, MF, DP, MAG/MIN, ER, SH, SB	3. 保罗的行为并不一定是衡量我作为一个人的价值的标准。 这听起来有点极端，对我自己也很不公平。我们会分手，保罗也有错。 我在这段关系中的确有很多不妥之处，我也承认这个事实。但我也为这份感情付出了许多。	100分 100分 100分
4. 我完全搞砸了，我毁掉了我的生活。	100分	10分	AON, OG, MF, FT, MAG/MIN, ER, SH, SB	4. 我有学习并犯错误的权利。可能到我100岁的时候，我就能无所不知了！	100分
5. 我最终将成为一个年老、肥胖、白发苍苍、孤独的同性恋男子。	100分	5分	FT, ER, LAB	5. 现在正是我最艰难的时候，我应得到一些支持。我的头发已经在渐渐变灰了，我本来就没法阻止自己变老，但其他的想法基本就是胡说八道了。	100分

* 该模型由戴维·伯恩斯（David D. Burns）1984年提出，2003年修订。

双重标准法对沃尔特有效，因为他是一个善良且富有同情心的人。在某种程度上，他其实一直都知道如何打败这种让他感觉如此悲惨的消极想法。我所做的只是让他回归到他自己心中充满爱的那部分。如果双重标准法对他无效，我也会尝试使用其他方法。

角色扮演练习会让双重标准法更具有互动性，但并不是每次都必须要这样做。即使只有一个人，也可以自己轻松地使用这种方法。在一个人的时候，你可以试着问问自己："如果我的亲人或者朋友和我有着同样的问题，我会对他们说什么？"如果你发现在与朋友交谈时你会更富有同情心和更客观，那就问问自己是否愿意以同样的方式与自己交谈。你甚至可以写出一个类似于我与沃尔特之间的对话那样的"剧本"。

没有一种方法是可以对每个人都有同样效果的，双重标准法也不例外。

如果你对人对事本来就没有双重标准，无论是对人对己都一样严厉，那这种方法对你来说可能就不会管用。又或者如果你认为自己的高标准或严厉的自我批评对你自己有所帮助，那么双重标准法也有可能会失败。一些完美主义者就曾经告诉我，他们就是想要坚持双重标准，因为他们对自己的期望远远超过他们对他人的期望。他们认为，如果他们在失败或犯错时用力鞭策自己，就会激励自己更加努力地工作，并最终取得更多成就。如果这种自我批判的思维方式对你的生活和工作本身就很有帮助，那我们也没有理由非得改变它。

但根据我的经验，自责、内疚和缺陷感通常都不能激励人，也不能帮助我们从错误中吸取教训。羞耻和内疚的感觉只会让我们想要掩盖自己的失败，因为我们往往无法忍受面对自己的错误。事实上，只有当我们感到快乐、放松和自我接纳时，我们才无所不能。

第十一章 基于真相的治疗法

在哥白尼时代之前，人们一直都认为地球是宇宙的中心。大家都相信，太阳就是绕地球轨道运行的，并且有充分的证据证明这一想法。毕竟，每天太阳都会从东边升起，在西边落下。哥白尼和伽利略质疑了这个理论。他们声称人们一直以来的想法其实是错的，实际上是地球绕着太阳旋转。这一理论的提出最终推动了现代天文学的发展，并改变了我们对宇宙的理解。

焦虑、担忧和恐慌其实也源于不切实际的想法。会让人产生这些感受的想法看起来似乎可信度非常高，但是实际上它们总是扭曲的、不合逻辑的。当你使用基于真相的治疗法时，就可以像科学家一样，通过实验来测试自己的消极想法，看看这些想法是不是真的有现实依据、这些依据是否真实有效。如果你在实验过程中发现你的消极想法并没有真实有效的依据，那你可能会非常激动，因为你将形成对自己、对世界的全新理解。

在本章中，你将学习四种基于真相的治疗法，这些方法可以帮助你识破自己沮丧或焦虑的感受背后的虚假想法，这四种方法分别是：检查证据法、实验法、调查法和重新归因法。

这些方法背后的核心思想就是：真相使你自由。这一核心思想也是认知疗法的基石。

检查证据法

我们不能盲目地认定自己的消极想法就是真的。我们可以先问问自己："我的这个想法有什么依据吗？事实到底是怎样的？"

我之前曾经治疗过一位名叫艾米丽的病人。艾米丽是一位音乐家，她非常害怕坐飞机，因为她觉得在飞行过程中乘客们会感到恐慌，所以她会被踩死在过道里。她知道自己的这种恐惧听起来有点傻，但她确实认为很有可能发生这样的事情。于是，我问艾米丽是否有任何证据证明这一想法。我问她在过去的一年里有没有看到过任何关于飞机内发生踩踏事件的报道。她一件都想不起来。我接着追问，那在整个航空历史中踩踏事件又发生过几次呢？她再次承认她其实没听说过任何类似的事件。

当然，人被踩踏可能会死，虽然踩踏事件鲜有发生，但也并不是毫无可能。比如说，在举办职业足球比赛和摇滚音乐会的场馆内，可能就会因为观众失去控制而发生踩踏事件。但是，踩踏事件在飞机里发生的可能性真的太低了！再退一步想，每天有超过三百万人乘坐飞机呢！当这样想的时候，艾米丽才不得不承认，在一架飞机上被踩死的可能性确实微乎其微——她之前其实从来没有考虑过可能性的问题。

现在我们来做一个假设。假设你也很害怕坐飞机，而你对飞行的恐惧源于你觉得飞机可能会遇到严重的气流然后坠毁。你要如何运用检查证据法来质疑自己的这种消极想法？在继续往下读之前，先在下面的横线上写下你的答案。

____

____

____

____

答案：

你可以上网查一下航空业的相关数据。坐飞机有多危险？飞机发生空难的概率有多大？最新的数据是怎样的？

如果你去美国联邦航空总署网站看一看，就会发现飞机失事的概率是非常非常低的。按目前发生空难的概率看，如果你每天都坐飞机，持续这样飞22000年，才有可能遇上一次空难。2004年这一整年里，美国的商业航空事故死亡率为0，但是当年有超过4万人死于汽车事故。

你想一想，2004年整整一年里有1500万次商业航班，在这么大的基数之下，事故率仍然为0，这已经是很了不起的成就了。事实表明，坐飞机远比坐汽车、坐船安全，甚至比骑自行车还安全呢！

当你的消极想法中包含“妄下结论”这种扭曲认知时，检查证据法就会特别有用。不知道大家是否还记得之前介绍的“妄下结论”的两种常见形式——臆测未来和读心。“臆测未来”是指你自己对未来进行了一些可怕的预测，而这些预测没有任何事实依据。打个比方说，如果你害怕坐飞机，你可能会告诉自己坐飞机是非常危险的，发生空难的可能性很高。“读心”则指的是你对其他人的感受做出无根据的假设。比如说，如果你害羞，你可能会认为其他人都不会像你一样总是感到紧张。如果被他们知道了你竟然这么紧张，他们就会瞧不起你，并且觉得你很奇怪。

检查证据法对于“情绪化推论”同样有效。当你感到不安时，你可能有某种强烈的感觉，而且你对这种感觉的真实性毫不怀疑。比方说，当你感到焦虑的时候，你就会告诉自己“我感觉害怕，所以我一定面临着某种危险”。当你觉得抑郁的时候，你可能会告诉自己“我觉得自己是一个失败者，所以我肯定是一个失败者”或是“我感到绝望，所以我真的完全没有任何希望”。

“情绪化推论”是很容易产生误导的，因为你的感受来自你的想法，而不是现实。如果你的想法被扭曲了，你的感受就会像你在哈哈镜里看到的扭曲的图像一样，是一种误导。

你的感受是会骗人的。

你有没有去过拉斯维加斯的赌场？你把硬币放进老虎机里的时候，你可能已经告诉自己："这是我的幸运币，我有预感我肯定可以赢得大奖，这种感觉太强烈了！"然后你用力地拉下老虎机的手闸，看着旋转着的轮盘，满怀期待。接下来怎么样了呢？你真的中奖了吗？这个例子就很好地说明了，我们的感受并不总是能够反映真相。

实验法

当你使用实验法时，你需要做一个实际的实验来测试消极想法或自我攻击信念是否真实，就像科学家测试他们提出的假设理论一样。

实验法是有史以来为治疗焦虑而开发的最强有力的方法。之前我其实已经介绍过几个实验法的例子了。比如在第五章中，我们一同了解了特雷弗是如何使用害羞暴露练习来测试他觉得女孩子会因为他被汗濡湿的腋窝而感到恶心的想法的。进行这些实验需要勇气，但其好处也是巨大的。

检查证据法与实验法之间存在细微差别。在你使用"检查证据法"的时候，其实你是在分析目前手边已经有的数据和资料。这就很像是在图书馆查找书籍。而当你使用"实验法"时，你将会以更动态、也更具戏剧性的方式测试自己的消极想法的真实性。

下面，我给大家简要介绍一下这两种方法之间的差别。

我有一位名叫金的病人，她是个小学老师，有驾驶恐惧症，特别是在她需要开车过桥的时候。在过桥的时候，她总是会依赖她的丈夫和朋友，让他们替自己开车。但她不想一直这样下去，而且，她也为自己的这种恐惧症感到羞耻，觉得自己很没用。金在"每日情绪日志"中记录了自己的消极想法。

“情绪化推论”就是金的消极想法中的一种扭曲认知。她是从自己的感受出发来进行推论的。她在第一个消极想法中是这样描述自己的——她觉得双手会因为焦虑而出汗，出了汗手心就会变得很滑。所以，如果她要把车从桥上开过去，她就会手滑，无法握住方向盘。她还觉得自己的腿也会因为紧张而变得像果冻一样软塌塌，使不上力气，所以也就无法踩油门或刹车。此外，金还觉得所有的桥类建筑都是很危险的，随时都可能会倒塌，而且她认为这些桥最终肯定会倒塌。

金要如何运用“检查证据法”来质疑自己的这种消极想法？事实到底是怎样的？在继续往下读之前，先在下面的横线上写下你的答案。

____

____

____

____

答案：

金可以问自己这样的问题：

· 焦虑的时候，我出的汗会像尼亚加拉大瀑布一样倾泻而出吗？我会经常因为汗湿手滑而拿不住东西吗？我有没有因为出汗而失手摔碎过杯子？在我开车的时候，我的手是否曾经真的变得那么潮湿滑溜，无论我怎么努力，都无法控制方向盘？方向盘是用什么做的呢？是不是用塑料之类的特别滑手的材料做的呢？

· 我的腿是不是真的会完全瘫软不听使唤？我在走路的时候，是否会因此摔跤？我以前是否真的曾经出现过不论如何努力就是无法踩下油门或者刹车的情况？

· 我是否曾经因为无法控制方向盘和踩刹车，导致汽车完全失控害死无辜的人？到目前为止我害死了多少人？

表11-1 金的每日情绪日志

令人难受的事件：一直想着开车过桥的事。

情绪	之前	之后	情绪	之前	之后
悲伤、忧郁、沮丧、消沉、难过	35分		**尴尬**、愚蠢、受辱、害羞	95分	
焦虑、担忧、惊恐、紧张、害怕	85分		**无望**、没有干劲、悲观、绝望	80分	
愧疚、悔过、感觉不好、羞愧	50分		**沮丧**、受阻、受挫、挫败感	100分	
自卑、无价值感、无能、有缺陷、无竞争力	65分		**愤怒**、抓狂、仇恨、恼怒、易发火、局促不安、狂怒	50分	
孤独、不被爱、被排斥、被拒绝、寂寞、被抛弃	—		**其他（请描述）：**被束缚感	90分	

消极想法	之前	之后	认知扭曲	积极想法	相信程度
1. 我的手会因为出汗而变得湿滑，握不住方向盘。	100分				
2. 我的腿完全没力气了，就像果冻一样软塌塌的，没有办法踩油门和刹车。	100分				
3. 开车过桥的时候我会头晕目眩，无法集中注意力。	100分				
4. 我会因此害死无辜的人。	100分				
5. 桥看起来太不稳当了，随时可能会倒塌。	100分				
6. 我到底出了什么问题？只是过个桥而已，我不应该有这么大的反应的！	100分				

* 此表由戴维·伯恩斯（David D. Burns）2004年提出。

· 在过去的一年中，我所在的片区发生过几次桥梁倒塌的事故？在过去的一百年里，整个美国发生过几次桥梁倒塌的事故？

· 每天有多少辆汽车穿过桥梁？我有多少朋友或家人因为桥梁垮塌事故而离世？

这种类型的分析可以帮助金发现，其实她一直在放大所有潜在的危险。当然，她还是可以相信自己的消极想法，因为她大可以对自己说："我知道我的想法可能不太现实，但我就是觉得桥可能会塌。"

在这种情况下，我们可能需要更有力的方法。这时，我们可以使用"实验法"。你觉得可以使用哪些实验来验证金的消极想法呢？在继续往下读之前，先在下面的横线上写下你的答案。

答案：

金做了很多实验来测试自己的想法。比如说：

· 金在上车的时候带着一桶水，她把水放在了驾驶座旁边的位置上，然后在车道上停下了车，将双手伸入水中，然后再抓住方向盘，想看看自己在双手潮湿的情况下是否还能够控制方向盘。她惊讶地发现，即使她的手湿透了，她也完全可以正常控制方向盘。

· 她在汽车里放了一条毛巾，一边开车一边时不时地抓住它，她想看看这一路上毛巾可以从她的手中吸收多少汗。她惊讶地发现自己的双手似乎根本没有潮湿或出汗。即使是在她非常焦虑的时候，她的双手仍然是完全干燥的。

· 接着，她又试着多次变道，看看自己是否能够在感到焦虑时控制车辆。她发现自己完全可以控制汽车进行变道。

· 然后，她开始测试自己的另一个想法：一紧张就会腿软，无法踩油门或刹车。她给自己设定的目标是每小时加速5公里，然后再以每小时5公里的速度减速。她又一次轻松地完成了任务。

· 于是，金决定测试自己的最后一个消极想法：桥梁是脆弱的，很容易就会倒塌。她徒步穿越自家附近的金门大桥，并且在桥上蹦蹦跳跳。她尽可能地用力跺脚，摇晃桥的大梁，看看她是否可以破坏桥的稳定性。金对这座桥的巨大和坚固程度感到惊讶。

· 作为最后的测试，她开车过桥，她惊讶地发现这座桥仍然非常稳定。而且，她的车也没有失控，她也没有因此害死任何人！

金坦言说，刚开始做这些实验的时候，她的心里还是很害怕的，但很快，她开始觉得这些实验既有趣又有点荒谬。她已经完全意识到自己的消极想法是虚假的，她一直在用这些想法欺骗自己。而通过这些实验，她停止了逃避，勇敢转身面对她最害怕的怪物，这才发现这个怪物根本没有牙齿，只是装装样子罢了。

实验法并不是一成不变的。实验的细节需要具体问题具体分析，因为每个人内心害怕的东西都有所不同。你所进行的实验必须专门针对你的消极想法进行定制。

实验法可以帮助我们治疗抑郁和焦虑，但它最大的效用是用来治疗惊恐发作。在第一章中，我们都了解到惊恐发作是指突然间产生意料之外的恐慌，这种恐慌情绪会在几分钟内飙至顶峰。但这种情绪来得快，去得也快，这就让你感到困惑、羞辱和恐惧，并且担心下一次继续发生相同的情况。

在惊恐发作的时候，你可能会告诉自己：

- 我心脏病要犯了！
- 我马上就要死了！
- 我没法呼吸了！我要窒息了！
- 我要晕过去了！
- 我要疯了！

大多数人在惊恐发作期间会产生许多生理反应。在惊恐发作时，你可能会感觉：

- 心跳突然加速。
- 胸部感到很紧绷或疼痛。
- 呼吸急促、上气不接下气。
- 头晕目眩、头重脚轻。
- 手指麻木或有麻刺感。
- 如鲠在喉。
- 好像马上就要窒息了。
- 脸色发红或者一身冷汗。
- 发抖。
- 全身肌肉紧张。
- 感觉恍惚。
- 头昏恶心，肠胃翻涌。

如果你曾经历过惊恐发作，那么你肯定对我的描述非常熟悉。大多数患有惊恐发作的人最初都会觉得他们患有某种疾病，比如心脏病或脑肿瘤，但似乎没有一种疾病可以解释他们这些症状的组合。

惊恐发作的病人可能会在每次发病时赶去急诊室，到处求医问药，兜兜转转很久之后，才会被诊断出是患有惊恐发作。

其实，惊恐发作是我们对无害的身体反应的过度解读引起的。

我们大多数人都会不时地有头晕、胸闷或手指刺痛等症状，但我们并没有特别关注这些症状，这些症状也很快就会消失。但是那些容易发生惊恐发作的人则非常重视这些感受，并告诉自己这些都是坏事即将发生的预兆。也正是这些想法引发了惊恐发作。比如说，如果你感到头晕，你可能会觉得自己即将中风或得了神经衰弱。如果你的胸部有紧绷感，你可能会认为你马上就会心脏病发作。但事实上，你不会中风，也不会神经衰弱或者心脏病发作。惊恐发作是由精神上的混乱引起的。这就是为什么实验法对于治疗惊恐发作能够有效的原因，但使用实验法需要很大的勇气。

我有一位病人叫特丽，她是一位婚姻非常幸福的女子，但这十多年来，她一直患有严重的抑郁症和惊恐发作。当她注意到自己出现头晕、胸痛或手指刺痛的症状时，她就会惊恐发作。然后她会觉得自己马上就要窒息了，而且可能还会心脏病发作，这些想法会引发强烈的恐慌情绪。她每周都会爆发几次严重的惊恐发作，每次都非常痛苦。她在抑郁和焦虑测试中的分数都爆表了。特丽也去看过医生，还去咨询过几位心脏病专家，但每次做完检查，报告都显示她的心脏和肺部完全正常。每个医生都向特丽保证，她健康得像头牛。但医生保证的效力只能持续几天。到特丽下一次惊恐发作之时，她就会告诉自己："也许这次真的是心脏病发作了！"最终，其中一名医生诊断说特丽其实患有恐慌症，并将特丽转诊去了精神科。从那以后，特丽就去看了许多精神科医生，这些医生给她开了各种各样的药，但却没有任何帮助。

特丽和她的丈夫有四个孩子，他们还想再生一个。但特丽的精神科医生告诉她，如果要生孩子，那就必须停用他先前给特丽开出的所有药物，因为服药可能会导致孩子产生先天缺陷。尽管特丽自己觉得吃这些药本来也没什么用，但她还是很害怕停药。几天后，她在当地的书店里发现了我的书《感觉良好》，并在封面上看到了这句话——“经过临床验证，无须用药的抗抑郁治疗”。她当时就想：也许这位医生可以帮助我。于是，特丽就打电话到我的办公室预约诊疗了。

下文中有特丽的“每日情绪日志”。她记录的前三个消极想法引发了她的恐慌情绪。她告诉自己她无法呼吸，并且即将昏厥。后三个消极想法则让她产生羞耻感、抑郁感和自卑感。特丽不断地告诉自己，她不应该有这些问题，而且任何发现这些问题的人都会瞧不起她，会认为她是个疯子。她丈夫的事业进展顺利，她的孩子们也非常健康地成长着，她的生活中（除了她的抑郁和焦虑之外）根本就没有什么真的需要担心的问题。

特丽和我一起尝试了一些方法，但这些方法似乎没有什么效果，她还是一如既往的沮丧和焦虑。

在我们做第五次治疗的时候，我问特丽，我是否能够在我的办公室里引发她的惊恐发作，这样我就可以告诉她如何使用实验法逐条否定她惊恐发作的瞬间脑内产生的所有的消极想法。我解释说这种方法比我们迄今为止尝试的所有方法都有效得多，我认为是时候对惊恐发作发起致命一击了。

虽然特丽当时对我的建议表示赞同，但之后的两次治疗她都缺席了。她每个星期都会给我打电话说她没有放弃治疗，而且她真的很喜欢接受我的治疗，但是她觉得在办公室里经历惊恐发作真的太可怕了，她想知道我们是否可以尝试一些不那么可怕的方法。我告诉特丽，她自己才是做决断的人，我绝对不会强迫她做任何违背她意愿的事情，而且她的信任对我们的成功绝对至关重要。我也跟她解释说，我们可以使用许多其他方法，但如果她想要完全康复，她迟早都是要面对心中的恐惧的。我劝她说，反正她每周都会发生多次惊恐发作，在我的监督之下再多惊恐发作一次也未尝不可，这全可以说是很值得的！因为只要这么一次，我很可能就会永远解决她的问题。而且我的办公室在急诊室附近，如果她真的需要任何医疗救助，直接就可以去看急诊。特丽听后，告诉我她会再考虑考虑。

几天后，她给我打了个电话，在电话中，她告诉我她还是非常害怕做这个实验，但她还是决定尝试一下。我给她连续安排了两次诊疗，这样我们就有足够的时间一起做实验了。

在诊疗开始的时候，我让她尽可能快地深呼吸几分钟，希望能够引发她的惊恐发作。这其实是“过度呼吸”。过度呼吸会导致血液中的氧气增加，并产生轻微的头晕，手指也会觉得刺痛。如果你容易惊恐发作，那在觉得头晕、手指刺痛的时候，你可能会突然觉得自己马上就要死了。为了强化这种效果，我告诉特丽要专注于她在惊恐发作期间经常出现的各种消极想法。我提醒道：“千万要记住，当你觉得胸口发紧、手指刺痛、马上就要喘不过气来的时候，就想象一下，因为没有足够的空气进入肺部，你的手指和嘴唇都会变成青紫色，你的气管马上就要闭合，所以我不得不叫救护车。你看到救护车顶上的那不停转动的红灯了吗？再想象一下护理人员把你放在担架上的样子，他们给你戴上氧气面罩，想要帮助你呼吸，但是并没有什么效果，所以护理人员也慌乱了起来。想象一下，你的心跳越来越弱，越来越不稳定，你的心脏病马上就要发作了。”果然，这些言论引发了特丽的惊恐发作。她大哭了起来，不停地说着自己的胸口很痛，她觉得自己马上就要死了。

我便顺着她的话问道：“你觉得自己为什么会死？是因为缺氧吗？”

“是的。”特丽痛苦地点点头说道，“我觉得头晕目眩，我的手指也在一阵一阵地刺痛。我没法呼吸了，我的胸口也很疼。这种感觉太糟糕了，我经常有这样的感觉。”

我让特丽给自己的想法打分，如果她完全相信自己无法呼吸、马上就要死去就打100分，如果完全不相信则打0分。

“100分！”特丽几乎是脱口而出。

然后我接着问：“特丽，如果你现在真的无法呼吸，而你的心脏病发作了，那么你最不能做的一件事是什么？”

特丽此刻的情绪实在是太激动了，她几乎无法理解我的问题。她开始止不

表11-2　特丽的每日情绪日志

令人难受的事件：注意到我的手指刺痛和头晕。

情绪	之前	之后	情绪	之前	之后
悲伤、忧郁、沮丧、消沉、难过	100分		**尴尬**、愚蠢、受辱、害羞	100分	
焦虑、担忧、惊恐、紧张、害怕	100分		**无望**、没有干劲、悲观、绝望	100分	
愧疚、悔恨、感觉不好、羞愧	100分		**沮丧**、受阻、受挫、挫败感	100分	
自卑、无价值感、无能、有缺陷、无竞争力	100分		**愤怒**、抓狂、仇恨、恼怒、易发火、局促不安、狂怒		
孤独、不被爱、被排斥、被拒绝、寂寞、被抛弃			**其他（请描述）**		

消极想法	之前	之后	认知扭曲	积极想法	相信程度
1. 我没法呼吸了！	100分				
2. 如果我站起来，我就会晕过去。	100分				
3. 我马上就要死了。	100分				
4. 我肯定身体出了问题。	100分				
5. 我本不该如此焦虑，我的生活其实没有什么问题。	100分				
6. 如果有人看到我的抑郁和惊恐发作，他们会看不起我，并认为我是一个精神病人。	100分				

* 该模型由戴维·伯恩斯（David D. Burns）1998年提出。

住地抽泣，并央求我停下实验。她看起来如此不知所措，以至于我也对她产生了同情，想要结束她的痛苦。但我转念一想，觉得结束实验将会是一个巨大的错误，因为这会强化她这些不合逻辑的信念，让她真的以为自己处于危险之中。她可能会因此得出结论：就连我的医生也觉得我马上就要死了，我的处境一定特别危险。

再退一步说，其实我们都知道特丽只是惊恐发作，不会真的窒息而死。我要怎么做才能让她意识到她实际上在欺骗自己？你能为特丽设计几个实验来验证她这种“我马上就要窒息了，我马上就要犯心脏病了”的消极想法吗？在继续往下读之前，先在下面的横线上写下你的答案。

答案：

我对特丽说：“特丽，如果你现在马上就要犯心脏病或者窒息而死，你觉得你现在可以进行剧烈运动吗？”

特丽表示这是不可能的，因为她无法让任何氧气进入她的肺部。而且她坚持认为，如果她站起来，就肯定会“昏倒”。她哭着恳求我停下实验，她说她的胸口疼得厉害，真的觉得自己马上就要死了。

我安慰她说：“我知道这对你来说非常可怕，但我希望你坚持下去。我希望你现在能慢慢站起来，这样我们就能知道你到底是不是会晕倒了。然后你可以尝试一些剧烈的运动，比如原地跑步之类的，这样我们就能知道你是不是真的无法正常呼吸而且马上就要死了。”

你可能认为这是一个冒险的建议。如果特丽在试图站起来时真的昏过去了怎么办？大家始终要记住，抑郁和焦虑是由扭曲的想法引起的。当特丽告诉自己她马上就要昏厥死亡的时候，她正以一种非常深刻的方式欺骗自己。从医学的角度来看，你知道人为什么会晕倒吗？人之所以会晕倒，是因为心跳减慢并且血压下降。这时心脏不能将足够的血液和氧气输送到大脑。而晕倒恰恰是身体自身的一种“关机”防御机制。当你平躺在地上的时候，因为心脏不需要将血液垂直向上运输，就可以更容易地将血液泵送到大脑。在昏厥的过程中，因为平躺着，大量的血液和氧气再次流过大脑，然后人就会苏醒过来。

那么特丽是否真的有昏厥的危险呢？她的心跳减缓了嘛？她的血压下降了吗？她的血液含氧量减少了吗？恰恰相反。此时此刻，特丽的心脏在怦怦狂跳，她的血压正在迅速上升，而不是下降。而且，因为她呼吸的速度实在是太快了，所以她的血液中充满了氧气。在这样的生理条件之下，即使她再怎么努力，都不可能晕过去。从生理上来说，特丽是不可能晕倒的，因为她心脏跳动的速度如此之快。①

特丽慢慢地站起来——她并没有晕倒。于是，我鼓励她开始原地慢跑，这样她就可以知道自己马上是否真的就要犯心脏病了。

刚开始的时候，她跑得很慢，她告诉我她觉得这个方法很荒谬。我告诉她，如果我们能够一劳永逸地结束她的痛苦，那么做一些荒谬的事情也是值得的。在这过程中，特丽还是一直关注着自己的症状：“我的手指还是很痛。我觉得好奇怪。我觉得我没法呼吸了。”

“不要停下来，继续跑，”我命令道，“你可以再跑快一点吗？”

特丽听从了我的指令，稍稍加速，跑得更有劲儿了。几分钟后，她停了下来，她说她太累了不能继续再跑了，而且她仍然无法深呼吸。

① 有时候，焦虑的人确实会晕倒。比如说，晕血或者晕针的人可能真的会晕倒，那是因为在他们看到血腥的场面或是针头的那一刹那，他们的心脏跳动速度会突然减慢，他们的血压会暂时下降。他们真正害怕的不是“晕倒”这件事，而是害怕针或血。这和特丽的情况完全是两码事。

我说："你现在要不要试着做几组开合跳？"

特丽苦着脸说她不可能做任何跳跃的动作，因为她已经筋疲力尽了。

但我坚持让她试着做几组。

特丽不情不愿地跳了两下。但她很快发现了她其实完全可以跳起来，于是就开始接连做了好几组开合跳。

又过了一会儿，她突然问我："我刚才一直在想，如果我真的心脏病发作的话，我能一直做这个开合跳吗？"

"说到点子上了！"我肯定地说道，"你在医院急诊室会看到这种事吗？心脏病发作的病人会在他们的担架床旁边做开合跳吗？"

特丽突然开始咯咯笑了起来。

"继续做开合跳。"我假装严肃地命令道，"你再多跳几组，肯定会晕过去的。"

特丽听了我的话，笑得前仰后合。

我趁机问她，现在还是否相信自己马上就会死于心脏病了。

特丽表示："不那么相信了，我现在觉得好多啦！"

这是特丽这十多年来第一次觉得如此轻松畅快。在得到了特丽的允许之后，我在全国巡回做工作坊的时候都展示了这次治疗片段的录像带。

在片段的开头，你可以看到特丽在惊恐之中哭泣。而仅仅六分钟后，她就开始笑了起来，完全没有任何焦虑或抑郁的感觉。

是什么引起了特丽的戏剧性转变？为什么她突然之间就觉得好了这么多？为什么她的惊恐和抑郁突然就消失无踪？

特丽在她感觉好多了的时候问了我一句话，她说："我刚才一直在想，如果我真的心脏病发作的话，我能一直做这个开合跳吗？"也正是在那一刻，她突然意识到，自己的消极想法其实并不真实，于是，她恐慌和无助的感觉就自然而然地消失了。

这正是认知疗法背后的理念：当你改变思考方式的时候，你就可以改变你的感受。

当然，在观看特丽的治疗视频片段时，也有些人得出了错误的结论，他们认为其实是有氧运动起到了作用，慢跑可以很好地治愈焦虑和抑郁症。但这并非毫无根据，运动肯定是对我们的身心健康都有好处的，但对于特丽来说，“实验法”才是她康复的真正关键。

人们第一次从焦虑或抑郁中康复时，可能会将其归因于外部事物，可能会觉得是天气变化、约会或是找到新工作的原因。他们并不认为自己的康复是因为使用了正确的方法。这也是一个问题，因为如果你不知道到底是什么方法帮助到了你，其背后的原理究竟是什么，你就很容易复发。下次当你焦虑或沮丧时，你还是会感到无助和困惑。相反，如果你确切地知道为什么以及如何克服抑郁或焦虑情绪，那么每当你感到不安时，你都可以再次使用相同的方法战胜不良情绪。这样一来，你也无须再害怕焦虑和抑郁。特丽也问过我，如果在家里惊恐发作应该怎么做。

我说：“你可以再做几组开合跳。”

她又接着问我：“如果我在开车的时候惊恐发作怎么办？”

我回答：“那你就把车开到路边，然后下车做几组开合跳。”

特丽说她不可能这样做，假如被邻居看到她把车子停在路边做开合跳，肯定会认为她是一个疯子。

听了她的话，我二话没说地跳下椅子，打开办公室门，走进候诊室。特丽站在我的办公室里可以看到我站在候诊室的中央，但从她的位置看不见候诊室的全貌。

然后我开始做开合跳，像疯了一样地大喊道：“我是个疯子！我疯啦！我在做开合跳！耶！”

做完后，我就径直走回办公室，关上门，坐了下来。

我转向特丽，用一种非常严肃的声音问道，“特丽，你觉得我刚才跳得怎么样？”

特丽看上去好像有些懵了，她说："伯恩斯医生，你刚才这样丢脸地在所有病人面前做了开合跳，也给了我勇气，我也必须要敢于战胜自己的心理问题！"

其实特丽不知道，当时的候诊室里一个人也没有。

去年夏天，我打电话给特丽，问她我是否可以继续在我的工作坊里展示她的治疗录像带。

特丽欣然同意了，她说她希望全美国每个焦虑的人都有机会看到这段录像。那次治疗对她的影响是巨大的，自那以后，她仅仅只经历了一次惊恐发作。而且当她开始做开合跳的时候，这种惊恐很快就消失了。

她自豪地告诉我，在她生了第五个孩子后，她就开始写作，并刚刚出版了她的第一部小说。

其实，在特丽康复之前，许多治疗师可能都会觉得，特丽的这种情况是很难治疗的。她吃了那么多药，但是都没有用，后来又接受了大量无效的心理治疗。然而，一旦我们找到适合她情况的治疗方法，仅仅只进行了几次治疗，她就完全康复了。而且我相信，如果有人在十年前就告诉特丽要如何使用实验法，在她第一次惊恐发作的时候时，就会立即康复，也用不着再多受十年的苦了。

现在大家已经多多少少了解了"实验法"的工作原理，现在请大家自己来做一回心理医生。

我有一位名叫琼的病人，她来费城找我治疗的时候已经七十一岁了，她患有严重的广场恐怖症和惊恐发作。自十八岁以来，琼一直在努力解决这些问题，她也一直都在断断续续地接受药物治疗和心理治疗，一治就是五十三年。

之前的章节中，我们其实已经介绍过广场恐怖症。如果你患有广场恐怖症，那你就会害怕一个人离开家，因为你担心自己会惊恐发作，没有人会帮助你。随着时间的推移，一些患有广场恐怖症的患者就会变得很"宅"，因为他们害怕离开家，他们认为在家以外的地方根本就没有值得信赖的人。

琼的丈夫在纽约开了一家药店，她此前也一直待在纽约。这次她为了来看病，专程从纽约辗转到了费城。她的闺蜜一直陪着她。

我第一次见到琼的时候，就觉得她一定是个很有个性的人。她来诊所的时候，穿着一件非常正式的礼服，还戴着很多夸张的珠宝。她告诉我她真的很喜欢和别人打交道。她喜欢周围的人，周围的人也都很喜欢她。她一直是派对上众人的关注焦点，每次只要她一出现，就能吸引所有人的目光。她是大家的开心果，每次都能逗得大家哄堂大笑。但是她不能忍受孤独，因为她害怕自己会因此崩溃然后发疯。虽然她从来没有真的发过疯，但她常常觉得自己已经失去了控制。

那琼是否真的有发疯失控的危险呢？惊恐发作的患者其实并不会真的发疯。他们只是担心自己会发疯。反而那些真的发疯的人，比如患有精神分裂症的精神病人，就不会有这种担心。他们觉得自己是完全理智的，并且认为联邦调查局正在策划攻击他们，或用秘密电子设备监视他们。换句话说，真正发疯的人会认为全世界都是疯子，而自己却不是疯子。所以我们都很清楚，琼即使每天都在担心自己发疯，但实际上并没有任何发疯的危险。

但琼相信她的担心都是有理有据的。那她可以采用怎样的实验来确定她是否真的会崩溃发疯呢？在继续往下读之前，先在下面的横线上写下你的答案。

____

____

____

____

____

答案：

我问琼，如果她在我的办公室里崩溃并发了疯，会发生什么，事情会变成什么样？琼描述说，她可能会躺在地板上，就像背部着地的乌龟，任胳膊和双腿在空中狂暴地挥舞着。她会开始舌头打结、尖叫、胡言乱语。然后她会起身旋转跳跃，大声唱歌，像乞丐一样跳舞，还会用头拼命撞墙，拼尽力气大喊大叫。

在听完琼的描述后，我对她说："琼，你已经怕了整整五十三年，我们就来一起看一看你的这些想象到底是不是真实存在的。我希望你能够自己做到你刚才描述的那样。"

琼看起来震惊极了，焦急地问我到底是什么意思。

我轻松地解释说："自从你十八岁以来，你就一直觉得你随时可能发疯，但你从来没有真的疯过。我希望你现在在我的办公室里真正疯一次。你可以把你刚才描述的事情全部做一遍给我看。你可以躺在地板上，一边尖叫一边说胡话。我们可以一起看看你能不能把自己逼疯。这样我们就知道你的担忧是否切合实际了。"

"不不不，我绝对不要这样做！"琼连连拒绝。

我们为此争论了几分钟，但我还是坚持要求她这样做，因为我知道她是一个非常坚韧的人，并且非常信任我。

最后，她终于让步了："医生，我知道我肯定争不过你，所以我还是决定试一试你说的方法，但是我有一个条件。"

"没问题。"我立刻回答道，"你的条件是什么？"

"你先做一遍给我看。"她要求道。

于是，我二话不说立刻躺在了地毯上，然后开始胡乱地挥舞我的手臂和双腿，并且开始大声尖叫。然后，我站起来，像卖艺的乞丐一样旋转、唱歌、尖叫、扭屁股，还胡乱地自言自语。接着，我开始用头撞办公室的墙，一边撞还一边喊："我是个疯子！我疯了！欧耶！"

在整个过程中，我都时不时地用眼角的余光观察琼的反应，她看起来非常享受我的"表演"。

几分钟后，我结束表演，坐回椅子上，对琼说："轮到你了。"

琼不情不愿地从椅子上下来，小心翼翼地躺在地毯上，精心地摆弄好她的礼服。然后，她无力地伸展她的右手和右腿，然后再打开左臂和左腿，非常轻柔地喊了两声："啊，啊。"

“琼，这样可不行。”我严格要求地说，“我们在比赛谁更疯呢，必须要竭尽全力地发疯才可以，要用心去疯！加油！我相信你肯定可以成功发疯的！”

经我这么一激，琼这才进入状态。她开始在地板上滚来滚去，疯狂地挥动着她的胳膊和腿，尖叫着，说着谁都听不懂的话。然后她起身，在办公室的四周转着圈圈，并且用头撞墙，奋力地大声尖叫。

她的叫声比我想象的响多了，仿佛在听一个歌剧演员飙高音。

我记得当时我的办公室没有隔音，我很想知道我的同事和病人听到我办公室里传出的这一阵阵尖叫会作何感想。

琼将这种癫狂的状态保持了几分钟，力气耗尽后，终于一屁股坐回到椅子上。

我问道：“琼，你现在感觉怎么样？”

琼回答说：“伯恩斯医生，在过去的五十三年里，我一直在努力维持自己的理智，因为我以为我随时都可以疯掉。但我刚刚发现，无论我怎么努力，我都没法真的发疯！而且，我以前从没感受过像现在这样的控制感！”

我让琼再做一次抑郁和焦虑测试。她的抑郁和焦虑分数为零，这表明她的症状完全消失了。

事实上，这是她半个多世纪以来第一次真正得到精神上的解脱。而这仅仅是我们的第四次治疗。之后琼还来找过我两次，但是她原先的恐惧早已不复存在。她告诉我说她的广场恐怖症完全消失了，她现在可以去任何她想去的地方，所以我就结束了对她的治疗。其实我还挺遗憾这么早就结束治疗的，因为她真的是个很有趣的人。

虽然我对特丽和琼使用的治疗方法看起来很有趣，但我也不想因此弱化这两位病人最初感到恐惧的程度。直面恐惧从来都不容易，尤其是这种恐惧已经折磨了你几年甚至几十年的时候。

如果你不想像特丽和琼一样做这种极端的实验，你也可以尝试对你的消极想法进行稍微温和一些的测试。比如说，当你感到头晕时，你有时会感到恐慌，因为你认为你会失去理智进而发疯。那你就可以坐在办公转椅上旋转，转到让自己感到头晕目眩，从而诱发惊恐发作。

但是，当你的惊恐程度达到50分的时候，你也可以决定停止实验，而不是继续诱发全面的惊恐发作。然后你可以尝试大声地数数，从100开始往下数，每次减7，你可以大声喊出“100，93，86，79，72……”，以此类推。

当你感到惊恐的时候，这可能看起来很有挑战性，但你会发现你其实可以做到这一点。

然后，你可以尝试回忆一些信息，看看你是否可以想起某人的电话号码并将这个号码写下来。你还可以阅读一本书中的一个句子，看看你是否可以大声总结这个句子的意思。虽然你可能觉得自己正在崩溃的边缘并且马上就会发疯，但你会发现，你其实可以做到这些需要理智的事情。

这些实验可以告诉你，即使你觉得自己即将崩溃，但你的生理机能仍然可以正常运行。当然，这些实验只有在你认为自己即将崩溃时才有效。

我从20世纪70年代末开始研究这种方法，但直到最近，这种方法才开始流行起来。研究人员报告称，大约80％的惊恐发作患者使用我刚刚描述的渐进式暴露疗法，都可以在5到10次治疗后恢复健康。但是你想一想，这些病人在接受这种治疗之前已经接受了那么多次不成功的治疗了，想到这里，你可能会觉得，我介绍的这种治疗方法确实很令人印象深刻。

我对特丽和琼使用的治疗方法也被称为“洪水法”，使用这种方法可以让你被最可怕的焦虑淹没。洪水法会比渐进式暴露法见效更快。很多时候，使用洪水法只需一次治疗就可以解决问题，一劳永逸。洪水法也需要病人有更大的勇气。不过，洪水法和渐进式暴露法都非常有效，病人们也可以根据自己的情况选择更适合自己的方法。

调查法

研究人员经常进行调查，当然，他们调查的对象通常是人们对政治或消费品的看法。

在心理学范畴内，你也可以使用相同的方法来“调查”你的消极想法和态度。

我有一位名叫德博拉的病人，她是一位患有公共演讲焦虑症的心理学家。这对她来说非常煎熬，因为她经常需要给精神保健专业人士举办研讨会。虽然她在做公共演讲的时候一直都暗自害怕，但她仍然把工作完成得很好。不过，她总是觉得自己是个骗子，她认为心理学家是不应该有这种心理问题的。于是，我给她提了一个建议。我让她在下一次演讲开始的时候，问一下观众中有多少心理学家同样也受到公开演讲焦虑的困扰。她照做了。没想到，在场的心理学家中，有三分之二的人都举起了手。她感到惊讶的同时，也如释重负。你还可以使用调查法来寻找引发自己抑郁情绪的消极想法。

在费城工作的时候，我治疗过一组住院病人，其中有一位患有严重抑郁的病人，名叫戴安，她告诉我，她决定自杀。戴安一直患有快速循环型双相情感障碍，接受了整整十五年的治疗，服用了各种各样的药物，但这些对她的病情都没有任何帮助。而且，她的医生大部分时候都会让她一次性服用五种不同的药物，药量如此之大，她却仍然在每天的情绪波动之中苦苦煎熬。这已经是她第8次因此而住院了。

快速循环型双相情感障碍是最严重的躁狂抑郁症的形式，治疗难度非常之大，患有这种疾病的患者每年会在极度抑郁或极度躁狂发作之间循环多次。尽管患有这种病，戴安仍然走入了婚姻的殿堂并且育有三个孩子。她还开发了自己的设计网站兼职咨询业务，生意做得红红火火。

我问戴安，是不是无论能不能得到帮助，她都决定要自杀。

戴安回答说，如果可以的话，其实她也很想得到帮助，但就目前的情况来看，似乎只有自杀才是最合乎逻辑的事情。

戴安感到非常沮丧、焦虑、羞愧、不完整、孤独、羞耻、绝望、难过和愤怒，并在她的“每日情绪日志”中记录了四个令人不安的消极想法：

1. 这个病毁了我的生活。
2. 我没有任何希望，我的病情不可能好转。
3. 对我的家人和医生来说，我都是一个负担。
4. 如果我死了，我的父母、丈夫、孩子和医生都会活得更好。

我问戴安想要最先改变哪个消极想法。她选择了第四个：如果我死了，我的父母、丈夫、孩子和医生都会活得更好。

在和她一起尝试了几种效果不甚明显的方法之后，我决定尝试使用调查法。

我问戴安：“你觉得如果你死了，你的父母、丈夫、孩子和医生都会活得更好。我知道这个问题听起来有些奇怪，但是你有没有问过你的家人和医生他们是不是希望你自杀呢？”

戴安承认她从来没有和他们讨论过这个问题，但她觉得自己很显然是一个负担，如果没有她，自己的家人和医生肯定会过得更好。

当天晚些时候戴安的丈夫会过来医院和社工们一起参加一个家庭治疗。我建议戴安，可以趁着这时候问问丈夫的想法，因为她觉得自己是一个负担的想法很可能是自己臆测的，没有任何事实依据。而且，现在她的家人们并不在这个治疗小组中，所以她完全可以现场问一问其他病人的意见，看看他们怎么想。我建议戴安问一问在场的其他病人是否认为如果她结束自己的生命，她的父母、孩子和丈夫会活得更好。

戴安拒绝了我的提议，因为她觉得在场的病人可能会因为想要安慰她而不说实话。但我仍然建议她可以找其中的几个病人先做一个小调查，然后我也可以再对他们做一次相同的调查，以确认这些病人们说的到底是实话还是单纯地只是想说好话安慰戴安。

戴安最终接受了我的建议，她转向坐在我旁边的年轻女子，问道："玛莎，如果我自杀，你觉得我的家人会活得更好吗？"

"你肯定是疯了，你根本不知道你自己现在在说什么！"玛莎的眼里突然流出了泪水，"我的弟弟五年前自杀了，当时，他的卧室就在我隔壁。一天晚上，我突然听到了一声枪响，我推开他的房门，发现他用枪打穿了自己的头。"玛莎开始放声大哭起来，她一边抹着眼泪一边说她和她的父母至今都觉得非常难受。"我的小弟弟是负担吗？"玛莎抽泣着说，"确实是。他已经抑郁了很多年了，有的时候我们真的觉得他挺烦人的。但我们会因此希望他赶快去死吗？永远不会！我们都很爱他，我们希望他能活着！与死亡这件事相比，抑郁症带来的负担又能算得了什么呢？虽然已经过去了五年，但是至今我仍然每天都会想起他，每每想起他，我还是会觉得非常难过。我觉得我永远都过不去这道坎了。戴安，你的家人一定也很爱你，如果你自杀，真的也会毁了他们的生活。他们永远都不会从失去你的悲伤中走出来。"

听完玛莎的话，我问戴安："你觉得玛莎说的是实话吗？"

戴安点了点头，她告诉我，她觉得玛莎应该没有骗她。

我注意到小组中一位名叫艾丽卡的护士，她的眼眶中也含着泪。于是我就让戴安也去问问艾丽卡同样的问题。

戴安也照做了，她转向艾丽卡，问道："你觉得我应该自杀吗？我的家人会不会因为我死了就可以活得更好？"

艾丽卡也忍不住哭出了声，她一边啜泣，一边告诉我们她的儿子在二十年前自杀的事。她告诉戴安，儿子自杀带来的悲伤让她难以忍受，而且这二十年来，这种悲伤的感觉从未减弱。她一直在想着他，而且如果可以让儿子重新活过来，她愿意做任何事。

戴安又一个接一个地问治疗小组中的其他几个成员。所有的成员都回答了同样的内容。他们当中的很多人都经历过亲人或是朋友的自杀。他们都说，当亲人和朋友自杀后，他们觉得非常内疚、羞愧并且感觉自己永远地失去了他们。

还有些成员感谢了戴安，他们说正是戴安的提问让他们终于能够把自己面对亲人和朋友自杀时的无力感和无望感一五一十地表达出来。

接着，我问戴安，现在是否还确信“如果我死了，我的父母、丈夫、孩子和医生都会活得更好”这个想法。

戴安说她对这个想法的相信程度已经降低到了0分。而且，退一步看，这个想法确实也是非常不合理的。

戴安自己也觉得很奇怪，不知道一开始她为什么就会对此那么笃定。攻破了这个想法后，戴安还想知道她怎么能破除她剩下的三个消极想法，尤其是“这个病毁了我的生活”和“对我的家人和医生来说，我都是一个负担”。

我建议戴安和我一起扮演她脑海中正在互相辩论的两种不同的想法。她可以扮演她的消极想法并肆意攻击我，而我会扮演她的积极想法，对消极想法的攻击予以反驳。这种方法被称为声音外化法，第十五章中会详细介绍这种方法。

基于这个方法，我们展开了如下对话：

消极想法（戴安饰）：面对现实吧，戴安。这个恶心的病已经毁了你的生活。

积极想法（戴维饰）：这其实有点以偏概全了。毫无疑问，这种病确实很折腾人，但是戴安，尽管你有这种病，你还是取得了很大的成就。你一直是个好妻子和母亲，还养育了三个非常爱你的孩子。虽然平时经常有情绪上的波动，但你的网页设计业务也做得风生水起。我真为你感到骄傲。

消极想法：嗯，你说的确实有一定道理，但在过去的十五年里，你已经住院八次了。这足以证明，对你的父母、丈夫、孩子还有医生来说，你就是一个负担。

积极想法：是呀。我患有躁狂抑郁症，有时候我确确实实是一种负担。但你知道吗？我并不是自己想要患这种病的，所以，如果上帝希望我因此成为一个负担，那我干脆就成为一个负担好了。我接受这个现实。但我要尽可能地让这个负担变小！

听到我的回答，戴安的脸上浮现出了一丝笑容，她问道："你是说即使成为负担也没有关系吗？"

"当然没关系。"我斩钉截铁地回答，"如果得病就是你的命运，那就接受命运。命运的安排和你没有任何关系，你并没有错。你的问题不在于你到底是不是一个负担，而是你一直在责怪自己，并且不断地告诫自己不可以成为大家的负担。但事实上，每一个人活在世上都有成为负担的时候，这也是我们生而为人的一个特征呀。"

戴安的脸庞仿佛突然被点亮了。她以前从来没有想过，她完全可以简单地接受自己患有躁狂抑郁症的事实，并且可以允许自己成为一种负担。而恰恰也正是在戴安顿悟的时候，在她真正接受了自己可以成为负担的事实的时候，她就不再是一个负担了。

在戴安的案例中，比较有意思的一点是，躁狂抑郁症本身并不是她痛苦的真正原因。虽然学界普遍认为这种疾病是一种生理性的病症，但戴安的痛苦实际上源于她扭曲的消极想法。因此，当她能够识破了这些消极想法的时候，她的抑郁症自然就消失了。

当你的消极想法中包含"读心"这种扭曲认知时，"调查法"就是一种很好的实验方法。因为你有这种消极想法，所以你总是会对别人对你的看法"妄下结论"，当你觉得别人对你不满意的时候，你可能就会感到焦虑或抑郁。当然，有时候确实存在真正的冲突，你可能需要与其他人谈一谈，化解矛盾。但有的时候，这些冲突并不存在，是你的大脑想象出来的！你可以问一问身边的人，并找出答案，而不是对其他人的想法和感受自顾自地进行假设。这种方法看起来好像很简单，但有时它真的非常有用。

重新归因法

“罪责归己”和“情绪化推论”是两种最常见也是最令人痛苦的认知扭曲。当你感到沮丧和焦虑时，你可能会因为一些本来就与你无关的问题而责备自己。你可能会觉得：“我感觉很内疚，所以我应该被责备。”

有时候，问题并不在于你是否真的应该受到责备，而是在于你自己总是会无端地责备自己。因此，当你使用重新归因法的时候，你就可以确定真正会导致问题的所有因素，这样你就可以更现实地看待这些问题了。认清问题后，你就可以集中精力解决问题，而不是耗尽你自己的所有能量，让自己痛苦不堪。

我有个病人名叫杰森，他一直都深受害羞的困扰。虽然他很有魅力，看起来也风度翩翩，但只要身边来几个有趣的姑娘，他就会完全僵住。一个星期六的早上，当他在超市排队时，他发现收银员是一个看起来特别漂亮的姑娘。她好像对杰森笑了一下。杰森心想，结账的时候如果能和这个姑娘搭上两句话，那真的就太好啦！心里虽然这样想着，但他实际上却觉得非常尴尬。在结账的时候，杰森紧张地盯着柜台，一句话都没说，甚至没敢抬头直视姑娘的眼睛，付了钱就拿上自己买的东西像逃似的跑走了。他离开超市的时候，觉得又沮丧又羞愧。

后来，杰森告诉我，这种事已经不止发生过一次两次了。

当杰森排队时，他心里其实还想着：“如果我和这位姑娘搭话，我可能会当场被拒绝，这就会让所有人都看到，我是个彻头彻尾的失败者。”

这个想法几乎涵盖了所有十种认知扭曲，但它是“罪责归己”的一个典型例子。因为杰森觉得这一切都是因为自己没有能够鼓起勇气和这位姑娘搭讪，他因此而不断地责备自己。那杰森要如何对整个想法进行重新归因呢？

我给大家更具体地解释一下。

杰森告诉自己，如果这位姑娘拒绝了他的搭话，那就表明他是一个失败者。你能不能想到什么理由去解释，为什么一位年轻的女收银员会拒绝一个客人的搭话？在继续阅读之前，请在下方的空白处写下几个你认为可能的解释吧。

1. ____________________
2. ____________________
3. ____________________
4. ____________________
5. ____________________

答案：

有几种可能性。比如说：

· 这位收银员可能已婚。

· 她可能有男朋友。

· 她可能是同性恋。

· 她可能今天心情不好。

· 可能所有来买东西的客人都想和她搭话，这就让她觉得很烦。

· 排队付款的顾客太多了，收银员不能和某一两个顾客搭话，这会违反超市规定。

· 她可能自己就很害羞，也常常没有安全感。

· 杰森不是她喜欢的类型。她可能喜欢某种特定类型的男生或者喜欢年长一些的男性。

· 杰森看起来可能太局促了。

即使杰森的搭讪技巧很一般，也并不意味着他是一个“失败者”，这只能说明他缺乏经验，需要更多练习。

“重新归因”的目标不是使失败合理化，而是用一种更现实的角度来了解发生的每一件事。

我有一位叫克拉丽丝的女病人在与男朋友分手的几周后变得焦虑和压抑，因为她告诉自己：“这完全是我的错。我总是被甩。我肯定会孤独终老。”

后来，她和自己一个闺蜜敞开心扉地谈了谈这件事，克拉丽丝便开始以不同的方式思考这个问题。她告诉自己："这根本就不是我的错！保罗就是个彻头彻尾的混蛋！他根本配不上我！"

这其实是对重新归因法的误用，因为克拉丽丝只是从"都是我的错"的心态转变为"都是你的错"。她不再责备自己，因为她开始把所有的怨气都怪罪到了这个和她分手的男朋友身上。这样一来，愤怒和怨恨的情绪会代替她原有的焦虑和内疚。

其实，克拉丽丝可以试着冷静找出这段感情崩溃的原因，而不是一味责备自己或前男友保罗，这样她就可以不断地从过去的失败经验中学习并成长起来。

是不是她挑选男朋友的眼光有问题，总是会遇到那些有趣但又很自恋的男性？她是不是太粘人了，导致男朋友因为不堪重负而离开？她自己是不是对爱情不忠诚？当保罗批评她或试图谈论他们关系中存在的问题时，她是否有认真聆听，还是说她只是一味地进行辩驳？两人的价值观和兴趣是否一致？她是不是只需要接受其实她和保罗只是单纯的不合适？

这样的思考可以帮助她在未来发展更持久的恋爱关系。

在本章中，你已经学习到了四种基于真相的治疗法，运用这些方法可以帮助你识破自己沮丧或焦虑的感受背后的虚假想法，这四种方法分别是：检查证据法、实验法、调查法和重新归因法。

有些病人也问过我，在使用基于真相的治疗法时，是否只需要尝试其中一种？如果发现这一种方法没有用，可能就要尝试其他类型的治疗法了。

我的回答是，不一定。

比如说，在特丽的例子中，其实我就使用了两种基于真相的治疗法。"检查证据法"就对特丽没什么用。虽然特丽承认没有任何真实的证据证明她即将窒息或死于心脏病发作，但她仍然发自内心地相信这件事。但是，当她使用"实验法"做了几组开合跳之后，她才突然意识到，自己之前的想法是如此的荒谬。在这个时候，她的焦虑和抑郁才完全消失。

所以，你尝试的方法越多，你就越能更快找到适合你自己的方法。

第十二章　基于逻辑语义的治疗法

你可能会发现，当你焦虑或沮丧时，你倾向于以极端的方式批评自己。你可能会不停地告诉自己，你是一个失败者，或坚持认为你不应该感到如此焦虑和不安。此时，如果你停下来回想一下你刚刚对自己的评价，你会发现，你几乎总是在以严厉和不合逻辑的方式思考自己。

基于逻辑语义的治疗法就可以帮助你修正这些消极的思考方式，这样一来，你就可以开始以一种更富有同情心、更现实的方式与自己交谈。

学会在灰色地带思考

“非黑即白”的思维模式会引发表现焦虑，你会认为自己的表现必须非常完美，否则自己就是一无是处的。这种思维方式不太现实，因为大部分时间你的表现都是介于“最好”和“最差”之间的。如果你愿意接受灰色地带的存在，而不再用“非黑即白”的思维方式来评估自己，你的压力也会小许多。

当我刚开始接触认知疗法的时候，在行为治疗促进协会年会上，我和我的同事艾伦·贝克医生一起做了一个工作坊。这个工作坊本身做得还不错，但并没有达到我的预期。贝克医生注意到我很沮丧，就问我出了什么事。当时，我还是一个相当完美主义的人。我告诉贝克医生，我觉得这次工作坊的效果并不好，甚至低于平均水平，所以我觉得特别沮丧。贝克笑了笑，说道：“好吧，戴维，我觉得我们可以好好感谢一下神明保佑了！假设说平均水平就是指50%的话，我们如果50%没有做到平均水平，那也就是说，剩下的50%肯定超过了平均水平。这难道还不够好吗？我们下次可以做到更好，把这次没做好的这一半也拉到平均水平以上！”听了贝克的安慰，我顿时觉得如释重负，因为我突然意识到，我不必一直保持完美，所有的事情总会有改进的余地。

在上一章中，我介绍了一位名叫杰森的年轻人，他在超市结账的时候发现收银的姑娘长得特别漂亮，但他却因为害羞而觉得焦虑不已。虽然这位姑娘似乎对杰森笑了笑，但杰森仍然感到非常尴尬和紧张，以至于他最后像逃犯逃跑似的离开了商店，一句话也没说，甚至也没有回应姑娘的微笑。

下文中有杰森的每日情绪日志。令杰森难受不安的事件是：在超市排队。杰森感到悲伤、焦虑、愧疚、羞愧、不完整、孤独、尴尬、没有干劲、挫败，并对自己非常生气。如果你也曾经感到害羞，你可能会非常熟悉这些感受。在“之前”一栏中，杰森打的分数都很高，这说明所有这些感受都相当激烈。

杰森记录了排队的时候在他脑海中闪现出的想法。这些想法对他来说似乎都是真实的，因此他给每一个想法的相信程度都打了100分。

下面，大家一起在下列的表格中勾选杰森的消极想法中的所有扭曲认知。在做这个练习的时候，请对照参考“认知扭曲对照表”。

表12–1　认知扭曲

认知扭曲	（√）	认知扭曲	（√）
1. 非黑即白		6. 放大或缩小	
2. 以偏概全		7. 情绪化推论	
3. 心理过滤		8. “应该”句式	
4. 优势打折		9. 乱贴标签	
5. 妄下结论 · 读心 · 臆测未来		10. 归咎责备 · 罪责归己 · 罪责归他	

表12-2　杰森的认知扭曲

认知扭曲	(√)	解释
1. 非黑即白	√	杰森看问题非常绝对，非黑即白。杰森认为自己什么都没法给这个姑娘，并且相信如果自己和这位姑娘搭讪，那么只会有两个结果：要么成功，要么失败。而且，他还认为，如果他成功和这位姑娘约会，他的生命就会因此而完整，而假如这位姑娘对他完全不感兴趣，这就表明他是一个彻底的失败者。有这样的想法，也难怪他总是有这么大的压力了。
2. 以偏概全	√	杰森认为，只要有一个人认为他是个混蛋，那所有人都会有同样的想法。因此，只要有人稍微流露出对杰森的不满，都会让杰森觉得受到了威胁。
3. 心理过滤	√	杰森完全只关注自己的焦虑和羞怯，所以他告诉自己，他是个毫无个性的人。
4. 优势打折	√	杰森完全忽略了自己的优秀品质。他其实还是挺有魅力的，人也比较聪明，根本就没有理由觉得自己会因为搭讪失败而被大家唾弃为失败者。而且，杰森也完全忽略了这位姑娘对他笑了笑的事实。
5. 妄下结论 ・读心 ・臆测未来	√	杰森没有任何证据证明他肯定会被拒绝，也无法证明如果他搭讪失败，超市里的所有人都会因此看不起他。而且，如果杰森微笑着向收银员打招呼，其他人真的会感到震惊吗？如果杰森压抑自己的感情并像僧侣那样行事，其他人会暗中钦佩他吗？
6. 放大或缩小	√	杰森把自己的重要性无限放大了。其他人真的会那么在乎杰森怎么做吗？
7. 情绪化推论	√	他觉得他可能会被这位姑娘拒绝，所以他认为他真的会被拒绝。他觉得自己是一个以自我为中心的混蛋，所以他认为他真的是一个混蛋。
8. “应该”句式	√	杰森认为他应该始终保持安静和谦逊，不应该鲁莽行事，更不应该被拒绝。
9. 乱贴标签	√	杰森认为自己是一个“以自我为中心的混蛋”
10. 归咎责备 ・罪责归己 ・罪责归他	√	杰森认为，如果这个姑娘拒绝他，说明肯定是他哪里出了问题。事实上，杰森非常有魅力，也很迷人，尽管如此，这个姑娘仍然可能对他不感兴趣。

表12–3　杰森的每日情绪日志

令人难受不安的事件：在超市排队。

情绪	之前	之后	情绪	之前	之后
悲伤、忧郁、沮丧、消沉、难过	80分		**尴尬**、愚蠢、受辱、害羞	100分	
焦虑、担忧、惊恐、紧张、害怕	100分		**无望**、没有干劲、悲观、绝望	90分	
愧疚、悔过、感觉不好、羞愧	95分		**沮丧**、受阻、受挫、挫败感	90分	
自卑、无价值感、无能、有缺陷、无竞争力	95分		**愤怒**、抓狂、仇恨、恼怒、易发火、局促不安、狂怒	90分	
孤独、不被爱、被排斥、被拒绝、寂寞、被抛弃	75分		**其他（请描述）**		

消极想法	之前	之后	认知扭曲	积极想法	相信程度
1. 我说不出什么有趣的话。	100分				
2. 我从来没法和长得漂亮的姑娘搭话。	100分				
3. 即使我真的和这个姑娘搭上话了，我也没有时间处理人际关系。	100分				
4. 我最好什么都别说，因为我只要一张嘴，可能就会说出什么让她沮丧的蠢话。	100分				
5. 大家都会觉得我是一个以自我为中心的想要搭讪的混蛋。	100分				
6. 我不应该这么聒噪，也不该这么令人讨厌。我应该保持安静，只有这样大家才会喜欢我。	100分				
7. 我没有个性。	100分				
8. 我肯定是一个很糟糕的人，因为我太过于关心外在的事物了，比如成功和外表。	100分				
9. 如果我跟她搭讪，我可能当场就会被拒绝。	100分				
10. 如果我被拒绝了，所有人就都会觉得我是个彻头彻尾的失败者。	100分				

* 该模型由戴维·伯恩斯（David D. Burns）1984年提出，2003年修订。

答案：

杰森的消极想法中可以找到所有的扭曲认知。让我们看看是否可以给杰森一些帮助。

他的第一个消极想法是：我说不出什么有趣的话。

这个想法本身就包含好几种扭曲认知，但最典型的是“非黑即白”思维。杰森告诉自己，他只要搭讪，那么就只有两个极端的结果：要么他说出了一些特别巧妙的话，让姑娘神魂颠倒；要么他就会说出一些特别蠢的话，让大家都觉得他是个傻子。正是这种心态使他很难真的去搭讪。首先，他本身对这种事就不是很有经验，所以他肯定不会一句话就把姑娘迷得神魂颠倒。如果他真的去搭讪了，他认为所有其他人都会认为他是个混蛋。所以无论他怎样做，可能都会付出很沉重的代价。杰森这种“非黑即白”的思维模式将自己置于一个不可能取胜的局面中，这就很容易理解为什么他会感到困惑了。他是不是可以重新审视“我说不出什么有趣的话”这种非黑即白的消极想法呢？

请记住，当你使用这种方法时，你就得停止以极端的“非黑即白”的思维方式评估自己。相对的，你要从灰色地带来评估自己，你的情况应该是介于0分（完全失败）和100分（完全成功）之间。杰森觉得他必须要对收银员说些非常有趣的东西，这会让他承受巨大的压力，想要表现得更好的这种想法反而会使他的头脑变得空白。此时此刻，杰森应该怎样思考才能减轻他感受到的压力？在继续往下读之前，先在下面的横线上写下你的答案。

答案：

杰森决定告诉自己："我可能不需要说任何巧妙或有趣的话。我可以先微笑着打招呼，慢慢来。这就是我迈出的第一步。"所以，我们可以看到，在"相信程度"一栏中，杰森给这个想法打了100分，而他对消极想法的相信程度则降至了25分。

你还记得之前我们介绍过的情绪变化的必要和充分条件吗？必要条件是，这个积极想法必须是百分之百真实的。充分条件是，你必须要能够让自己相信消极想法是个彻头彻尾的谎言。杰森说，这种积极的想法确实减轻了他对自己的压力，因为这样想了之后，他就不必那么努力了。

表12-4　杰森的每日情绪日志（部分）

消极想法	之前	之后	认知扭曲	积极想法	相信程度
我说不出什么有趣的话。	100分	25分	AON, OG, MF, DP, MR, MIN,ER, SH, SB	我可能不需要说任何巧妙或有趣的话，我可以先微笑着打招呼，慢慢来，这就是我迈出的第一步。	100分

过程结果对比法

你可以根据过程（你投入的努力）来评估自己的结果。过程和结果同样重要。不同的是，前期准备和过程中的努力都在你的掌控之中，但结果往往并非如此。

比如说，你在重要考试中的成绩可能取决于题目类型、其他同学的表现以及题目难度。老师在改试卷时的心情可能也会影响到你的成绩。这些都不是你能控制的。但是你可以控制自己投入的努力。比如说，你可以认真听课，做好笔记，有任何不理解的内容就向老师提问。你还可以踏踏实实地完成家庭作业，并为考试做好准备。如果你做了以上这些事情，你就可以给自己的努力工作打满分。尽管如此，你仍然没有办法控制最后的结果，只能顺其自然。

那么，杰森应该如何使用过程结果对比法来分析他的第九个消极想法：如果我真的和她搭讪，我可能会被拒绝？

在继续往下读之前，先在下面的横线上写下你的答案。

____

____

____

____

答案：

杰森可以提醒自己，他可以控制自己的行为，但不能控制事情的结果。如果他对这个收银员微笑并向她问好，无论她会做出何种反应，他都可以在这项任务上给自己打满分，因为他已经从一直以来困住自己的害羞“监狱”中踏出了第一步！

很多时候，我自己也是过程结果对比法的受益者。作为一名精神科医生，有时候我会遇到一些看起来无法控制的充满挑战和压力的情况。举个例子，我曾经治疗过一位名叫瑞秋的严重抑郁的年轻女性，她被诊断出患有边缘性人格障碍。这是一种极其难治疗的抑郁症，会让人产生大量的自我毁灭行为。因此，患有此病的瑞秋显得非常暴力和冲动，也不愿意和我配合。她接受了许多治疗师的治疗，几次尝试自杀，都差一点点就成功了。

在我开始治疗她之后不久，瑞秋蔑视地宣布她打算在我们的治疗结束后立即自杀。我安抚她说，其实她的病预后结果还是很积极的，如果她坚持治疗，我很确定她的情况能够改善。我还告诉她，我非常关心她，阻止她自杀不仅是我的法律义务，也是我的道德义务。但是瑞秋坚持表示，她心意已决。我没法阻拦她。突然，她从椅子上跳下来，开始朝门口狂奔。我也赶忙冲过去，用身体堵住门，不让她出门，并试图控制她。她就一直尖叫着，还不停地扭动身子，拼命地冲撞着我，想要出去。我用力抓住她的一只手腕，然后伸另一只手去拿电话，赶紧拨下“911”寻求帮助。

几分钟后，两位警察来到了我的办公室，我向他们简单地解释了一下发生了什么。两位警官问瑞秋是不是想要自杀，瑞秋非常理直气壮地说：“是。”因此，他们便将瑞秋带走了，并且告诉我，如果瑞秋一直都有自杀的念头，他们就会联系瑞秋的家人，然后安排她住院治疗。在警员把瑞秋拖离我的办公室时，她开始歇斯底里地大声辱骂我，尖叫着说我是整个世界上最糟糕、最愚蠢的心理治疗师，说她真的讨厌死我了。

我感到非常内疚，也觉得极度失望。我想，我可能再也见不到她了。我觉得自己失败了，因为我为她治疗的最终结果似乎并不那么令人满意。不过，当我评估我的实际表现时，我发现我所做的一切都没有错。我决定告诉自己，即使整件事没有按照我预想的方向发展，但我的处理方式仍然是正确的，在这样复杂的情况下，我已经做得很好了。我也提醒自己，我可能挽救了她的生命，阻止了她自杀。

在接下来的几年里，我仍然会时不时地想起瑞秋。有时，我会告诉自己：“她只是一个我搞砸的病人。”然后我就会接着感到疑惑——我到底哪里搞砸了呢？或者说，我是不是真的搞砸了呢？如果重新给我一次选择的机会，我当时应该怎么做呢？当我回过头去客观地看待当时的情况时，我觉得其实我已经做了正确的事情，尽管最终的结果令人沮丧。

五年后，我接到了美国国立精神卫生研究所所长的电话。在电话中，他问我以前是否有治疗过一位名叫瑞秋·克拉克的女病人。我的心脏在我的胸腔里开始狂跳起来，我感到焦虑极了。我心想：她肯定是投诉我了！搞不好就是道德诉讼或医疗事故诉讼！所长之所以会打电话给我，可能就是想要批评我的工作。我很小声地承认说，几年前她确实曾经是我的病人，但是我对她的治疗仅仅只进行了几次。

所长接着就问我当时用过什么治疗方法。

我解释说，我们刚开始使用了认知疗法，希望能够识破并否定掉她所有的消极想法，但当我告诉她，她必须在两次治疗之间做家庭作业的时候，她就突然变得特别生气，并威胁我要自杀。最后，她不得不住院治疗，之后就再也没回来接受过后续治疗。我还顺便小心翼翼地问了所长为什么要给我打电话。

所长的回答着实让我吃惊。

他告诉我，那天瑞秋从我办公室离开后，就在她父母家附近的医院里办理了住院手续，自那之后，瑞秋先后接受了八位精神科医生的治疗，但是没有一个医生能够帮到她，所以最后，瑞秋就被转诊给了所长。瑞秋告诉所长，我是唯一一个曾经对她有过帮助的心理治疗师，所以他就打电话来想问问我当年究竟做了什么。

直到今天，我仍然不确定当时到底是什么方法起到了效果。也许是因为我一直对她要求很严格，又或者是因为我一直拒绝接受她认为自己毫无价值的想法。我觉得，瑞秋被警员带走的那天是真的被激怒了，因为那是我第一次让她对自己的行为负责。我也很清楚，如果她想要完全康复，那就必须配合我的治疗。如果她要配合我的治疗，那她就必须在两次治疗的间隙做我给她布置的家庭作业。她当时就是因此而爆发的。

最终，她不得不被警察从我的办公室拖走，还不停地踢扯和尖叫，威胁着说要自杀。如果我根据这样的结果来评估我的表现，我会得出结论——我的治疗彻头彻尾地失败了。但那天我传递给瑞秋的所有信息都是她需要听到的信息，我的行为可能挽救了她的生命。

语义法

当你使用语义法时，你只需用更友善和更温和的语言来代替你在感到不安时使用的那些带有极强感情色彩和伤害性的语言。你可能也已经注意到了，当你焦虑或沮丧的时候，你很可能对自己使用“你应该”“你必须”“你不得不”一类的句式。有时你会将“应该”句式指向自己，而有时你会将它们指向其他人或整个世界。

指向自己的“应该”句式会引起抑郁、焦虑、自卑、内疚和羞耻的感觉。比如，如果你在羞怯和不安全的情绪下挣扎，你可能会体会到一种羞耻感，觉得自己低人一等，因为你告诉自己：“我怎么了？我不应该这么紧张、这么没有安全感的。”如果你在减肥的过程中一时没能控制住自己的嘴巴，重新开始暴饮暴食，你可能会告诉自己：“我不应该吃冰激凌。我真是头肥猪！我根本控制不了我自己！”如果你有这种想法，那你就会觉得自己毫无价值，觉得自己是个彻头彻尾的失败品，觉得自己达不到应有的期待。

而指向他人的“应该”句式则会导致怨恨与愤怒的情绪。比如，如果你和一个朋友吵架了，你可能会在心里想：“他真是个混蛋！他怎么能这么跟我说话？”这也被称为“隐藏应该句式”，因为这个句子中虽然没有出现“应该”二字，但是却暗示了“应该”的含义。你真正想说的其实是：他根本不应该这样跟我说话。如果一个司机在高速公路上抢了你的车道，你可能会觉得特别生气，你可能会告诉自己：“这个人太过分了！真是个混蛋！”这也是一个“隐藏应该句式”。你真正想说的其实是：这个司机不应该这么过分地和你抢道。这也是“乱贴标签”的一个例子，因为你根据这位司机的驾驶风格，推断出了这个人就是个“过分”的人。

“乱贴标签”和“应该”句式往往相伴而来。而语义法就可以帮助我们扭转这两种想法。

当你将“应该”句式指向整个世界时，你会感到沮丧。比如说，如果你在参加马拉松比赛前两天扭伤脚踝，你可能会感到沮丧，因为你告诉自己：“这太不公平了！”这也是一个隐藏的“应该”句式，因为你暗示事情总是“应该”按照你期望的方式进行。这同样也是“乱贴标签”的一个例子。在比赛的前两天扭伤脚踝确实是“不幸的”，但这并非是“不公平”的。毕竟，你扭伤脚踝时绊倒你的那块石头并没有什么公平或不公平的。当你被它绊倒的时候，它也只是安静地躺在路中间，不影响任何人。

“应该”句式是非常难以摆脱的，因为这种句式会让人上瘾，并让人有一种道德优越感。此外，你可能会认为，如果你在事情不顺利的时候大声抗议，就肯定会有好事发生。你可能会相信，如果你在觉得自己无法达成目标的时候不停地鞭策自己，告诉自己“应该”如何如何，你最终就会获得成功。

许多著名的精神病学家和心理学家，包括西格蒙德·弗洛伊德，都试图帮助人们克服这种严苛要求自己或者他人的倾向。20世纪50年代的女权主义精神病学家卡伦·霍尼博士就是因为著有《“应该”的暴政》而声名大噪。纽约著名的心理学家阿尔伯特·埃利斯博士也认为，大多数情绪化的痛苦都源于我们对自己和他人的“应该”和绝对主义要求。他把这种倾向称为“应该”的自我高潮①。

当你使用语义法时，你就需要在考虑自己的问题时，用含有较少感情色彩的语言来代替原先使用的那些伤害性语言。比如说，相较于对自己说“我不应该这么害羞”，你可以告诉自己“如果我不那么害羞，那就更好了”；相较于告诉自己“我不应该犯错误”，你可以告诉自己“不犯错误固然是件好事，但我是个活生生的人呀，所以我有时候会犯错误，而且我或许可以从错误中学习到很多东西”。

你看，这种方法多简单呀。其原理就是，相较于用“应该”句式告诉自己“我应该做某事”或是“我不应该做某事”，我们可以用更加温和的语言，比如：“如果我做了/没做某事，可能会更好。”这些语义修改可能看起来很小，但它们会对你的感觉产生巨大影响。

“应该”句式也并不总是不合理的或是自我挫败的。在日常会话中，“应该”一词也是有实际用途的，比如说：道德意义上的“应该”，法律意义上的“应该”以及自然界中普遍法则意义上的“应该”。

① 译者注：这里原文用了musterbation，是对手淫、自渎（masturbation）一词的改写，因此这里译成了“应该”的自我高潮。

你完全可以说“你不应该杀人”，因为这是道德意义上的要求。

你也可以说“你不应该抢银行”，因为这是法律意义上的要求。

你还可以说“如果现在把笔丢出去，它应该会落在地上”，因为这是自然界的普遍规律。

导致情绪困扰的“应该”句式通常不属于这三类中的任何一类。比如说，当你告诉自己“我不应该这么害羞”时，这和道德有关系吗？害羞并不是一件不道德的事情，仅仅只是让你觉得不舒服罢了。那这和法律有关系吗？显然也没有，害羞完全不犯法。那害羞是自然界的普遍规律吗？答案当然也是否定的。

因此，当你告诉自己你不应该害羞时，你其实会“买一送一”地给自己制造两个麻烦。一方面，你将不得不和你的害羞情绪做斗争，另一方面，因为你认为自己“不应该”害羞，所以你还需要战胜这种想法带来的自卑感和羞耻感。

“应该”的英文单词“should”来自盎格鲁撒克逊语中的“scolde”，意为骂人、指责。所以，当你使用“应该”句式的时候，你其实是在责骂自己或其他人。当你使用语义法时，你的目标并不是识破消极的想法，而是要把“应该”这层意思从想法中剥离开。

我之前有一位病人叫瑞吉娜，她准备要结婚了，但却对自己的婚礼计划感到焦虑，因为她告诉自己：“我的婚礼必须是完美的。如果我的婚礼出了任何差错，大家都会看不起我。”

你可能也注意到了，这个想法中显然包含了一个“隐藏应该句式”。这种想法使她承受了巨大的压力，让她觉得她和她的未婚夫在婚礼期间将受到来自观众的批判性审查。那么瑞吉娜应该如何使用语义法来修正自己的想法呢？

在继续往下读之前，先在下面的横线上写下你的答案。

____

____

____

____

答案：

瑞吉娜决定这样想：我不知道什么样的婚礼算得上是一个“完美”的婚礼，但我的未婚夫和我可以与一群我们真正关心的家人和朋友一起计划一个简单而有意义的仪式，我们可以交换誓言，这个誓言对我们彼此才是最有意义的。这么盛大的一个活动，不可能每一个环节都出错，但如果真的出了很多问题，我相信那些真正关心我们的人不仅不会取笑我们，还会主动帮助我们。

这个想法让瑞吉娜的压力瞬间小了许多。她简单地将婚礼重新定义为一个公开向所有亲朋好友表达自己婚姻爱情观的场合。

定义术语法

当你感到沮丧或焦虑时，你可能会将自己贴上“低人一等”“傻子”“骗子”“失败品”的标签。这个时候，你可以先问问自己，这些标签本身到底是什么意思。如果你试图定义“低人一等”“傻子”“骗子”“失败品”的意思，你通常会发现它们至少符合以下四条论述当中的一条。

- 这个标签可以用在所有人类身上。
- 这个标签没法用在人类身上。
- 这个标签本身是毫无意义的。
- 这个标签不适用于你。

打个比方说，我们如何定义“傻子”？“傻子”是不是那种偶尔或者所有时候都在做蠢事的人？如果你认为傻子是那种所有时候都在做蠢事的人，你就会发现，这个世界上根本没有傻子，因为没有人会所有时候都在做蠢事。但如果你认为傻子是那种偶尔会做蠢事的人，那你就会发现，和前一种假设相反，全世界的所有人都可以被定义为傻子，因为我们都会偶尔犯傻。

不管你要怎样定义这些术语，你的定义其实都不符合你自己的设定。

这可能听起来像在玩文字游戏，但这在哲学意义上是非常重要的。愚蠢的行为的确存在，但“傻子”不存在。那既然世界上根本不存在“傻子”，你又怎么能将你自己定义为“傻子”呢？但是如果你把自己当成“傻子”，你会感到焦虑，你觉得自己就像个“傻子”，即使这个世界上根本不存在“傻子”。

我的许多患者都将自己称为“疯子”或“神经病”。因为他们认为类似于害羞和恐慌的感受都是令人羞耻的、奇怪的、不正常的。如果你给自己贴上这样的标签，你可能会付出相当沉重的代价。

“神经病”的定义是什么？真的存在“神经病”这个东西吗？比如说，你认为“神经病”指的是那些脑子不正常的、发疯的人。那我就要问了，你又要怎么样定义脑子不正常与发疯的人呢？

你可能会回答我：“就是那些精神紊乱的人。”

那我就会跟你指出，有精神问题的病人承受着巨大的痛苦，但是他们的症状和焦虑的症状是完全不同的。比如，有精神分裂症的病人会出现幻听，并且还会有奇怪的妄想。那些因害羞或焦虑而挣扎的人通常没有精神分裂症。再退一步说，把那些精神分裂症患者称为“神经病”也是非常残忍的。

假如你对“神经病”有不同的定义，比如说，你告诉我：“神经病指的就是那些有着非理性的担忧、总是在杞人忧天的人。”你觉得这个定义里有什么漏洞呢？请在下方写下你的看法：

____

____

____

答案：

这个定义可谓是漏洞百出。有多少人都曾经在生命的某个阶段有过非理性的恐惧？如果你仔细思考一下这个问题，你就会发现，几乎人人都有这样的时候。比如说，当你在第一次学习游泳并将头放在水下时，你可能会感到焦虑，但你很快会意识到你可以屏住呼吸，而且你会发现在水下真的很有趣。所以，如果你认为，“神经病”指的就是那些有着非理性的担忧、总是在杞人忧天的人，那几乎所有人都可以被称为“神经病”了。

你可能还想辩驳，你这回将“神经病”定义为“比其他人有更多非理性恐惧的人”。在提出这个论点的时候，你又得先问问自己了，这个“其他人”指的到底是“其他所有人”还是指“部分其他人”？如果你指的是“其他所有人”，那你就不可能是一个“神经病”，因为这个世界上总有比你更“神经”的人。但如果你指的是“部分其他人”，那我们可能都是“神经病”，因为总有人比我们理智清醒一些。

每天，我都会看到我的患者们给自己贴上标签：

- 我低人一等。
- 我毫无价值。
- 我是个失败品。
- 我毫无希望。

那我们先来看一看“我是个失败品”这个想法。假设你将“失败品”定义为那些从未成功的人，你是否能够察觉这个定义中的漏洞呢？试着证明这个标签本身没有意义，或者说证明它适用于所有人或根本不适用于任何人。

____

____

____

答案：

如果“失败品”是指从未在任何事情上取得成功的人，那么就没有“失败品”这种东西，因为我们在许多事情上都取得了成功。我们成功地学会了说话、读书、写字，还会自己去上厕所！

这个定义显然是有问题的，于是你决定将“失败品”定义为“比普通人失败更多次的人”。这个定义的漏洞又在哪里呢？

____

____

____

____

答案：

在这个定义之下，全球可能有30亿人都可以算作是“失败品”，因为总人口大概有60亿，普通人可以说占了至少一半。

你又尝试了一个新的定义。这一次，你将“失败品”定义为一个从未完成任何真正伟大创举的人。这个定义的漏洞又在哪里呢？

____

____

____

____

答案：

根据你的这个定义，几乎所有人都可以被称为“失败品”了。毕竟，这个世界上只有极少数人能够像爱因斯坦、贝多芬、迈克尔·乔丹或比尔·盖茨一样成功。这样一来，如果我们都是“失败品”，那么失败也没什么大不了的，我们有那么多同类呢！不管你要怎样定义“失败品”，你的定义其实都不符合你自己的设定。

当然，术语定义法并不是说要我们一味地否定自己的缺陷或失败。我们都必须直面失败，我们也都不可避免地拥有很多需要改进的缺点。这个方法的目标只是让你摆脱会让你觉得羞耻、沮丧、毫无干劲的无意义的标签。

具体法

表现焦虑源于对失败的恐惧。你会不断地告诉自己：“假如我把事情搞砸了怎么办？如果我搞砸了，那就太可怕了！我是没有办法承受这些的！”

你可能会告诉自己，如果你失败了，每个人都会瞧不起你，这就意味着你做人很失败。当然，这种想法里包含了“以偏概全”的扭曲认知，因为你通过“你的表现”给你自己定了性。“以偏概全”可能会让你产生焦虑和抑郁的情绪，因为你会觉得你的自尊和骄傲岌岌可危。

当你使用“具体法”时，你会坚持现实并避免对自己做出过于概括的判断。相较于将自己视为“失败品”，你可以将自己的目光聚焦于某种特定的优势或劣势上。

加利福尼亚大学的一位名叫杰克逊的研究生来找我咨询，他被焦虑症和抑郁症折磨了好久了。尽管杰克逊的学习特别努力，成绩也名列前茅，但他每天早上醒来的时候都很绝望，因为他告诉自己：

- 我什么都不懂！
- 我太笨了，也很无能。
- 如果没有优秀的学习成绩，我就和普通人没什么两样，我完全没有什么特别之处。

· 很快所有人都会发现其实我身上有好多缺点。

杰克逊这种不断的自我批评剥夺了他在生活中所有的快乐与满足感。无论他取得了多好的成绩，他都告诉自己，我还不够好，我应该做得更好。

在一次治疗中，杰克逊向我描述了他的问题。他说："我每天早上醒来都有一种厄运感。我告诉自己，我永远不会做任何有价值的事情，我感觉自己是一个可怕又糟糕的人。到了晚上，我就会感觉好很多，但只要到了早上，就会有一种整个世界即将崩溃的感觉。我觉得特别焦虑，还经常因此觉得呼吸困难。我的自尊心完全是建立在自己的成绩的基础之上的。我因为成绩好也经常得到他人的赞赏。但我从未觉得自己有任何内在的自我价值感。即使一切都进展得很顺利，我还是无法信任我自己。"

杰克逊最近向他所在领域的顶级期刊提交了一份论文，并且通过了审核，马上就要出版了。然而，他并没有感到兴奋，而是感到非常恐慌。他确信，每个读过这篇论文的人都会看到他想法中的所有漏洞，并认为他是一个彻头彻尾的大骗子。

杰克逊告诉我，从他刚记事开始，他就会因不安全感而挣扎。当杰克逊还是个孩子的时候，他的父母就已经离婚了。他因此关闭了自己的心门，开始一心专注于他的学业，他对身边的朋友们都失去了兴趣，也不再和附近的其他孩子一起玩。他的母亲也曾因此把他送去做心理咨询，但并没有什么帮助。杰克逊说，他仍然受到强烈恐惧和不安全感的困扰，每当他不得不与他的导师见面时，这些感觉就会被激起。

我问杰克逊他每次和导师会面的时候，会给自己怎样的暗示。他说："我觉得我的导师会察觉到我的提案中有许多问题，然后训斥我。"我想知道到底是什么让杰克逊如此害怕被训斥，所以我决定使用之前在第七章中给大家介绍的向下箭头法帮助杰克逊。

我让他在“每日情绪日志”中写下“我的导师会察觉到我的提案中有许多问题，然后训斥我”，并在这句话下面画一个向下的箭头。以下是我们的对话：

戴　维：杰克逊，让我们假设你的导师确实对你的提案有一些批评的意见。这对你来说意味着什么？为什么这会让你难过？

杰克逊：我为这个提案花了很多工夫，如果导师批评我，就意味着我花费了这么多努力，却没有得到好结果。

戴　维：然后呢？假设你确实花费了这么多努力，却没有得到好结果。这对你来说意味着什么？

杰克逊：这意味着我肯定哪里有问题。

戴　维：那会怎么样呢？我们假设你确实哪里有问题，那又怎样呢？

杰克逊：这意味着我是一个有缺陷的、无能的人。

你可以看到杰克逊的消极想法充满了认知上的扭曲，最典型的两个就是“以偏概全”和“乱贴标签”。杰克逊告诉自己，如果他的工作没有达到自己的标准，那就意味着他有缺陷。你可以看到他将自己的整体自尊感建立在他的学业表现之上，如果一个项目进展得不太好，他就觉得自己是一个失败者。再退一步说，他甚至没有任何证据证明他的项目进展不好。至少从目前看来，他的项目还是做得很不错的。

那我们要如何帮助杰克逊改变让他感到如此不安全的消极想法和态度呢？请始终记住，我们的痛苦不是来自现实，而是来自我们对现实的判断。而且，这些判断很多时候都是错觉。世间万事万物本无成败或强弱之分，有区别的只是我们脑中的想法罢了。

在接下来的对话中，杰克逊和我将假装进入一个噩梦般的世界，我们一起假设，他的恐惧实际上已经成真。杰克逊将遇到一位来自地狱的恶魔导师，这个导师的要求非常严苛，就像杰克逊自己对自己的要求一样。地狱恶魔导师代表了他脑中那些让他觉得不安的想法。我会扮演这位导师，我会像杰克逊批评自己那样批评他。我让杰克逊尽力而为，看看他是否能打败我。以下是我们的对话：

地狱恶魔导师（戴维饰）：杰克逊，我已经看了你的提案，我必须告诉你，这个提案做得很差。

杰克逊：嗯，你有你的看法，但是我觉得我的提案还是有可圈可点之处的。

这个反应就有点问题。

杰克逊在为自己辩驳。当你为自己辩驳时，你会创造一种战争一触即发的紧张状态，这会让批评者更有冲动想要再次攻击你。在这种情况下，批评者实际上只是杰克逊自我批评的投射，所以他最终将会和自己展开斗争。而且，他的辩驳也挺无力的。由于来自地狱的导师是专家，杰克逊的自我辩驳将没有任何可信度。

所以，我建议我们可以更换角色，这样我就可以模拟一种完全不同的方式来回应这位来自地狱的恶魔导师。在下一段对话中，我就用了“具体法”和“接受悖论法”。

地狱恶魔导师（杰克逊饰）：杰克逊，我已经看了你的论文提案。

杰克逊（戴维饰）：你觉得怎么样？

地狱恶魔导师：不好意思，我觉得挺差的。

杰　克　逊：哎呀，这确实不是我期望的结果，因为我一直都很努力地做这个提案。但是我觉得我还有很大的改进空间，我毫不怀疑这一点。你可以告诉我是哪里让你觉得挺差的吗？

地狱恶魔导师：不好意思，我没法儿告诉你。你的提案实在写得太烂了，烂到我甚至不知道怎么评论。实际上，我关注的也不是你的提案，而是你本人。我最近发现，其实你有很多缺点，你是个无能的人。

杰　　克　　逊：你真的很苛刻。我想确认一下你的意思。我知道我有很多缺点，但是当你说我是一个有缺点并且无能的人时，我不确定你到底说的是哪一点，你可以说得更具体一点吗？

地狱恶魔导师：没有具体的点，你整体上就是有缺陷的，需要我告诉你“缺陷”两个字怎么写吗？

杰　　克　　逊：如果你能说得更具体一些，肯定会对我很有帮助。

地狱恶魔导师：我已经告诉你了！没有具体的点！你没听到我说话吗！如果你还有脑子的话，你肯定会知道我在说什么！

杰　　克　　逊：对不起，我问了一个很傻的问题。你刚才是说，无论是我的生活还是我的论文提案，你都说不出什么具体的问题对吗？

地狱恶魔导师：没有！你这个笨蛋！我之前说了，因为你的缺陷实在太多，我甚至不知道从何说起！这就像你现在要我用勺子清理纽约下水道系统一样！

杰　　克　　逊：天哪，这听起来确实是一项不怎么愉快的任务，但我必须承认，我还是不知道你是怎么想的。听起来你好像对我很生气，因为你的声音听起来真的好尖啊。我仍在努力了解你的意思，因为我非常尊重你和你的专业知识。是不是因为我的提案专注在了错误的问题上？我是不是提出了错误的研究方法？我是不是选错了题？我是不是写得还不够清楚？我觉得我必须清楚我到底是哪里做得不够好。

地狱恶魔导师：我已经告诉你了！你整个人都不好，你的想法很差，你写的东西也很差。我已经说得够多了，再见！

杰克逊发现，无论他说什么，他都无法用他那模糊的、毫无针对性的话语来批判我。他发现，真正的笨蛋不是他自己，而是来自地狱的恶魔导师。与这样的人互动可能会让人感觉很糟糕，但杰克逊意识到，其实地狱恶魔导师才是真正需要帮助的人。

让我们想象一下，假如地狱恶魔导师提出了一个具体的批评，比如“你的提案太长了”。杰克逊就可以回答说：“这是个很好的建议，我可以减掉一些篇幅，你觉得我应该删掉多少页？”

接着，杰克逊和我又对调了角色，以确保他可以真正击败地狱恶魔导师。杰克逊做得很棒，我扮演的恶魔导师也没法打击到他。在这次的治疗结束后，他感觉好多了。

其实你一个人也可以做这样的练习。当然，你也可以和自己的朋友来做这样的角色扮演。

这种方法的主要理念就是，我们要把以偏概全的非针对性偏见具体化。具体的批评是没有办法让人感到抑郁和焦虑的，因为这些具体的建议要么全是对的，要么部分是对的，要么就是完全不对的。如果你觉得这个建议不对，那就完全没有理由需要担心了，你的自尊也完全没有问题。如果这个建议部分准确或完全准确，那你也不需要觉得自己没有价值或是低人一等。你可以直接接受这个批评，然后从这个批评意见中汲取经验充实自己。

第十三章　量化治疗法

你听说过生物反馈吗？生物反馈就是你将自己的身体与电子设备连接起来，不断记录身体的各项特定机能，比如心率、血压、脑电波或肌肉紧张程度。监测结果显示在电视监视器上。

这种生物反馈会让你了解那些通常不会被注意到的生理活动，并允许你自己控制这种活动。比如说，你可以学习如何减慢心率或降低血压。不幸的是，我们还没有复杂的电子设备可以帮助你监控自己的想法，但大家还是可以使用“自我监控”和“放任担忧”这两种量化治疗法来达到类似的效果。

自我监控法

自我监控法真的非常简单。你所要做的就是数一数你全天所有的负面想法。如果你持续地自我监控一段时间，你会发现自己的消极想法会显著减少，你的感受会随之明显改善。

一种简单的自我监控方法是购买一个计数器，就像打高尔夫球的人在手腕上戴的那种计数器一样。这种计数器在高尔夫用品店或体育用品商店都可以买到，也可以在网上购买。这种计数器不贵（不到10美金），看起来和手表没什么区别。每次只要你有一个消极的想法，你就主动按下计数器边缘的按钮，表盘上的数字就会加1。在一天结束时，你可以记录当天的消极想法总数，并将计数器设置归零。通常情况下，这样持续练习几周，消极想法就能得到缓解。如果你实在买不到这种手表式计数器，也可以在自己的口袋里放一个小卡片。只要你一有消极的想法，就在小卡片上打个钩。在一天结束时，数一数你一共打了多少个钩，然后记录一下总数。

这个方法对我的一位名叫何塞的病人有很大帮助。何塞是个眼科医生，他发现自己有飞蚊症，所以每天都过得特别焦虑。这些“飞蚊”只是一个漂浮在视野中的小斑点。这是完全正常的，也通常没有任何病理意义。你可能不时就会注意到视野中有这样的“飞蚊”。然而，何塞每次看到这个漂浮物时，他都会想：完了，我可能会失明。

这种想法让他非常紧张，所以他给自己做了一次眼科检查，想看看情况究竟如何。检查的结果当然没问题，他的视力还是非常好，何塞暂时觉得松了一口气。但过了一小会儿，他又看到了漂浮物，心情便又低落了起来。之后，他不得不再给自己做一次视力检查。

只有在极少数情况下（比如你曾经患有儿童期发病型糖尿病）飞蚊症才可能是视网膜变性的早期症状。在这些情况下，你可能就得做个激光手术了。但是何塞没有糖尿病，他完全不需要经常检查自己的视力。

你可能会觉得何塞患有“疑病症”，但他自己不仅仅是病人，他也是给自己做检查确认自己没事的医生。你也可能说他患有“强迫症”，因为他有一种反复出现的强迫性思维，即“我可能会失明”，还会接着进行一种强迫性的仪式，即一遍又一遍地检查自己的视力。

何塞在每天的工作中，都会多次检查自己的视力。有的时候，他还会在两个病人的治疗间隙，快速对自己进行视力检查。而周末休息时，他整个人都会陷入对失明的恐惧中，以至于他甚至会花上一整天的时间一遍又一遍地检查自己的视力。这可能听起来很古怪，但这确实是强迫症患者会干的事儿，就像是上瘾了一样。

何塞并没有疯，相反，他是一名非常杰出的医生，他是一位绅士，也很关心他人。但是，他的强迫症让他忍不住一遍又一遍地给自己检查视力，他感觉整个人都陷入了焦虑与恐慌之中，就像亿万富翁霍华德·休斯对细菌感染的恐惧一样。[1]

因此，在“每日情绪日志”中，何塞写下的令人难受不安的事件是：总是看到漂浮物。他感到沮丧、焦虑、恐慌、恐惧、羞愧、愚蠢、羞涩、懊恼。而引发这些感受的想法是：“我可能会失明”和“为了保险起见，我最好检查一下我的视力”。

这两种消极想法中存在什么样的扭曲认知？请勾选下文中符合何塞情况的选项。在做这个练习的时候，请对照参考“认知扭曲对照表”。

表13–1　认知扭曲

认知扭曲	（√）	认知扭曲	（√）
1. 非黑即白		6. 放大或缩小	
2. 以偏概全		7. 情绪化推论	
3. 心理过滤		8. “应该”句式	
4. 优势打折		9. 乱贴标签	
5. 妄下结论 · 读心 · 臆测未来		10. 归咎责备 · 罪责归己 · 罪责归他	

答案：

在下文中，你可以看到，我和何塞在他的消极想法“我可能会失明”和“为了保险起见，我最好检查一下我的视力”中发现了六种扭曲认知。

我想知道何塞自身是否有动力克服他的强迫症，所以我让他列出每次看到漂浮物时就检查视力的所有优点和缺点。

---

[1] 译者注：霍华德·休斯是美国著名的航空工程师、企业家和电影导演，中年时患上了强迫症。由于害怕外界的灰尘和细菌，他将自己房间的门窗用塑胶布密封起来。

表13-2　何塞的认知扭曲

认知扭曲	（√）	解释
1. 非黑即白		不存在。
2. 以偏概全		不存在。
3. 心理过滤	√	尽管何塞知道飞蚊症本身并不具有任何病理意义，但他总是强迫自己对这些漂浮物进行观察。
4. 优势打折	√	何塞完全忽视了他的视力是正常的这一事实，他也没有理由怀疑他的眼睛有任何问题。
5. 妄下结论 ・读心 ・臆测未来	√	何塞一直都在担心自己会失明，即使他在检查之后知道自己并不会失明（臆测未来）。
6. 放大或缩小	√	何塞无限放大了飞蚊症的重要性，却无限缩小了自己视力其实很好的事实。
7. 情绪化推论	√	何塞早就把逻辑抛到了九霄云外，他的所有结论都是从他的感受中推理出来的。他觉得自己即将失明，所以他认为自己确实处于危险之中。
8. “应该”句式	√	何塞总是告诉自己他“应该”给自己检查视力，即使他在理智上知道这是完全没必要的。
9. 乱贴标签		不存在。
10. 归咎责备 ・罪责归己 ・罪责归他		不存在。

表13-3　何塞的成本效益分析

描述你想要改变的一种态度、感受或习惯：一天之内多次检查自己的视力

优点	缺点
1. 检查会让我自己放心。 2. 可以尽早发现自己的问题。 3. 如果需要帮助，我可以尽早寻求帮助。	1. 真的有问题的概率是很小的。 2. 一直不断地检查其实没有必要。 3. 焦虑极大地影响了我的正常生活。
40	60

他列出的优点有：如果他持续检查自己的视力，他可以尽早发现任何问题并获得治疗。然而，这其中也存在一些缺点，其中最重要的一点就是，这种焦虑极大地降低了他的生活质量。因此，他给缺点打了60分，给优点打了40分。

何塞告诉我，虽然他很担忧失明，但他仍然决定以后不再这样一遍又一遍地给自己检查视力。

当然，何塞觉得常常检查视力其实也有一些好处。

为了确定他是否真的想要克制自己的强迫冲动，我对他说："何塞，现在我们假装桌面上有一个按钮。如果你按下这个按钮，你所有的关于飞蚊症的焦虑和担忧都会立刻全部消失。你会按下这个按钮吗？"

"当然会。"何塞很快回答道。

我接着问："但是，如果你按下了这个按钮，以后你再看到漂浮物的时候，就不会去检查你的视力，所以你最终可能会出现严重的视力问题，甚至失明。在这种情况下，你确定你还要按这个按钮吗？"

何塞想了一会儿，然后解释说他仍然会按下按钮，因为他的眼睛没有任何问题。再退一步说，如果他的眼睛确实有严重的问题——虽然这种可能性极低——他也会有其他症状，比如视力模糊之类的。所以，从医学上说，其实他也不需要每天一遍又一遍地检查他的视力。显然，何塞非常积极地采取行动来克服这个问题。

我问何塞，在未来的一个月里，无论他多么焦虑，他是否能够一直都不强迫自己检查视力。这个方法被称为"反应预防"，它在治疗强迫症时极为重要。

"反应预防"意味着你可以通过常规方式防止自己对焦虑做出反应，比如检查、洗涤、计数、祈祷、对称排列事物或参与其他迷信的活动。每当感到焦虑时，何塞就忍不住去检查他自己的视力，因为这种检查会让他有一种舒缓的感觉。但如果他想解决问题，他必须停止这样做。当你放弃强迫性的习惯时，你的焦虑几乎总会持续激增，这就有点像是戒毒时的戒断反应。但如果你坚持下去，你的强迫性冲动通常会渐渐消失。

我也建议他使用"自我监控法"。我建议在接下来的几个星期里，每当他想到“我可能会失明”时，他就可以在手腕上的计数器上记录一次。这样下来，他就可以知道自己有过多少次这种想法，看看他的恐惧是否会随着时间的推移而减少。

在“何塞的自我监控表”中，我们可以清楚地看到何塞的进步。

横轴代表天数，纵轴代表他每天的强迫性思维的数量。他在这张图表中记录了自己22天来想要检查视力的冲动出现的次数。你可以看到，最开始的时候，一天可能有超过60次这样的想法。

表13–4　何塞的自我监控表

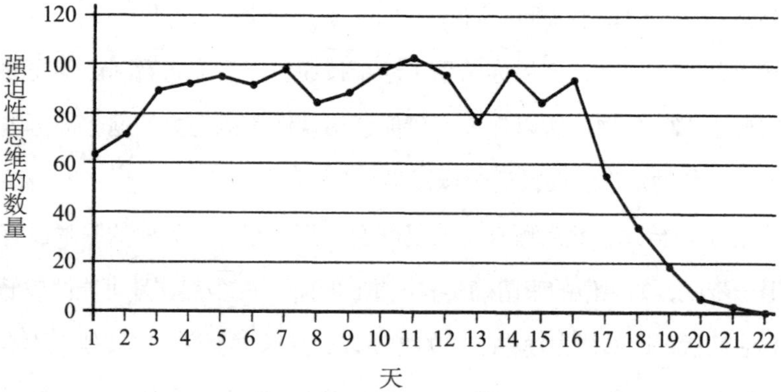

而到了第3天，他产生强迫性思维的次数达到了顶峰，一天中产生了90次想要检查视力的冲动。到了第13天，这一次数下降到了80次，但第二天又回升到了98次。第17天，他的强迫性思维次数下降到了60次以下。第18天的时候，更是下降到了40次。等到第20天时，一天之中，何塞仅仅产生了5次想要检查视力的冲动。到了第22天，他的这种冲动完全消失了。何塞不再觉得自己会失明，也就没有进一步去检查自己视力的冲动了。

就像其他干预措施一样，“自我监控法”有效的概率大概是10%。如果这种方法没有效果，我们可以换其他的方式，一次换一种，直到我们找到最适合自己、也最有效的方法为止。

如果你想尝试使用“自我监控法”，请记住，在沮丧的想法减少之前通常需要一段时间，因此你应该计划坚持至少三周。你可以给一般的消极想法或一种特定类型的消极想法计数。在最开始的几天，当你开始刻意地注意到这些强迫性的冲动时，冲动的次数反而可能会增加。但久而久之，这种冲动的次数会逐渐减少。

科学家不知道为什么“自我监控法”会有效，但这可能与冥想起作用的原因相同。当你冥想时，你会专注于一件事。比如，你会想象，当你慢慢地深呼吸时，空气会慢慢地从你的鼻腔流入，然后又慢慢地从嘴里吐出。

起初，你可能会发现这很难，因为你的思维会很快偏离主题，比如说，你可能会想到当天晚些时候要做的事情或者其他困扰你的事情。当发生这种情况时，你只需要留意一下这个分散注意力的想法，然后再继续专注于呼吸，慢慢把思绪再带回到原来的位置就可以了。

同样，当你使用自我监控法时，你也只需记下每个分散你注意力的想法。一旦你在手腕计数器上按下计数按钮或在你的卡片上打了一个小勾，你就可以不用再管这个想法，重新专注于你刚想到的任何东西。

“自我监控法”对于一位名叫菲尔的木匠也很有帮助。

菲尔年轻的时候曾经中风，在那之后就变得沮丧和焦虑。菲尔只要受到很轻微的刺激，就常常无法控制自己，突然大哭或者大笑起来。只是看了一眼夕阳、见到了一个小婴儿甚至一朵花都会让他突然呜咽起来，一个小玩笑也会引发他无法控制的笑声。

这种情绪爆发的模式在某些类型的中风后很常见，这是由脑损伤引起的。

因此，在“每日情绪日志”中，菲尔在令人难受不安的事件中写下：和朋友们打扑克牌的时候突然就哭了起来。

扑克是菲尔在生活中最大的爱好之一，但由于无法预测的情绪爆发，他遇到了很多麻烦。如果他得到了一手好牌，他就会开始无法控制地狂笑起来，如果他得到一手烂牌，他就会开始抽泣。这使他非常难以在牌桌上诈唬对家，我也很理解他为什么会感到沮丧、尴尬、焦虑和不足。

菲尔的第一个消极想法是：我控制不了我自己！

这个想法中的一个扭曲认知就是"非黑即白"，因为他其实还是可以在一定程度上控制自己的。他只不过是没法像他期待的那样控制自己。

菲尔的第二个消极想法是：朋友们会为我感到难过，而不想和我一起玩扑克。

这个想法就是"读心"的一个典型例子了，因为他正在假设自己朋友的想法和感受。因此，我建议菲尔买一只秒表，并把它放在口袋里。每次当他感觉到他即将泪流满面或疯狂大笑时，他就可以开始打开秒表计时。当他真的开始大哭或大笑的时候，就再次按下秒表。然后他可以记录一下，从他感觉到情绪即将爆发到情绪真的爆发之间经过了多长时间。

通过这种方式，他就可以像运动员在比赛训练中记录他们的运动时间一样，跟踪每次情绪爆发的时间，并有意延长这个时间。

这个方法的设计理念是，即使菲尔无法完全控制自己的情绪，他也应该意识到，自己是可以做到某种程度上的情绪控制的。

在这样的练习的帮助下，菲尔的情绪控制能力有了很大的提高。这个练习之所以能吸引菲尔，是因为他一直以来都非常积极地参加体育运动，也非常熟悉这种通过定期训练来锻炼身体、塑造身形的方法。同时，他也非常好奇，在这种训练之中，他到底是不是真的能够最终学会如何控制自己的情绪。

第一天，他只能够把大哭和大笑向后推迟几秒钟，但到第一周结束时，他已经可以推迟20秒了。到第二周结束时，他已经可以将情绪的爆发往后推迟将近1分钟了。到第三周结束时，他已经完全可以克制情绪爆发了。

人们经常会问，如果抑郁和焦虑是由大脑中的化学物质失衡引起的，那么认知疗法是如何起到作用的呢？难道我们不需要去吃药来改变大脑中的化学物质比例吗？

菲尔的例子就可以很好地回答这个问题。他的情绪爆发显然是由脑损伤引起的，但是这种低调又简单的认知疗法很快就能让他从抑郁和焦虑中恢复过来。他甚至不需要吃药。

最近的脑成像研究证实，认知行为疗法实际上改变了大脑化学物质，就像抗抑郁药物一样。如今，我们发现了更多战胜情绪问题的有力工具，不再需要一味地依赖药物，这一点令我感到兴奋不已。

“自我监控法”最大的好处就在于这种方法特别容易上手，而且效果奇佳。当然，这种方法也不是对所有人都有同样好的效果，有的时候，我们也需要运用一些更加复杂的方法。

放任担忧法

“放任担忧法”是矛盾治疗法当中的一种。使用这种方法的时候，我们不去攻击自己的消极想法，而是顺其自然，并屈服于它们。

你每天可以给自己安排一个或多个时段来放任自己的忧虑、沮丧或内疚情绪。在这些时间段里，你可以尽可能地用消极的想法折磨自己，让自己最大程度地感到沮丧。剩下的时间，你就可以专注于积极想法并且能够使用富有成效的方式过你的生活了。你可以使用这种方法来克服可能会引发焦虑或抑郁的想法。

我曾经治疗过一位名叫马克的医生，他经常用消极的想法折磨自己。尽管他是一名优秀的医生，但他每次在值班期间检查病人的时候，都会有这样的想法，比如：

- 我真是个糟糕的医生。
- 我刚才真的听对病人的心音了吗？
- 我可能漏掉了一些重要的东西。
- 我到底出了什么问题？

· 其他医生在床边检查病人的时候都比我做得好。我一点都不贴心，也不友好。

· 我的同事们看起来都好自信。

· 为什么我会这么紧张，又这么没有安全感？我不应该有这些消极的想法。

· 我的生活好混乱。

其实，马克的同事和病人都一致认为他是一位出色而专注的医生，所以马克的这些想法并不属实。另外，他这样不停地鞭策自己，其实也没有提高自己的工作效率。这种内疚、焦虑和其他毫无意义的负面感受反而分散了他的注意力，干扰了他集中注意力治疗病人的能力。当病人表达自己的担忧时，他也很难听进去，因为他彼时正在不断地做着自我批评。

马克在检查病人的时候，没法方便地随时记下自己的消极想法，所以，他买了一台小型录音机，并把它放在了白大褂外面的口袋里。当他查房从一个房间走到另一个房间的时候，他就会拿出录音机，用很小的声音说出自己的消极想法。他并没有试图回应自己的想法，只是单纯地说出自己的想法。比如："我今天的表现实在是太糟糕了，这个病人的肝可能有问题，但我却没发现，换作其他医生的话可能会做得更好，即使是医学院的学生可能也比我厉害。病人今天似乎特别沮丧，我甚至没怎么听进去她说的话。"

马克使用这种方法后，当他与病人在一起时，他就能专注于他们的健康状况，而不是他自己的消极想法，因为他知道他可以在他完成检查的那一刻将所有的消极想法录入录音机。

最后，查完房后，马克回到自己的办公室，开始回放自己的录音，听取自己所有的自我批评。最开始的时候，这些录音还是挺令人心烦意乱的。但过了几天，他就开始觉得这些消极的想法有些荒谬了。没过多久，这些消极想法听起来就让他觉得特别愚蠢了，马克再也不相信这些想法了。他的焦虑和抑郁情绪大幅减少，自尊心也有所增强。

“放任担忧法”是很值得一试的方法，当你的担忧已经影响到了工作或是学习之时，你就可以使用这种方法。使用这种方法的时候，我们不去攻击自己的消极想法，而是顺其自然，并屈服于它们。在这个短暂的间歇，我们可以：

- 在一个小纸片上写下自己所有的消极想法，然后逐一质疑这些想法。
- 静静地坐着，用消极的想法尽情地折磨自己。
- 大声说出自己的消极想法。
- 将这些消极想法录下来，就像马克一样。

“放任担忧”的时长和频率取决于你自己。如果你正在为了期末考试努力学习并且感到非常焦虑而无法集中注意力，那么你可能需要在每30分钟里安排1分钟来放任担忧，或者你可能觉得每天给自己安排5分钟时间尽情担忧就已足够了。这其实都是依据个人喜好而定。如果“放任担忧”反而令你感到更加痛苦或者似乎没有什么帮助，也不要强求自己。

我们可以接着尝试下一个方法，打败焦虑和消极想法的方法还有很多。

第十四章　基于幽默的治疗法

我在斯坦福大学医学院读书的时候，曾经在斯坦福大学医院的住院病房做过一阵子的志愿者，我在那里组织了一个认知治疗小组。来这个治疗小组的患者都患有最严重的焦虑、抑郁、饮食失调或强迫症。在每个治疗小组的头几次会面中，患者们经常会克制不住地哭泣起来，并告诉我他们被绝望压得喘不过气来，觉得自己毫无价值，终日感到恐慌或沮丧。大多数人已接受治疗多年并服用多种药物，但都没有起效。

我们可以利用“每日情绪日志”，并使用在本书中学习到的方法，将患者消极的自我批评想法各个击破。

患者经常会在我们治疗的过程中表现出明显的改善，有时候，他们的症状会完全消失。在每次小组治疗结束的时候，患者们和我常常会不受控制地一起笑个几分钟。这也是我职业生涯中最快乐和最难忘的经历之一。

在给治疗师们做培训的时候也是如此。在我的工作坊里，我也会经常和我的治疗师学员们一起笑。每当大家和我一起开心大笑的时候，我就知道这个工作坊进展还不错。笑声可以表达出很多言语无法直接表达的东西。当你在笑的时候，其实意味着你不再那么把自己当回事，你发现了一直以来困扰着你的恐惧、担忧和自我怀疑竟然如此荒谬。实际上，笑声传达了自我接纳和接受他人的信息。

有一次，我在治疗一位名叫玛丽的病人的时候，我全程都无法控制我的笑声，说起来还挺尴尬的，但是我就是停不下来，我很担心玛丽会因此觉得我这个治疗师实在太不专业了。但正是因为我无法控制住我的笑声，才让整个治疗变得更加好笑了，就很像蒙提·派森的喜剧电影[①]。我最后实在是憋不住了，笑得满地打滚。

到底是什么那么好笑呢？其实说起来还挺糟糕的。

在我们刚开始治疗的时候，玛丽走进我的办公室，坐下之后告诉我，她的父亲刚刚去世。

天哪！为什么精神科医生和他的病人会因为病人父亲的突然死亡而笑成一团？

读到这里，你没准会觉得我的脑子出了什么问题。实际上，这已经是玛丽的父亲第五次“去世”了。玛丽的母亲每次结婚的对象都是很富有的老人，那些老人往往都会在一两年内去世。所以，玛丽的妈妈就变得越来越有钱，而玛丽也有了越来越多的父亲。但玛丽自己并不喜欢这些继父们，她甚至都不怎么认识最近的三个继父。当然，玛丽非常爱她的生父，她的生父在她只有14岁的时候就因为心脏病发作去世了。玛丽今年31岁，但在过去的十年里，她真的有过很多自己甚至都不认识的“父亲”。而她最讨厌的一个“父亲”就是最近刚过世的这个。所以，当她知道这个“父亲”过世了，她觉得特别开心。但毕竟死者为大，她也知道这样确实不太好，不过我们还是无法克制地笑成一团。

我们一开始笑，就怎么都停不下来了。

我不停地告诉我自己：“天哪，你可是一个心理医生啊，你竟然因为你病人的爸爸去世了而笑成这样！”

这个想法非但没有抑制住我的情绪，反而让我更加想笑了。

就像小时候去教堂的时候，我看着周围庄严肃穆的大人们，就忍不住要发笑一样。越是这种应该保持沉默和严肃的场合，越会让我们想笑。

当玛丽看到我也在笑时，我们之间就建立了某种联系，这也让她更容易接受自己的感受。

① 译者注：蒙提·派森是英国六人喜剧团体，被称为戏剧界的披头士。

虽然在治疗过程中，这种和病人笑成一团的时刻都是自然而然开始的，但其实我们也有三种方法可以有意地利用幽默来建立与病人之间的纽带，这三种方法分别是：害羞暴露练习法、悖论放大法和幽默想象法。

害羞暴露练习法

如果你患有社交障碍，你可能会常常担心自己在别人面前显得愚蠢。害羞暴露练习就是一个非常有用的方法，它可以帮助你克服这种对在人前出丑的恐惧。

当你开始做这种害羞暴露练习的时候，你会刻意地在人前做一些很蠢的事情。通常，在做完蠢事之后，你会发现大多数人都不会看不起你，世界也并没有因为你做了一次蠢事就走到了尽头。而且，大多数时候你都会发现，你做蠢事的行为反而会给周围的人带去很多的欢乐。一旦有了这样的想法，你很快就可以如释重负。但迈出第一步往往是非常艰难的，也很令人恐惧。

本书之前的章节已经给大家介绍了一个非常成功的害羞暴露练习案例。还记得特雷弗吗？那个总是怕在人前出汗的帅哥。当时，我们跑完步之后走进当地的便利店，给所有人展示我们被汗水濡湿的腋窝，告诉大家我们出了很多汗，人们并没有像特雷弗想象中的那样嫌弃他，而是表现得非常友好，正是这种友好改变了他的生活。

我认为害羞暴露练习的首创者是阿尔伯特·埃利斯博士。尽管他现在已经90岁高龄，但是他的身体仍然非常硬朗。埃利斯博士每年都会为那些进行了最具创造性的害羞暴露练习的治疗师颁奖。

最近，一名来自波特兰的心理治疗师拿到了最高奖项。他走进了一家繁忙的药店，大声问药剂师："我可以买4打（48只）安全套吗？"

药剂师点了点头。

然后，当店里的所有人都转过头来看他的时候，这位心理治疗师又用同样响亮的声音问道："你这有那种最最最小号的安全套吗？"

当然，害羞暴露练习也并不一定非得像这样极端才会有效果。

我曾经去纽约参加过埃利斯博士所在的研究所举办的研讨会，那个时候是我第一次听说害羞暴露练习。在我的演讲结束后，我就和埃利斯博士的几位同事一起去了一家中餐馆吃饭。这是一家很受欢迎的餐厅，我们不得不排着长队等座位。排队的队伍在餐厅内弯弯曲曲地向门口排去，我们就站在正在吃饭的食客们旁边。

在等位期间，我和埃利斯博士的一位同事闲聊说，我听说过害羞暴露练习，但我并不确切知道它们是如何起作用的。

这位同事向我解释说，害羞暴露练习其实就是你在公共场合故意去做一些愚蠢的事情，这样你就可以克服自己对害羞的恐惧，因为你不再担心别人认为你很蠢。他还补充说，了解害羞暴露练习的唯一方法就是自己亲自尝试一下。他告诉我，在埃利斯博士的研究所，所有成员都必须做害羞暴露练习，这也是他们训练的一部分。

我问他是否可以给我举一个他做过的害羞暴露练习案例，但他却建议说，其实在我们排队的时候，我就可以尝试一下这种练习，这样我就可以亲自体会这种方法的作用了。

我觉得有点难，就问他有没有什么好点子。

他建议说，我可以随便找一桌人，然后走上前，问他们我能不能吃他们点的东西。

这听起来太奇怪啦！

我觉得心里一阵恐慌，我甚至开始后悔，觉得我真不该问这个害羞暴露练习的事儿！

而且，我在这么一人群心理治疗师当中，也会有格外大的同业压力。因为他们都叽叽喳喳地告诉我，他们曾经做过害羞暴露练习，我也应该试一次。我知道他们肯定不会允许我拒绝的，因此，我不情愿地走到一张坐着六个人的桌子边。

这张桌子上摆满了各种各样的菜，看起来美味极了。我先是用力夸奖了一通食物，然后问他们这个食物是不是真的像看起来那么好吃。这一桌人非常同意我的夸奖，他们也表示这家餐厅的菜特别好吃，他们已经是几年的老顾客了。此时此刻，我的内心暗暗希望他们能够主动提出让我也尝一口，但是他们却一直没开这个口。我紧张地抬头望了望四周，我看到我的同事们都睁大眼睛看着我！这简直是公开处刑！我用力吞了吞口水，然后指着其中的一盘菜，小心翼翼地问："我的要求可能听起来有点奇怪，但是我真的很想知道这盘菜到底是什么味道，能不能让我尝一口啊？"没想到，这桌客人并没有觉得我很失礼，反而非常热情地表示："尽管尝！"他们甚至还给了我一副刀叉，把这盘菜推到我面前让我尝。我尝了一口，对这盘菜大加赞叹。没想到，他们又把另一道菜也推到了我面前："尝尝这个，这个也特别好吃！"所以，我就又尝了尝另一盘菜，真的也好吃极了。突然间，研究所的所有同事都聚集到了这张桌子周围，询问他们是否也可以尝试一些。这桌客人非常热情地款待了我们所有人。很快，我们大家便有说有笑，打成一片，尽管我们本来互相完全不认识。这件事是那次纽约之行里最令我印象深刻的。

这段经历告诉我，我们并不总是如此刻板，也不需要总是把自己太当回事。很多人其实都不排斥善意的小幽默，有的时候甚至奇怪一些也无所谓，因为大部分人的生活都是很无趣的，所以人们总是想要寻找笑料，点亮生活。如果你表现得傻傻的，并且让人觉得你充满善意，大多数人都会欣然接受你的小幽默。如果你本来就生性外向，你可能早就有类似的领悟了，但如果你生性害羞，这个发现可能就会令你非常兴奋。

自从那天之后，我做了很多次害羞暴露练习。在我从纽约开完会回来几周后，我就第二次尝试做了害羞暴露练习。

当时，我和我的家人在内华达州的太浩湖度假。我们住的酒店的一层是一个赌场，我们住的房间在十四层。我给自己的脑袋上扣了一顶牛仔帽，穿上牛仔靴，戴上绿松石手镯和一副深色眼镜，带着我的两个孩子上了电梯。我告诉他们，今天我要教给他们一些重要的事情。一旦电梯开始下降，我就强迫自己在每一次电梯停下的时候都大声报出楼层的数字。

刚开始的时候还是挺难的，我的孩子们也因为害羞涨红了脸。

“爸爸……”我的两个孩子拽了拽我的袖口，希望我能停下来。他们看起来局促极了。

在电梯里的其他人都咯咯笑了起来，但我仍然强迫自己继续，人们的笑声更大了。

在我们到达一层的时候，大家都笑得非常开心。当门打开的时候，电梯中的客人们就鱼贯而出，进入赌场，开始玩老虎机了。

对这些客人来说，我在电梯里的表现其实就是给他们的生活加了一点笑料，并不是什么特别重大的事。

如果你也想要尝试害羞暴露练习，唯一阻拦你的可能就是你的想象力和你的某些“常识”。

比如说，在搭公交的时候，你可以站起来大声地说出公交车路过的每一条街的名字。或者你也可以直接走向那些正在上车的人，告诉他们自己想为他们唱首歌。如果这对你来说有些困难，我们也可以将任务简单化，你可以自己大声唱着歌走向这群人。

当你自己在做害羞暴露练习的时候，我们的目标绝对不是去做任何带有敌意的或是会让别人感到不舒服的事情。

当特雷弗和我进入便利店并宣布我们的腋窝出了很多汗时，这个行为就是无害的，每个人似乎都喜欢我们的滑稽行为。我们不能故意取笑别人或者利用别人。

但是，如果在医院里做害羞暴露练习就不太合适了，因为它会让患者和工作人员感到不安。

因此，一定要在什么环境下做什么事。这个练习虽然偶尔有些离谱，但它会给我们带来一些乐趣。

悖论放大法

你可以相信并夸大自己的消极想法，而不是一味地反驳它们。使用这种方法就要求我们放弃和消极想法一辩高下的努力，并尽可能地将消极想法夸大，越夸张越好。

比如说，如果你感到低人一等，你就可以告诉自己："是的，事实就是这样的。而且，我现在可能是加利福尼亚州最低劣的人，也许在整个美国我都是最差的！"

矛盾的是，这种荒谬的夸大有时反而可以让我们更加客观地看问题，从而得到精神上的解脱。

我有一位名叫曼迪的年轻女病人，她正准备参加日本武术合气道的棕带考试。考试前几周，她感到非常紧张，因为她一直告诉自己："我肯定会在每个人面前出丑的！"理性地说，她知道这不太可能，因为她在课堂上一直都很努力，并且在之前的所有考试中都表现很好。然而，她无法停止自己的担忧，并且越来越深地陷入这种恐慌的情绪中。这对曼迪来说尤其沮丧，因为合气道的基本理念就是：如果你想要达到最佳表现，你就应该放松你的紧张情绪，并顺其自然。

所以，在她来找我咨询的时候，我推荐她使用悖论放大法。

在曼迪目前的状况下，努力强迫自己放松心情反而会适得其反，所以曼迪其实可以做相反的事情。

我建议她每天花两个小时告诉自己："我不仅会搞砸所有事情，而且肯定会成为最糟糕的选手，我不仅仅是全班最差的，甚至在全国也是最差的。我会没法协调自己的动作，看起来笨拙又愚蠢，因为过于紧张，我的脸还会被憋得通红。所有人都会嘲笑我，看不起我，他们不仅会看到我技术很差，而且还知道我特别容易被情绪影响。接着，大家说的关于我的坏话就会传遍整个城市，很快每个人都会知道我是多么可笑，不仅是在合气道道场，在日常生活中也会如此。"

在练习了几次悖论放大法后，曼迪发现自己的恐惧开始显得越来越荒谬了。

她决定放下自己的骄傲，简单地将考试看作一次练习和从错误中吸取教训的另一个机会。

又过了一段时间，她告诉我说，她参加的合气道考试实际上非常有趣，她也得到了老师的高度赞扬。

幽默想象法

当你感到焦虑的时候，你的脑子里会一下子出现许多可怕的景象。

运用“如果法”，你通常就可以从恐惧的根源找到真正让自己害怕的东西。比如说，如果你有公开演讲焦虑，你在家里自己读自己的演讲稿的时候，可能眼前就会出现观众们听你的演讲时无聊得昏昏欲睡的样子，还有他们回答你的提问的时候懒洋洋的样子。

假如你害怕狗，你的脑子里可能就会出现一个非常令人害怕的狗的形象，这只狗一直咆哮着追逐你。

如果你一直持续地担心自己的健康情况，你可能会一直觉得自己的脚很疼，并且觉得自己可能得了癌症。

其实有很多方法可以帮助你处理这些令人恐惧的想象，让你学会质疑这些消极的想法。如果你用幽默的心态来对待这些事情，你就会用一种更加荒诞的形象来代替本来脑中会让你感到焦虑的事情。

还记得那个焦虑的眼科医生何塞吗？

他由于过分担心自己会失明，所以不停地检查自己的视力。尽管“自我监测”和“反应预防”是很有效的，但其实我们也试了很多其他方法，其中就包括“幽默想象法”。如果何塞可以用一种非常幽默的方式来想象自己失明的事，他就可以意识到，自己的这种想法有多么的荒诞。

比如，何塞可以幻想自己完全失明。尽管他觉得自己最终会成为一个盲人，他还是勇敢地决定继续当一个称职的眼科医生。于是，大家都开始谈论何塞这个了不起的医生，即使失明还坚守工作岗位。很快，报纸和杂志也纷纷开始写文章报道何塞的事迹，把他描述为一个完全失明但仍然能够继续进行手术的创造了奇迹的医生。他甚至被邀请与大卫·莱特曼[①]一起参加《荷伯报道》。在节目上，他告诉全国电视观众，他是如何用他的指尖检查患者的眼睛，并在他的导盲犬的帮助下做复杂的外科手术。在节目上还展示了一段视频，视频中，何塞开车在洛杉矶高速公路上飞速驶过，他乘坐的保时捷不断加速，导盲犬坐在他身边，用鼻子来回晃动方向盘。这个想象刚好就击中了何塞的笑点。所以，只要当何塞开始认为自己可能会失明的时候，他就开始进行这样的想象。

来自圣地亚哥的创新认知心理学家和催眠师迈克尔·亚皮克博士也告诉他的患者，在进行这样的想象的时候，还可以再给这个画面配上一个搞笑的卡通声音，比如说艾莫小猎人或者米老鼠。他鼓励患者们用这个想象出来的声音来叙述整个画面，而不是用自己的声音。为了进一步强化幽默效果，他有时会要求患者再创造一个更加荒谬的视觉形象，以配合脑内的声音。比如说，患者们可能会想象，脑内的声音其实是直肠和腋窝发出来的。

这个方法的目标是帮助你改变对心灵中自我批评声音的反应，让你被这个声音逗乐而不是受到伤害。

亚皮克博士指出，虽然我们内心的消极声音是不可避免的，但是我们可以控制这种声音呈现的形式，改变我们对这种声音做出的反应。将你的焦虑放在一个更幽默的环境中，这样你在对待自己的不足和犯下的过错的时候，就不会过于内疚或自我怀疑，这无疑是焦虑的解毒剂。

我有一位名叫纳丁的女病人，她非常害羞。她住的公寓里最近搬来一位律师，这位律师也是单身，非常有魅力，纳丁常常会注意到他。

我问纳丁，有没有试着和这位律师搭讪。

---

① 译者注：美国著名脱口秀主持人，喜剧演员。

纳丁说，她很乐意去搭话，但仅仅是和他进行眼神接触也会让自己感到紧张。纳丁有些害怕，如果真的去搭话，会让自己显得尴尬或者饥渴，而且她也很怕律师拒绝自己。

我建议纳丁，在她和律师说话的时候，可以直视他的眼睛，并且想象他正在法庭上为他的内裤辩护。这可能会舒缓她的情绪，也让律师看起来不那么令人生畏。纳丁仍然觉得非常焦虑，但是她对这个想法很感兴趣，并决定尝试一下。

第二天早上，当纳丁出去工作时，刚巧在电梯里碰到了律师，电梯里只有他们俩。

纳丁决定试一试我的建议。她直视这位律师的眼睛，然后开始夸律师今天系的领带很漂亮。与此同时，纳丁的脑海中正想象着律师穿着内衣在法庭上蹦蹦跳跳。这个滑稽的场景一下子就化解了纳丁的紧张情绪，她忍不住咯咯地笑了起来。

律师对纳丁的夸奖表示了感谢，并问纳丁为什么笑。

纳丁说，她不知道自己为什么笑，但她觉得律师身上一定有一些让她感到快乐的事情。

律师似乎对纳丁很感兴趣，他们很快就开始了一场轻松愉快的谈话。当他们下电梯时，律师对纳丁说，其实他之前就已经留意到了纳丁，并问她自己是否可以偶尔和她一起喝咖啡，以便更好地相互了解。

律师竟然向纳丁提出了约会邀请！纳丁感觉自己简直要飘上天了！

幽默法的目标是帮助你看到你的恐惧中的荒谬。当这种方法奏效的时候，其效果是非常神奇的。然而，如果你觉得特别生气或者沮丧，就可能会有不好的影响，甚至会让你感觉更糟糕。

如果这种方法对你来说没有效果，这也不是什么大事，只要换一种方法就可以了。

第十五章　角色扮演与精神治疗法

在本章中，我们将重点介绍“声音外化”这种角色扮演治疗法和“接受悖论”这种精神治疗法。

我的患者经常告诉我，这两种方法是所有认知疗法中治疗效果最好的，也是最令人兴奋的。我在治疗病人的时候，几乎总是将两种方法一起使用，但出于教学目的，我在后文中会分别介绍这两种方法。

声音外化法

“声音外化法”通常需要两个人在场。另一个人可以是朋友，也可以是家庭成员或是治疗师。

当然，如果你不喜欢做角色扮演，或者你身边没有其他人可以和你一起进行角色扮演，你也可以独自使用这种方法，而不需要其他人。在这部分的最后，我也会教大家如何独立使用“声音外化法”。

我们可以假设，你一直在坚持填写“每日情绪日志”，并且你已经在消极想法一栏中记录了那些让你心烦意乱的想法。这些想法可能会让你觉得抑郁、焦虑，你非常想克服这些想法给你带来的消极感受。你和你的同伴在使用声音外化法时也需要借助“每日情绪日志”，这样才能够让治疗更加有效。你们中的一个人将扮演你的消极想法，而另一个人则负责扮演你的积极想法。换句话说，“声音外化法”其实就是让你大脑中的自我批评的部分和自我表扬的部分进行一场战斗。

开始做这个练习的时候，你可以让你的同伴先扮演你脑内的消极想法，而你自己则负责扮演认同自己价值的积极想法。你的同伴会用你的“每日情绪日志”中的消极想法不遗余力地攻击你，而你的任务就是打败他。当你发现很难反驳消极想法的时候，你们可以进行角色互换。

“声音外化法”可能非常具有挑战性，刚开始的时候，甚至会有些令人害怕。

我们现在假设，你因为必须在下周的工作中发表演讲而感到紧张不已，因此你产生了一些消极的想法，觉得自己肯定会搞砸演讲，在小组成员面前丢脸。

通过下面的例子，我给大家示范一下要如何使用“声音外化法”。

消极想法（由你的同伴扮演）：你下周发表演讲的时候，大脑很可能会一片空白，到时候你看起来就会像一个白痴。

积极想法（由你自己扮演）：实际上，这种情况从未发生过。我经常担心这一点，但是当我真的在工作中进行演讲时，我的脑子从来没有变得空白过，我也从来不像白痴。当然，我的公开演讲技巧也只达到了平均水平，还有很大的进步空间。

请注意，扮演消极想法角色的人听起来像是在攻击你，但我们必须学会抛开现象看本质。其实这个“攻击你的人”正是你自己内心的消极想法。你其实是在和自己进行战斗。

还需要注意的是，扮演消极想法角色的人要记得使用第二人称“你”，相反，扮演积极想法角色的人要以第一人称“我”来说话。这条规则对这个方法的成功运用至关重要。如果你忘记了这个规则，那这个方法的效力就会大大减弱，甚至会失败。

给大家举个例子，比如说，你一直很沮丧，总是觉得自己是个失败者。在做角色扮演的练习的时候，你可能就会说“我真的是个失败者”。这就犯了错误，因为你用了第一人称“我”。这时你的同伴可能就会觉得有点困惑，他的回应可能就会是安慰：“你不是个失败者呀。你是个好人。想想你身边那些喜欢你的人，再想想你这一路上已经取得的成就，不要轻易否定自己。”

这就和角色扮演法的初衷严重背离了。因为这另一个人听起来更像是一个想让你重新振作起来的朋友或家人。面对感到沮丧或焦虑的人，我们通常都会这样安慰他们。这种站着说话不腰疼的安慰其实完全没有效果，反而可能更进一步刺激对方的情绪。之所以会有这样的问题，就是因为扮演消极想法的人使用了第一人称“我”。所以，扮演积极想法的另一个人就会自然而然地使用第二人称“你”。

因此，在进行角色扮演的时候，请一定要记住：当你扮演消极想法的时候，你应该总是使用第二人称“你”；而当你扮演积极想法时，一定要以第一人称“我”开头。只有这样做，这个方法才有可能奏效。

在填写“每日情绪日志”的时候，一旦成功地使用其他某一种方法攻破了消极想法，此时就是使用声音外化法的最佳时机。通过使用声音外化法，可以将这种理性的理解转化为直觉上的持久变化。

在第十章中，我们介绍了沃尔特的故事，他是一个婚姻家庭治疗师，当他交往八年的恋人保罗突然离开他并且开始和其他人约会时，沃尔特开始觉得非常焦虑和沮丧。沃尔特告诉自己：

1. 我再也没有办法和别人谈恋爱了。
2. 我一定不可能与别人生活在一起，也不可能与别人建立亲密的关系。
3. 我肯定哪里出了问题。
4. 我完全搞砸了，我毁掉了我的生活。
5. 我最终将成为一个年老、肥胖、白发苍苍、孤独的同性恋男子。

在我为他治疗的时候，我使用了双重标准法，让沃尔特成功地意识到了他自己的消极想法的不实之处。一瞬间，他的羞耻感、瑕疵感和绝望感全部消失了。而这个时刻也就是使用声音外化法的最佳时机。这将有助于沃尔特巩固之前的练习成果，并大大降低他这些消极想法将来再次折磨他的可能性。

在下文的案例中，你将看到沃尔特扮演他心中消极想法的角色，而我将扮演他的积极想法，也就是他心中自我赞赏的那一部分。虽然整个声音外化的过程听起来可能像是两个人在互相争吵，但大家一定要记住，我们只是代表沃尔特脑中的两个声音而已，我们都是沃尔特。

消极想法（沃尔特饰）：天哪，保罗已经离开你了。这就足以表明你是多么的不值得被爱、多么的残缺。

积极想法（戴维饰）：我不信。在我过去的生活之中，我和很多人的关系都很好，我相信我是一个非常有爱心的人。

消极想法：如果你真的像你自己说的这样好，为什么保罗还会离开你呢？

积极想法：我并不是说我是个百分之百完美的人，但人们分手可能会有各种各样的原因。我不知道保罗为什么要离开我，可能因为他生我的气了，又或者他只是对我感到厌倦了，也有可能是因为他没有禁受住外界的诱惑而出轨了。

消极想法：随便你怎么想。反正你最后肯定会成为一个年老、肥胖、白发苍苍、孤独的同性恋男子，这一点是不会变的。

积极想法：好吧，你说的确实有一部分是对的。我没法阻止自己变老，也没法防止头发变白，我未来也可能会发胖，我也不觉得我的性取向在我老了之后就会改变。但是“孤独”这一点，我不是很认同。我现在确实觉得孤独，但我才刚刚被甩，觉得孤独也是很正常的。但这种孤独不会一直持续下去，这份孤独感会随着时间的推移而消散。

消极想法：你现在可以假装理性，但事实就是，你确实被甩了。为什么不面对这个现实，承认自己的残缺呢？你真的一无是处。

积极想法：你说的这些其实我不能完全理解，因为中间的逻辑不是特别清楚。而且我也不懂你说的“残缺”“一无是处”具体是什么意思。你能不能跟我说一说我具体“残缺”在哪里呢？如果你能够告诉我，我们就可以好好讨论一下这个问题了。相信我，我的缺点可多了！

消极想法：没错，你确实不可能与别人建立亲密的关系。

积极想法：你说得好像不太对。我的朋友都说，我是一个温暖、开放，也很容易打交道的人。而且我和保罗的这段关系也成功地维持了八年呢。所以你说的这一点就很不符合事实了。

我问沃尔特觉得谁赢了这场辩论。他告诉我，积极想法显然打败了消极想法。他觉得消极想法听起来充满敌意，而且很荒谬，完全站不住脚。

当你在扮演积极想法的时候，你可以使用本书中的任何方法来对抗消极想法。比如说，在我和沃尔特进行角色扮演练习的过程中，当消极想法说“你不可能与任何人建立关系”的时候我就用了检查证据法。质疑这个想法很容易，因为这个想法很显然是错误的。因为有证据表明，沃尔特并不是不能建立关系，毕竟他上一段恋爱就谈了八年。

当另一个人用你自己的消极想法质疑你的时候，如果你开始感到害怕，并且觉得自己马上就要分崩离析的话，那你就可以和对方做一个角色互换。这样，对方就可以给你做示范，告诉你如何用另一种更有效的方法来攻破你自己的消极想法。直到你可以轻松粉碎你所有的消极想法之前，你可以一直和自己的同伴进行角色互换。

当人们第一次尝试“声音外化法”时，通常会出现四个常见错误。

错误一：如果扮演消极想法的人使用第一人称“我”，扮演积极想法的人就会倾向于使用第二人称“你”，这种方法很可能就会失败。

错误二：人们有时会感到困惑，他们认为这是自信训练的一种形式。人们可能会觉得，他们的辩论对象是那些会在生活中批评自己的人，比如他们的父亲、母亲、配偶或老板。如果有这样的想法，这种方法也很可能就会失败。大家要记住，扮演消极想法角色的人只是自己脑内想法的外在投射罢了。你正在与自己战斗，而不是与别人战斗。

错误三：扮演消极想法角色的人忘记了他（她）正在扮演的是你心里的消极想法，开始用一些与你无关的批评和怀疑来攻击你，这就很浪费时间了。因为这个人说的话对你来说无关痛痒，你也没法回应你自己的消极想法。你在听对方批评你的时候，可能会非常困惑：“他（她）在说什么啊？我从来没有过这样的想法啊！”

错误四：扮演你的消极想法的人可能会以他（她）自己对你的偏见攻击你。比如说，你的配偶可能就会抓住这个机会尽情嘲讽你。这样一来，你可能就会采取防御姿态，这个练习最后可能就会以吵架收场。你还会觉得很奇怪，为什么伯恩斯医生会推荐这样一种方法？还要说这种方法特别有用？

避免这些错误的方法也很简单。直接把你的“每日情绪日志”交给和你一起做角色扮演练习的人就可以了。

你可以让他们大声读出你在日志上写的消极想法来攻击你。而且，你也可以告诉他们，让他们使用第二人称“你”，这样他们听起来就会更像另一个人。当你自己扮演积极想法的时候，一定要记住要使用第一人称“我”。

有时，我会在一张纸上写下“消极想法”，在另一张纸上写下“积极想法”，进行角色扮演的两个人可以在练习的时候将这两张纸放在自己面前，这可以避免两人在做练习的时候出现谈话内容混淆的问题。

不过，即使采取了这些预防措施，一开始还是很容易混淆，这也是无法避免的。而且你们之间的对话可能最后直接会变成两个人之间的战斗，而不是你自己内心的两个声音之间的较量。如果发生了这样的问题，那就停下来，重新分配角色，然后重新开始。掌握这种技术需要一点点实践，但这是很值得付出努力的，因为只要我们能够正确地使用“声音外化法”，治疗效果就可能会非常惊人。

当然，如果你不喜欢做角色扮演，或者你身边没有其他人可以和你一起进行角色扮演，你也可以独自使用这种方法，而不需要其他人。你只需在纸上写下两个声音的对话，就像你在本章中读到的那些对话一样。在这种时候，你一个人就得分饰两角了，但这和我们与另一个人一起进行角色扮演的效果是一样的。

在使用角色扮演法的时候，也可以运用本书中提到的其他方法，从上文举的例子中也可以看出，这些方法也可以在角色扮演的过程中发挥作用。

接受悖论法

如果你曾经患有抑郁症或焦虑症，你可能很了解自己是如何因为所有的缺陷和缺点而否定自己的。在你感觉好一些之前，你必须找到一种方法来让你大脑中那些无情的评论家闭嘴。

那我们要怎么做呢？有两个基本的策略：防御范式法和接受悖论法。

当你使用防御范式法时，你会与你的消极想法辩论，并坚持认为它们不是真的。这种方法认为，我们所有的消极想法都是扭曲的、不真实的，而真相会让我们自由。而接受悖论法是一种反向运作的精神治疗方法。在使用接受悖论法的时候，你不是在一味攻击自己的消极思想，而是在这些消极想法中找到一些正确的地方。你同意这些消极的想法，但是要以一种幽默、平和与学习的方式。

这时，你和你脑内住着的那个批评家成了朋友。你可以混合或搭配使用这两种回应方式，但当消极想法让你觉得自己毫无价值、低人一等，让你感到羞耻或丧失自尊的时候，接受悖论法通常都会比防御范式法更有效。

假如你现在感到不安，并告诉自己，自己是一个有缺陷或低劣的人。此时如果你使用防御范式法，你可能会像朋友一样提醒自己，其实你有很多积极的品质和成就，你可以为此感到骄傲。很多人认为这种“积极思考”是建立自尊的关键。不过，根据我的经验，其实这种方法是无法帮助我们真正建立自尊的，因为你在这个过程中只会越来越执着于自己身上的所有优点和缺点。比如说，你可能会告诉自己：“我身上还是有一些少得可怜的积极品质的，但是我仍然比不上那些已经完成了许多真正重大事情的人——他们的成就远远超出我梦寐以求的任何东西。这是不争的事实。”

如果你使用了接受悖论法，你可能会这样回应这种消极想法：“没错，我确实有许多缺点，这一点毫无疑问，我接受。”这就直接化解了批评，结束了可能的辩论。

假如在这之后，你脑中的那个批评家还在继续批判你自己，你还是可以继续使用接受悖论法。你和你脑内的消极想法可能会有如下对话：

消极想法：这不仅仅是因为你有某些缺点。面对现实吧，你全身都是缺点！你就是一个有缺陷的人！

积极想法：你说得没错！我花了很多年才意识到这一点，但你居然这么快就发现了。对了，你知道吗？我有缺点恰恰就是我的优点哦！

在这种情况下，我们其实就是在从“怪物”的嘴里拔牙，并且用一种幽默的方式接受自己的缺点。

那假如你本身就是“有缺陷的”呢？你在咖啡厅里会不会被店员拒绝？你的朋友会不会拒绝和你出去玩？

接受悖论法其实源于佛教教义，这种理论认为，如果你一直采取防御姿态为自己说话，你与自己之间的战争就会一触即发，你在为自己辩护的时候，就会被攻击。攻击你的其实就是你自己脑内的消极想法。相反，如果你突然发现其实这些消极想法都是不实的，它们立刻就会失去力量。

大多数宗教都认为，所有人都是有缺陷的、不完美的，有缺点的才是人类。纳瓦霍人[①]有一个规定，他们编织的每一块地毯都必须包含一些缺陷，否则神就会生气并降下天罚。

尽管我们有缺陷，我们仍然有可能体验到快乐。接受悖论法是将这种想法转化为情感现实的一种方式。许多患有焦虑症或抑郁症的人认为他们已经接受了自己。他们觉得，自己已经可以面对现实，觉得自己真的是毫无希望、毫无价值的失败者。这是一种不健康的自我接受，与健康的自我接受完全不同。

在下面的表格中，我们可以看到健康的与不健康的自我接受的对比，不健康的自我接受的特点是自我怨恨、绝望、精神瘫痪、无望、自我孤立、精神萎靡和玩世不恭。相比之下，健康的自我接受则伴随着自尊、快乐、高生产力、希望、亲密、成长和笑声。当人们健康地接受自我的时候，他们就会享受生活，享受和其他人之间的关系。毕竟，所有人都是不完美的。“不完美”或许会成为某些人自杀的原因，但“不完美”也是一件值得我们庆祝的事。我们可以选择到底用什么样的心态来接受这种“不完美”。一旦你不再认为自己天生就是特别的，不再认为自己必须有“自尊”，不再认为自己必须活成“想象的样子”或是“应该成为的样子”，你就会体验到自由和快乐。

刚开始你可能很难理解健康的和不健康的自我接受之间的区别，尤其是当你深受情绪折磨的时候。我在写作这部分的时候，就很像要去给一个从来没去过科罗拉多大峡谷的人写攻略，描述在峡谷中会看到什么。大峡谷的壮丽可能会让你喘不过气来，我可能根本无法用言语描述大峡谷会给你带来的感受。

---

① 译者注：美国西部的原住民。

表15–1　健康的自我接受与不健康的自我接受的特点

健康的自我接受	不健康的自我接受
自尊	自我怨恨
快乐	绝望
高生产力	精神瘫痪
希望	无望
亲密	自我孤立
成长	精神萎靡
笑声	玩世不恭

我第一次去大峡谷是和一位大学同学一起去野营。一天晚上，我们走到了峡谷的边缘，但因为当时天色已晚，所以看不到峡谷景观的全貌。我们在汽车旁边打开了睡袋，在那里露营。当我们早上醒来的时候，才发现我们的睡袋离峡谷的边缘竟然只有几米！当时太阳刚刚升起，我翻了个身，睁开眼睛。我第一次看到了大峡谷。天哪！我简直要无法呼吸了！我以前只觉得，科罗拉多大峡谷只是地球表面的一个大洞而已，我从不知道它竟然如此摄人心魄。

这种瞥见悬崖一瞬间的窒息感就像我们第一次使用接受悖论法时的感受。你会感觉整个人都要窒息了！这可能会改变你的生活，是一段让人难以置信的经历。然而，只有在做角色扮演练习的时候，比如使用声音外化法或恐惧幻想法，这种感受才会栩栩如生。

给大家举个例子，比如现在你感觉到自己低人一等，非常自卑。为什么你会这样想呢？想想你在自我怀疑和绝望时的感受，那个时候你会对自己说什么？

你可能会告诉自己，你不像自己期待的那样聪明、成功或有吸引力。你可能会因为自己在生活中犯了太多错误而不停地埋怨自己，可能因为你不是一个非常好的父亲或母亲，又或者因为你未能实现你在成长过程中所拥有的梦想。也许你觉得自己是一个有缺陷的人，因为你一直在与害羞或抑郁的感觉做斗争。让我们看看我们是否可以使用接受悖论法来解决这些问题。

想象一下，你脑内的消极想法和积极想法都参与了这场“战斗”。你可以扮演消极想法的角色，我将扮演积极想法。你要尽可能无情地攻击我，指出我的每一个缺陷或不足，试着羞辱我。

请大家记住，我现在扮演的是你心中积极、自爱的一部分，而你则扮演着消极的想法。我会试着使用接受悖论法打败你。在你阅读如下对话时，你可以问问自己，到底是谁赢得了这场“战斗”。

消极想法（由你自己扮演）：你确实不是很聪明，难道不是吗？

积极想法（由戴维扮演）：没错，事实上，这个世界上有很多人比我更聪明。可能有好几百万个这样的人——比如说物理学家、数学家、科学家、音乐家，还有作家，我完全接受这一点。

消极想法：也就是说，你接受你自己其实是一个愚蠢又自卑的人的事实？

积极想法：嗯，如果我没有理解错你的意思，那我想说，我在生活中确实犯过很多错误。确实也有很多人比我聪明得多。但是，当你说我愚蠢并且自卑的时候，你的口气听起来好像有点谴责我的意思，对这一点我不是特别理解。

消极想法：这可能是因为你不太敏锐。这一切都挺显而易见的，所有那些聪明伶俐、才华横溢、有魅力的人都比你厉害。像爱因斯坦还有麦当娜那样的人，才是真正的高级的人。而你就是低人一等的劣等人。你现在听懂了吗？我知道你的理解能力很差。

积极想法：嗯，你说得对。但是我仍然不能特别理解你对“劣等人”的偏见到底是什么意思。你能跟我解释解释吗？我当然也很认同，在表演方面，我肯定比不上麦当娜，从智商方面来说，我也绝对不是像爱因斯坦这样的天才。而且在这个世界上，有很多很多人都拥有着我没有的各种超棒的技能，我觉得这也是很令人兴奋的事情。英特尔拥有出色的电气工程师，美国国立卫生研究院的研究人员也很优秀，还有所有那些在NBA打篮球和在NFL打橄榄球的天才运动员们。他们拥有的技能都是我所没有的。你说的“劣等人”是不是就是这个意思呢？还是说，你有其他什么更深层的意思？

消极想法：我确实有那么一点点深层的意思。但我知道你可能很难理解，毕竟你是一个如此愚蠢的混蛋。你知道，我们的社会最看中的就是人的头脑和成就。比如说那些拿了诺贝尔奖的科学家们，他们就是很特别的、很有天赋的高等人。你和他们相比，简直就像个农民。你就是炮灰，你就是一个普通得不能再普通的人。

积极想法：好吧，但我自己觉得当个普通人也没什么不好的呀。听起来是有一点奇怪，但是我还是蛮喜欢当一个普通人的。

消极想法：所以你是承认了这一点啰？你承认自己只是一个普通人？

积极想法：当然啦！而且，我的很多朋友其实也是和我一样的普通人，我们经常一起玩，一起出游，大家都很开心。如果你只和诺贝尔奖获得者交朋友，你估计就没有这么多出去玩的机会了，而且你的朋友圈可能也会相当小。但我可能遗漏了一点，你和我说话的时候，似乎总在暗示着我有些不好或可耻的品质，而且错过了很多奇妙的经历，但我实在是不知道你指的到底具体是什么。

消极想法：天哪，你确实智商有问题，反应太慢了！我就是想告诉你，你不值得得到任何尊重，因为你很糟糕，你无权享受任何真正的快乐或自尊，你没有达到我脑内设定的那个崇高的标准。

积极想法：那我确实是没有办法达到诺贝尔奖获得者的标准了，而且我多年来也都知道我有很多限制和缺陷。你之前指出来的缺点对我来说其实只是冰山一角罢了！

消极想法：那你在生活中是怎样与自己相处的呢？你是怎样才能每天站在镜子前直视满脸瑕疵的自己的！

积极想法：这很简单。我会笑笑，然后对镜子里的自己说：“早上好，有缺点的家伙！今天真是值得期待的一天，你可以和很多朋友一起逛街！”

有些人立刻看到了接受悖论法的解放性意义，但有些人却从一开始就根本无法理解它。有一位病人告诉我，说他不会接受自己的失败和缺点。他认为失败是不被容许的，这一点毫无疑问。

接受悖论法的目的不是隐瞒或否认你的缺点或瑕疵，也不是让你甘于平庸的生活，而是要把你的缺点暴露在光天化日之下，这样你才能不带一丝羞耻感地接受它们。如果你发现自己确实有问题，你就可以努力改善它。如果问题恰好是你无法改变的，你就可以简单地接受它并继续你的生活。

第十六章　激励治疗法

当你使用包括“检查证据法”在内的基于真相的治疗法时，你可能会问自己：“我的这些消极想法到底是不是真的呢？”

这些基于真相的方法背后的核心思想就是：真相使你自由。

而当你使用激励治疗法时，则会问：“这种消极的想法或感觉对我有利吗？这种心态有什么好处？这样做对我来说有怎样的影响？”

虽然焦虑、抑郁和愤怒可能会给我们带来剧烈的痛苦，但它们往往会为我们提供可以让人上瘾的隐藏奖励。一方面，你想要感到轻松；另一方面，你又不愿意接受改变，抵触所有的变化。耶稣会神秘主义者安东尼·德梅洛说，尽管我们渴望改变，但我们却也坚持一味如旧。

成本效益分析法可以帮助我们更好更快地识别出那些一直阻碍着我们进行改变的潜意识。当你发现这种隐藏力量并且将它们展示出来之时，它们就再也无法阻碍你。

成本效益分析法

这是最好用的一种激励治疗法，也是我在20世纪70年代中期开发的第一个认知行为疗法。这种方法使用起来很容易，也非常有启发性。

在第八章中，我们已经学习了如何使用这种治疗方法来评估自我攻击信念。

实际上，成本效益分析有五种不同的形式：

1. 认知成本效益分析：评估一个消极想法的优点和缺点，比如“我永远不会变得更好”或“我没有价值”。

2. 态度成本效益分析：评估自我攻击信念的优点和缺点，例如“我应该总是尽力做到完美”或“我需要被所有人认可才有价值”。

3. 情感成本效益分析：评估消极情绪的优缺点，例如焦虑、愤怒或内疚。

4. 行为（或习惯）成本效益分析：评估一个坏习惯的优点和缺点，比如喝酒、吸毒、暴饮暴食、拖延或和已婚人士约会。

5. 关系成本效益分析：评估一种会让你的人际关系产生问题的态度的优点和缺点，比如不管在婚姻中遇到什么问题都一味地责备你的配偶。

你可以用直接或矛盾的方式进行任何一种成本效益分析，因此实际上有十种不同的成本效益分析组合。下文会先向大家介绍直接成本效益分析，之后再给大家介绍矛盾成本效益分析。

首先，我们将想要改变的想法、信念、感觉或习惯写在成本效益分析表的顶部（见第237页）。

然后，你可以问问自己：“这种心态有什么好处？会在哪些地方帮助我？这种心态的缺点又是什么？会在哪些地方伤害我？”

在下面的两列中写下你能想到的所有优点和缺点。

在完成清单后，你可以问问自己，列出来的优点或缺点究竟孰轻孰重，并且给优点和缺点分别打分，将分数分别写在底部对应的位置，两项分数加在一起为100分。请大家根据自己的直接感受来给自己的优缺点打分。比如说，如果你觉得这种心态的优点略微超过缺点，就可以在左侧的圆圈中填55分，在右侧的圆圈中填45分。而如果你觉得缺点远大于优点，则可以在左侧的圆圈中填25分，在右侧的圆圈中填75分。如果你觉得优点和缺点完全一样，你可以在每个圆圈中都写上50分。

表16-1　成本效益分析

描述你想要改变的一种态度、感受或习惯：

优点	缺点

了解规则后，我们就一起来做一次成本效益分析吧。

我之前有一位病人，她是一个心理系的学生。她叫约翰娜，有很严重的考试焦虑。她正在努力准备心理医生从业执照考试，但她因焦虑而不知所措，完全无法集中注意力。

我问约翰娜，当她为了准备考试而学习的时候，她脑子里的想法是什么样的。她告诉我："我脑子里会想，我现在可能都没有复习到点子上，我这次考试肯定会考砸的。我觉得考到的内容一定都是我不会的，而我会的内容肯定不会考到。"

约翰娜的想法中包含许多扭曲的推测，比如非黑即白、优势打折、臆测未来和情绪化推论。在一场考试中，其实不太可能所有的问题都恰好是约翰娜不会的，因为出题人需要在一张考卷中涉及心理学的所有主要领域，也要采取一种合理平衡的方式出题。此外，约翰娜是同期博士中最优秀的学生之一，因此她会考试不及格这件事本身就非常不合逻辑，再者说，她以前考试也从来没有不及格过。

虽然约翰娜也非常清楚地知道，她的消极想法是被扭曲了的想法，但是当我鼓励她与脑内这个消极的自己交谈时，她情绪非常激动地指责了我。她坚持认为她的消极想法是现实的，并说我不理解她。

我觉得很困惑。一方面，是约翰娜自己来找我帮她解决考试焦虑的问题的，但另一方面，她仿佛又在保护自己的焦虑情绪，就像妈妈护着自己的孩子一样。到底发生了什么？她为什么会和我针锋相对？你能想到她的焦虑情绪可能会带给她的任何好处吗？

在继续往下读之前，先在下面的横线上写下你的答案。

____

____

____

____

答案：

我突然意识到，约翰娜可能不愿意放下焦虑，因为她认为这种焦虑情绪在某种程度上帮助了她，所以我建议她尝试一下成本效益分析法。我让她列出了她的考试焦虑所带来的优点和缺点。所以，在下面的表格中，我们可以看到，约翰娜确实觉得焦虑有很多优点："这种担心会让我保持警惕，所以我不会因为自满而忘记学习。"我突然明白为什么约翰娜会跟我吵起来了。她不愿意改变确实也是有一定道理的，因为一点点焦虑可能会激励她做到最好。但如果她过度焦虑，个人生活就会受到严重的影响。

事实上，约翰娜列出的第二个缺点就一下子战胜了优点。大家可以看到，约翰娜在缺点一栏写着：一直以来的焦虑几乎让我瘫痪。在过去的一个月里，我没有一分钟是可以静下心来高效学习的！这一个缺点就已经超过了所有的优点，所以，约翰娜在底部的两个评分圆圈中写了"20"和"80"。

我问她，为了做好考试准备，她总共需要多少焦虑的鞭策。我让她给自己的焦虑水平打分，从0分（完全不焦虑）到100分（恐慌），她给自己的焦虑水平打了95分。那她理想的焦虑水平是多少呢？50分够吗？或者是25分？

约翰娜表示，其实10分到15分就已经差不多够了。

我告诉她我们可以共同努力将她的焦虑水平降低，但如果她觉得自己太放松了，焦虑程度不够，我还可以告诉她如何用消极想法取代她的积极想法，这样她就可以再产生一点点焦虑，促进她更好地学习。

约翰娜喜欢这个方法，她突然变得更有动力去挑战这些让她变得如此焦虑的消极想法了。很快，她就攻破了这些消极想法，开始觉得放松下来，每天晚上都能高效而系统地进行学习。而且，她的所有焦虑都在几天内消失了，她开始喜欢上了复习考试。她惊讶地发现，即使没有焦虑的情绪，她也可以高效地学习，她根本不需要任何焦虑！

表16–2　约翰娜的成本效益分析

描述你想要改变的一种态度、感受或习惯：担心心理医生从业执照考试。

优点	缺点
1. 如果我真的考砸了，我一点都不会觉得震惊或者失望。 2. 这种担心会让我保持警惕，所以我不会因为自满而忘记学习。 3. 如果考试看起来不公平，我就有理由可以生气了。 4. 我也可以自怨自艾，扮演受害者。 5. 我丈夫会试着让我振作起来，并且安慰我、鼓励我。	1. 我觉得在考试之前的每一分每一秒都非常痛苦。 2. 这种焦虑让我效率低下。在过去的一个月里，我没有一分钟是可以静下心来高效学习的！ 3. 我只会因为愤怒而惩罚自己，因为出题人完全不知道，也不关心我的感受。 4. 这种持续的担忧让我觉得很累。 5. 当我的丈夫试图让我振作起来而安慰我的时候，我往往都听不进去，所以我们最终会对彼此感到生气。
20	80

几周后，她通过了执照考试并取得了该州的最高分。

当你感到自己陷入困境时，成本效益分析法可以帮你打开通向变化的大门，让你暂时向心中的恶魔妥协。在这一过程中，你通常会找到许多理由，这些理由阻止着你进行改变。但当你带着这些理由进入自己的意识层面，这些理由就会失去力量，无法再继续阻止你了。

矛盾成本效益分析法

矛盾成本效益分析法利用了这样一个事实：消极的思维模式、情绪和习惯可能会让你非常痛苦，也可能会给你带来好处。当我们进行矛盾成本效益分析时，我们只需要列出自己想要改变的想法、信念、感觉、行为或习惯的优点，千万不要去列缺点。列完所有的优点之后，你可以问自己：“既然这种想法或态度有那么多好处，那我为什么还要改变呢？”

下文列出了一些消极的想法和习惯，这些想法和习惯将成为矛盾成本效益分析法的好目标。选择你感兴趣的一个想法和一个习惯，并在下面的横线上列出你可以想到的所有优点（好处）。

消极想法

- 我低人一等
- 我与周围人的关系出现问题都是其他人的原因

矛盾性想法成本效益分析

写下你自己选出的想法：

____

拥有这种想法的好处：

1. ______________________________
2. ______________________________
3. ______________________________
4. ______________________________
5. ______________________________
6. ______________________________

坏习惯

- 暴饮暴食
- 酗酒
- 拖延

矛盾性习惯的成本效益分析

写下你自己选出的习惯：

____

拥有这种习惯的好处：

1. ______________________________
2. ______________________________
3. ______________________________
4. ______________________________
5. ______________________________
6. ______________________________

填完后，你可以看一看下面的答案。当然啦，我提供的答案也仅仅是一个参考，并不全面，你可能会想到更多我没有想到的优点。

矛盾成本效益分析练习参考答案

相信“我低人一等”的优点：

1. 这个想法解释了我的生活中经历过的所有失败。
2. 我可以自怨自艾，扮演受害者。
3. 这让我有了一种自我身份认同。
4. 我不想冒任何风险，也不想尝试任何会让我觉得焦虑的事情。
5. 我不必非常努力，因为大家也不会期待像我这样低人一等的人取得多大成就。
6. 我可以暗中憎恨其他成就更高的人。
7. 这个想法似乎是真的，因为我没有特殊才能，所以我从未完成过任何独特或重要的事情。

相信“我与周围人的关系出现问题都是其他人的原因”的优点：

1. 我随时都有权生气。
2. 我在道德上会有优越感。
3. 愤怒可以给我力量，让我感到充满活力，让我感觉自己真的活着。
4. 生气是件很容易的事情，我不需要做出改变。
5. 这种想法似乎确实是正确的，因为其他人真的都像混蛋一样。
6. 我可以感到无辜，我不会觉得内疚。
7. 我不需要承受检视自己的问题所带来的痛苦。
8. 这种想法为我与其他人相处产生的问题提供了便利的解释。
9. 我可以充满敌意，也可以尽情做一些令人讨厌的事情。我可以迁怒于人，或者故意不答话，与他们冷战。
10. 我可以表现得很好，然后间接地埋怨身边的其他人。
11. 我可以告诉我的朋友，某一个人是失败者。

“暴饮暴食”的优点：

1. 食物是一种即时的奖励。
2. 随时随地想吃就吃是一种自由。
3. 当我对某人感到沮丧或生气时，我可以用食物安慰自己，这样一来，我就不会因此而焦虑了。
4. 因为我很胖，所以我也可以自怨自艾。
5. 我可以憎恨那些瞧不起胖子的人。
6. 节食简直太折磨人了。
7. 运动减肥需要极大的努力和自律。

“酗酒”的优点：

1. 喝高了感觉特别好。
2. 酒精能够使我放松，在社交场合不会感到尴尬。
3. 我最喜欢的酒味道很棒。
4. 酒对我来说就是一种特殊的“药物”，可以治疗我所有的情绪问题。
5. 我可以不用处理让我心烦意乱的事情，比如和我妻子争吵。
6. 醉酒的时候，暴力和酒后乱性都是情有可原的。
7. 我喝酒的时候，就可以忘记自己的问题。
8. 我可以坚持自己的独立性，并随意做我真正想做的事情，其他人无法控制我。
9. 我的朋友会和我一起喝酒，我们会玩得很开心。
10. 喝了酒，我就可以很狂野。
11. 生活会变得刺激起来。
12. 有喜事的时候，喝酒是庆祝的最佳方式。
13. 这是奖励自己的好方法，因为我的生活很糟糕。
14. 如果我不再喝酒，我就只能去参加那些大家各自付账的AA制聚餐，和一群无聊的人一起玩，并假装我相信上帝！

“拖延”的优点：

1. 我可以做一些更有趣的事情。
2. 从长远来看，我正在拖延的事情可能并不那么重要。
3. 刚开始着手做事的时候会很不愉快。
4. 无论我做什么，都只是我所有手头任务中很少的一部分。
5. 我可以等到以后我心情更好的时候再开始做事。
6. 这让我感到自己很特别，因为明星或是皇室都需要做无聊、不愉快的工作。

7. 我可以埋怨那些抱怨我拖延的人。
8. 如果我没有能够成功完成我正在逃避的任务，例如学习或写论文，我也有理由为自己辩驳；如果我成绩不好，我也可以安慰自己："我并没有真正努力过，如果我真的努力了，我肯定可以做得更好。"
9. 我不会感到无聊或焦虑，因为我可以逃避一直在推迟的所有不愉快的琐事。

恶魔建议法

恶魔建议法是为克服不良习惯和成瘾而开发的最强大的方法之一。这种方法基于一个简单而有力的想法——具有诱惑力的积极想法使我们屈服于习惯和成瘾。

比如，在商场购物的时候，你可能会注意到飘香的快餐气味，然后你就会告诉自己："哎呀，那些热热的黄油肉桂面包闻起来真好吃啊！吃起来一定也特别棒！"说着还咂了咂嘴巴。

接着，你对自己说："我就走过去看一眼吧！我就尝一点点，我只是想知道这个面包到底是什么味道的，只吃一点点又不会有什么问题。而且，我晚上可以再慢跑一会儿，晚餐也可以吃沙拉或者胡萝卜来抵消下午吃肉桂面包的热量。"

一旦你开始沿着这些方向思考，你最终会走上一个滑坡，不可能抵制这种想要放纵自己的冲动。

请注意，这些想法与引发焦虑和抑郁的想法一样扭曲，但它们之间又有一个重要区别——这些想法其实是在积极的方向上被扭曲的。

在这些想法中的认知扭曲包括：

· 非黑即白。你自己脑内的想法让这个面包听起来就像有史以来最令人惊叹的美食。但是肉桂面包真的就像你想象中的那么好吃吗?

·否定。当你感到沮丧时,你可能就会完全忽略掉自己身上好的部分,武断地下结论说自己是一个失败者。这种认知扭曲就叫“优势打折”。当你受到诱惑时,你的心态可能就会刚好相反。你会拒绝或忽视与自己的想法完全不一致的信息。在前文举的例子中,你告诉自己只会吃一小口。但这现实吗?你对自己诚实吗?你以前曾经多少次跟自己说过类似的话?你真的每次都只尝一口就不吃了吗?

·臆测未来。你可能会做出一些不切实际的预测。首先,你告诉自己,如果你能吃到其中一个肉桂面包,生活就会变得特别美妙。当然,肉桂面包本身并不坏,但它们也可能相当粘牙、厚重,还很甜腻,一旦你吃了一两个,可能会让你觉得自己就像刚才吞了一整块水泥。另外,如果你的理智不允许你自己去享受这块面包,你可能会告诉自己,你将永远在失望和匮乏中挣扎。其实,如果你不放弃这种理智,面前的诱惑可能会在五到十分钟内消失,在那之后,你会完全忘记关于肉桂面包的事。最终,你告诉自己,如果你吃了肉桂面包,你晚上就会吃沙拉和胡萝卜,并且还会做运动,以抵消肉桂面包的热量。问题是你真的会这样做吗?

恶魔建议法就可以成为这种充满诱惑力的想法的有效解毒剂。这种方法中也涵盖了角色扮演练习。

首先,在你屈服于习惯之前列出你的习惯性想法。这个习惯可以是酗酒、暴饮暴食、拖延症或习惯性地当第三者。将这个清单交给朋友或家人,并要求该人扮演诱惑你屈服的魔鬼的角色。他应该使用第二人称“你”,并尽可能有诱惑力地表达你脑中的想法。而你的任务则是打败这个恶魔。

例如,恶魔可能会说:“你应该去吃一个美味的肉桂面包。你今天过得太辛苦了。想一想这个肉桂面包在你唇齿间嚼着的感觉,那么甜,奶香浓郁!快去买一个吧!”

你可以回答："不，我觉得我已经吃得很撑了，再说了，这个肉桂面包可能也没那么好吃。而且，我也希望能够健康苗条，如果克制住了吃肉桂面包的冲动，我会感觉更好。"

然后你的朋友可以再次诱惑你，尽可能地努力说服你向诱惑屈服。

打败恶魔是非常困难的，毕竟，之前战斗的赢家基本都是这些诱惑。

如果你陷入困境并无法想出反击的方法，那就做一下角色转换，这样你的朋友就可以给你做示范，建立一个更有效的反应模型。

如果你身边没有其他人可以和你一起进行角色扮演，你也可以自己在纸上写下与恶魔的对话，而不需要其他人的帮助。你将扮演两个角色——诱惑你的恶魔和你内心的反击。当你扮演恶魔的角色时，请确保你尽了最大的努力引诱自己屈服于诱惑。否则，这种方法就会浮于表面，没有效果。不尽最大努力诱惑自己，这个恶魔就只是一个没有牙齿的纸老虎而已。

下面我给大家举个例子。让我们想象一下，你正在拖延记账这件事。你感到焦虑，因为你已经好几天都没记账了。所以，你和恶魔的对话可能就会如下所示：

恶魔：你知道的，现在你没有理由做这件事，眼下你还有更多重要的事情要做呢。

自己：你说得对。我现在可以做很多事情，但记账一直都让我的心好累，这件事在一点一点蚕食我。如果我现在马上就着手做这件事，那将是一种解脱。

恶魔：这只会让你更加焦虑罢了，现在并不是合适的时候。

自己：这件事一开始可能会让我焦虑，但一旦我开始着手去做，焦虑可能就会消失。永远不会有"合适"的时间，所以我现在也可以开始。

恶魔：你可以稍后或明天再做，或者等你心情更好的时候再做。

自己：嗯，我确实可以之后再做，但是即使到了那个时候，我的心情也不见得就会更好。其实，我可能永远不会有心情做这件事，如果等到我有心情的时候，我可能就得等一辈子了，那这件事就永远都做不成了。

恶魔：是的，但是这会给你带来很大很大的压力。你现在没有足够的时间，你还有太多事要做。

自己：嗯，起初可能看起来压力很大，但是一旦我开始着手做这件事，这些感觉可能会消失。而且，我可以只花个几分钟先记一笔账，这就是很好的开局了。

恶魔：这也只是杯水车薪罢了，你还有好几个小时的工作要处理呢。你花几分钟记账会很浪费时间，还不如去喝一杯咖啡，咖啡那么美味，而且可以给你补充能量。

自己：如果我不再浪费时间听你说话并开始干活，那可能会更精彩。我可以在十五分钟后喝一杯咖啡作为奖励。我不喜欢冷落别人，但我觉得我不能再跟你说话了，因为我现在需要开始工作了。

恶魔：你会后悔的！后果会很严重！

自己：我不认为我会后悔。刚开始我可能会感到困惑或焦虑，因为我一直在听你说话，并且总是拖延。但只要我能迈出第一步，真正动手做这件事，可能会变得简单一些。我也会忘记你的存在。再见！

恶魔建议法是一种矛盾的方法，因为你得假装让自己屈服于诱惑。你并没有劝自己改变，出于某种原因，这种方法似乎增加了人们改变的决心，并且可以非常有效。

很少有（如果有的话）旨在帮助人们克服不良习惯和成瘾的治疗方案是基于这种方法的。相反，他们做出了人们想要改变的错误假设，因此，他们向你展示如何以系统的方式实现你的目标，并试图说服你使用这种或那种方法解决问题。

这些计划几乎总是失败，因为它们没有考虑到一个至关重要的事实：大多数有坏习惯的人都不想改变。习惯和成瘾是会带来好处的，达到情绪的高潮状态也是一件有趣的事。还有什么比随时随地想吃就吃更吸引人的呢？数百年前，这种乐趣是为皇帝和国王保留的。而今天，我们普通人就可以为所欲为。那为什么要改变呢?

你可以在口头上说改变，并告诉自己停止酗酒是多么美妙。但是当你度过了紧张的一天之后，打开冰箱并看到一瓶“华丽的”啤酒在那里等着你的时候，你头脑中的声音会开始告诉你：“嗯！冰镇啤酒的味道一定很好，我可以尝一口。一边看电视一边喝啤酒真的很放松，只喝一点点又不会有什么问题。我今天已经很累了，应该放松一下。一直都滴酒不沾没有任何意义。”

同样，如果你很胖，你可能会告诉自己变得瘦、性感和健康是多么好。但事实是，你真的不想进行愚蠢的节食并开始每日锻炼计划。食物就是生命中最大的快乐了，为什么要放弃这种快乐？毕竟，节食和运动锻炼都需要放弃享乐，极度自律。谁真的想要自律啊?

如果你不能反驳这些具有诱惑力的想法，任何方法或技巧成功的可能性都将为零。毕竟，如果你想进入剧院，你必须先买票。但这也是一个好消息：一旦你学会打败这些想法，你几乎就可以使用本书中介绍的任何一种方法来对抗消极情绪了。

第十七章　治疗拖延的方法

焦虑可能会导致生活中出现许多问题，包括拖延。

你可能会推迟执行自己的任务，比如写论文、学习或者报税，因为你每次想到自己必须做这些事情的时候，你就会感到焦虑和不知所措。你告诉自己："现在还不到时候，我可以等到我有心情的时候再开始。"但"适合做事的时机"永远不会到来，而且拖延的时间越长，你就越会感到焦虑和内疚。

于是，你陷入了一个恶性循环：焦虑导致拖延，拖延导致更多的焦虑。

抑郁症也会引起拖延。

当你感到抑郁时，你没有任何动力或精力，你会对生活失去兴趣。所有事情看起来都很困难，即使做了也很难有收获，所以，你宁愿坐在那里什么都不做。

这样一来，你会有更多负罪感，也会感到更加抑郁，这将引发更多的拖延行为，所以你又陷入了恶性循环。

在上一章中，我给大家介绍了两种可以帮助我们克服拖延的方法：矛盾成本效益分析法和恶魔建议法。在本章中，你还会学习到另外四种技巧，它们可以帮助我们打破拖延的循环，提高工作效率和创造力，这四种方法分别是：

1. 快乐预测法
2. 任务拆解法
3. 反拖延法
4. 问题解决法

快乐预测法

你还记得第八章中介绍的那位焦虑的教授内特吗？他认为如果他不能完美地完成某件事，那么这件事根本就不值得去做。

当内特在我的建议下使用“快乐程度预测表”的时候，他惊讶地发现，他生活中最大的快乐其实来自最平凡的一些事情，比如修理破损的管道，在树林里散步，或者与儿子一起打壁球。相比之下，他所做的一些“完美”的事情总是会给他带来压力，也没有任何收获。

第253页有一张“快乐程度预测表”。在“活动”一栏中，你可以记录下各种可能带来愉悦、促进学习或个人成长的活动。确保这些活动中既包括可以自己独立完成的活动，例如慢跑或整理办公桌，也包括必须与他人一起完成的活动，例如去看电影或和朋友一起散步。在“同伴”一栏中，请写下你计划和谁一起做这件事。如果你打算独立完成这件事，就只需要写一个“自己”就可以了。这会提醒你，你永远都不会孤单，因为你总是和自己在一起。

在“预测满意度”这一栏中，你要预测每个活动的满意度并打分，打分范围从0分（完全不满意）到100分（完全令人满意）。确保在做每项活动之前填写这一列。在完成每项活动后，你可以再次在“实际满意度”这一栏下打分。

当你回过头来看你自己填入的内容时，你会发现很多有趣的东西。

首先，当你查看数据时，你可以将预测满意度与你体验到的实际满意度进行比较。通常你会发现，许多活动比你预期的更有价值也更令人满意。这一发现可以激励你做更多事情。

许多患有抑郁症的人都会避免做过去曾给他们带来快乐的事情，因为他们会告诉自己：“这一点意思都没有，我知道我肯定不会喜欢这件事的。”所以，他们宁愿坐在那里什么都不做，于是就会变得更加沮丧。然后他们就会想：“哎，生活真的没有任何意义，和我想的一模一样。”

这种想法就包含着“臆测未来”这种扭曲认知。他们做出了不切实际的预测，但是他们没有意识到这一点，因为他们没有费心去留意这种预测到底是不是真实的。

你还可以将你从单独活动中获得的满足感与你和其他人一起进行的活动中所获得的满足感进行比较。很多人都会发现，最快乐的时候可能恰恰就是和自己独处的时候。这就可以说明，真正的幸福只来自与其他人相处的经历的想法其实并不准确。

一位名叫雷蒙德的作家在写他的第一部小说的提纲的时候遇到了巨大的困难。他坐在那里发呆，盯着电脑屏幕几个小时，一句话都写不出来。

问题的部分原因是，雷蒙德的弟弟几乎在一夜之间成了一位著名的电影明星。雷蒙德为他感到骄傲，但同时也承受着巨大的压力，因为他觉得他只有和弟弟取得同样的成就才是个合格的哥哥。他觉得自己作为大儿子，职责就是获得成功。但他弟弟的成功将这个职责的难度大大提升了，几乎到了不可能完成的程度。当雷蒙德和他的弟弟一起出去玩时，他们会在最著名的私房餐厅吃饭，并且不断被狗仔队和成群的粉丝们追捧，希望得到他弟弟的签名。他的弟弟几乎每周都会在电视谈话节目中接受采访。

作为一名小说家，雷蒙德一直梦想着取得成功。他告诉自己，在他写下“伟大的小说”之前，他的生活不可能有意义。他确信，在他（至少和他的弟弟一样）成功之前，他永远不会拥有任何真正的幸福。

我让雷蒙德把这个想法写在“快乐程度预测表”的顶部：“在我写出一部伟大的小说或完成其他什么壮举之前，我永远不会感到真正的快乐或满足。”然后，我让他安排了可以在下周进行的一系列活动，并预测自己对每一项活动的满意程度。

他列出的其中一项活动是将他六岁的侄女带到动物园过生日。雷蒙德非常喜欢小侄女，所以他预测他对这件事的满意程度为70分。

小侄女生日当天，雷蒙德度过了一段非常美好的时光，尽管他和小侄女只是一起去了动物园，做了一些相当普通的事情，但这却给他带来了99分的满意度。

表17-1　快乐程度预测表

想法：

活动 记录下各种可能带来愉悦，促进学习或个人成长的活动。	同伴 如果是自己独立完成就填写“自己”	预测满意度（0分～100分） 在活动开始之前记录	实际满意度（0分～100分） 在活动完成之后记录

* 该模型由戴维·伯恩斯（David D. Burns）2003年提出。

这与他之前的想法是完全不一致的，他之前认为，在他完成壮举之前，他永远不会感到快乐或满足。

雷蒙德意识到他一直在忽视他实际上非常喜欢的各种“普通”活动。最后，他决定不再逼自己，并开始感到放松了起来。而令人意外的是，放松的心情反而提升了他的创造力，很快，他就文思泉涌，仿佛发了疯一般地写作。

虽然快乐预测法看起来非常朴实无华，但它背后有一个深刻的哲学思想。有时，我们认为自己应该是“特殊的”，并且痴迷于成功，觉得自己必须完成壮举、名垂千古，才能够得到幸福。而且我们还可能会感到害怕，如果我们碌碌无为，那最终就会成为低劣、二流的人，我们的生活会非常平庸，很不圆满。除了对成功的痴迷外，我们可能会关注其他类型的“需求”，比如，有些人可能会觉得自己需要被爱或需要得到每个人的认可，并告诉自己，如果没有这些东西，自己就将永远悲惨。

最难忘的经历往往是非常普通的，每一天的每一分钟都有可能获得丰厚的回报。快乐预测法只是将这种想法转化为情感现实的一种方式。

任务拆解法

当你有一个大项目要做的时候，你可能会一次性地承担太多的压力。然后你可能会放弃，最终做得很少或根本不去做。例如，如果你必须撰写学期论文，你会告诉自己，必须在某一个下午去图书馆，并浏览20本关于该主题的书籍。但是这项任务实在是太重了，以至于你最终只是在图书馆里和朋友闲逛了一下午，而没有去准备论文。

相反，你可以将复杂的任务分解为一系列可以在几分钟内完成的小步骤。然后你可以一次只进行一个步骤，而不是试图一次完成所有事情。打个比方说，你可以像这样处理学期论文：

第一步，骑自行车去图书馆；

第二步，在电脑上搜索参考书目；

第三步，打印参考书目；

第四步，找到第一本参考书；

第五步，快速浏览参考书；

第六步，在索引卡上写下主要结论的简短摘要。

一旦开始做这件事，你就会有成就感，这将激励你做更多事情。我发现在几个小时内我就能完成一项任务，即使我只打算做第一步或第二步。

当你想到你曾经拖延的任务时，你也可能会告诉自己：“我好像就是没法好好做这件事。”听起来好像有一些看不见的障碍或力量阻挡着你做这件事。但你真正的意思其实是——“我不想做”。“我不能”和“我不想”完全是两回事。任务拆解法就可以让你清楚地看到“不想”和“不能”之间的区别。

我曾经治疗过一位名叫佩里的内科医生，他患有抑郁症，他每天早晨都会赖床。他从来不会早起去医院查房，而是在家里睡觉。他每天都起得很晚，午饭后才会开始一天的工作。因为晚起的缘故，他常常落后于其他的医生，他也想要拼命追赶上其他医生的进度，所以这让他很紧张。

佩里解释说他已经尝试了一切可能的方法，包括同时设置了好几个闹钟。他还把每个闹钟都放在距离他的床比较远的地方，而且这些闹钟是按次序间隔响铃的。但这种安排毫无用处，因为当第一个闹钟响起的时候，佩里就会爬起来把所有的闹钟全部关掉。然后他就会爬回床上，心满意足地继续睡回笼觉。

多年来，佩里一直被困在这种模式中。他说他早上不能起床，所以真的需要我的帮助。我告诉他我很乐意帮助他，但我想明确他正在寻找的帮助类型。他究竟在什么问题上需要我的帮助？

佩里认为他已经说清楚了，他需要我帮助他早起，避免赖床。

我表示我很乐意帮助他起床，并建议我们可以将工作分成小步骤，这样我就可以找出他具体需要我帮助的步骤。要想早起，第一步要做什么？第二步又要做什么？最终，我们总结出了六个步骤。

1. 睁开眼睛
2. 把我的右腿伸到床的边缘
3. 把我的左腿也翻过去
4. 用腿支撑住床沿坐起来
5. 在床边站起来
6. 走进卫生间

我问佩里，第一步需不需要帮忙。比如，当他醒来时，他的眼皮会不会感到沉重，觉得眼睛被黏住了，睁不开眼睛？他有没有用力地试图打开双眼，却发现眼皮好像被冻结了，使不上力气？佩里看起来有点困惑，并表示他从来没有任何这样的问题，他可以轻易地睁开眼睛。

我说："那好吧，也许第二步和第三步需要我的帮助。早上你的腿感觉特别僵硬或沉重吗？说不定我们可以在办公室里练习这个移腿翻身的动作。你现在可以试试来回摆动你的左腿，这样我就能看到你的左腿到底出了什么问题。"佩里看起来好像有些生气了，他气鼓鼓地说他可以将双腿移到床边。我解释说："佩里，如果我的问题看起来很愚蠢，那我要对你说一句对不起。我真的很想帮助你，但我仍然不清楚你到底在哪方面需要我的帮助。你能跟我解释清楚吗？"

佩里没好气地说："每天早上我会关掉所有闹钟，然后我就会回去睡回笼觉，而不是起身穿衣服去上班，你能帮我改掉这一点吗？"

现在，假设一下你是佩里的治疗师，你会如何使用任务拆解法帮助佩里，让他不再赖床，而是起床洗漱早早地去上班呢？在继续往下读之前，先在下面的横线上写下你的答案。

答案：

再一次，我们必须将任务分解成小步骤。如果佩里想起床而不是关掉他的闹钟并重新入睡，他必须做的第一件事是什么？梳理一下整个过程，他必须先将右腿移到床边，然后将左腿翻过去，然后再爬起来。其实就是刚才我一直在跟他确认的流程！

佩里真正的幻想是我能有一些神奇的方法，可以让他每天早上都能够“想起床”。而且他认为我帮他解决他的拖延起床问题应该像呼吸一样容易和自然。但这恰恰是我没法做到的，就像是你要求我施法让一个石头漂在水面上，或让我给你中了奖的彩票。

佩里可能永远不想在他觉得疲倦的早晨起床。他唯一想做的事情就是回到床上睡一个回笼觉。

许多拖延症患者都想要分析他们拖延的原因。他们会问自己：“为什么我会拖延？为什么我这么没有干劲？为什么我早上起不来床？难道是某件我小时候发生的事情让我如此懒惰吗？是我的父母给我的压力太大了吗？”

即使你真的能找出拖延的原因，知道原因之后就真的会改变你的生活吗？相比之下，当你只是一步一步地完成任务时，你会经常感到更有动力，而不会去关心自己为什么拖延这件事。

拖延症患者犯下的最大错误之一就是一味等待灵感。你可能会告诉自己：“我可以等到以后我有那个心情（动力）的时候再开始做事。现在还不是时候。”但最重要的是什么？是动力，还是行动？

大多数拖延症患者都认为动机是第一位的，而行动则次之。但那些成功人士都知道，真实情况其实恰恰相反，行动才是最重要的，动机次之。他们不会等到他们“觉得想要”做某事了才去做这件事。无论他们是否有心情，他们只是低头向前，并努力完成手头的工作。如果你每次都得等到“觉得想要”做的时候才去处理那些不愉快的任务，你就会永远等待。

当我们开始处理一直在拖延的任务时，我们通常会感到焦虑。但在我们真正想做这项任务之前，我们是不会感到有动力的。有时候，甚至任务都要完成了，我们还是没有动力。因此，真正的问题不在于“我能完成这项任务吗？”而是“我愿意完成这项任务吗？”以及“完成这项任务会对我有什么价值？”。

反拖延法

这种方法类似于任务拆解法，但它更复杂一些。你可以将复杂的、压力巨大的任务分解为简单的小步骤，并将它们列在第260页的“反拖延表”的第一列中。在下一列中，你需要从0分（根本不困难）到100分（非常困难）预测你认为每个步骤的难度。然后你再从0分（完全不满意）到100分（非常令人满意）预测你做完每个步骤后的满意程度。

现在，一步一步地完成任务，一次就只做一步。完成每个步骤后，使用相同的度量方法，从0分到100分记录实际操作的困难程度和完成任务后的满意程度。

你会发现这项任务比你预期的要简单得多，而且回报也比你想象的要大得多。这会让你的许多消极想法不攻自破，比如：“这件事真的好困难”或“我就是无法忍受这方面的工作”。你的情绪变化往往会激励你做更多事情。

宾夕法尼亚州立大学的一位名叫约兰达的学生告诉我，在过去的两年里，她一直在努力完成一篇哲学课的学期论文。她非常努力地构思和写作，但似乎就是无法完成这篇论文。约兰达也知道，如果不完成这篇论文，她就没有资格毕业。

但她每次只要想到这一点，就会告诉自己，她没有任何真正有创意的想法，写这篇论文真的是太令人沮丧了。因此，她把自己的大部分时间花在了上网、玩游戏或看电视上，而不是用于写论文。

我让约兰达描述成功治疗可能会有怎样的结果。

约兰达说："我会非常开心地离开这个地方，跃跃欲试地想要继续写论文。"

你如何看待约兰达的目标？这个想法合理吗？在继续往下读之前，先在下面的横线上写下你的答案。

____

____

____

____

答案：

我个人觉得，约兰达得真正开始研究并取得一定进展之后，才可能对她的哲学论文产生热情。当然，我们也可以预想到，她肯定可以完成论文，把论文提交上去，然后毕业，但她从头到尾都不会对此感到兴奋。

拖延者常常认为他们有权拒绝所有困难或不愉快的任务。他们觉得生活应该总是轻松愉快、没有挫败感的。拜托，怎么可能？这个世界从来不是这样的。从来没有一条规则规定我们的生活永远都是轻松且有收获的。某些任务可能永远都不会令人愉快。

如果约兰达真的想要完成她的论文，她可以将整个任务分解成最小的部分，并预测每个步骤的难度和满意程度。无论她感到多么焦虑或沮丧，她都要开始完成前几个步骤。完成每个步骤后，约兰达可以记录实际操作的困难程度和完成任务后的满意程度。

一开始她有可能会感到内疚、焦虑和沮丧。但实际数据可能会让她感到惊

表17-2 反拖延表

任务 将复杂的任务分解为一系列可以在几分钟之内完成的小步骤。	预期困难程度 （0分～100分）	预期满意度 （0分～100分）	实际困难程度 （0分～100分）	实际满意度 （0分～100分）
1.				
2.				
3.				
4.				
5.				
6.				
7.				

讶，因为随着时间的推移，她的消极情绪可能会减弱，同时满足感可能会渐渐增加。

问题解决法

想象一下，你想要开始你正在拖延的一些任务。这个任务可能是整理书桌、清理车库、做税务申报、修剪草坪或者锻炼。简要描述这项任务：

____

____

现在告诉我，你想从哪一天开始做这件事。在这里写下这个确切的日期：

____

____

如果你写下“明天”或“下周”，我可能就没法帮助到你了。我只能帮你在“今天”解决这个问题。因为拖延的实质其实就是“明日复明日”。

你愿意从今天开始努力吗？如果答案是肯定的，那就请告诉我你希望在什么时间开始这项工作。请写下一个确切的时间：

____

____

假设你同意在下午3点的时候整理办公桌。接下来就可以问问你自己是否愿意在有限的时间内完成这项任务，比如只花5分钟。可以先勾选一下你的感受。

表17-0　感受清单

不愿意	可能可以	愿意

你可能会觉得5分钟真的很短，在5分钟内可以处理好的事也很少，那我就得引用一句中国的老话了：千里之行，始于足下。

如果第一步尝试做太多事情，你会感到不知所措，而且你可能会在之后想要逃避这项任务，这样你最后就什么也做不了。但只用5分钟完成一项非常简单的任务则是完全可行的。

表17-4　问题解决清单

问题	解决方案
1.	1.
2.	2.
3.	3.
4.	4.
5.	5.
6.	6.
7.	7.
8.	8.

一旦你开始这项任务，你很有可能就会想要继续做这件事，并最终做得更多。5分钟到了之后，你也有权就此打住，停下工作，因为你已经完成了给自己定下的任务，不会有任何负罪感。如果你决定继续下去，其实就已经是一种额外的奖励了。

如果你同意在下午3点开始花5分钟完成任务，请在以上列表的左栏中列出所有可能阻止你开始工作的问题。

比如，你需要与刚刚打过电话的朋友交谈，或者你现在没什么心情，明天才更适合工作。

在列出所有障碍之后，你可以将每个问题对应的解决方案写在右栏中。在进行这一步的时候，你其实不需要我的帮助，因为这些问题的解决方案通常都很明显。现在就试试看吧。

下面，我给大家看一个已经完成的问题解决清单的示例。

表17–5 问题解决清单

问题	解决方案
1. 可能会有人打电话给我，我真的需要跟他说话。	1. 我可以告诉他我现在很忙，但是我一会儿会给他回电话。
2. 我需要看新闻，以确保不错过任何重要的事情。	2. 提醒自己，美国有线电视新闻网每天24小时都会播报这个消息。我完全可以等回家之后再看新闻。
3. 我的孩子可能需要我的帮助。	3. 孩子们可以等我5分钟，毕竟我不是孩子们的奴隶。
4. 我可能会认为我没心情工作，明天可能更适合工作。	4. 如果我不立刻开工，明天就不可能更适合工作，我也不可能有那个心情工作。
5. 我可能会觉得饿，会想要先吃点小吃，这样我才能够有足够的能量。	5. 我只需要5分钟整理桌子，在我整理好之前其实不需要吃东西。整理桌子又不是跑波士顿马拉松，我也不会因为整理桌子而饿晕过去。
6. 我可能会认为我必须躺下休息一会儿，这样我才不会筋疲力尽。	6. 如果我继续拖延，我会感到筋疲力尽、情绪低落。一旦我开始整理，我就会感到精力充沛。
7. 如果我先出去做会儿运动，我可能会感觉好一点。	7. 运动确实是件很棒的事情，但我可以在花5分钟整理完桌子之后再去运动。
8. 我可能认为整理桌子并不像我想象得那么重要。	8. 整理桌子确实可能不是世界上最重要的事情，但以此作为工作的起点还是很棒的。

一旦我的患者为他们列出的所有问题提出解决方案之后，我就会给他们安排最后一项任务。

如果他们同意在今天下午3点开始用5分钟时间完成他们拖延的某一项任务，我会问他们是否愿意在3点5分打电话给我，并在我的电话答录机上留言。他们的留言内容可以是："我已经完成任务了"或"我拒绝做这件事"。

我的大多数病人都同意给我回这个电话，但也有些人拒绝了。他们认为打这个电话很蠢，或者觉得没有必要打电话。多年来，每个同意给我打电话的病人都完成了任务，并在我的电话答录机上留下了“完成任务”的信息。而且，每个拒绝打电话的患者都未能完成任务。

我把这个电话视为最后一次动机测试。同意打电话的病人其实是在用行动告诉我，他们已经准备好，愿意并且也能够完成任务。

这种方法背后的逻辑其实非常简单。没有任何事能阻碍你，你不需要很多花哨的步骤来解决问题。真正的问题一直都只是：你到底愿不愿意做这件事。

第三部分

暴露模型

第十八章　经典暴露法

来自《西藏渡亡经》的经验

在20世纪50年代，一种被称为“行为疗法”的新型治疗方法开始与精神分析法分庭抗礼。

行为疗法认为，人们可以学会快速、直接地修正那些会造成精神问题的感受和行为，而不仅仅是靠在分析师的沙发上进行自由联想或探索过去。

行为治疗师发现，对精神问题根源的见解对病人的康复通常没有帮助。他们还发现，焦虑的病人可以通过直接接触他们担心的事情来战胜自己内心的恐惧。比如说，如果你害怕蛇，你的治疗师可能会鼓励你用手去拿一条不会咬人的花园蛇。最开始，你的焦虑会像洪水一般迅猛地席卷而来，但如果你长时间握住这条蛇，你对蛇的恐惧会越来越轻，直至消失。

让患者暴露在担心的事物之前通常是一种有效的治疗手段。行为治疗师们也开发出了各种暴露疗法，这些疗法在治疗焦虑症的过程中起着至关重要的作用。

但是，我倒不是很认同“行为疗法”这个专业术语，因为这个词太模糊了。几乎任何事情都可以被认为是一种行为。我更喜欢用一个更具描述性的术语——暴露疗法。

暴露疗法其实源于《西藏渡亡经》中的一个传说。传说中，人一旦死后，就会在一个黑暗的地方醒来。在黑暗之中，会有一个可怕的怪物突然出现。这个怪物会幻化成你曾经最恐惧的事物的模样。对于每个人来说，怪物都会有所不同，因为我们每个人的恐惧和脆弱都不尽相同。当怪物出现时，你将有两个选择：你可以选择逃脱或者投降。如果你试图逃避，你可以从怪物的面前勉强逃走，但很快你会再次在黑暗中迷失方向。而在黑暗之中，会有另一只新的怪物出现。这只新的怪物和第一只的可怕程度相当，但可能稍稍逊色那么一点点，你将面临同样的选择：投降或逃离。如果你试图逃跑，你也可以成功逃走，但你很快就会发现自己再次陷入黑暗中。每次逃跑，你的面前都会出现另一个可怕的怪物。而且，每一只新的怪物都会比前一只怪物稍微不那么可怕一些，每一次你都能勉强逃脱。根据传说，你面对的怪物数量取决于你死亡的那个月份的天数。如果你在一月份死亡，那么你将会遇到三十一个怪物，因为一月份有三十一天。如果你面对所有怪物的时候都选择了逃离，那你就会"转世"成非常低级的生物，比如蠕虫。如果你向最后一只怪物投降，你"转世"后的形态将会稍微高级一些。你越早投降，你下辈子"转世"后的地位就越高。如果你向第一只，也就是最可怕的那只怪物投降，会发生两件事。第一，你会发现这只怪物其实不是真的，你会意识到这只是你的幻觉。第二，你不必再经历死亡的生命周期了。你将不会继续"转世"，而是升级成了一种更高级的存在。

虽然这只是一个传说，但其中却包含了很多现实的道理。如果你想要彻底战胜你的焦虑，你就必须要直面你心中的怪物，战胜你心中最深的恐惧。这一概念也是暴露疗法的基石。恐惧让焦虑持续存在，而暴露在恐惧面前就是治疗焦虑的不二法门。

但是，大多数焦虑的人都会避开他们所害怕的事情，因此他们从未体会过被救赎的感觉。如果你怕高，你就会刻意避开所有高的地方，因为一站到高处，你就会觉得头晕目眩，非常焦虑。如果你生性害羞，你就会刻意避开人群，因为你觉得在人群之中非常不安全，并且会觉得自己不够完美。

逃避会助长你的恐惧，增加你的焦虑。如果你想要彻底战胜你的焦虑，你就必须战胜你心中最深处的恐惧，没有任何人可以例外。

暴露治疗法有三种基本类型：经典暴露法、认知暴露法和人际暴露法。使用何种方式的暴露治疗其实取决于恐惧的性质，这一点会在后文的表格中详细介绍。经典暴露法需要我们在现实中面对恐惧。这些方法对治疗各种类型的恐惧症特别有效，比如恐高、晕血、电梯恐惧症、幽闭恐惧症或动物恐惧症等。经典暴露法在治疗强迫症和许多其他类型的焦虑症中也起着至关重要的作用。认知暴露法则需要我们在大脑中面对最恐惧的事物。认知暴露法对于治疗任何一种焦虑症来说其实都很有效， 如: 慢性焦虑、惊恐发作、创伤后应激障碍、强迫症、各种类型的恐惧症、广场恐怖症、羞怯、公共演讲焦虑和躯体变形障碍症。人际关系暴露法则需要我们去面对自己对其他人的恐惧，这样就可以克服羞怯和其他类型的社交焦虑，例如公开演讲焦虑或是面试焦虑。在第二十三章中，我也会给大家介绍如何使用人际暴露法治疗躯体变形障碍症。

表18–1 选择不同类型的暴露治疗法

	经典暴露法	认知暴露法	人际暴露法
慢性焦虑		√	
惊恐发作		√	
广场恐怖症	√	√	
恐惧情绪	√	√	
害羞	√	√	√
膀胱害羞症	√	√	
考试焦虑	√	√	
公共演讲焦虑	√	√	√
表现焦虑	√	√	√
强迫症	√	√	
创伤后应激障碍症（PTSD）		√	
对健康过度担忧（疑病症）	√	√	
过度担心自己的外表（躯体变形障碍症）	√	√	√

所有形式的暴露都需要巨大的勇气，但结果都是非常好的，你为此忍受的一切都是很值得的。

在本章中，我们将聚焦于经典暴露法的几种不同的分支：渐进式暴露法、洪水法、反应预防法和分散注意法。

渐进式暴露法

我的学生安东尼·马斯克拉博士最近治疗了一位名叫马格达莱纳的女性。马格达莱纳的丈夫需要肝移植，这就给她带来了很多问题，因为她晕血也晕针。她不得不花很多时间陪护在丈夫的床边，而护士经常会过来给她丈夫换药、采血或是进行静脉注射。晕针、晕血的马格达莱纳在恐慌情绪中不断挣扎，好几次都差点晕倒在丈夫的病床前。

晕血的人在看到针头或血液的时候，有时会晕倒。但解决这个问题的方法也很简单。如果你觉得自己即将晕倒，可以收紧手臂、腿部和面部肌肉，就像在健身房做负重锻炼一样，然后你可以放松你的肌肉，之后再次收紧它们。多次这样做可以改善大脑的血液供应、防止昏厥。

有人表示伐尔莎瓦氏操作法[①]也有帮助。使用伐氏操作法时，我们需要强行尝试呼气，同时让自己的嘴和鼻子保持闭合，这可以让我们的血压短暂上升，同时让心脏泵出更多的血液。

马格达莱纳非常积极地想要克服她对血和针的恐惧，因为她不想每次去医院看她的丈夫时都感到恐慌或是晕眩。她和马斯克拉博士决定尝试渐进式暴露法。他们一起绘制了以下这个恐惧层次结构图。

从图上可以看到，他们列出了所有涉及血液和针头的可怕情况，并将它们按照从1（最不可怕）到10（最可怕）的等级进行评定。这就是认知洪水法的工作原理。认知洪水法要求使用者尽可能生动地想象自己所害怕的事物，并且在没有试图反击或控制它的情况下，让自己充满焦虑。认知洪水法实际上是一种认知暴

① 译者注：又称伐氏操作法，是在临床上使用的持续闭气用力的方法。

露技术治疗法，在下一章中我们将更详细地介绍这种方法。

表18-2　马格达莱纳的恐惧层次结构图

描述你的恐惧：晕血、晕针。

*将最没有威胁的活动列为第1级，将最可怕的活动列为第10级。

等级	我害怕什么
1	想象我正等着被抽血。在脑海中想象出抽血的房间和医护人员。我闻到了酒精的气味。医护人员用止血带绑住我的手臂，并打入针头。当试管装满血液时，我看了一眼试管。天哪！
2	详细描述我抽血后晕倒的场景。
3	看到我在治疗过程中用于抽血的设备，比如橡皮止血带、试管、酒精棉签和针头。
4	用我的手摸这些设备，包括针头。
5	用有针头盖的针头触碰到我的手臂。
6	直接将针头接触到我的手臂。
7	去实验室看到别人正在抽血。
8	我把眼睛闭上后被抽血。
9	观察自己被抽血的样子。
10	去血库献血。

马斯克拉博士让她闭上眼睛，放松并想象抽血的场景。他说："想象一下，你正在临床实验室等待医生来给你抽血。负责抽血的医生走了进来，他把他的设备放在托盘上。你可以看到止血带、酒精、试管和针头。这个医生看起来很紧张，他告诉你，他还在读医学院，是一个学生。现在他正在将橡皮止血带套在你的手臂上并告诉你握紧拳头，好让你的静脉凸出。他正用酒精棉签清洁你的手臂。你能闻到酒精的味道吗？现在他正在寻找你的静脉。他把包装好的注射器拿出来了。你可以看到针尖正朝着你的胳膊移动。他就要把针扎进你的胳膊了。他伸展开你的手臂，但他没找到静脉。他跟你道了个歉，并解释说他之前只给人抽过一两次血，他得再找找静脉的位置才能下针。"

这番描述让马格达莱纳的焦虑值达到了100分。

马斯克拉博士在整个治疗过程中持续使用这种方法。在治疗结束时，马格达莱纳仍然觉得这个幻想非常令人焦虑。马斯克拉博士告诉马格达莱纳，每天在家中都要花15分钟做这样的练习。在自己练习了几次后，马格达莱纳注意到自己变得不那么焦虑了。不久之后，当她想像这一幕时，甚至已经不再焦虑了。

接下来，马格达莱纳开始处理恐惧等级中第2级的问题。

她写了一个关于她抽血后晕倒的详细描述。她以前从来没有想过这样做，因为整个过程会让她非常焦虑。当她开始提笔写这篇文章时，她感到焦虑，但是当她写完后，她的焦虑几乎完全消失了。

于是，马格达莱纳开始处理第3级恐惧。马斯克拉博士带来了一些用于抽血治疗的设备。仅仅只是看了看这些设备，马格达莱纳的焦虑值就上升到了100分，但几分钟后，她就可以毫不费力地看着这些设备了。

接下来，马格达莱纳去触摸了这些设备（第4级），然后让马斯克拉博士用盖着盖子的针头（第5级）碰她的手臂。她的焦虑值再次增加到100分，但在5分钟内又下降到接近0分。然后，她从针头上取下盖子，让马斯克拉博士用针尖触碰她的手臂内侧（第6级）。她的焦虑值达到了100分，但很快，又下降至0分。

马格达莱纳又去了当地一家医院的临床实验室，看着人们抽血。只用了20分钟，她在临床实验室时感到的紧张和焦虑就消失了，她现在已经可以毫不焦虑地看别人的血了。

在下一次治疗的时候，马斯克拉博士和马格达莱纳一起去了临床实验室，并抽取了血液样本（第8级）。在马格达莱纳的生命中，她第一次没有因此而晕倒。而且，她决定观看整个抽血过程并在整个过程中都感到放松（第9级）。

马斯克拉博士非常兴奋，他在家里给我打电话报告这个好消息。心理健康专业人士的乐趣之一就是看着自己的病人解决困扰他们多年的问题。我相信每个患有抑郁症或焦虑症的人都有可能康复。

马格达莱纳表示，她已准备好应对她的第10级恐惧。她准备去自己家附近的血库献血。这意味她得躺30分钟，在这30分钟内，这根针头将一直在她的静脉里。马格达莱纳强迫自己看着针头，也一直看着血液从她的静脉里缓缓流出。她根本没有头晕或焦虑的迹象。她高兴极了。

在离开血库的路上，她看到一个广告牌，上面写着当地的移动献血中心需要志愿者。她当场就报了名。这可能看起来令人惊讶，因为她一直都有强烈的对血和针的恐惧症。不过这也不难解释，因为当你征服恐惧时，会有一种兴奋的感觉，那会使你曾经害怕的东西成为你快乐的源泉。

你可以使用下面的空白表单完成自己的恐惧层次结构图。

请记住，屈服和接受自己的恐惧通常是成功的关键。在你的恐惧等级上的每一步，你都要让焦虑感尽可能地严重。在大多数情况下，焦虑最终会消失。那时，你会突然意识到你已经征服了这个怪物。

表18–3　我的恐惧层次结构图

描述你的恐惧:

*将威胁程度最低的活动列为第1级，将最可怕的活动列为第10级。

等级	我害怕什么
1	
2	
3	
4	
5	
6	
7	
8	
9	
10	

洪水法

当你使用渐进式暴露法时，通常会循序渐进，慢慢地暴露在自己所害怕的东西之前，渐渐地，它就没有那么可怕了。相比之下，当你使用洪水法时，你会让自己一下子暴露在自己害怕的事物之前，然后屈服于焦虑的感觉，直到它们消失。

在我高中二年级的时候，我想成为《蓬岛仙舞》[①]剧组的工作人员。戏剧老师柯蓝斯顿先生告诉我，剧组工作人员平时需要爬梯子到天花板的脚手架上去调整灯光。这对我来说是一个问题，因为我恐高。柯蓝斯顿先生表示，除非我能够克服恐高的问题，否则我不可能胜任剧组的工作。我问他怎么才能克服恐惧。他说这很简单。说着，他就在舞台中心摆了一个五米高的梯子，示意我爬上去，站在顶部的梯级上。我很相信柯蓝斯顿先生，便一级一级地爬上了梯子，站在了顶端。然后我意识到，梯子的顶部没有可以给我抓手的地方，我整个人站在半空中，我觉得害怕极了！我颤抖着问柯蓝斯顿先生我下一步应该做什么。他说我只需要站在那里就可以了，直到我不再害怕为止。在那之前，他会一直站在梯子的底部等我，并鼓励我坚持下去。我有大概十五分钟的时间都被吓得基本说不出话来。然后，我的恐惧突然开始减弱。又过了一两分钟，我的恐惧感完全消失了。我自豪地宣布："柯蓝斯顿先生，我的恐高症好像好了，我不再恐高了。"柯蓝斯顿先生赞许地说："太好了，戴维！你现在可以下来了。恭喜你加入《蓬岛仙舞》剧组！"

能成为舞台上的工作人员让我很自豪，我喜欢在靠近天花板的地方调整窗帘和灯光。令我感到惊讶的是，我过去曾经非常担心的事情变得如此有意思。

当我站在梯子的顶端时，为什么我的焦虑突然消失了？专家并不完全理解暴露治疗法真正的机理，但我们确实发现，当你将自己暴露在恐惧的事物中时，你的焦虑通常会自行消失，这种焦虑根本无法持续。一段时间后，诸如晕眩和反胃

① 译者注：百老汇音乐剧。

之类的焦虑生理表现都将消退。

当然，对危险的感知也是所有焦虑的关键。在我站在梯子顶部一段时间后，我突然意识到我没有处于危险之中。那一刻，我的焦虑感突然消失了。暴露治疗会先改变你的想法，然后再改变你的感受。

如果洪水法对你来说太难，那渐进式暴露法就是一种很好的选择。例如，如果你也恐高，你可以每次在梯子上走一两个梯级，只在那个梯级上待两分钟，然后就爬下来。一旦你觉得在那里感觉舒服一些了，你就可以再往上爬一两个梯级并站在那里，直到你的焦虑消失。每次练习，你都可以爬得更高。最终你将能够一路走到顶端，并且不会感到焦虑。这种方式可能会减少你在整个治疗过程中心理上的压力与痛苦。

有很多研究都证明洪水法和渐进式暴露法是有效的。渐进式暴露法比洪水法需要更长的时间，我个人更喜欢洪水法，因为使用这种方法通常可以立即解决问题。

许多焦虑的人最初都拒绝尝试渐进式暴露法或洪水法。他们表示，自己曾一次又一次地受到了他们所害怕的事情的伤害，但他们仍然感到焦虑。但是，意外暴露和故意暴露是不一样的。当你主动地使用暴露法时，无论你多么焦虑，你都会故意让自己暴露在恐惧之中并决定坚持下去。你没有试图逃避或控制你的焦虑，而是屈服于它。你会让这种恐惧变得尽可能糟糕。但是当人们偶然面对他们害怕的事情时，他们会尽可能快地逃跑。许多治疗师也陷入了同样的陷阱，他们教焦虑的病人如何放松和控制他们的焦虑，但这些策略强化了“焦虑是危险的并且需要控制”的观点。与逃避相比，屈服于焦虑通常更有效。就好像我们抬起头来，勇敢地对一直欺负我们的人说：“尽管打我！我根本不怕你！我不会再逃避了！”

一位名叫卡桑德拉的女士在她和丈夫读完我的书《感觉良好》之后来到了我在费城的诊所。卡桑德拉长得非常漂亮，她在大学时曾赢得过几次选美大赛。与她交谈时，我也觉得她非常迷人和有趣。她的丈夫曾是德州游骑兵队的职业棒球运动员，退出职业球赛后担任了保险公司副总裁。

卡桑德拉似乎是一个拥有一切的人生赢家，但她多年来一直患有抑郁症和焦虑症，还有严重的电梯恐惧症，这对她来说是个大问题，因为她丈夫的办公室位于摩天大楼的顶端。她只去过丈夫的办公室一次，而且没有搭乘电梯，而是硬生生地爬了60层楼。

当时，我们在诊所进行一项强化治疗计划。一群治疗师在诊所里组成了一支诊疗团队，为来自全国的病人提供治疗。我们经常使用这种密集的治疗方法帮助人们快速克服长期存在的问题。

卡桑德拉因患有电梯恐惧症而接受了多年的精神分析治疗。她的精神分析师解释说，恐惧症是由她过去隐藏的某件事引发的，因此需要长时间治疗来探索她的童年。于是，卡桑德拉一直躺在沙发上，探索了整整十五年，但她仍然没有任何好转的迹象，还是像她刚开始接受治疗的时候那样害怕电梯。她也服用了各种药物，但也没有任何帮助。

在卡桑德拉第一次找到我的时候，她感到很担心，并问我有没有遇到过和她有一样严重问题的病人。

我解释说，她其实非常有希望康复，但对任何类型的焦虑来说，有效治疗总是需要很大的勇气，我问她觉得这样治疗是否值得。

卡桑德拉说，她几乎可以做任何事情来克服她的恐惧，并告诉我她已准备好在必要时留在费城。她问我需要多长时间治疗，是需要几个月？还是几年？

我告诉她，每个人需要的治疗时间都不一样，但通常来说，克服电梯恐惧症，需要大约20分钟。

卡桑德拉听到我说的话后，惊讶极了，她问我这种治疗方法是如何起作用的。

我解释说，这个方法其实非常简单，她所要做的只是走进电梯，并待在那里直到被治愈。而且大厅里就有一个电梯，如果她现在想要直接搭乘那个电梯，我很乐意在办公室等她，因为我刚好还可以花点时间处理一下其他的文书工作。等她的电梯恐惧症消失后，我们还可以一起来填写她的病历。

卡桑德拉似乎很不高兴，她有些抗议地说，她从得克萨斯州一路过来我这里看病，为治疗花了很多钱。她说她绝对不会自己一个人去搭乘电梯。她要求我和她一起去，这样她就不会那么害怕了。

我拒绝了她，并且告诉她，这会破坏整个治疗的目的，因为如果她没有受到惊吓，治疗就会没有效果。

最后，卡桑德拉让步了："好吧，那么你至少应该站在电梯外等我！"

"没问题。"我立刻回答道。

当我们沿着大厅走下去时，卡桑德拉说她感觉太恐怖了，不能上电梯。

我问她为什么会觉得恐怖，她的脑子里正在想什么。

她说，她认为墙壁会突然间合上，并把她夹在中间，她还觉得自己有可能会耗尽电梯里的所有氧气，窒息而死。我建议她上电梯后可以做几个简单的实验来检测自己想法的真实性。她可以触摸墙壁，看看它们是否正在接近自己，也可以深呼吸几下，看看是否还有氧气。

卡桑德拉看起来很恐慌："但是，在我尝试这么极端的事情之前，你不觉得我们应该多谈一些关于我恐惧的根源吗？"

"卡桑德拉，听到你这么说真是太让人放心了！这就是我希望你说的。"我笑着说，"如果你愿意的话，我们可以谈谈你几年来恐惧的根源。我觉得你很迷人，而且你是一个全款付费的病人，你简直就是我的经济来源。哎呀，我甚至可能会专门为你买一个漂亮的沙发呢！"

这一招激将法似乎成功了。

卡桑德拉颤抖着说，她会努力克服恐惧，做她必须做的事，她绝对不想再多浪费一分钟坐在沙发上回忆童年了。

她问我，她应该对自己的焦虑和恐慌的情绪做怎样的处理。

我解释说她没有必要做任何事情，只需要让这种恐慌尽可能地激烈，当她在电梯里的时候，要努力地吓自己。我告诉她，这是她为治愈而必须付出的代价。

但我也向她保证，她的焦虑不会永远持续下去，她不应该试图以任何方式对抗或控制它。

卡桑德拉又问："但是如果人们注意到我在电梯里一直不出来，认为我是个怪人怎么办？"

我说："那就告诉他们你正在接受电梯恐惧症治疗，你的心理医生正在三楼等你。你甚至还可以跟他们聊天呢。"

卡桑德拉艰难地吞了吞口水，走进了电梯。门在她身后关上了。我坐在大厅的地板上等着，想知道会发生什么。

我看到电梯的指示灯一直升到建筑物的顶部，然后下到一楼，然后再次回到顶部，沿途偶尔停下来。出于某种原因，它似乎总是停在二楼和四楼。

大约二十分钟后，电梯门打开了，卡桑德拉走了出来，好像她刚刚赢得了另一场选美比赛。

她解释说，刚开始的时候，她确实恐慌了几分钟，但随后她突然意识到墙壁并没有合上，她的呼吸也非常顺畅。接着，她开始和两个年轻人聊天，他们正在从四楼到二楼搬运箱子，因为他们正在搬办公室。他们问卡桑德拉她为什么每次都在电梯里。卡桑德拉操着一口迷人的得克萨斯口音，告诉两个年轻人，她非常神经质，正在接受心理医生的电梯恐惧症治疗，心理医生就在三楼等她。

这些人完全被卡桑德拉迷住了。友好的交谈大大改善了卡桑德拉的情绪，不久之后，她的焦虑感完全消失了。她在电梯里待了一会儿，因为她发现和年轻人说话时有很多乐趣。

当卡桑德拉走出电梯的时候，她告诉我她以前从来不知道在电梯里和陌生人搭讪会这么有趣！

卡桑德拉用洪水法迅速克服了她的电梯恐惧症。当然，渐进式暴露法也是一个合理的选择，但它会花费更长的时间。

如果我们一直在使用渐进式暴露法，我会让卡桑德拉填写一个类似下文中的恐惧层次结构图，将最没有威胁的情况列为第1级，将最令人焦虑的情况列为第10级。然后，她可以逐步向上升级，一次一层。

表18-4　卡桑德拉的恐惧层次结构图

描述你的恐惧： 电梯恐惧症。

*将威胁程度最低的活动列为第1级，将最可怕的活动列为第10级。

等级	我害怕什么
1	站在电梯旁边按下按钮。
2	走进电梯。
3	乘坐电梯上一层楼然后走楼梯下楼。
4	乘坐电梯上两层楼然后走楼梯下楼。
5	乘坐电梯上一层楼然后走出电梯，等待电梯返回时再乘坐电梯下一层楼。
6	乘坐电梯上两层楼然后走出电梯，等待电梯返回，然后乘电梯回到之前的楼层。
7	乘坐电梯上好几层楼然后走出电梯，等待电梯返回，然后乘电梯回到之前的楼层。
8	乘坐电梯一分钟。
9	乘坐电梯几分钟。
10	在高楼里乘坐电梯，留在电梯内直到焦虑感完全消失。

这可能需要更多时间，因为在她的焦虑完全消失之前，有些等级的练习甚至还会反复。

这也是我喜欢洪水法的原因。如果你愿意尝试这种方法，你通常可以更快地恢复。

反应预防法

你可能听过这样一句老话："（如果你）踩到裂缝上，（就会）摔坏你母亲的背。"[①]当你还是个孩子了的时候，你可能就已经觉得这是一句愚蠢的废话了，

① 译者注：西方谚语。

但你可能到现在为止都会不自觉地避免踩到裂缝。如果有一天，你不小心踩到裂缝，却发现没有任何事情发生在你母亲的身上，那么你就不会再担心裂缝了。

上面所说的避免踩裂缝的行为其实是一种强迫性的仪式。强迫指的是人们为防范危险而采取的任何重复的、迷信的行为。

“摔坏母亲的背”的想法是一种“强行”联系，避免踩裂缝是“迫使”自己做某件事，“强迫症”因此而得名。

我们大多数人都会时不时地产生温和的强迫观念或强迫性冲动，但它们是无害的。比如，你可能有在放入信件后检查邮箱的冲动，只是为了确信它不会被卡住。这些信件其实永远不会被卡住，检查是不必要的。不过，这种轻微的强迫通常对你的生活质量没有任何影响，也不需要治疗。

但有时，强迫症可能会让人很难堪。一个名叫霍华德的人寿保险推销员每次将车停在车库时都会有一种没来由的想法——“我的家人可能处于危险之中”。然后他就必须喊“好黑！好黑！好黑！”，仿佛一句咒语。理智层面上，他知道这很荒谬，但他确信，如果他不这样喊，就会发生可怕的事情。在日常生活中，霍华德风度翩翩，婚姻很幸福，事业也取得了成功。他大喊大叫的仪式本来只是一种无害的怪癖。但有一天，霍华德一时冲动，邀请一位同事下班后回家共进晚餐。霍华德开车带这位同事回到了家，在霍华德把车停进车库的那一刻，他突然有种强烈的冲动想要呼喊“好黑！好黑！好黑！”。然而，他压抑了这种冲动，因为他不想让他的同事觉得自己是个疯子。霍华德把他的同事介绍给他的妻子，他们都坐在起居室里喝酒。霍华德变得越来越焦虑，因为他在停车的时候没有喊“好黑！好黑！好黑！”。尽管他知道自己这种大喊大叫的仪式是荒谬的，但如果他没有去车库并大喊大叫，他就总觉得他的生意会谈崩。他感到非常不舒服，思绪也经常一下子就飘到九霄云外，以至于他无法集中注意力去谈话。最后，他不得不编了个谎话，说他把他的预约本落在了车上，必须回去取。他刚一进入车库，就大喊大叫了起来，喊出来的一瞬间，他悬着的一颗心终于落地了。接着，霍华德回到家里，和他的妻子和客人一起继续在起居室里吃饭、喝酒。霍华德不知道，其实他刚才的喊声被大家听得一清二楚。他的妻子把他拉到一边，小声问他是怎么回事，他的客人看上去也很困惑。霍华德感到非常尴尬，就又说了一个谎话。他说他们家的车库里有老鼠，所以每天晚上他都不得不大喊大叫来吓跑它们。

反应预防是所有强迫性仪式的首选治疗方法。使用这种方法，你只需要拒绝屈服于强迫性的冲动。停止这类仪式后，你会暂时变得更焦虑，就像戒断反应一样。但在你坚持一段时间后，冲动最终会消失。你无须做任何准备工作，也不需要做任何精神分析，也不需要任何花哨的步骤。

霍华德应如何使用“反应预防”来克服他的强迫性冲动呢？请在下方写下你的看法：

____

____

____

____

这个问题可能看起来很简单，但在继续阅读之前请确保你已写下了自己的想法。

答案：

霍华德只需要克制住自己，让自己每次将车停在车库里时不要大喊大叫。就这么简单。

他会在几天内变得更加焦虑，但随后，这种冲动就会消失。反应预防肯定无法解决他的所有问题，但这可以很有效地克服强迫症。

我经常将暴露法与反应预防结合起来使用，以取得最大的治疗效果。

首先，你故意让自己暴露在你最害怕的事物中。然后你抵制执行强迫性仪式的冲动。

暴露和反应预防起初可能非常困难。如果这个过程让你感到不舒服，那么这是一个好兆头，因为这意味着你走在正确的轨道上。

我们也很容易理解为什么这么多人抵制暴露并逃避他们害怕的事情，但逃避总会使症状恶化。相比之下，当你屈服于你最害怕的事情时，康复可能只需要几分钟的时间。

暴露和反应预防是基于常识的简单方法。要弄清楚如何使用它们并不需要大量的培训。那么，自己尝试这些方法是否安全呢？是否应该首先寻求熟练治疗师的指导呢？研究表明，自己使用暴露法和在心理治疗师的指导下使用一样可以迅速康复。因此，如果你愿意勇敢面对恐惧，这些方法就是强大而有效的。但是，如果你感到沮丧、恐惧或绝望，整个人都觉得被压得喘不过气来，你可能会需要治疗师的帮助。有时候，优秀的治疗师可以为你提供支持，并帮助你鼓起克服恐惧所需的勇气，这可以大大加速你的康复进程。当我爬到梯子顶端时，柯蓝斯顿先生一直在梯子下面鼓励我，给了我自信。当卡桑德拉上电梯时，她告诉我，我在三楼等她会让她感到安慰，因为她知道我会一直在那里帮助她，出现了问题也不用害怕。

当然，即使治疗师或朋友帮助你，你仍然需要自己面对恐惧。就像当年我站在梯子上的时候，虽然柯蓝斯顿先生就在梯子下面等我，但真正在顶端面对恐惧的只有我自己。

分散注意法

一些治疗师建议将分散注意法作为缓解患者在暴露期间的焦虑的方法。如果你在飞机飞行期间感到恐慌，就可以专注于填字游戏或与你旁边的乘客交谈。如果你恐高却不得不爬上梯子，就可以专注于你做的其他事情。比如，你可以专注丁抬起脚并将其正好放在下一个梯级上，让你的眼睛直视前方，不要看着地面，也不要幻想自己掉下来，这样就不会引起不必要的恐慌。

第九章里介绍了一个很好的分散注意法的例子。患有广场恐怖症的克里斯汀坐在公园的长椅上时看到了一名警察，她使用了分散注意法。她专注于她的魔方，所以她没有被吓得跑回家，分心让她能够渡过焦虑和恐慌的高峰期。

不过，我不常使用分散注意法，因为它是一种逃避的策略，可能会传达“焦虑是危险的”这种想法。相反，我鼓励我的患者屈服于焦虑并尽可能地让焦虑情绪激烈起来。这种看似矛盾的方法反而更有效。

第十九章　认知暴露法

面对你心中的怪物

上一章中给大家介绍的经典暴露法代表了多年来的最新治疗水平。但是，这些方法只有在真的有令你焦虑的事情发生时才有效。也就是说，使用这种方法时，你恐惧的事是真实存在的。

但是，如果你因为担心飞机会坠毁而不敢坐飞机，这应该怎么办呢？你不可能真的让一架飞机坠毁，并以此克服恐惧。如果你害怕闪电，你也不能天天安排打雷下雨，以配合你的心理治疗。

同样，我们也无法使用经典暴露法来治疗创伤后应激障碍症（PTSD）。患有创伤后应激障碍的人经历了一场可怕的暴力事件，例如强奸或谋杀，这些事件就像幽灵一样萦绕在他们的脑海中，恐惧的感觉在几个月甚至几年后都会再次袭来，举两个例子：

· 女警杰米在一次例行交通检察时拦下了一名十几岁的男孩，这名男孩直接就对着杰米掏出了枪，杰米出于自卫向男孩开了枪。这个男孩在几分钟内就死了。几个月后，杰米仍然被内疚和自我怀疑的感觉所困扰，并对这一事件有着非常可怕的记忆。

· 消防员大卫不得不将一名严重烧伤的女孩的尸体从公寓大楼的火灾中拖出来。多年以后，他仍然无法摆脱心中这段令人不安的记忆。

当令你恐惧的东西仅仅只作为一个生动的记忆或可怕的幻想存在于你的大脑中的时候，我们将需要更多创新的暴露形式。这时，我们就可以使用认知暴露法了。认知暴露法包括认知洪水法、图像替换法、记忆重写法和恐惧幻想法。这些方法在许多不同类型的焦虑治疗中起着至关重要的作用，例如，创伤后应激障碍、各种类型的恐惧症、羞怯、公共言语焦虑、强迫症和躯体变形障碍症。

认知洪水法

当使用认知洪水法的时候，你可以在脑中想象你心底最深的恐惧。假设你有幽闭恐惧症，你最害怕的事情就是被活埋。你可以想象自己正在被活埋，你在泥土之中尖叫，感到窒息。你让自己尽可能地焦虑，并尽可能地去忍受这种焦虑。假设你害怕坐飞机，你可以想象你乘坐的这架飞机在空中解体，冒着火的飞机残骸用力地撞向地球。在使用这种方法时，你要尽可能生动地描绘你害怕的事物。如果你变得恐慌，不要试图抗拒！相反，我们要试着让这种想象出的情况变得更糟。最终，焦虑会自行消失。

认知洪水法对一位名叫特蕾莎的女士非常有帮助，她在第一个孩子出生后发现自己有强迫症的症状。特蕾莎认为她把自己的孩子和别人的孩子抱错了，并且担心自己一生都要和这个抱错的孩子生活在一起。理性层面上，她知道发生这种情况的可能性很小，但在感情上，她却无法摆脱她心中的困扰。特蕾莎是通过剖宫产分娩的。当她在分娩后进入康复室时，医生对她解释说，一切顺利，她生了一个健康的儿子。然而，他不小心用手术刀在宝宝的右脚划了一道。医生对特蕾莎保证，切口并不严重，会愈合得很好。

当特蕾莎看到自己的儿子的右脚有一个小切口时，松了一口气，但很快她就开始害怕，万一之后孩子右脚切口的位置变了该怎么办。如果带回家的孩子右脚上没有切口或是位置发生了改变，就意味着她抱错了孩子。医生向特蕾莎保证，这就是她的儿子，切口是在正确的位置。尽管如此，她仍然无法摆脱自己的这个想法："如果我的宝宝被抱错了怎么办，这就说明我自己的儿子在别人那里！"于是，特蕾莎每天都会检查儿子的脚，想要确认这真的是她的孩子。因为每天都在担心儿子的脚，特蕾莎疲倦极了，整个人的能量都消耗殆尽。

我用了很多方法来帮助特丽莎战胜"我可能抱错了孩子"这种消极的想法，但她就是无法摆脱这种想法。最后，我决定尝试第九章介绍过的如果法。

我想知道为什么特丽莎如此担心自己抱错了孩子。我问特蕾莎："理性地说，你知道这就是你的孩子。但如果他不是你的孩子，你心里最害怕的是什么呢？"

特蕾莎回答说："这意味着我自己的孩子在别人那里。"

我接着追问道："如果真的是这样会怎样呢？为什么这会让你心烦意乱呢？"

特蕾莎回答说："我也许是在怕抱走我自己孩子的人是坏人。他们可能是绑架犯，或者是虐待儿童的变态。"

听到这里，我感到有一点震惊，因为我担心她的幻想可能会变得暴力。但我仍然想找到她恐惧的根源，所以我接着问："让我们继续假设这是真的。你心里最害怕的是什么？假如你的孩子真的落到了一个绑架犯或者虐待狂手里，会发生什么呢？最坏的情况会是怎样的呢？"

特蕾莎不情愿地描述了一个可怕的场景，那个绑架犯将她的儿子带到了墨西哥边境以南沙漠的小屋里。在她的幻想中，她想象着那些男人拎着她孩子的脚，任由他在空中挣扎，还把他的头往墙上撞，然后像扔篮球一样把他扔下楼梯，接着将他破碎的身体锁在一个黑暗的衣橱里。

特蕾莎说着说着就抽泣了起来。

我问让她在0～100分的范围内给自己当下的不安打分。她说她感到100分的焦虑，这种焦虑绝对是最糟糕的，这个幻想也吓坏了她。

我也曾被幻想所困扰，并想知道我是否应该退缩，但后来我提醒自己暴露疗法的基本原则：你必须面对最恐惧的事物并忍受焦虑，直到它消失。如果试图逃离怪物，你的恐惧反而会加剧。

因此，我鼓励特蕾莎尽可能长时间地坚持幻想，这就是认知洪水法的工作原理。我们继续想象可怕的事情，直到治疗结束，但特蕾莎的焦虑没有因此改善，她仍然感到100分的焦虑。

通常，当一种方法不起作用的时候，我们就可以暂时放下这种方法，转而继续使用另一种方法。但暴露治疗法则是一个例外。只有当幻想真的令人恐惧或沮丧时，暴露治疗才会奏效。所以特蕾莎在幻想时出现强烈的焦虑感其实是一个好兆头，即使认知洪水法对她来说真的非常痛苦。

尽管治疗过程令人恐惧，但我感到很乐观，因为我们最终会得偿所愿。我向特蕾莎保证，认知洪水法需要时间，我问她是否愿意坚持下去，即使这种方法真的是一种折磨。特蕾莎说，她愿意做更多这样的练习。我建议她在下一次来我这里接受治疗之前，每天都至少练习十五分钟。我知道这会让她心烦意乱，而且我的要求确实挺高的，但她已经因这种焦虑和恐惧痛苦了好几个月，只能给她下“强效药”。

在接下来的一周里，特蕾莎告诉我，她并没有坚持练习认知洪水法。因为这些幻想实在是太可怕了，她一直想把它们从自己的脑海中剔除。但是她表示，如果我和她待在一起，她愿意在我的支持下再次尝试洪水法。我们在整个治疗的过程中想象出了同样可怕的幻想，但她的焦虑水平始终保持在100分。

在治疗结束的时候，我再次强调，回家后自己做洪水法练习是非常有价值的。特蕾莎向我承诺，无论整个过程有多么令人沮丧，她都决定每天花十五分钟练习认知洪水法。

当我们两周后再次相见，她告诉我，她每天都很认真地练习，在前两次尝试的时候，她感到非常不安。然而，从第三次开始，她的幻想开始变得不那么可信了，并且她的焦虑程度可以控制在50分以内了。在第四天和第五天，特蕾莎渐渐发现自己的幻想变得很荒谬，她的焦虑消失了。

此时此刻，特蕾莎完全不再怀疑自己抱错孩子了，也不再时时刻刻想要检查他的脚了。她说，她对抱错孩子的担心似乎很荒谬，她也很享受成为新妈妈，并准备好了终止心理治疗。

对于特蕾莎来说，认知洪水法一开始看起来很可怕，她一直想着，肯定有其他更简单的方法，她真的很想退缩。

首次尝试此方法时，你可能会有和特蕾莎同样的感觉。这看起来可能真的太吓人了。如果是这样，恰恰说明了你可能正走在正确的轨道上。如果你想要彻底战胜你的焦虑，你就必须要直面你心中的怪兽，战胜你心中最深的恐惧。

有时候，一次有效的治疗就像去了一趟地狱，虽然一路十分艰辛，但最终的结果证明这些都是值得的。

图像替换法

当你感到焦虑时，你可能会幻想出一个可怕的事件，你的脑子里还可能会描摹出一幅完整的图像。比如，如果你有公开演讲焦虑，你可能会想象自己到处摸索，感到紧张，在观众面前也会显得愚蠢。当你站出来发言的时候，其实你已经陷入恐慌状态，你幻想的事很可能会成真。

当我还是一名精神科住院医生时，我被邀请参加北约高级研究所大脑血清素研究会，这是一项在英国牛津大学举行的著名会议。这是我第一次做学术报告，我也很荣幸能被邀请去这样著名的会议上做报告。然而，我却感到害怕，因为除了我之外，还有八十位世界顶级神经科学家要在这里展示他们的最新研究成果。

我特别担心，因为我的研究结果与国家心理健康研究所的一个实验室的研究结果大相径庭。我发现他们对脑血清代谢的一些研究存在严重缺陷。然而，我听说这个实验室的主任是一个特别有攻击性的人，而且他会在公开座谈会上贬低那些不同意他观点的科学家。当我得知在我发表演讲的时候他也会坐在观众席中，我感觉更加紧张了。

我想象着他坐在前排，一脸鄙夷地瞪着我，而我却紧张地小声嘟囔着我的研究结果。

在我的脑海中想象着一个场景，我看到他站起来，在我演讲结束时的问答环节中开始冲着我大声吼，讽刺地指出了我研究中的所有缺陷。其他观众都沉默着，整个会场的气氛肃穆极了，我就像一条战败的野狗，夹着尾巴，怯生生地站在讲台上。

更糟糕的是，我的演讲被安排在整个会议的最后一天，所以我不得不忍受整整四天的自我怀疑，听着这些非常厉害的人展示他们的研究，并不断地怀疑自己到底为什么要来凑这个热闹。

在我发表演讲的前一天晚上，我处于一种非常恐慌的状态。我还记得当时已经凌晨3点，我还在牛津校园里焦急地徘徊，我的脑海中不断地重复我发表演讲后被羞辱的画面。突然，我看见树上有一只猫头鹰。我甚至感觉连这只猫头鹰都在无情地嘲笑我。

那天，我彻夜难眠。

到了第二天早上，我已经筋疲力尽了。轮到我做演讲的时候，我僵硬地走到讲台上。那位科学家果然坐在第一排，他就直接坐我面前，和我幻想中的一模一样，用钢铁般的眼睛盯着我，似乎还皱着眉头。

我非常紧张，以一种近乎机械的声音读完我的整个演讲稿，而不是按照我的计划，对着提纲做即兴发挥。在我的演讲结束时，我怯生生地问大家是否有任何问题。会议室里一片沉默。这时，这位科学家果然从他的椅子上跳起来，开始指责我，和我前一天晚上想象的情境一样。当他发表完自己的意见后，整个会议室又陷入了另一段长长的沉默，没有人再举手提问。经过这段漫长而令人尴尬的沉默后，主持人才终于表示，似乎没有其他问题，会议结束了。在主持人宣布散会之后，大家都起身离席，并开始互相交谈，但没有一个人过来和我一起走。我觉得自己完全被羞辱了。

虽然我觉得自己受到了不实的攻击，但其实真正让我陷入恐慌和停滞的恰恰是我自己的消极预期和幻想。观众感受到了我的自我怀疑，而我也以一种防守、紧张的方式来呈现我的作品。在这一切的综合作用下，触发了我担心会发生的那个结果。

在从伦敦返回费城的长途飞行中，我的心安定了下来，回想起那个科学家对我的批评。我突然意识到，他的批评其实只是在意气用事，而我的研究确实是准确有效的，他的批评简直毫无意义。当我到家时，我与同事讨论了刚刚发生的事情，他们也觉得这位科学家的批评毫无根据。我们做了几轮新的分析，将那位科学家的批评建议考虑在内，但得到的结果与我在英格兰时提出的结果完全相同。我觉得，是时候将我们的研究结果提交给研究期刊了。

两个月后，杂志的主编给我打电话。主编主动打电话其实是很不常见的，因为期刊编辑如果对某一篇文章有看法，一般会选择发邮件的方式。我嗅到了一丝不寻常的气息，并且已经准备好接受新一轮的质疑。

令我惊讶的是，主编告诉我，审查我论文的科学家一致推荐这篇论文出版，并且没有要求做任何修改。主编还告诉我，我的这项研究给审稿人留下了深刻的印象，他们想把这篇论文提交给贝内特奖，这是一项世界顶级基础脑研究的年度奖，用于表彰35岁以下对脑科学研究做出贡献的研究员。

我当时就傻眼了。当然，主编也告诉我不要抱有过高的希望，因为世界上所有最杰出的年轻神经科学家都想要争夺这个奖项，包括被我的研究质疑的那些国立精神卫生研究所实验室的研究人员。两周后，我接到了期刊编辑的另一个电话，他们告诉我，经过评审一致认定，我获得了贝内特奖。他问我是否会去参加纽约生物精神病学会年会，并在那里接受颁奖。我告诉他，我很荣幸可以在那里展示我的发现。

在颁奖典礼的前一天晚上，我决定在脑中对这一场景进行不同的描绘。我想象自己以一种友好、非正式、热情的方式展示我的论文，并用一种即兴演讲的方式谈论我研究中所有意想不到的曲曲折折，台下坐着数百名听众，他们都专心地倾听我的演讲。

在我这一次的想象中，我还看到掌声雷动，很多人冲上讲台祝贺我。我并不完全相信这些图像，但我觉得只是想象一下也并没有什么坏处。但令我惊讶的是，之后的现实完全就和我想象的一模一样！

我看着提纲，清晰地说出每一个字，听众们也求知若渴地聆听我说的每一个字。我的演讲完毕后，大家对我报以热烈的掌声，还有很多听众登上讲台与我热切交谈。令人惊讶的是，我的对手科学家并没有来这里！

为什么这一次演讲的结果如此不同？因为我使用了图像替换法，用一种积极的、鼓舞人心的幻想取代了那可能破坏我信心的可怕幻想。

如果你想使用图像替换法，那么当你感到焦虑的时候，你就可以试着调整脑内消极的图像和幻想，让你的思绪充满想象力。比如说你害怕坐飞机，并反复想象飞机在火焰中撞毁。每次当你发现自己有这种幻想时，你就可以用一个平静、令人放心的场景来替代原有的幻想。比如，你可以想象在目的地安全着陆的情景，或是与家人在海滩上放松的样子。你还可以专注于某一段快乐的记忆，比如，高中毕业的时刻，或是你的第一个孩子出生的时刻。你可想象任何正面的图像，只要这个图像对你很有吸引力就可以。

记忆重写法

如果你是一个可怕的事件（比如性虐待或其他类型的身体虐待）的受害者，你可能常常觉得这段痛苦的记忆仍然在你的脑海中栩栩如生。这些记忆就像一部脑内电影，它们可以引发强烈的恐慌、羞耻和愤怒。但这部“电影”是可以编辑的，就像你可以改变自己的消极想法一样。

记忆重写法其实是认知洪水法和图像替换法的组合用法。认知洪水法会让你想起痛苦的回忆，因此创伤事件会失去威胁你的力量。图像替换法创造了一种掌控感，可以帮助你克服无助感，让你不再感觉自己是一个受害者。

我曾经治疗过一位名叫贝蒂的年轻女子，她患有公共交通恐惧症。她害怕单独乘坐任何形式的公共交通工具，不论是飞机、火车还是公共汽车。

当时，贝蒂刚刚进入加州大学洛杉矶分校学习，是一位大一新生，那年的暑假她来找我咨询。她看起来非常迷人，学习也不错，除了对公共交通的恐惧外，她似乎没有任何其他问题了。

在我的建议下，贝蒂认真地填写了“每日情绪日志”。然而，她拒绝接触任何让她害怕的事情。我鼓励她乘坐公共汽车，或者找一辆自行车只骑过一个街区，但她都拒绝了，她觉得即使只是这样想想就已经让她很焦虑了。她担心她会被困在公共汽车上，陷入恐慌并最终失去控制。

在我们的第六次治疗期间，贝蒂跟我透露了一些让她感到羞耻的事情。当她还是一个小女孩的时候，住在隔壁的那个大男孩会在她母亲外出的时候过来替她照看自己。在他把贝蒂哄上床后大约十五分钟，这个男孩会偷偷溜进贝蒂的卧室，把手伸进贝蒂的睡衣，抚摸她的身体，因为这个男孩以为贝蒂已经睡着了。贝蒂吓坏了，她不知道该怎么办，所以她只能假装睡着了。她感到非常耻辱和羞愧，以至于她从未将这件事告诉过自己的母亲。更糟糕的是，这个男孩仍然住在隔壁。这意味着每次贝蒂回家度假或在假期看望母亲时，她都必须面对这个曾经猥亵过自己的男孩。虽然贝蒂对此很生气，但她从来没有和这个男孩对质过。

我向贝蒂介绍了记忆重写法以及其背后的原理，并告诉贝蒂，这种方法可能会令人心烦意乱。但贝蒂仍然表示想要试一试。

我引导道：“闭上眼睛。放松。想象自己是一个躺在床上的小女孩。你能看到自己穿着睡衣吗？”

贝蒂点点头。

我接着说：“想象一下，你刚睡觉，你还没睡着。你可以听到门静静地打开。这个男孩正在悄悄走进房间，试图不发出任何声音。你感到很焦虑，因为你知道接下来会发生什么。你能看到这个男孩吗？”

贝蒂又点了点头。

我让贝蒂描述一下这个男孩穿了什么，房间是什么样的。

贝蒂说，房间很暗，她可以看到男孩穿着牛仔裤、运动鞋和夏威夷衬衫，当他掂着脚尖走向她的床时，她可以看到他的脸。我让贝蒂给自己的焦虑从0分（完全不焦虑）到100分（极度恐慌）打分，她给自己的焦虑打了90分。

在记忆重写的过程中，让自己感到非常沮丧也是很重要的一步。否则，这种方法就将失去效果。

我让贝蒂描述接下来发生的事情。

她说男孩把手伸进了她的睡衣下面，抚摸着她的身体。我问她现在的焦虑程度有多少。她说她的焦虑程度已经上升到100分了。

接下来，我问贝蒂她是否想要改变场景。比如，可以想象出一个人突然出现并逮捕了这个男孩，她的母亲也可能突然出现并救了她，或者，她也可以把我也纳入她的幻想之中来帮助她。

贝蒂说她想成为一个强大的女人。她用生动的细节描述了这个新的幻想。在这段新的幻想中，她用一只手抓住男孩的脖子，把他从吓坏了的小女孩身上拖了下来。接着，她拿起了一个烧得滚烫的烙铁，上面印了一个变态的“变”字。当这个男孩痛苦地尖叫时，她将“变”的标记烙在了他的额头上。她说她几乎能闻到他烧焦的皮肤的气味。

我觉得她的这段新幻想有些令人毛骨悚然，但贝蒂似乎很喜欢这种想法。她说这个故事还没有结束。

隔壁家正在举行圣诞派对。她把这个男孩拖到客厅的中间，在他的父母和所有邻居面前，强迫他大喊：“我是一个性变态！我猥亵小女孩！我需要惩罚！”

在她幻想的最后一幕中，贝蒂在他家门前的街道上建了一个露天监狱。监狱里没有墙，只有冰冷的铁窗和一个凳子。铁窗上挂着一个标语，上面写着“性变态”，所以走过去的每个人都会盯着这块牌子，并且知道这个男孩到底是个什么样的人。

贝蒂说她感到轻松了许多，我很高兴我们一起完成了这段记忆重写。她的幻想似乎很激烈。

后来贝蒂描述了另一个令她心烦意乱的问题，并问我是否可以再做一次记忆重写。她告诉我，一群兄弟会的男孩在洛杉矶的一个派对上强奸了她的室友。虽然贝蒂没有亲眼看到这件事，但她的室友却非常细致地描述了这段经历。贝蒂感到愤怒，并经常被这段记忆所困扰。

再一次，我让她闭上眼睛，放松，告诉我她在脑海中看到了什么。这一次，她想象出一群醉酒的兄弟会男孩把她的室友拖进宿舍，在那里，他们轮流强奸了贝蒂的室友，而且他们一直在笑，还起着哄。这种幻想让贝蒂感觉非常焦虑和气愤。我鼓励她，让她以任何她想要的方式修正自己的幻想。

再一次，她幻想自己成为了一个强大的女人。但是这一次，她幻想中的自己手里拿着一把屠夫用的切肉刀。她抓住那个正在强奸她室友的男孩，阉割了他，看着他慢慢流血致死。

贝蒂这次的幻想更加令人不安了，我开始担心这种治疗可能对贝蒂产生不利影响。

然而，我与来自密尔沃基的心理学家梅夫·司马克博士讨论了攻击性幻想的问题，司马克博士在记忆重写法方面做了大量的研究工作。他告诉我，他的病人经常想出沮丧的幻想。他建议不要禁止某些特定类型的幻想，因为这样做，反而会让那些被禁止的幻想更具诱惑力。相反，如果你放任他们去遐想，时间久了他们通常会疲惫不堪，而不再具有攻击性。

话虽如此，我还是感觉有点不舒服，所以，我告诉贝蒂，她已经做得很好，已经把原先令人沮丧的幻想排除了，这次的记忆重写已经可以告一段落了。

没想到，贝蒂却打断了我："等一下，我还没搞定，还有七个男孩。"

接着，她描述了在幻想中阉割他们的每一个血淋淋的细节。

在课程结束时，我感到筋疲力尽。我不知道我参与的到底是强大的暴露治疗干预还是精神治疗医疗事故。

我的所有患者在每次治疗后都会在候诊室填写一份评估治疗的表格，这可以让我看到我在治疗的过程中是否很好地理解我的病人，治疗是否有效果。我很高兴看到贝蒂给了我最高的评级。但我仍然不知道我们进行的这种治疗干预是否会对她的症状产生任何影响。

在下一周治疗的时候，贝蒂再次跟我强调了我的治疗对她的帮助。

“伯恩斯博士，我之前一直没有接受你关于面对恐惧和乘坐公共交通工具的建议。”说着，贝蒂递给我一包票，“你看。”

我以为这些可能是公交车票，因为我一直试图说服她，让她乘坐公共汽车，但她给我看的票全部是机票。

我说：“哇，这太棒了。你是打算乘坐从圣何塞到萨克拉门托的通勤航班吗？”

贝蒂解释说，这不是通勤航班，并让我仔细看看手中的票。我发现在她给我的票里有从旧金山到曼谷的往返机票。我有点困惑。

贝蒂告诉我，她的母亲要去曼谷出差一周。她就告诉她的母亲，我希望她能够直面对公共交通的恐惧，所以贝蒂决定和母亲一起飞到那里。然后，她不会和母亲一起在曼谷停留一周，而是启程立即飞回来，这样她就可以独自乘坐十五个小时的飞机了。

“你认为这个时间足够长吗，伯恩斯博士？”贝蒂问。

“绰绰有余，绰绰有余！”我惊呼道，“这真的是太棒了！”

我问她是否有任何恐惧，是否需要提前用暴露法进行演练准备。

贝蒂说，她有些担心自己在新加坡转机时的安全，她很害怕自己会被强行拖拽到行李区，然后被新加坡黑手党强奸，这种幻想令她不安。她问我们是否可以尝试用记忆重写法来克服这种恐惧。我告诉她，我们通常会使用记忆重写法来改变真实发生过的记忆，但我也觉得在当前的情况下，也未尝不值得一试。

于是，贝蒂又一次闭上了眼睛，她描述了这个令她感到害怕的幻想。然后她又再一次把自己幻想成一个强大的女人，这一次，她阉割了新加坡的黑手党！

两周后，我又见到了贝蒂，她已经完成了她的飞机旅行。我感到非常惊讶，因为她在飞行期间甚至没有感受到一丝焦虑。事实上，她在飞机上的时候，曾经试图想让自己感到焦虑，但却失败了。回到家后，她一直在乘坐公共汽车和火车，也没有出现任何问题。

为什么记忆重写法如此有效？我认为这种方法提升了贝蒂的自信心，因为她不再感到自己像一个无助的受害者，也不再被令人不安的幻想和记忆困扰。她有了勇气面对她对公共交通的恐惧。

记忆重写法是一种富有创意且有效的工具，当其他方法都不奏效的时候，或许可以试一试这种方法。

研究人员尚未确定在记忆重写法中，到底是认知洪水法在起效果还是图像替换法在起效果。在许多情况下，仅仅想象创伤记忆并屈服于痛苦的情绪就已经够人受的了。在贝蒂的案例中，对于记忆的改写似乎赋予了她权力。

如果你对记忆重写法感兴趣，请留意以下注意事项。首先，这种方法可以很强大，但就像任何形式的权力一样，它也是一把双刃剑。如果你对暴力或性虐待的记忆感到不安，最好要在心理健康专业人士的指导下使用这种方法。其次，你必须能够将幻想与现实分开。如果你有自杀或暴力幻想，并有冲动去伤害某人，包括你自己，那么这种方法可能不会有效果。请立即寻求专业帮助，不要试图自己解决问题，你的生命是最宝贵的。有时候，一个有同情心并且经验丰富的治疗师就可以让病人的情况大大改善！

恐惧幻想法

当你使用恐惧幻想法时，你会进入一个噩梦般的世界，在这个世界中你最害怕的事情会成真。这个世界有两个不寻常的规则。首先，每当你担心其他人正在评判你或看不起你的时候，他们确实就是在看不起你。事实上，他们对你的消极想法往往比你想象的还要糟糕。其次，他们总是告诉你他们在想什么。他们不礼貌，而且也根本没有想过要对你礼貌。

在这个噩梦般的世界里，你会遇到一个想象中的批评者，他会以最糟糕的方式抨击你，并攻击你的每一个弱点或缺点。你可以使用防御范式法或接受悖论法进行回复。当你使用防御范式法时，你会与这个评论者争论并试图识破评论者所说的话。当你使用接受悖论法时，你通过在批评中找到真相来击败批评者，这就可以让这个批评者瞬间丧失力量。

恐惧幻想法的目标与其他所有暴露治疗法的目标都是相同的。当你面对最严重的恐惧时，你会从中获得解放，并发现你从一开始就没有什么可担心的。请记住，恐惧幻想法与自信训练完全不同。现实中不存在敌对的批评者，这一切只是你自己内心最深处的恐惧的投射。你真的是在和自己做斗争。生活中的人几乎永远不会像你自己大脑中的评论家那样残忍。你可以在治疗师或朋友的帮助下将恐惧幻想作为角色扮演的对象，或者你也可以自己写出一个与脑内恐惧幻想之间的对话。

当你进行角色扮演时，一定要在遇到困难时进行角色转换，这样你就可以学习用更有效的方法来击败你脑海中的那个批评家。

一位名叫莫妮卡的女士给我发了一封电子邮件，邮件里写了有关于她自我批评思想的问题。她写道：

亲爱的伯恩斯博士：

二十年来，我患有抑郁症、社交恐惧症和恐慌症，我还害怕开车。我正在读你的书，也接受了治疗，终于取得了良好的效果。

但是，我总是会克制不住地想，如果我能更早地学会这些方法，我的生活会有多么不同呀！我不断地回顾过去，总是会想：如果我以前就知道这些就好了！

有时，我会因为自己过去二十年的抑郁和焦虑而感到沮丧，因为我浪费了我的生命，没有做任何有意义的事情。现在好像一切都已经太晚了。现在令我挣扎的事情都是那些青少年们正面对的最基本的问题，比如职业选择、接受教育、交朋友等等。但我已经四十岁了，此刻的我深受年龄和经验不足的困扰。

每一点点微小的衰老迹象都让我感到害怕，我感觉自己被生活远远地甩在了身后。你可以帮助我化解我的这些消极想法吗？即使我很努力地做出积极的改变，这些想法仍然会朝我袭来。

谢谢你！

莫妮卡

总结一下，莫妮卡似乎挣扎于这些消极的想法：

· 由于在过去二十年里我都很沮丧、焦虑，所以我浪费了我的生命，没有取得任何成就。

· 如果几年前我就知道这些战胜焦虑的方法，那么我的生活现在可能会大有不同。

莫妮卡说她已经尝试了她在书中读到的十种方法，但当我问她是否曾尝试过恐惧幻想法时，她突然变得特别兴奋。她在邮件中写道：

我很长一段时间都忽略了恐惧幻想法，因为我没有可以和我一起进行角色扮演练习的同伴，但我喜欢您书中给的例子。我有的时候甚至看着看着就会忍不住大笑起来。我也曾经决定在纸上写下我脑内的两个声音的对话。这种方法似乎比我尝试过的任何其他方法都更能让我产生共鸣，我开始感觉好多了。我也一直都在观望，想知道这次的改善能持续多久。如果您有任何其他建议，我很乐意听取您的意见。您真的激励了我！

以下是莫妮卡使用恐惧幻想法完成的对话，她想要攻破的消极想法是：她浪费了我的生命，没有取得任何成就，现在什么也无法改变。

消极想法：莫妮卡，我真是对你现在的奇怪生活状态感到大吃一惊。你浪费了最宝贵的岁月。你在自己生命最好的时候无所事事，毫无成就地让时光从手中溜走。你到底是怎么能做到这样的？

莫 妮 卡：是的，在我刚成年的时候，我确实取得所有我想要的成果。但就目前来看，我也并不认为我现在做得有多差。我正在接受治疗，我正在努力改变终生的习惯。这可能需要一段时间，但我相当乐观，我可以做出改变，也可以让我的生活从此变得与众不同。

消极想法：好吧，莫妮卡，我不想给你泼冷水，但我真的看不到任何希望。你已经三十九岁了，如果你还没有取得任何成就，我觉得你可能永远都没法取得成就了。你只需要安于现状就可以了，我从没有见过一个过着像你这样生活的人可以做出任何改变。你的这个想法是非常不现实的，你的脑子可能不太清楚。

莫 妮 卡：嗯，你可能不认识像我这样的人，毕竟我是个很特别的人，但我感谢你对我的事情这么感兴趣。听起来你好像觉得无论如何努力，人们永远无法改变，是不是这样？

消极想法：没错！哦，不过如果他们只有一两个问题，也许可以改变。但是看看你！你的问题太多了！你没有正经工作，除了家庭之外没有其他的亲密关系，没有接受过教育，没有自己的家，你甚至不能在不焦虑的情况下与人交谈，你还有驾驶恐惧症，而且容易疲倦，你在心理上和生理上都很脆弱。这个世界是那么艰难，所以你永远不会成功。你只能白日做梦而已。

莫 妮 卡：我没有工作，没有亲密关系，也没有钱。这些正是我努力解决的问题。我很敏感，确实我也很同意你说的世道艰险，但我不确定你到底想表达什么意思。你是想表达我们只能解决某些问题吗？还是你认为一部分问题会影响整体的情况？我想知道你认为哪些问题是可以解决的，我们可以解决多少个问题。三个吗？四个？还是十二个？

消极想法：你完全没有理解我的观点。我不是在谈论数字和统计数据，我是在说你。你从来没有改变过你的生活，以后你也永远无法改变你的生活。到此为止。

莫 妮 卡：啊，这回我完全理解你的意思了。但我还是觉得很好奇，为什么你会认为我永远不会改变。你之前说过，如果只有一两个问题的话，还是可以解决的，我还是想知道是哪一两个问题，也许我可以先解决这些问题。

消极想法：好的，既然你这么蠢，我就简单跟你说一下好了。我觉得你的所有问题都是相辅相成的。你也许可以找到一份工作，但你太害羞了。你也许可以买房，但你没有钱。你也许能够战胜害羞的问题，这需要你走出去实践，但你却很懒，也不愿意走出去，更别提你还有驾驶恐惧症和惊恐发作了。你还有许多其他问题，你陷入了一个恶性循环，不断让你的问题越来越严重。面对这些问题，你注定要失败。

莫 妮 卡：我非常感谢你从繁忙的生活中抽出宝贵的时间为我提供建议。但我仍然想知道为什么你认为这些问题无法解决。你刚才提到的所有问题都可以让认知行为学治疗师帮忙解决处理。许多专家都写过关于如何解决这些问题的书籍。他们不可能都错了！

消极想法：嗯，但我觉得你不是单一的问题，而是一个问题的集合体，这个集合体是完全无法解决的。

莫 妮 卡：很有意思。你能告诉我你在哪里听说过问题的集合体无法解决吗？是在精神病学期刊上看到的还是心理学或统计学领域的专家告诉你的？这是你发现的某种终极形而上学法吗？

消极想法：我是从精神科医生那里听到的。我告诉了他关于你的事，他说在四十年的执业生涯中，他从来没有见过像你这样的病人。他说他不认为你可以在没有药物治疗的情况下得到帮助，即使可以通过药物治疗，治疗像你一样问题严重的人也是非常困难的。

莫 妮 卡：并不是所有的精神科医生都听说过认知疗法，他们通常接受的都是药物治疗的培训，这通常也是他们唯一的治疗方法。我去看过两位精神科医生，他们觉得我如果想要好转，只能吃药，我也尝试过这种方法，但吃了药之后状态反而还不如我没吃药的时候。于是，我决定试一试认知行为疗法，我也想知道这种疗法究竟有没有效果。但我仍然想知道为什么你会认为我没救了，为什么你会这么坚信我的问题无法解决？

消极想法：真正的问题不在于你的问题，而在于你。是你自己没法解决你的问题。其他人可能可以解决他们的问题，但你不能。如果可以解决的话，你早就已经解决了。

莫 妮 卡：很有意思。所以你的意思就是我和其他人不一样，我很特别，所以我有可能成为一个独特的孤本病例？你能告诉我我具体和其他人不一样在哪里吗？到底是什么地方不一样呢？

消极想法：我描述不出来，我只知道你确实和别人不一样。

莫 妮 卡：看来是一种无法描述的特质。

消极想法：没错。

莫 妮 卡：所以，你之所以认为我永远都没有办法改变，是因为我拥有这么一种你无法描述也无从解释的特质？

消极想法：是的。

莫 妮 卡：那我觉得我们不需要继续谈话了，你说话毫无逻辑，你根本不知道自己在说什么。

哇！莫妮卡的恐惧幻想法让我印象深刻。我自己做恐惧幻想练习可能都没有她做得这么好！

这种方法是有效的，因为她写下了她能想到的最糟糕的批评。她没有退缩。当她一个接一个地审视这些批评的时候，她意识到它们只是装腔作势。

你可能已经注意到，恐惧幻想法与我在第十五章中给大家介绍的声音外化法非常相似。它们都涉及角色扮演，也都涉及防御范式和接受悖论的整合。

这两种方法的主要的区别在于，当你使用声音外化法时，你的同伴会用你的“每日情绪日志”中的消极想法攻击你，并且使用第二人称“你”。她或他不代表一个真实的人，而只是代表你心中的自我批评的想法。所以你真的在和自己做斗争。相比之下，当你使用恐惧幻想法时，你的同伴真的会代表另一个人。但在这种情况下，这是一个你一直担心的想象中的陌生人，一个拥有你想象中的可能拥有所有消极想法的人。当然，恐惧幻想出来的这位评论家可比现实生活中的评论家们犀利多了，因为他会对你说一些你自己心中认为最糟糕的批评。

但是，不论你使用的是恐惧幻想法还是声音外化法，其结果都是一样的。当你在批评中找到真相时，你会让这些批评家的批评瞬间失去效用，接着，你会发现，你从一开始就没有什么好怕的。

第二十章　人际暴露法

克服对人的恐惧

几乎每个人都会不时地感到害羞或尴尬。对大多数人来说，这些感觉并不是什么大问题。但是，害羞有的时候会剥夺你的自尊心，阻碍你的职业生涯，并阻止你和他人之间形成亲密关系。

认知疗法认为，是我们的想法创造出了所有的积极情绪和消极情绪。如果你很害羞，你在社交场合可能会产生这样的想法：

- 我说不出什么有趣的话。
- 这些人和我合不来。
- 他们不会喜欢我，他们会觉得我很无聊。
- 我是唯一一个对自己的感受这么敏感的人。
- 如果有人知道我的感受，他们会认为我是一个真正的失败者。
- 每个人都能看出我有多紧张。
- 我不应该这么紧张的，我应该更放松。
- 我到底出了什么问题？我一定是个怪人。

如果你曾产生过这些想法，那在你身边围绕着其他人的时候，你就会变得格外害羞敏感。

你觉得这些想法都是正常的，但它们其实包含了很多认知扭曲。你能在这些想法中发现多少种扭曲认知？下面，大家一起在下列的表格中勾选以上消极想法中的所有扭曲认知。如果有些遗忘，可以参考第428页的认知扭曲的定义。

表20-1　认知扭曲

认知扭曲	（√）	认知扭曲	（√）
1. 非黑即白		6. 放大或缩小	
2. 以偏概全		7. 情绪化推论	
3. 心理过滤		8. “应该”句式	
4. 优势打折		9. 乱贴标签	
5. 妄下结论 ·读心 ·臆测未来		10. 归咎责备 ·罪责归己 ·罪责归他	

勾选完表格后，你可以看一看我的分析。

答案：

我们可以看到，这些想法包含了所有十种扭曲。

害羞是由消极想法起的。当你感到害羞的时候，你大可以告诉自己，这些消极想法并不真实，但你往往却意识不到这一点。为什么会这样？感到害羞的人并不愚蠢。为什么他们会相信这些扭曲的信息？这是因为，消极想法在此时此刻变成了自我实现的预言，所以它们看起来才如此真实。假设你认为其他人不喜欢你，对你一点都不感兴趣。这种心态会让你感到焦虑、敏感，并感觉自己被抑制住了。你可能也会因为其他人竟然对你如此评判和拒绝而感到自卑和不满。因此，当你在社交活动中与某人进行交谈时，你会感到不舒服，并不断监控自己的感受和行为。你会告诉自己：“我看起来肯定很紧张。我知道她肯定能看出我有多害羞和焦虑。我最好试着表现得正常一些。我是不是说了很多蠢话？如果我不赶快说

表20-2　害羞之中的认知扭曲

认知扭曲	（√）	说明
1. 非黑即白	√	你认为有两种人："害羞"的人和"外向"的人。但实际上，大多数人都会不时感到害羞或焦虑。
2. 以偏概全	√	你将羞怯归结为你自己的原因。你不应该把自己的害羞视为一个可以解决的问题，这样你会想："我肯定是哪里出了什么问题。"这种以偏概全的想法会让你觉得自己有缺陷。
3. 心理过滤	√	你完全专注于你的羞怯和所有的错误，并过滤掉对方说的话。这使你几乎不可能与某人进行任何有趣的对话。
4. 优势打折	√	你忽视了你的优点，并告诉自己，你没有什么特别或有趣的地方。
5. 妄下结论 ·读心 ·臆测未来	√	你认为你是世界上唯一一个会感到焦虑的人，其他人对你说的任何事情都不感兴趣（读心）。 你觉得所有人都知道你有多尴尬，并认为社交场合将会是一种令人生畏的、会让你觉得羞辱的经历（臆测未来）。当然，这种想法可能真的会成为自我实现预言，所以你确信你的消极想法是完全真实的。
6. 放大或缩小	√	你认为你的缺陷异常强大，并且觉得你的羞怯是可耻的和异常的（放大）。 你也缩小了你优势的重要性以及你的独特之处（缩小）。
7. 情绪化推论	√	你觉得自己像个怪人，所以你认为你只能一个人待着。你觉得别人看不起你，所以你得出结论，他们确实是看不起你。
8. "应该"句式	√	你会埋怨你自己，并坚持认为你不应该感到害羞和敏感。这就导致了羞耻感。
9. 乱贴标签	√	你把自己打上了"失败者"或"怪人"的标签，这些标签让你感到自己很奇怪、自卑和孤立。
10. 归咎责备 ·罪责归己 ·罪责归他	√	你责怪自己，因为你竟然仅仅因为感到害羞而不断埋怨自己。你也可能暗中责怪别人，因为你认为他们非常有判断力，并且会拒绝你，也不会喜欢或接受你。

一些有趣的话，她肯定会觉得无聊，然后就会离开。但是我该说什么呢？我想不出任何有趣的话。也许我可以谈谈我的鱼缸，顺便问问她是不是喜欢鱼。”

这种内心对话分散了你的注意力，阻止你以灵活、自然、自发的方式与他人互动。你被自己的焦虑所困扰，以至于你没有办法听取其他人所说的话，你也没有对他们的话表达任何真正的兴趣。这让你整个人看起来很奇怪，总是自己一个人憋着，并且非常无聊。你也可能看起来很紧张、闷闷不乐，因为你与你正在谈论的人没有建立起任何情感联系。很快，这个和你交谈的人就会感到不舒服，并告诉你他或她需要与房间另一边的人交谈。当然，这正是你认为会发生的事情，所以你告诉自己，自己的消极想法一直都是对的。最后，你得出的结论就是，你真的是一个无聊的人，其他人真的对你不感兴趣。你觉得自己是一个受害者，你永远不会想到整个场景都是你自己的扭曲思维的直接结果。是你在强迫对方以你害怕的方式对待你。

公共演讲焦虑也是如此。如果你想象自己会表现得特别差，而且认为观众会对你的演讲毫无兴趣，并因而感到焦虑，那这一切很可能真的就会发生。当然，这也有积极的一面。你可以学会以一种更温暖、更有活力的方式与其他人交谈，你拥有的力量远远超出你的想象。

在本章中，你将学习五种类型的人际暴露法，它们可以使你在社交生活中化腐朽为神奇。这五种人际暴露法分别是：微笑打招呼练习、搭讪练习、拒绝练习、自我揭露法和大卫·莱特曼法。在第十四章中，我给大家介绍了害羞暴露练习，它也可以被视为一种人际暴露法。

微笑打招呼练习

当我还是个小男孩的时候，父亲带我去看电影《世界之战》。当我们在电影结束后回到车上时，我注意到我的父亲向几乎所有在街上走过我们的人打招呼，他们中的大多数也都跟我们打了招呼。

我当时很惊讶，问爸爸怎么会认识这么多人。我爸爸告诉我，他其实不认识这些打招呼的人。他说，我们是可以跟不认识的人问好的。同时，他也鼓励我这样做，所以我也开始微笑，并向所有经过我们的人打招呼。我相信我的父亲，也开始认为微笑打招呼是很自然的事情。

当然，几乎每个被我打了招呼的人也都笑了笑，并跟我打招呼。毕竟，我只是一个和父亲一起走路的小男孩。此外，我有点对眼，所以不得不戴着一副厚厚的眼镜，看起来傻傻的。他们可能觉得我很有趣，也有可能认为我很可爱。无论如何，这都是非常好的治疗羞怯的训练。

如果你很容易害羞，你可以做同样的事情。你可以强迫自己微笑，每天向十个陌生人问好。通常你会发现人们比你预期的要友善得多。

如果你觉得这个任务对你来说还是太难，你可以从容易的开始。你可以先微笑着向无生命的物体打招呼，比如植物或灯具。然后你可以练习和你外出时遇到的猫和狗打招呼。一旦你因为对动物微笑问好而感到舒服的时候，你就可以开始向人类打招呼了。

你可以先从看起来似乎没有威胁的陌生人开始。比如，你可以微笑并向在公共汽车站台等车的老人问好。很有可能这个老人会因为你跟他打了招呼而非常开心。你会发现，当你微笑着以一种真实且愉快的方式向人们打招呼时，你的能量往往会让其他人开心起来，他们同样也会将积极的能量回馈给你。不久之后，你会发现，你可以向任何人微笑着问好了。

但是，如果你很害羞，这种方法刚开始的时候可能看起来对你非常具有威胁性。

我曾经治疗过一个名叫罗杰的年轻人，他非常可爱，但是特别害羞。罗杰来自印度，曾在费城的一家生物技术公司工作。他非常敏感，觉得每个人都能看到他有多么害羞和尴尬。去杂货店购物对他来说简直就像是下地狱，当他排队结帐的时候，他就会觉得特别尴尬和不舒服，于是，他会忍不住地盯着地板，好像希望自己钻进地缝里。

罗杰经常在电视上看深夜脱口秀节目。他认为大多数美国人都像大卫·莱特曼和杰伊·莱诺这样的脱口秀节目主持人一样外向和善于交际。他甚至觉得杂货店里的陌生人在排队的时候也总是不停地聊天，互相开玩笑。当然，他只是这么觉得，并没有真的见过，毕竟他在排队的时候总是盯着地板。不过，他很确定这个想法是真的。当罗杰自己排队的时候，他完全想不出一句有趣的话。当轮到他结帐的时候，他会尽快付钱，付完钱后马上转头离开。他觉得店里的每个人都在小声谈论他，并且都知道他有多么害羞和尴尬。

当罗杰走在街上时，他也会感到不舒服。他确信人们会因为他的黑皮肤和长头发而瞧不起他。有时他会生气，就会猛地把低着的头抬起来，怒视着别人，仿佛在说："看吧！我就知道你看不起我！"当然，他脸上的愤怒表情吓坏了他正盯着的人，所以那个人看起来确实很惊讶。这就让罗杰更加深信不疑，觉得所有人都看不起他，并且还被抓了个现行。

我提出了一个可能有助于罗杰测试自己的消极想法的真实性的实验。我建议他在杂货店时，可以强迫自己抬起头，环顾四周，看看到底发生了什么。然后，他可以数一数有多少人正在与陌生人聊天，有多少人正在关注他们自己手头的事情。罗杰不甚情愿地同意说下次去杂货店时会试试看。

第二周，罗杰告诉我，抬起头不看地板真的很难，因为他不想引起任何人的关注。但是，当他强迫自己环顾四周时，他惊讶地发现，身边没有一个人在聊天或讲笑话。相反，他们中的大多数都盯着空气，或是阅读他们刚从杂志架上借来的《国民问询》[①]，他们也没有在结账的时候跟收银员聊天，最多只是说一句"多少钱"或"谢谢你"，然后就转身离开了。

这是一个良好的开端，但我们的任务才刚开始呢，因为罗杰在与其他人交往的时候仍然有很多问题。

---

① 译者注：美国媒体公司出版的美国超市小报。

我建议他接下来尝试微笑打招呼练习。

我要求罗杰在接下来的一周里至少向二十个陌生人微笑并打招呼。他可以选择走在街上的陌生人，或者在商场购物的人。我让他记录所有人的反应，看看大家的反应是消极的、积极的还是中立的。这样，他就可以测试他觉得别人都看不起他的这种想法的真实性了。

但罗杰对这项任务没有什么热情，并且强烈抵制，编出了各种他“不能”或“不应该”这样做的借口。他说，这太令人焦虑了，并且坚持认为，假如他真的微笑着和每一个路人打招呼，大家一定会觉得他是个怪人。当他离开我的办公室时，他非常敷衍地表示他愿意“试一试”，但显然，他无意跟进此事。

接下来的一周，罗杰确实也承认他没有做过微笑打招呼练习。他解释说，他不能对陌生人微笑，因为他太紧张了。而且他坚持认为他的笑容看起来很假。我告诉他没关系，然后提议说我们可以做一个名为“微笑命令”的游戏。这个游戏的规则就是，我们可以轮流喊“微笑！”，每当对方说出这个词时，无论我们感到多么焦虑或虚伪，我们都不得不在脸上露出笑容并说“你好”。这个练习对我来说也很难。我其实也有点抵触这种命令我微笑的行为，因为我小的时候，曾经在大人的命令下挤出了一个很奇怪的笑容，并常常被拿来取笑。但游戏本身还是很有趣的。

每次我喊“微笑！”的时候，罗杰的脸上便会挂上一个看起来非常可笑的笑容，然后尴尬地说：“你好。”他看起来很傻，让我觉得特别想笑。然后罗杰看到我笑了，也会跟着笑，突然他原先“虚假”的笑容变得真实了起来。如果你想和朋友或家人一起尝试这个练习，我想你会发现它很有趣。

尽管这个游戏进行得很成功，但罗杰还是再次拒绝了做微笑打招呼练习。他一直在为自己为什么不能或不应该这样做而找借口。我知道，要想让他放松并与人们互动，帮助他摆脱现在的困境，还有很长的路要走。罗杰其实是一个非常迷人和可爱的人，但他并没有给自己展示的机会。

当时，我的妻子正在我的诊所工作，这也是她临床心理学培训的内容。她会给罗杰提供单独治疗。我和妻子商量后，决定一起与罗杰见面，并以团队的形式制定规则。我们告诉罗杰，这是我们给他提供的治疗，他必须接受。我们很坚定，不允许罗杰拒绝，也许这有点像父母亲对孩子严厉的爱。

在我们的强迫下，罗杰不情不愿地答应了做微笑打招呼练习，不过他仍然确信，微笑着和路人打招呼将会让他被羞辱，所以他倍感焦虑。没想到，当我们再一次见到罗杰时，他开心极了。罗杰告诉我们，他微笑着向许多人打招呼，并且很惊讶没有人让他难堪。事实上，大多数人都以友好的方式笑了笑，他甚至还与几个人搭了话。这种感觉让他耳目一新，他对此感到很兴奋。他说他现在一点都不害羞了，整天都在和其他人疯狂地聊天。罗杰感觉很好，他决定在几周内结束治疗。

我当时也很想知道这一阶段性治疗成果是否可以延续，罗杰的突然改善是不是只能短暂维持呢？几年后，罗杰给我打了个电话，问他是否可以来找我进行一次调整性治疗，他正在担心自己的职业选择，所以需要一些帮助来厘清他的选择。

我很高兴再次见到他，并问他是怎么做的。他说，那个害羞的自己早就已经是过去式了，他现在完全不受拘束，整天与各地的人聊天。他甚至开始走出家门，成为一个彻头彻尾的社交动物。他之前和很多很棒的女人约会过，现在有一个稳定的女朋友，他也非常爱他的女朋友。

当我在专业研讨会上介绍罗杰的案例时，治疗师们经常会问："如果罗杰本身就是一个令人不快、尴尬的家伙，你还会推荐他使用微笑打招呼练习吗？如果人们真的拒绝了他怎么办？"

我认为治疗始终应该因人而异，挑选适合每个人独特特质的治疗方法。罗杰很有魅力，所以当他做微笑打招呼练习时，他更有可能获得积极的体验。治疗不同的病人，我可能会使用不同的方法。我从来没有故意让任何病人承受羞辱或失败。

微笑打招呼练习也可能在全国不同地区有所不同。在加利福尼亚，如果向陌生人打招呼，我通常会得到积极的回应。但在纽约市，情况会有所不同。我和一位同事在十五分钟的时间里向走过洛克菲勒广场的四十个陌生人打招呼，竟然没有一个人回应我们！除去这些限制之外，微笑打招呼练习还是很有趣的。

搭讪练习

我治疗过的大多数害羞而孤独的病人从未学过如何跟别人搭讪。当他们试图了解某个人时，他们看起来反而会过于严肃。

相比之下，有些人却似乎傻人有傻福，他们可以以轻松愉快的方式与几乎任何人搭上话，其他人在被搭话的时候也会觉得轻松自在。研究人员不确定这种搭讪的技巧是与生俱来的才能还是后天培养的结果。同样，目前我们也还不清楚是否有些人天生就有害羞的倾向，还是说因为长大后有过一些痛苦的经历从而导致羞怯。

在动物界中也有类似的例子。

研究人员发现，有一些指示犬[①]似乎携带“害羞”的基因，这种基因使它们从出生的那一刻开始就很怕人。当携带害羞基因的小狗第一次看到人类时，它们会恐惧地躲开，怕得发抖。而没有携带害羞基因的小狗则自然、友好而外向。它们第一次看到人类的时候，会急切地跑向那个人，兴奋地摇着尾巴，希望被宠爱。如果同样的设定摆在人类中，我们就可以认为，羞怯是会遗传的。

另一方面，你可能也听说过野外散养的猫咪会对人产生深深的不信任感，即使被人带回家收养，它们对人类的信任可能也永远不会完全超越它们对人类的恐惧，被收养的野猫可能永远无法变得像其他家猫一样相信人类。我自己也有这样的经历，因为我曾经养过三只猫，一只是家猫，另外两只是六个周大的时候收养的野猫，它们之间的区别还是非常明显的。所以你也有强有力的证据支持，羞怯其实是后天学习的。

无论是什么导致人类的羞怯，我都相信，我们后天是可以学到良好的人际交往能力的。如果你在羞怯中挣扎，你可以付出努力来克服这个问题，让你的社交生活充实起来。

---

① 译者注：指示犬，是一种中大型的犬种，最初起源于英国，属于猎犬的一种。

什么是有效的搭讪呢？我很难给出一个精确的定义，但如果某次搭讪有效的话，应该会有如下的效果：

· 别人会感觉到你很特别，并且敬佩你。你用一种轻松愉快又不做作的方式夸奖别人所做的一切。你允许他人谈论自己，而不是把注意力集中在自己身上。这样一来，即使你对自己没有太多谈论，别人也会经常得出结论：你很特别。

· 你会以一种友好的方式去逗另一个人，就像一个年长的哥哥姐姐可能去逗自己引以为荣的弟弟妹妹一样。这通常会营造出一种充满幻想和乐趣的氛围，也会让对方感到好奇。

· 你会使用积极的肢体语言，包括看着对方的眼睛，或者在亲密说话的时候可以带着爱意触摸一下对方的手臂。当然，必须谨慎使用这个技巧。在某些情况下，触摸另一个人是不合适的，如果以笨拙或具有侵略性的方式进行触摸，那么在任何情况下触摸都可能有侵犯的意味。

我曾经治疗过一位名叫安娜玛莉的小学老师，她当时会来费城待几周的时间，进行集中性的治疗。安娜玛莉正在孤独之中挣扎，她觉得自己非常不幸福。她解释说，她几乎没有朋友，几乎所有的空闲时间都在为她的课程做准备。她是一位非常敬业的老师，但生活并没有让她感到非常兴奋或快乐。

她是个很讨喜的人，很有魅力，但看起来有些僵硬。

我问安娜玛莉，在本次治疗后她期望能够取得怎样的治疗成果。如果我有一根魔杖，会施魔法，她最希望会发生什么？她期待自己的生活发生怎样的变化？安娜玛莉告诉我，她希望在生活中获得更多乐趣。

我想知道她脑内更具体的一些细节，所以我接着追问：“你想从哪一天开始让生活有乐趣？”

她想了想，然后问我：“今天怎么样？”

“很好。”我回答道。“你想什么时候开始有更多的乐趣？治疗的过程之中还是治疗之后？”

当她回答“治疗结束后”的时候，我松了一口气。

我问她在治疗结束后打算做什么。那是个周五的午后，安娜玛莉说，她这周末想从费城搭快线去纽约看望朋友。

我接着问道，“如果前往纽约的旅行特别有趣，你觉得会是什么事那么有趣？你有没有过这方面的幻想？”

安娜玛丽好像觉得有些尴尬，她有点害羞地解释说，她幻想自己在火车上被几个穿着华丽的帅小伙子搭讪。她说她生性害羞、孤独，已经很多年没有约会过了。

我曾多次搭乘这班车，我知道去纽约的这趟车上有许多来回通勤的雅皮士[①]。安娜玛莉看起来很有魅力，是个很有吸引力的女士，所以，如果我能说服她打破她不善言谈的外壳，我接下来的工作会很轻松。

于是，我告诉她：“这趟火车上会有很多帅小伙子，而我的一个专长就是教孤独的女士们如何吸引男人，但是有一个问题。”

安娜玛莉急切地追问道，“是什么问题，伯恩斯博士？”

我故意卖了个关子：“你必须同意做我让你做的事情，但这件事一开始可能会让你非常焦虑。如果你对此有任何问题，我们也可以换一种方法。”

安娜玛莉告诉我，她已经厌倦了如此严肃和沉闷的生活，只要我让她做的这件事不是非法或不道德的，她就愿意去做。

这正是我最想听到的答案！

我解释说，搭讪的第一个秘诀是要记住这只是一场游戏。搭讪本身就是为了追求乐趣。但如果你认真对待它，你可能就会失败，因为这个世界上不存在魔法。很多人对自己的生活感到厌倦，希望能够偶尔分分心。

如果他们感觉到你是以一种非常轻松的方式在搭讪，而不是严肃、认真地讲

① 译者注：雅皮士，又称雅痞，指城市化进程中出现的“年轻、都市、专业”者群体及其生活方式与次文化。

行对话，他们会更喜欢你。但如果他们觉得你很饥渴或是想追他们，他们就会拒绝你。

这就是著名的伯恩斯法则：人们总是喜欢那些他们求而不得的东西，而从不想要唾手可得的东西。

搭讪的一种方式就是夸赞你要搭讪的那个人。如果你本身说话就让人感觉到很俏皮、亲昵，不是特别严肃，那以夸奖和恭维开始搭讪的效果可能就会更好。而且，如果你的赞美有点不真实，有时效果可能会更好。

我告诉安娜玛莉，她有点太认真了，需要以一种更顽皮、更轻松愉快的方式来开启话题。

我是这样跟她解释的：

假想你在一列火车上，你的旁边坐着一个特别帅气的男士，你知道他肯定是那种天天被夸奖的人。他肯定总是能听到别人说他帅，他已经听腻了。所以，你可以反其道而行之，你要告诉他，你觉得他的思想特别有趣，你只是喜欢他对事物的看法。如果你想要更进一步，你还可以补充一句，说他可能会常常听到别人夸他有思想。而我们都知道这不是事实，而且很可能这个人之前从未听过别人夸他有思想。他会被你所吸引，他很快就会接过话茬，开始跟你聊天。但这个时候千万不要表现出你迷上了他。他必须得确定，你不是在追他。你要像蝴蝶一样，浅尝辄止地与别人交谈。永远记住我自创的这条伯恩斯法则：人们总是喜欢那些他们求而不得的东西，而从不想要唾手可得的东西。

你的另一边坐着的是一位看起来有些木讷的男士。他看起来很邋遢，但他正准备向纽约科学院展示他的最新研究成果。对于这样的男士，你就可以用对他外表的赞扬来开启话题。打个比方说，你可以用一种非常真诚、钦佩的语气说："你的眼睛里有一种非常强烈的热情，我知道一定有很多女人都这样跟你说过。"而我们都知道这不是事实，而且很可能他之前从未听过别人夸他的外表，甚至他的妈妈可能都没有这样夸过他！他的脸可能会涨得通红，并开始兴奋起来，他肯定会在很长一段时间中都记住你。

这个时候，隔壁的帅小伙可能就会纳闷了："我的蓝眼睛难道不好吗？旁边的那个家伙绝对是个书呆子。我希望这个姑娘再次跟我说话。"

最重要的一点是你一定要记住，成年人基本上都是小孩，他们只是长大了而已，并看起来有些严肃，但究其根本，我们这些成年人仍然想玩，而且想玩得开心。我们都希望在生活中有一点幻想。搭讪只是你玩的一个游戏而已。这个游戏的秘诀就是欲拒还迎。

我和安娜玛莉在办公室做了一次角色扮演练习，这样她就可以更好地练习一下搭讪。她简直就是一个天生的搭讪者，她真正需要的只是迈出第一步，并且变得外向。她身上有许多南方女人特有的魅力，我相信，只要她能迈出第一步，情况一定会大大改善。

那天下午，她同意在火车上至少与三个人搭讪。但她也有点焦虑，她问道："如果有人看到我搭讪因此看不起我该怎么办呢？如果他们觉得我是一个水性杨花的堕落女人该怎么办？"

为了帮助她克服恐惧，我建议她尝试恐惧幻想法。我们在上一章才刚刚介绍过这一种认知暴露法。

我告诉她，接下来，我们将进入爱丽丝梦游仙境的梦魇世界，她最担心的所有事情都将会一一应验。在这个梦魇世界里，火车上的所有乘客都看不起她，因为她一直在和周围的小伙子们搭讪。而且，这些乘客毫不留情地表达了他们对她的看法。

我会扮演安娜玛莉的角色，安娜玛莉自己可以扮演其他敌对乘客的角色。我让安娜玛莉说出敌对乘客的想法并尽可能地羞辱我，而且一定要像她想象中的那些乘客一样野蛮，并说出人们永远不会对彼此说出口的可怕的话。

我解释说，敌对乘客实际上代表了她自己内心最深处的恐惧和最严格的标准。基于这个想法，我们展开了如下对话：

敌对乘客（安娜玛莉饰）：嘿，我刚看到你和三个不同的小伙子搭讪了。你就这么饥渴吗？你是妓女吗？

安娜玛莉（戴维饰）：实际上我两者兼而有之。我一直很孤单，全神贯注于工作，所以我决定打破我的外壳，想要更开放一些。对了，我之前一直在费城参加妓女培训课程，这居然都被你给发现了，这个培训还真的挺有效果的！

敌对乘客：好吧，如果我是你，我肯定不会承认参加妓女培训的事情。你还真是没脸没皮啊，你这是在愚弄你自己。

安娜玛莉：你说得没错，我每一分钟都变得更加无耻了，而且我因此觉得特别开心。

敌对乘客：你确实可以做任何你想做的事情，但你不要忘了，每个人都在看着你，而且都看不起你，因为你的道德标准太低，做事也很蠢。

安娜玛莉：没关系，因为我只对长得可爱的小伙子们感兴趣，他们不这样觉得就行。而且没准我会和其中一个小伙子约会呢。

敌对乘客：你永远不会有和他们约会的机会，因为你太糟糕了。你根本不会搭讪。

安娜玛莉：我知道我还有很大的改进空间，我还在学习阶段。或者你可以给我推荐一些搭讪技巧？要和你搭讪的话应该用什么技巧呢？也许我可以试试你推荐的方法。

安娜玛莉知道她永远都不可能靠语言激怒我。于是，她终于意识到，根本不会有其他乘客关心她在火车上到底有没有跟人搭讪。但即使真的有人因此而批评她，她也能忍受。

当我在这次治疗后再见到安娜玛莉时，她很高兴。她告诉我，整个火车上都是有吸引力的年轻人。

刚开始，她感到有点紧张和尴尬，但她仍然强迫自己开始与一位站在她旁边的看起来很平常的人开始交谈。她了解到他是一名精算师，这位男士看起来是那种非常无聊的类型，但安娜玛莉表示，她觉得他的精算工作非常重要，也非常令人兴奋，这位男士的脸一下就被点亮了。安娜玛莉接着说，能够成为精算师的人一定非常非常聪明。这位男士激动了起来，开始向她倾诉生活故事。几分钟后，她又开始和一位年轻帅气的演员搭讪，不久他也开始主动挑起话题了。他甚至还询问了安娜玛莉的电话号码，并邀请她参加他参与的一场外百老汇戏剧①的开幕式。这位演员表示，希望他们在纽约的时候还可以再见面。安娜玛莉惊讶地告诉我，她觉得自己好像有了一种新的秘密武器。

当你刚开始你的搭讪练习时，你可以选择那些不是特别具有威胁性的人。实际上，你甚至可以从动物开始，就像做微笑打招呼练习一样。我一直这样做，而且效果拔群。比如，如果我在人行道上看到一只狗，我就会摸摸它的头，然后故意用一种最肉麻的语气说："哦，你真是个英俊的家伙！我从没见过这么聪明友善的狗！"狗喜欢被人注意，而且它们也不会反抗。在这种时候，狗主人通常也会很高兴。当然，如果这只狗碰巧是一只正在咆哮的罗威纳警犬，你可能就得绕道走了。

在适应了与动物搭讪之后，你可以尝试与那些看起来对浪漫没什么兴趣的人搭讪。因为大部分人的生活都是很无趣的，所以人们总是想要寻找笑料，点亮生活。你可以练习向几乎可以保证会给你积极响应的人们提供友好、赞赏的评论，例如酒店的门卫、走在街上的警察、飞机上的空乘人员、正在商场里买东西的顾客或是在健身房里健身的人。一旦你对整个过程感到舒服，你就可以开始与你更感兴趣的人搭讪了。

然而，这种方法的目标不是要约会，而是简单地让人们主动参与到友好、轻松的交流之中，让他们感觉良好。这种思维方式会减轻你感受到的压力。

不过，虽然我们的目标不在于约会，但使用这种方法真的有可能会让你被约出去哦。

① 译者注：指的是美国纽约市演出规模较百老汇音乐剧小的剧场演出。

拒绝练习

如果你害怕被拒绝，你就可以试着尽可能多地积累被拒绝的经验，这样你就会知道，即使被拒绝，这个世界也会照常运转。

比如说，纽约著名的心理学家阿尔伯特·埃利斯博士年轻的时候，就在两周的时间里被要求和两百名女性约会。这两百名女性中只有一位没有拒绝他，最后到了真的约会的当天，这名女性也没有出现！

虽然他最终没能约会成功，但他克服了对拒绝的恐惧，并最终拥有了强大的社交能力。事实上，他最终因其在浪漫和约会方面的专业知识而声名大噪，并且多年为一本受欢迎的男性杂志撰写性别建议专栏。

虽然我在医学院学习时从未听说埃利斯博士，但我的朋友司柏德和我偶然发现了同样的方法。司柏德平时住在我和朋友合租的房子后面的车库里。他是一个鼓手，长得很好看，他想组一支乐队，然后做音乐。司柏德是个特别害羞的人，我当时也很害羞。

为了克服我们的害羞情绪，有一次，我们在帕洛阿尔托和旧金山的街道上走了几个小时，轮流去和那些漂亮的年轻姑娘搭讪，想要更多地了解她们。如果轮到司柏德了，我就会在街上随便找一位漂亮的年轻姑娘，司柏德必须接近她，然后试着跟这个姑娘约会。如果轮到我了，他也会替我选择一个姑娘，我也必须做同样的事情。

我们都有过类似于埃利斯博士的经历：我们每次都被拒绝。我认为这是因为我们看起来认真又诚恳，这就有点像书呆子了，而且看起来还很饥渴。但我们确实克服了我们对拒绝的恐惧，结果证明，习惯被拒绝是开展更激动人心的社交生活的第一步。

自我暴露法

自我暴露法要求我们不再在社交场合隐藏自己的害羞或紧张感，而是公开披露它们。这种方法需要良好的自尊感才能起效。

在费城开设诊所后不久，我和妻子在格莱德文的郊区购买了一套房子。格莱德文的大多数房子都很大，而且价格昂贵。我们的钱不够多，所以我们在附近买了最便宜的房子。

我们的女儿西格尼经常和一个住在我们附近的名叫佩内洛普的小女孩一起玩。有一天，我的妻子让我去佩内洛普的家里接西格尼回家。当时，我穿着一件破旧的T恤和一条肮脏的牛仔裤。我跳进了旧的生锈的菲亚特，然后开车去了佩内洛普的家。佩内洛普家门口的车道很长，我开了很久还没有看到佩内洛普家的房子。这时，我意识到佩内洛普住在一座豪宅里。我走到巨大的前门，感觉恐慌极了。

我按响了门铃，在那里等了等。这时，前门打开了，一个漂亮的女人出现了。她看起来像是时尚杂志封面的模特，她身材苗条，皮肤是很好看的棕褐色，穿着漂亮的衣服，戴着华丽的珠宝。她说她是佩内洛普的母亲。

我顿时觉得有些焦虑，我紧张地说，“我来接我的女儿，西格尼。”

“请进，请进。”佩内洛普的妈妈说道。说着，她把我带进了一个大小与我们家的起居室相同的门厅。这个门厅的天花板很高，墙壁上还装饰着巨大而华丽的金色画框，就像巴黎的卢浮宫一样。她好像觉得我有点不安，便问道：“有什么不对吗？”

我老实回答说：“因为我以前从来没有见过这么大的房子，这个房子真的太大了，大到我觉得有点害怕。”

她说：“这难道不是很神经质吗？我听说你是个心理医生呀！”

“是的。”我回答说，“我非常神经质！如果你更了解我，你会发现这只是我神经质的冰山一角！”

她笑了，我立刻感到更放松了。

我和妻子很快就和佩内洛普的妈妈成了好朋友。虽然佩内洛普的妈妈看起来好像一直都顺风顺水，但我后来才知道，其实她的生活并不像看起来那样迷人，她也需要努力应对我们这些普通人必须面对的各种冲突和挑战。

你完全可以向外界展示你的羞怯，而不是试图隐藏它，然后让自己看起来很“正常”。大方承认自己很焦虑反而可能会让它消失，而任何试图隐藏害羞的想法可能都会使情况变得更糟糕。

但是，自我暴露可能并不像听起来那么容易。我曾经治疗过一个名叫约瑟夫的年轻人，他非常聪明，十四岁的时候就被哈佛大学录取了，四年后，他也以极高的成绩从哈佛毕业。但是约瑟夫非常害羞，从来没有机会与他这个年龄的孩子一起培养任何社交技巧。他看到漂亮姑娘的时候就会特别害羞，他还觉得，只要这些姑娘们知道他有多么害羞，就一定会拒绝他。

约瑟夫已经成长为一个迷人而英俊的青年，他非常孤僻，还很害怕约会，我觉得这对他来说是一种耻辱。我鼓励他在与女性交谈时承认自己的害羞，而不是一直努力掩饰自己的这种情绪。但他拒绝这样做，而且他觉得我是疯子，如果他真的这样做了，一定会被认为脑子有问题，然后被拒绝。

约瑟夫对自我暴露法的抵制是典型的。面对着自己心中最害怕的怪物的时候，大部分人的反应都是恐慌不已，然后以尽可能快的速度向反方向逃走。我知道，如果约瑟夫一直隐藏自己的害羞，这种尴尬的情绪只会愈演愈烈，但他还是一直在和我顶嘴，坚持认为我根本不知道我自己在说什么。经过几周的抵制，约瑟夫终于同意做一个小实验，来看看我说的话到底有没有道理。

此前，他一直在为费城的一家保险公司做一些咨询工作，他注意到一位非常漂亮的金发秘书小姐似乎经常看他。然而，约瑟夫从来不敢跟她说话，因为他只要一看到这个姑娘，就会感到很紧张。约瑟夫同意试着约这位姑娘出去，但他以前从来没有过任何约会经历，约瑟夫很害怕这位金发姑娘真的会点头同意，若真的如此，约瑟夫可不知道该怎么办。我建议约瑟夫可以约她去唐人街的河岸餐厅吃饭，我和我的家人几乎每周都去那里，那家餐厅的食物特别好吃。用完晚餐，他还可以顺便约这位姑娘去看一场电影。但我告诉约瑟夫，在约会期间，他必须告诉姑娘他其实是个很害羞的人，这样他就可以知道自己对害羞的恐惧是否真的有事实依据了。

约瑟夫告诉我，他觉得这非常困难，但是他愿意强迫自己这么做一次，因为他想证明我的观点是大错特错的。

约瑟夫去约这位年轻的姑娘吃晚饭、看电影的时候，这位姑娘看起来热情极了。在他们吃饭的时候，约瑟夫一直试图表现得“正常”，心中还暗暗希望这个姑娘不要注意到他的尴尬情绪。

整个用餐期间，出现了好几次又长又尴尬的沉默，因为约瑟夫实在是想不出来有什么话题可以聊。姑娘也觉得有些不对劲，就问约瑟夫怎么了。

约瑟夫实在是受不了饭桌上的紧张局势了，便鼓起勇气告诉姑娘，他有一件事想要向她坦白。

姑娘看起来有些惊慌，慌忙问约瑟夫要坦白什么。

约瑟夫深吸了一口气，说道：“只要我身边有漂亮的姑娘，我就觉得特别害羞，舌头好像打起了结，什么话都说不出来。”说完，约瑟夫还向姑娘道了歉，因为他现在就处在这种紧张之中。

他确信姑娘会当场拒绝他。但没想到姑娘说：“天哪！我一直在找像你这样的有些敏感的男孩子，找了好久了！我好烦那些大男子主义的男生，他们总是打击我。”

约瑟夫简直不敢相信他的耳朵！

晚饭后，这位姑娘问他愿不愿意跳过看电影的环节，直接去她家，聊一聊，喝点小酒。约瑟夫和这位姑娘一起度过了难忘的一夜。

后来，约瑟夫来找我进行下一次治疗时，他大声地感叹道：“我现在信你了！我信你了！”

自我暴露法认为你因为害羞而产生的羞耻感才是你真正的敌人。如果没有这种羞耻感，害羞实际上可以成为一种资产，因为它可以让你看起来更加脆弱和有吸引力。但是如果你害羞，你可能不会相信这一点，因为害羞和随之而来的羞耻感在你的脑海里如此紧密地交织在一起。

当然，在自我暴露的时候也是需要一定技巧的。如果你以一种过分自我谦卑的方式告诉别人你很害羞，可能会适得其反，因为你会让对方感到不舒服。他们可能会为你感到难过，或认为他们应该安慰你。

比如，你千万不要说："我非常害羞，我都害羞到根本没法和别人待在一起。说实话，除了我的狗，我在这个世界上就没有朋友。我的狗会和我待在一起，因为我每天都喂它。我真的好孤独，我真的受不了了。你能和我做朋友吗？"

显然，这是有一点开玩笑的成分的，但听起来却有一丝微妙的敌意，对方听后可能会觉得很不舒服。自我暴露法是一个强大的工具，因为你不再需要隐藏你的尴尬感受，如果你以一种放松和自我接受的方式表达自己，那才是最有效的。

大卫·莱特曼法

如果你很害羞，你可能会受到聚光灯谬误的影响。在社交场合，你可能会觉得你就像待在一个舞台上，你必须要表现得很好，并且必须给人留下深刻的印象，才能让人们喜欢你。它会给你带来巨大的压力，你拼了命地想要说出一些有趣的话。但事实上，你越努力想要憋出一些俏皮话，你就会感觉越尴尬，越不自然。其实，大多数人都对谈论自己更感兴趣，给别人留下深刻印象的最好方法就是把"他人"放在聚光灯下。你可以让其他人谈他们自己，然后你带着敬意去听。这可以让你成为观众，而不是表演者，这就可以大大减轻你的压力。

我称这种方法为大卫·莱特曼法。大卫·莱特曼是一位成功的脱口秀主持人，你可以使用他采访嘉宾时使用的方法。他总是把焦点放在对方身上，很少谈论自己，这为节目嘉宾带来了最好的体验，让他们能够轻松地进行交谈。你可以使用有效沟通的五个秘诀，而不是通过说一些有趣的事或谈论自己来打动他人。虽然我最初开发这些方法是为了能够帮助人们处理人际冲突，但你也可以用这些秘诀来开启社交对话。下面我给大家介绍一下这五个秘诀。

1. 解除武装法：即使对方的言论听起来非常荒谬，也要努力找到对方言论中可圈可点的部分，每个人都喜欢被肯定。

2. 思想同理和感受同理：试着通过对方的眼睛看世界。当你进行思想同理时，你可以换一种方式总结对方说过的话，然后再加以反馈，这样一来，对方就知道你在听，并且也了解到了你的想法。比如可以说："你刚才提到了某某和某某，是吗？我还想了解更多关于他们的事。"这样的反馈就会激发对方的热情，打开对方的话匣子，因为他会认为你是一个认真听他说话的听众。当你进行感受同理时，你可以根据对方使用的词语来总结对方的感受。比如，如果一个人跟你表达他觉得新的公司政策有多么不公平，你可以说："你说得很有道理，我也能想象你对这些政策确实有很多的不满。"这个回复里还包含了解除武装法，因为你赞同了对方，觉得对方说得很有道理。将感受同理法和解除武装法相结合会发挥出更大的效果。

3. 质询法：提出简单的问题来吸引对方。你可以说："我觉得你提的内容非常有意思，你还可以再跟我介绍介绍吗？"

4. "我觉得"句式：我们会用"我觉得"句式表达自己的想法和感受。这可能是不必要的，因为大多数人都更渴望谈论自己。

5. 夸奖法：你需要恭维对方，传达你对他的尊重或钦佩。说一些真诚的夸赞对方的话。

如果你觉得这些方法太难记，可以记住一个缩写——EAR。在下面的图上，我们可以看到，EAR是三个词的首字母缩写，分别代表Empathy（同理心）、

Assertiveness（肯定）和Respect（尊重）。如果你巧妙地使用这些方法，你就可以让对方不停地说话。在对方大谈特谈之时，你表达了对他们的兴趣，他们往往会对你印象更加深刻。

当我还是一名医学生时，我们都很害怕克拉丽丝，她是我们医学系主任的秘书。克拉丽丝为人有点苛刻，掌握了很多权力，如果你跟她关系不好，她就会给你穿小鞋，让你过得很惨。有一天，我不得不问克拉丽丝关于我临床实习的问题。她似乎很生气，所以我当时赶忙说："克拉丽丝，我真的很佩服你管理我们系的方式，你真的太自律、太有效率了！我真的觉得你好厉害，我也好想和你一样有效率。"没想到，这一下就让克拉丽丝的态度软了下来，在那之后，她对我就像对王子一样！可能是因为她对生活感到沮丧，也可能是因为她在很长一段时间内都没有听到过一句好话。虽然我只使用了其中一种方法——夸赞法，但这种方法完全改变了我与克拉丽丝的关系。

表20–3　有效沟通的五个秘诀（EAR）

E =同理心
1. 解除武装法解（DT）。即使对方的言论听起来非常荒谬，也要努力找到他言论中可圈可点的部分。 **2. 同理心。**站在别人的角度想问题，试着通过他的眼睛看世界。 **· 思想同理（TE）。**用自己的话概括别人的话。 **· 感受同理（FE）。**根据对方说的话，总结对方可能的感受并接受这种感受。 **3. 质询法（IN）。**温和并探究性地问问题，以更多了解对方的想法和感受。
A = 肯定
4. "我觉得"句式（IF）。以直接、有策略的方式表达自己的想法和感受。使用"我觉得"句式，比如"我觉得有些沮丧"，而不是以"你"开头的句式，比如"你错了！"或"你让我生气！"
R =尊重
5. 夸赞法（ST）。即使你对另一个人感到沮丧或生气，也要保持尊重的态度。即使在激烈的争吵中，你也要努力找到真心夸赞对方的话。

* 该模型由戴维·伯恩斯（David D. Burns）1991年提出，2001年修订。

如果你想在现实生活中使用有效沟通的五个秘诀，你就必须进行练习。只是阅读这些技巧而不去练习是没有效果的。你需要做一些书面练习以及一些角色扮演练习。

想象一下，你感到害羞，并且不知道要和与你交谈的人说些什么。你可以写下对方可能会说，但你却不知道怎么回应的一件事，然后利用两个或三个秘诀进行回应。

举个例子，假如你去参加了一个派对，你刚刚遇到一个名叫贾维斯的人，他真的是个特别无趣的人。你正在努力思考要对他说什么，并因此感到紧张。当你问贾维斯他是做什么工作的时候，他回答说：“我以研究灰尘为生。”

你会如何回应贾维斯?

你可以把你想说的话写在下面，并使用图表上的缩写在每个回应后面的括号中标注你使用的具体方法。比如，如果你使用“解除武装法”，你就可以在句子末尾加上“（DT）”。写下答案之后，你就可以继续往后读了。

____

____

____

____

____

答案:

你可以通过很多方式回应贾维斯。这里给大家介绍其中的一种：

你研究灰尘？（TE；IN）这很有趣呀！（ST）我以前从来没有见过任何研究灰尘的人，但我相信研究灰尘绝对是件很有趣的事情。（ST）而且我最近在探索频道看过一个科学节目，他们说宇宙中有些区域有神奇的灰尘群落，它们完全是由钻石组成的。（IF）你研究的是什么类型的灰尘呢?（IN）

正如你所看到的，我在回答中使用了四个秘诀，并且在每个句子之后都标出了我所使用的具体方法。无论对方说什么，如果你使用这些方法并将焦点放在对方身上，你总能找到一种让对话变得有趣的方法。

现在我想让你再试一次。想象一下，你现在正在与鸡尾酒会上遇到的某个人交谈，并因此感到害羞。写下这个人可能会对你说的一件事。确保你写下的是一些你通常不知道怎么回应的事。

现在写下你接下来会说的话，记住使用有效沟通的五个秘诀，将你正在使用的方法写入每个句子之后的括号中。

一旦你多次尝试这种书面练习，你就会逐渐意识到，让他人放松并随时随地与任何人进行讨论，是一件多么容易的事。然后，你可以使用角色扮演法与朋友或家人一起练习。让家人或朋友扮演你试图与之交谈的人，你则扮演你自己。在对方做出简短陈述之后，使用五个秘诀之中的一个做出回应，然后让对方给你评分。对方会给你打A、B、C还是D？也可以问问对方喜不喜欢你的回答。如果你没有得到A，那就做一个角色转换，并对对方说同样的话。在对方回应之后，也给他评分。多次进行角色转换后，你就可以非常出色地进行回应了。

在进行角色扮演时，一定要记住以下几点：每次只回应一个点时效果最佳。换句话说，我们可以让对方先发表一条评论，然后你立刻对这条评论进行回应，随后请这个人评论你的回应。这样，对方就可以即时给你反馈，指出你哪里做得好，哪里做得不好。然后，你们可以进行角色转换，看看你的搭档是否能够做出更有效的回应。接着再进行一次角色转换，直到你自己能够进行有效的回应为止。

在做角色扮演练习之前，可以先复印两份前文表格上的有效沟通的五个秘诀，这样每个人都可以在角色扮演过程参考这些秘诀。这会使回应变得更容易，也可以为彼此提供有用的、具体的反馈。多次练习后，你就可随时灵活地使用五个秘诀了。当然，这种实操应该从没有威胁的人开始，比如孩子。然后继续前进，进行更加有挑战性的练习。你会惊讶地发现，当你能熟练运用“聚光灯”的诀窍时，与其他人交往是多么容易。

有效沟通的五个秘诀可以在各种令人焦虑的情况下使用。在做公共演讲的时候，这五个秘诀也可以给你提供非常有用的帮助。

许多有公共演讲焦虑的人难免都会担心观众中的某个人会当场提出带有敌意或难以回答的问题。如果你使用有效沟通的五个秘诀，你就可以立即将敌意最深的批评转变为你的优势，无论这个人的言论听起来多么具有对抗性，你都不必担心。

我曾经在休斯敦的贝勒医学院做过关于脑血清素的讲座，观众席上坐着五百多名精神科医生，整场讲座反响很好，但有一个一直坐在后排的精神科医生在问答环节中开始抨击我。他宣称他自己的开创性研究证明了某种维生素治愈抑郁症的有效性，并坚持认为我参与了制药公司的阴谋，所以想要打压他的发现。他生气地喊道，他绝对不会支持我的研究。我当场觉得尴尬极了！整个大厅的气氛都变得严肃了起来，五百双眼睛齐刷刷地盯着我。我抑制住了为自己辩护的冲动。相反，我告诉他，他的观点很棒，并表示他对我的批评是有道理的。我强调，许多研究人员都喜欢保护自己的领土，并不会对与自己研究相矛盾的新思想开放。

我还指出在整个医疗发展史中，重要的突破往往都来自小型实验室，就比如这位批评我的精神科医生，他们会追求自己的想法并最终得到认可。我还鼓励他在讲座后可以和我聊聊，这样我就能更多地了解他的研究。他看起来很高兴，立刻安静下来，问答环节也继续进行了下去。观众似乎也很欣赏我对这位批评者的善意回应。越来越多的人举手想要提问，但我没有机会回答所有问题。大家都对我的演讲有非常积极的回应。

演讲结束后，一大群热情的人纷纷冲上讲台围住我，继续向我提问。我瞥到之前批评我的那位精神科医生费劲地推开人群，想要来到我身前，我也准备好了接受他新一轮的质疑。但我没想到的是，他走到我的面前，抓住我的手，兴奋地握了握，并祝贺了我。他大声告诉我，我的讲座是迄今为止他听过的关于大脑化学的最好的讲座，并询问我他是否可以拷一份我的幻灯片，这样他自己上课的时候也可以使用。

为什么我的回答如此有效？我只是简单地使用了解除武装法和夸赞法，这是有效沟通的五个秘诀中的两个。

当我同意研究通常更具政治性而不是科学性，并且表示很多没有站队的科学家常常被不公平地否定时，我就解除了这位批评者的武装。当我把他描述为一个勇敢的、有创造力的和特立独行的科学家时，他就被我软化了，因为这让他觉得我是他的盟友而不是他的敌人。

有效沟通的五个秘诀可以通过两种不同的方式帮助你在做公共演讲的时候摆脱焦虑。首先，因为你会发现你有一种神奇的方式处理人们在演讲期间对你说的任何话，所以焦虑自然而然就消失了。其次，如果某人确实提出了一个令人讨厌或困难的问题，并且你巧妙地使用了解除武装法和夸赞法，那么他们就会积极回应，因为他们会发现问问题是很安全的。这将让所有的观众情绪高涨。

第四部分

情感隐藏模型

第二十一章　情感隐藏法

将你的问题全部隐藏起来

我曾经治疗过一位名叫阿莉西亚的年轻女子，她在工作的时候经常会惊恐发作。高中毕业后不久，阿莉西亚就结婚了，她也找了份工作，老板是一个做苏打水批发生意的男人。每当阿莉西亚的老板走过她的办公桌时，她就会惊恐发作。她会感到一阵阵恶寒，并且总是想吐，经常不得不去休息室躺下休息。有时候她觉得自己特别不舒服，只能请假回家。阿莉西亚因此去看了几位医生，想看看自己到底是哪里出了问题，但似乎一切都很正常。她的症状似乎没有得到任何医学解释。阿莉西亚自己在家的时候也经历过惊恐发作，特别是当她的丈夫出差时，她就会感到恐慌。她把自己这个状态称“极度恐惧状态”。每次惊恐发作的时候，阿莉西亚都会非常绝望。有时，她的丈夫也不得不缩短自己的行程，赶紧回家照顾她。阿莉西亚很爱丈夫，因为自己的原因造成这么多问题，她感到非常愧疚。但除了惊恐发作之外，阿莉西亚平时的生活还是很开心，每天的心情都调整得很好。她告诉我，她很喜欢自己的工作，也很佩服她的老板。老板也经常称赞阿莉西亚，并表示她对公司来说是非常重要的资产。

听了阿莉西亚的描述，我觉得她的每次惊恐发作都很突然，我也不知道为什么会出现这样的情况。到底发生了什么呢？我在治疗阿莉西亚的过程中，用了很多种认知行为疗法。这些方法的确很有帮助，但只能带来部分效果。阿莉西亚的焦虑虽然得到了改善，但并没有消失。

在我们的第七次治疗期间，阿莉西亚问我，诸如“非黑即白”之类的认知扭曲是否也适用于家庭问题。我问她为什么要这样问。阿莉西亚解释说，在她成长的过程中，父母一直都称她为“乖女儿”，她总是努力取悦她的父母和老师，所有的科目都是最高分，同时，她也是一位出色的运动员，与大家相处融洽，大三和大四的时候都是班长。阿莉西亚很独立，也很负责任，是一个非常值得信赖和依靠的女孩子。

相比之下，她的父母将她的妹妹乔妮称为“坏女儿”。乔妮性格很野，而且很叛逆，她经常夜不归宿，到处惹麻烦。每每想到这里，阿莉西亚都觉得这些标签不太公平。她说，乔妮显然并不“坏”。她的成绩也很优秀，还有很多朋友。现在，乔妮结婚了，而且婚姻幸福美满，还成了母亲，有了一对漂亮女儿。同时，阿莉西亚还觉得，她自己也不总是像所有人觉得的那样“乖”。有时，她也会想要叛逆，也想像乔妮一样疯一回。但她觉得她不能反抗，因为她必须扮演好女儿的角色。她说，这些标签是非常具有误导性的，因为她和她的妹妹其实在很多方面都很相似。

我问阿莉西亚是否认为自己的惊恐发作症状可能与这种“乖乖女”的标签有关。她愣了一下，然后承认说，实际上她讨厌自己的工作，但她觉得这样做是不对的，因为每个人都希望她一直这么负责任，她一直以来都保持着这种乖乖女的形象。阿莉西亚沮丧地说她不想一辈子都卖苏打水，而且她真的很想辞职，但她又很担心这样做会让她的丈夫、老板和父母失望。

我问道：“阿莉西亚，如果我有一根魔杖，现在挥一下就能让你所有的梦想成真，你想要实现什么梦想？”

阿莉西亚回答说，在她还是一个小女孩的时候，她就一直幻想着能够成为一名服装设计师，但她从来没有勇敢地追求过自己的梦想。虽然她不知道自己的这个理想到底切不切合实际，但她却无论如何都很想尝试一下。阿莉西亚还说，她从来没有过真正的放松、休闲的时光，即使在她还在读高中的时候，每逢寒暑假，她也会去打工。她从来没有抽出时间享受过生活，因为她觉得她不应该这样做。

最终，阿莉西亚决定告诉她的丈夫和老板自己的感受。而且事实证明，他们非但一点都不生气，反而特别支持。她决定换个工作，并花几个月放松一下心情。她想追求她梦寐以求的梦想。最后，阿莉西亚的惊恐发作立刻消失了，她停止了治疗。

六个月后，她写信给我，告诉我她真的很感激我对她的帮助，而且她再也没有发生过惊恐发作。她第一次度过了真正意义上的假期，非常享受她的闲暇生活。她对于休假结束回去工作也感到兴奋。她最终找到了一份专门为女性设计运动服的工作。她说这个工作就是她这一生的梦想，她热爱自己新生活的每一分每一秒。

请注意，阿莉西亚的恐慌其实是自我肯定的替代品。她感到恐慌，其实是因为她内心觉得：我的生活出现了问题，这份工作不适合我。但她不敢承认自己的真实感受，所以她通过让自己生病这种形式间接得到了她想要的东西。她出现恐慌和恶心的症状让她可以提前下班回家，但是没有人可以因此对她生气，因为她似乎真的生病了。

起初，我认为阿莉西亚的戏剧性恢复是一个孤本病例，但之后，我开始在越来越多的患者身上看到相同的模式。这不仅限于发生在惊恐发作的患者身上，而是会发生在任何类型的焦虑患者中，包括慢性焦虑、各种恐惧症、强迫症、疑病症和表现焦虑症等。

最后，我意识到大约75％的焦虑症患者都在隐藏自己的情绪和感觉。因此，只要我们把这些情绪问题拿到台面上来，焦虑很快就消失了，阿莉西亚就是一个典型的例子。

所以，我把这个方法命名为“情感隐藏法”。

这种方法认为，当你焦虑的时候，脑内往往会有一些问题或感觉，但你极力想要避免这些问题和感觉，因为你不想让任何人因此而感到不安，也不想伤害他们的感情。你可能是在对某一个朋友生气，或者是想要一些你认为自己不应该想要的东西。接着你就会感到焦虑，而你甚至都没有意识到到底是什么问题引发了焦虑。你忽视的问题通常是非常明显的，而且“此时此刻”这个问题就在困扰着你。这就有点像你站在一头大象旁边，但你完全没有注意到身边的这个庞然大物。

情感隐藏法听起来很简单，但操作起来并不像听起来那么容易。这是因为你可能不会意识到引发你焦虑的一系列问题。起初，几乎所有我治疗的焦虑症患者都认为，焦虑是他们生活中的唯一问题，除了焦虑之外，一切都很好。要想让引发焦虑的问题浮出水面，是需要花费时间和精力的。

为什么容易焦虑的人会“否认”或干脆“忘记”引发他们焦虑的问题呢？我相信，这是因为大多数患有焦虑症的人都过于善良。我觉得，善良几乎是所有焦虑的原因。如果你正在为焦虑而苦苦挣扎，我敢打赌，你绝对是一个非常好的人。你的这种“善良”其实来自一种自我攻击信念：

- 讨好他人。你觉得你必须取悦其他人，即使牺牲了你自己的需要和感受。
- 愤怒恐惧。你觉得你不可以生气，或者你可能认为愤怒是危险的，必须不惜一切代价避免。当你对某人感到烦躁或烦恼时，你会表现得很好，将你的感觉隐藏起来，并告诉自己，你不应该有这样的感受。
- 冲突恐惧。你避免冲突，因为你觉得你必须一直与每个人和谐相处。
- 情感完美主义。你认为你应该总是对自己的生活、工作和身边的人感到乐观和开心。
- 消极恐惧。这是情感完美主义的另一面。消极恐惧是我创造的一个术语，指的是“对消极情绪的恐惧”。你觉得你应该始终掌控你的感受，你认为自己永远不能感到焦虑、脆弱、孤独、嫉妒、烦恼或不足。

这些自我攻击信念其实都说明了同一点：你总是过于善良，而且你并不总是敢于展示你的真实感受。当你感到焦虑不安时，你会自动将问题排除出自己的脑子。很快，你就会被焦虑所吞噬，以至于你忘记了所有困扰你的问题。

研究人员也尚不清楚为什么焦虑的人会出现这种忽视问题的倾向。这不仅仅是心理上天真的问题。我非常精通心理，但我有时也会忽略那些困扰我的明显冲突或问题。虽然容易焦虑的人往往不够自信，但这通常不是问题的关键，自信训练也并不能纠正这个问题。真正的问题在于，这些感到焦虑的人甚至不知道自己的感受。

当我问焦虑的人是否有什么事情困扰他们时，他们通常会回答说没有。他们向我保证，他们爱他们的配偶，与所有朋友和同事都相处融洽，并享受他们自己的工作——但他们仍然会持续地担忧或恐慌，这也是他们唯一需要帮助的地方。他们也并不是不诚实，他们只是根本没有意识到问题所在，找不到焦虑的真正原因。

几周之后，当真正的问题出现时，他们才恍然大悟："啊！就是这个！没错，就是这个问题一直困扰着我！就是这个问题！"问题可能源于我们的大脑处理信息的方式。这就好像是我们大脑的一部分确切地知道问题所在，但是大脑中有确切意识的那一部分却无法获取这部分信息。

如果你感到焦虑，情感隐藏法绝对值得一试。这个方法有两个步骤：

1. 发现问题。这是最难的部分。你必须跳出自己的思维定势，并且找出真正让你觉得困扰的人或事。然而，将问题带入意识的层面可能非常困难。你可能会告诉自己，除焦虑本身外，你没有任何问题，但这些问题迟早会浮出水面。这个问题会让你觉得烦恼不已，并没有随着你的情感一道被埋藏在过去。此外，这些问题几乎总是非常明显，比如你讨厌你的工作，或者因为朋友感到不安，又或者是你想要做一些与你生活不同的事情。这些问题也通常不会是多深刻、多复杂的心理问题，比如俄狄浦斯情结。

2. 找到解决方案。一旦你发现了困扰你的问题，你就必须表达自己的感受并对此采取行动。当你解决问题时，你的焦虑就会渐渐减少然后消失。

随着时间的推移，你就可以更好地调整自己的真实感受，但是当你再次感到不安时，你可能总是倾向于再次将自己的情绪隐藏起来，然后你就会再次感到焦虑。但是，一旦你意识到真正发生了什么，你的焦虑将变成一种资产而不是一种负担。你会意识到，焦虑其实是你的身体在告诉你："嘿，你对这件事感到不安，去查看一下吧。"

现在，我希望你能够担任一次心理治疗师，并使用情感隐藏法帮助三名焦虑症患者解决他们的焦虑问题。虽然你的情况可能与这些患者都非常不同，但这些练习将让你更容易使用这种强大的方法来克服困扰你自己的恐惧。

请记住，情感隐藏法涉及两个步骤：

1. 找出困扰你的问题或感觉。
2. 表达你的感受，并采取措施解决问题。

认为自己即将死去的女人

我们可以从之前已经介绍过的病人开始入手。

还记得特丽吗？她曾经饱受了惊恐发作很多年的折磨，之后的某一次惊恐发作期间，我让她在我办公室做了几次开合跳之后，她突然就痊愈了。虽然她完全康复了，但我很好奇她为什么最开始会出现这个问题，所以我问她十年前第一次惊恐发作的时候到底发生了什么。到底是什么事情诱发了特丽的第一次惊恐发作呢？

特丽告诉我，当时，她和她的丈夫都特别需要度假，就一起去了牙买加。他们一直期待这次旅行，为这次旅行已经存了将近一年的钱了。特丽的父母也已经同意在他们离开的时候照顾孩子，这样他们就可以在不需要照顾孩子的情况下轻松旅行。特丽和她的丈夫非常期待这个假期，他们还邀请了另外一对夫妇加入他们。他们在牙买加降落后，就一起上了一辆出租车前往酒店。一上路，特丽就开始与他们邀请的那位妻子聊她和丈夫的假期安排。在聊天的过程中，这位妻子说她很感激特丽和她的丈夫慷慨地请他们夫妇来度假，还愿意帮他们承担飞机票、食物、酒店、出租车，甚至还有小费的开销。这让特丽觉得非常震惊，因为她和丈夫并不富裕，也从未提过愿意支付这对夫妇的费用。当然，特丽是个非常“善良”的人，她不想让任何人感到不安，所以她当时什么都没有说。但是，她的呼吸开始急促了起来。不一会儿，特丽就开始感到头晕气短，胸口开始疼痛。她惊慌失措地脱口而出：“我快死了！”出租车司机赶紧将一行人送到紧急医疗诊所，特丽在那里进行吸氧治疗。这可以说是他们最糟糕的治疗选择了，因为特丽之前就已经过度呼吸，血液中已经吸收了过多的氧气。继续吸氧之后，她的症状恶化了，医生建议特丽乘坐下一架返回美国的飞机，这样她就可以去大一点的医疗中心接受治疗。

出租车司机立即将他们送回机场，一行人都乘坐下一架飞机返回美国。当他们到达急诊室时，特丽的惊恐发作早已经过去，但他们的假期已经毁了。自那以后，她几乎每周都会惊恐发作，她和丈夫四处求医问药。她很快就开始感到沮丧和焦虑，因为这种可怕的惊恐侵袭变得越来越频繁，也没有人知道如何帮助她。

现在，我希望你使用情感隐藏法来帮助特丽。想想特丽第一次惊恐发作的时候出租车里发生了什么。她惊恐发作的症状其实是想向另一个女人传达什么信息?

你怎么看待特丽的感觉？即使你现在什么都没想到，你也可以猜一猜。一边猜一边继续往下读，我也会和你分享我的想法。

答案：

当得知另一对夫妇期望她和她的丈夫帮他们付整个假期的费用时，特丽非常生气。然而，她没有用语言表达这些感受，甚至没有意识到自己有多生气，因为她太“善良”了。因此，她的症状替她说出了心声。特丽通过惊恐发作，间接地表示了：“我是不会付钱的！”她还想告诉对方：“是你让我生病的。你毁了我的假期，所以我也要毁掉你的假期！”

通过生病，特丽显得非常无辜，没有人可以对她生气。毕竟，她在惊恐发作的时候看起来真的好像就要死了。

你看，我们的焦虑情绪是多么聪明呀！

特丽的症状对让她心烦意乱的人产生了强大而直接的影响。那这是否意味着特丽其实是在被动地攻击他人并操纵他人？完全没有。如果你很容易产生焦虑的情绪，你常常会无意识地忽略自己的感受，而被你忽视掉的感受会间接地出现，伪装成焦虑的样子。

当人们感到沮丧的时候，有些人会开始担心，有些人会产生恐惧症，有些人，比如特丽，会发生惊恐发作，还有一些人则可能会出现强迫症状。

科学家们不知道为什么大脑会选择一种形式的焦虑而不是另一种形式的焦虑。一旦你感到焦虑，你可能会非常专注于那些奇怪而可怕的症状，你会发现，在你感到焦虑的时刻，你会完全忘记那些从源头上困扰你的问题。

特丽说这种解释对她来说非常有意义。

她说，在回顾过去时，她发现，在过去十年中，她的消极情绪引发了过去几乎所有的惊恐发作。在她与某些人（例如她的孩子）发生冲突或争吵之后，她就经常会惊恐发作。她非常爱她的孩子，但有时孩子们也会做错事，惹麻烦。特丽通常会试图与他们沟通，而不是铁面无私地进行惩罚。然后孩子们可能就会继续犯错误。这时，特丽便会惊恐发作。惊恐发作其实向孩子们传达了这样的信息：“你们的行为会气死你们可怜的妈妈，你们最好不要再这样做了！”

尽管特丽每次的惊恐发作似乎都毫无由来，但其实焦虑的产生每次都并非偶然。你通常会遇到一些你极力想要避免的问题或冲突，但你并没有意识到这一点，因为你很擅长自动将你的消极情绪从你的意识层面抹去。

无法停止担忧的女人

玛奇住在佛罗里达，今年已经七十一岁了。五十多年来，她来一直饱受慢性焦虑的困扰。她也接受过很多治疗，但是都没有什么用。

她和她的丈夫来到我在费城的诊所里待了几个星期，参加我们的强化治疗计划。虽然玛奇担心的问题不时发生变化，但她强迫性焦虑的模式总是一样的，一旦她开始担心某些事情，她就无法停下来。

最近，玛奇一直担心她的两个儿子——蒂姆和弗雷迪。两个儿子都离婚了，最近又都再婚并搬去了加利福尼亚州。他们都喜欢徒步旅行。每当玛奇看到有关加州泥地滑坡或地震的电视报道时，她就会开始担心起儿子们。有时她会想象儿子们在荒野中徒步旅行时遇到了可怕的意外或地震。在她的脑海中，她想象着他们被困在巨石下，想象着他们慢慢流血致死，双腿被巨石压碎，痛苦地尖叫着。

玛奇也担心她七十八岁的丈夫拉尔夫。拉尔夫每天都打网球，医生也觉得拉尔夫非常健康，没有任何问题。不过，玛奇却经常毫无缘由地担心自己的丈夫。比如，在一天晚上准备晚餐时，玛奇想象着拉尔夫因为突发心脏病而摔在地板上。在这个令人恐惧的幻想中，她打电话叫救护车，跪在他身边，试图在拉尔夫陷入昏迷状态濒临死亡的时候给他做心肺复苏。这些幻想不停涌入她的脑海。这到底是为什么？

当你使用情感隐藏法的时候，你得找到那些被玛奇隐藏起来的感受或是冲突。你能想到玛奇为什么会如此担忧吗？为什么她经常想象她的丈夫和儿子濒临死亡？是什么引发了这些担忧？这背后到底发生了什么？

请记住，“善良”的人通常比较容易出现焦虑问题。玛奇的症状是否能告诉我们她内心的感受呢？请再次戴上你的侦探帽并寻找线索吧。我也给大家一些提示。

· 隐藏的问题或感觉是在当下就存在的，而不是已经被埋藏在过去的某个冲突。

· 隐藏的问题其实非常明显。它就像一头紧挨着你的大象，你只是没有注意到它的存在而已。

· 问题本身并不神秘，不像俄狄浦斯情结或其他关于生命意义的存在主义斗争。这个问题是我们都能发现的常见问题。

· 焦虑通常是对你的冲突或问题的象征性表现。这是你的大脑间接传达你的压抑感受的方式。

事实上，焦虑就像一个清醒的梦。焦虑的人就像艺术家和诗人一样，间接地用图像和隐喻来表达感情。

还记得阿莉西亚吗，每次老板走过她的桌子时，她都会感到恐慌和恶心。她的所有症状其实都是在说：“我不想继续再在这里工作了。”但她太“善良”，不愿意承认她想辞职，她不想伤害老板的感情。所以她向老板“展示”了她的症状。

回到玛奇的例子上，她的恐惧告诉我们什么信息？是什么在困扰着她？请在下方写下你的看法：即使你完全没有头绪，也请在继续往下读之前大胆猜一猜。写下答案之后，就可以继续往后读了。

____

____

____

____

答案：

你可能会猜这是因为玛奇害怕孤独，害怕被遗弃，在她的幻想中，她的丈夫和儿子都最终会死亡。

这是一个很好的猜测，但是有点偏离目标。当我们刚开始使用情感隐藏法时，你可能会做出一些错误的猜测，这是完全正常的。

我在治疗病人的时候，总是会问："会不会是这个原因呢？"或"也许是那个原因？"我的猜测通常是无效的，但患者迟早会突然"想起"困扰他们的东西，接着我们就会从完全不同的角度来理解他们的焦虑。即使是思考到底是什么触发了你自己的焦虑，你可能也没法立刻就找到症结。但是，如果你保持开放的心态，隐藏的问题或感觉最后都会浮现。

如果你仍然不确定是什么在困扰玛奇，我可以给出一些提示。你可以问自己这些问题：

- 玛奇的丈夫和儿子在她的幻想中会发生什么事？
- 谁创造了这些幻想？
- 这些幻想告诉我们玛奇的感受如何？什么样的感受可能引发这些幻想？

请注意，在幻想中，玛奇的儿子是非常缓慢而痛苦地死去的。所以从某种意义上说，是玛奇在一遍又一遍地杀死他们。在这样的幻想背后可能隐藏着怎样的感受？如果你猜到她对她的儿子有一些未表达的愤怒，那么你就可以获西格蒙德·弗洛伊德奖了！

在玛奇和她的丈夫初到费城的当天下午，我就见到了玛奇。当她描述她对丈夫和儿子的担忧时，我问她是否有一些没有表现出来的消极感受。我指出，其实玛奇每天都在幻想中杀死自己的丈夫和儿子，所以我想知道，玛奇是不是在对他们感到心烦甚至是生气。

玛奇解释说，她非常爱她的两个儿子，但她也承认，自己不喜欢他们最近再婚的对象。然而，她不想像邪恶的女巫或邪恶的婆婆那样看待自己的儿媳，所以，玛奇把自己的感受抹去，假装一切都很完美。但同时，这种感觉正在吞噬她。

接着，我问玛奇是不是也对她的丈夫有些生气，因为她也是在幻想中杀死了他。我问玛奇最近和丈夫有没有过争吵？玛奇告诉我，她和她的丈夫从未争吵过。实际上，在五十多年的婚姻中，他们甚至从来没有对彼此说过气话。

我简直不敢相信自己的耳朵："你是说，这么多年来，你从来没有生过你丈夫的气？"

玛奇回答说："我是说，我们从来没有对彼此说过气话，但我没有说我从来没有生过他的气！"玛奇解释道，在她的成长过程中，她从来没有见过她的父母对任何事情有过不同意见，而且他们告诉她，真正相爱的人是不应该吵架的。玛奇承认，她经常对丈夫感到恼火，但她认为她不应该表达这些感受，所以她就把这种感受抹去了。

然而，当愤怒被强行抹去，它总会以另一种方式卷土重来。你的确可以试着忽略自己的愤怒，但这种情绪可能会换一种形式间接地出现。玛奇的愤怒被伪装成焦虑，她不断担心她的儿子和丈夫即将死去。但在她的幻想中，他们的死亡总是来自她无法控制的事情，例如地震或心脏病发作。这样，玛奇就可以在幻想中杀死他们，但她仍然是个无辜的人，扮演着爱丈夫的妻子和爱孩子的母亲的角色。她没有注意到其实她自己就是那个创造幻想和杀戮的人！

找出焦虑的隐藏原因是至关重要的，但是，仅仅只是意识到隐藏的原因是不足以治愈焦虑的。为了让你自己感觉更好，你必须表达自己的感受或解决困扰你的问题。

后来玛奇和我讨论了她如何能够以一种委婉、善意的方式表达自己的感受，这样她就可以对她的儿子和丈夫更开放和诚实，而不会释放出敌意，或是刻意批评或疏远他们。

我们通过角色扮演来练习了这些方法，玛奇做得很好。

治疗结束后，她回到酒店房间，决定给两个儿子打电话，告诉他们她的感受。玛奇说，这是她与孩子们进行过的最好的对话，她的担忧消失了。

第二天早上，玛奇和她的丈夫一起来找我了，玛奇问我她的丈夫是否可以加入我们的治疗。她说丈夫可能也可以从一些沟通培训中受益。我用了一种叫作"一分钟演习法"的婚姻治疗方法。这项练习可以帮助夫妻表达消极情绪，并以善意的方式互相倾听，而不会产生防御的心态。

玛奇和她的丈夫都很喜欢这个练习。不久之后，他们就开始彼此诉说过去从来不曾分享过的亲密感情了。最后，他们哭着拥抱，说他们感觉比以前更加接近彼此了。

在治疗结束时，玛奇说她所有的担忧都消失了，在五十多年后，玛奇终于第一次感到了没有焦虑的轻松。

我告诉玛奇，好消息是她的慢性焦虑终于痊愈了。

还有一个更好的消息，那就是令人担忧的这些事情可能会在她的余生中一次又一次地重新袭来。

为什么我会觉得这是个更好的消息呢？玛奇的焦虑意味着什么？在继续往下读之前，先在下面的横线上写下你的答案。

____

____

____

____

答案：

大多数人认为焦虑是一件坏事，不是好事。但我持相反的观点。没有人能一直感到幸福。我们都会不时地感到心碎和失望。玛奇迟早会再次感到沮丧，当她这样做时，她就可能会再次隐藏自己的感受，并再次开始担心。虽然她可能会更好地识别和表达诸如愤怒一类的消极情绪，但她可能永远无法实时地做到这一点。对于一些人来说，在发生问题的时候隐藏感受是一种非常自然而然的倾向。在他们自己意识到之前，就已经在这样做了。

但玛奇不再需要担心了。为什么？因为每当她开始担心时，她就会知道，这只是她的身体告诉她，某人让她感到不安或烦恼。一旦她查明问题，并表达出自己的感受，她的担忧就会消失。

从这个角度来看，玛奇的焦虑实际上是一种财富，因为她的焦虑是一个信号，表明她需要处理某些问题。

情感隐藏法可能看似简单，但它具有很大的挑战性。调整这些一直困扰你的问题或感受并不是一件那么容易的事。通常，在你掩盖的问题进入意识层面之时，需要长时间的坚持。在坚持的过程中，你可能会认为这个方法不适用于自己。你要保持开放的心态，想想你认识的人和你过去经历过的事，问问自己："我一直在忽视那些困扰我的事吗？我生病了吗？我对某件事或是某个人感到不安吗？"

隐藏的感觉或问题迟早会浮出水面。当这些问题真正浮出水面的时候，你将以完全不同的方式理解你的焦虑，你将拥有一个强大的新工具来击败它。

害怕尸体的病理学专家

既然你已经完成了前几个情感隐藏法练习，我再给你讲一个稍微具有挑战性的案例。

我曾经治疗过一位名叫科雷的病理学专家，他从小就有强迫症，一直都在四处求医。最近，他的症状爆发了，并威胁到他的工作。

科雷解释说，几周前他正在做尸体的病理学监测，突然，尸体的一小部分的脊柱骨片突然脱落，弹进了他的眼睛里。他迅速将骨片从眼睛里取出，所幸他的眼睛没有受伤，但科雷却开始担心他可能感染了克罗伊茨费尔特·雅各布病。这是一种传染性极强的痴呆症，可以说是疯牛病的人类版，每个得这种病的人都会在六个月内死亡。

理性地说，科雷知道他正在解剖的这个病人死于心脏病，根本就没有他担心的那种病。但尽管如此，他的焦虑情绪仍然很严重，并且发展出了污染恐惧症，还伴有强迫性缓慢行动的症状。

自此以后，他每次做尸检的时候，都会穿两层工作服，戴两副手套，并精心确保没有皮肤裸露出来。他甚至开始戴美国宇航员的太空头盔来保护他的脸！所以，每次尸检之前，他光是穿好衣服就得花整整一小时。

科雷解剖尸体的速度也变得越来越慢，因为他想"确保过程的正确性"。没过多久，他发现他的解剖速度变得像蜗牛一样慢。即使经过几个小时的连续工作，他也无法完成任何解剖。于是，需要解剖的尸体开始堆积在太平间，而其他的同事也开始抱怨这些尸体占用了他们的空间。

当我问科雷有什么事情困扰他时，他坚持认为一切都很好。他解释说，他的婚姻很幸福，和同事们也相处得很好。此外，他告诉我，自打他小时候，他就梦想着成为病理学家。他说除了他的强迫症之外，他生命中的一切都很棒，但他同时也很担心，如果他不能改变当前这种情况，他可能就不得不离开这个工作岗位了。

科雷的症状可能看起来很奇怪，但这是强迫症的经典案例。现在是我们开始侦探工作的时候了。真正困扰着科雷的想法到底是什么？当他说他的生活没有其他问题时，你相信他吗？他真正想告诉我们的是什么？科雷有什么隐藏的感觉或问题？在下文写出你的猜测。

____

____

____

____

答案:

当然，科雷是唯一可以告诉我们发生了什么的人。我们只能根据现有情况做一些合理的猜测。但如果你还觉得困惑，你可以问问自己这些问题：

·科雷喜欢自己的工作吗?

·他对于身边的所有的同事真的毫无怨言吗?他的强迫症状对其他同事有什么影响?

我和科雷使用了各种认知行为学方法，这些方法都没有完全成功。经过五六次治疗后，他的焦虑情绪改善了约50%，但他仍然觉得非常烦恼。

我们每次见面时，我都会问他是否有任何他没有告诉我的问题。有什么东西让他烦恼吗？除了强迫症之外，他总是坚称一切都好。

在第八次治疗开始的时候，事情发生了意想不到的变化。

科雷给我带来了一个当地医疗行业的广告。当地的教学医院需要在几个月内开始建立急诊室，科雷似乎很兴奋。

我很不理解地问："科雷，你为什么这么兴奋？你不是一直告诉我说你想成为一名病理学家的吗？"

他回答说："不，我的父亲一直希望我成为一名病理学家。其实说老实话，我讨厌病理学，我一直想成为一名急诊室医生。"

然后他又承认了一些其他的事情。科雷是犹太人，但他在一家宗教激进主义的基督教医院工作。他觉得工作人员中有一些微妙的反犹太主义。比如说，他有时会认为医院在排班时候给他安排的时间总是不太公平，但他总是表现得很有礼貌，这样他的同事和主管就不会生气，也不会觉得他总是在抱怨。

科雷的这些症状突然间变得有意义了起来。他的感染恐惧症和龟速解剖其实都是他内心抗争的体现。他的内心其实在说："我不喜欢解剖尸体。我不想一辈子都做这件事！"与此同时，他也通过自己的症状影响到了身边的其他同事，并通过扮演强迫症的无辜受害者和他们相处。

当然，科雷将不得不表达他一直隐藏的感受，并对那些困扰他的问题采取一些措施。

我们的治疗结束后，他开车去了发广告的那家医院，并提交了申请。他的资历很棒，该医院的主管当场录用了他。然后他开车回到自己的医院，和主任谈了谈。

科雷解释说，他将在6月底辞职，因为他认为病理学不适合他。他还表达了他对他遇到的宗教偏见的担忧。科雷和主任敞开心扉地聊了很久，聊完之后，科雷心中感到宽慰多了。

当我下周再见到科雷时，他的情绪非常高涨。他解释说，他对感染的恐惧已经消失，而且他也重新找回了自己对解剖的感觉，他现在解剖的速度比其他同事都快得多。他对自己的新职业规划感到很兴奋，并准备停止心理治疗。

我喜欢情感隐藏法，不仅因为它是一种强大的治疗工具，还因为它使焦虑变得可以理解，所以焦虑变得不再奇怪和神秘。焦虑是不会突然出现的。相反，焦虑一定是人为的某些因素引起的，而焦虑背后真正的恐惧则是对真实情感和感受的恐惧。

当你成功地使用这种方法时，你不仅会克服你的焦虑，而且会对你是谁以及作为一个人意味着什么有更深的理解。

第五部分

选择适合你的治疗方法

第二十二章　康复圈

尽可能快地失败

到目前为止，你已经了解了认知治疗法、暴露治疗法和隐藏情感治疗法，这些方法可以帮助你识破那些引发焦虑和抑郁的消极想法。

下面的表格中详细回顾了所有我们介绍过的战胜恐惧的方法。看到你拥有如此多的对抗消极情绪的“弹药”，我们可以稍稍安下心来了。但与此同时，方法太多也有可能会让人感到混乱。怎么才能弄清楚哪种方法是对你最有用的方法呢？

这个问题的答案也不一定总是那么明显。

你可能会觉得，有些特定的方法可能对于慢性焦虑特别管用，而其他方法则可以有效地治疗自卑、恐惧、羞怯、惊恐发作或强迫症。虽然这个想法有一定道理，但并没有那么简单。有的时候真正行之有效的方法往往是我们刚开始意想不到的。

比如，在第十一章中，我给大家介绍了我的病人——琼，我使用实验法帮助她克服了将近五十三年的惊恐发作和广场恐怖症。当她发现，无论自己怎么努力都没法让自己真的发疯时，她的恐慌情绪自然而然地就消失了。但是，在使用实验法之前，我其实尝试了十多种方法，但都效果不佳。

如果我知道实验法会如此有效，我在治疗琼的时候，肯定会首选这种方法。但是做出这类预测是非常困难的，因为即使是两个有同样类型的焦虑的病人，适合他们的治疗方法也总是会有所不同。

表22-1 战胜恐惧的40种方法

认知模型	激励治疗法
自我揭露法	20. 成本效益分析法（CBA）
1. 向下箭头法	21. 矛盾成本效益分析法
2. 如果法	22. 恶魔建议法
基于同情的治疗法	**治疗拖延的方法**
3. 双重标准法	23. 快乐程度预测表
基于真相的治疗法	24. 任务拆解法
4. 检查证据法	25. 拖延治疗清单
5. 实验法	26. 问题解决清单
6. 调查法	**暴露模型**
7. 重新归因法	
基于语义的治疗法	**经典暴露法**
8. 语义法	27. 渐进式暴露法
9. 术语定义法	28. 洪水法
10. 具体法	29. 反应预防法
基于逻辑的治疗方法	30. 分散注意法
11. 灰色地带思考法	**认知暴露法**
12. 过程结果比较法	31. 认知洪水法
量化治疗法	32. 图像替换法
13. 自我监控法	33. 记忆重写法
14. 担忧休息法	34. 恐惧幻想法
基于幽默的治疗方法	**人际暴露法**
15. 害羞暴露练习法[a]	35. 微笑打招呼练习
16. 悖论放大法	36. 搭讪练习
17. 幽默想象法	37. 拒绝练习
角色扮演法[b]	38. 自我揭露法
18. 声音外化法	39. 大卫·莱特曼法
精神治疗法	**情感隐藏模型**
19. 接受悖论法	40. 隐藏情感法

a. 该方法也属于为人际暴露法的范畴。

b. 在使用角色扮演法的时候，还可以搭配其他的方法，效果也非常好。比如：双重标准法、接受悖论、恶魔建议法、恐惧幻想法、搭讪练习和大卫·莱特曼法。

* 该模型由戴维·伯恩斯（David D. Burns）2005年提出。

在本章中，我将向大家介绍如何选择适合你自己的治疗方法。首先，无论选择哪一种方法，都要先填写“每日情绪日志”。你还记得写“每日情绪日志”的五个步骤吗？在查看答案之前，看看你自己是不是能回想起来。

第一步 ______________________________

第二步 ______________________________

第三步 ______________________________

第四步 ______________________________

第五步 ______________________________

答案：

以下是记录“每日情绪日志”的五个步骤：

第一步：描述一件令人难受沮丧的事件，记录下任何一个让你觉得焦虑或沮丧的瞬间。

第二步：在表格中圈出符合你消极感受的词语，并按照从0分（完全没有这样想）到100分（完完全全是我的想法）的等级进行评分。

第三步：记录下你的消极想法，根据你对每个想法的相信程度在0～100分之间进行打分。

第四步：找出每个消极想法中的扭曲认知。

第五步：用更积极、更现实的想法替换原有的消极想法。根据你对这些积极想法的相信程度对它们在0～100分之间进行打分。现在，再次评估你对每个消极想法的相信程度。

第五步是最重要的一步，因为这一步就是你真正和自己的恐惧对抗的地方。

表22-2 康复圈

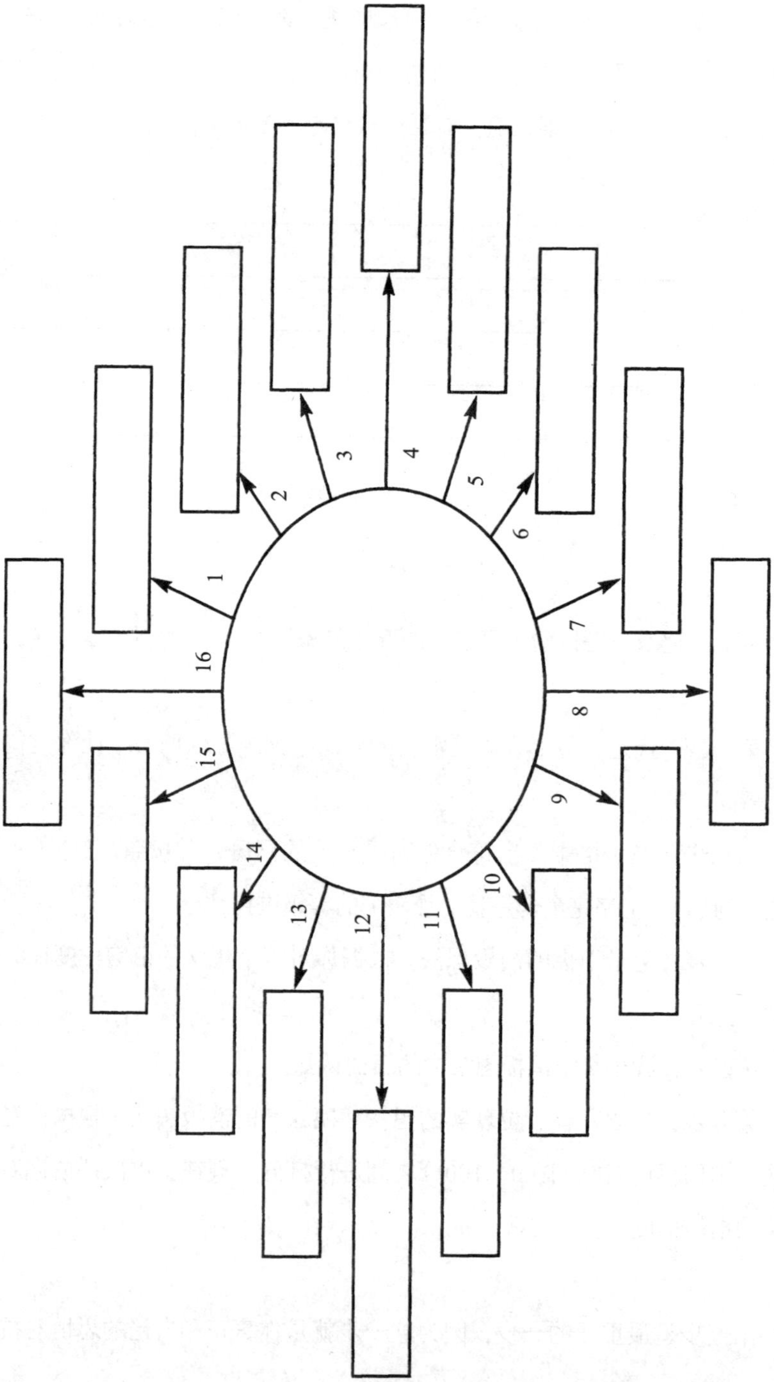

然而，这也是最困难的一步，因为你通常都会相信自己的消极想法是完全真实的。识破别人的消极想法很容易，但放在自己身上就变得很难了。

在完成前四个步骤后，选择一个你想要先处理的消极想法，并将这个想法写在下页图表的康复圈的中间。这个圆圈就像你陷入的陷阱。只要你相信圆圈中间的这个想法，你就会觉得焦虑和沮丧。

如图所示，我们看到在圆圈旁边有十六个箭头，箭头的末端还连着很多小方框。每个箭头代表一种不同的逃离陷阱的方式，我们用这些方法识破那些让我们感到焦虑不安的消极想法。

你可以从“战胜恐惧的40种方法”中选择不同的方法，并填入康复圈周围的方框中。最好列出至少十五种方法，因为我们不知道哪种方法才最适合你。你列出的方法越多，才越有可能逃出消极想法的陷阱。那要怎么选择填入小方框的方法呢？这很简单。仔细再看一看“战胜恐惧的40种方法”的详细说明，那张表格会详细回顾每一种方法的使用说明，也会让你的选择更加简单。如果你觉得其中的某一种方法很有希望，就可以把这种方法的名字填入方框中。

现在，你也无须担心到底使用哪些方法，或是担心这些方法是不是会有效果。你只需要确保你选择了足够多的方法就可以了。

如果康复圈中的消极想法让你感到焦虑，请确保你选择的方法中包含了三个种类的方法：认知治疗法、暴露治疗法和情感隐藏治疗法。这其实是一个很好的方法组合，你选择的方法中可以包括十二到十五种认知疗法、两种或三种暴露治疗法和情感隐藏治疗法。

当你在康复圈上列出至少十五种方法时，你可以一次尝试一个，直到找到适合自己的方法。如果你觉得某种方法没有效果，就直接尝试康复圈上的下一种方法。你的目标应该是尽可能快地失败，这样你就可以尽快找到对你有用的治疗方法。

为什么有必要尝试这么多的治疗方法呢？这是因为你尝试的大多数方法可能都没有效果，但这也是很正常的，毕竟我们还有很多方法可以使用呢。

如果你在开始对付自己的消极想法之前就明白这一点，那么，当某一种方法不起作用时，你就不必感到沮丧或不安。平均而言，你必须尝试至少十到十五种方法，才能找到一个行之有效的识破消极想法的方法。这就是康复圈如此重要的原因。你将学会使用克服包括抑郁、焦虑和愤怒在内的任何消极情绪所需的方法，我也希望我能够告诉你，在这个世界上有一种特别神奇的方法可以治疗所有类型的焦虑，缓解所有的消极情绪，这会让生活变得简单。就像是那些推销员一样，他们总是试图向我们推销一种简单的方法，声称这种方法可以解决我们的任何问题。可能我们有一年会听到大家说，有氧运动（比如慢跑）可以治疗所有的情绪问题。到了第二年，我们可能就会听说正念冥想才是压力的终极解药。几年后，又会有人说精神分析法是最好的治疗方法。之后，又有人说贯叶连翘这种药物有奇效。但是这个世界上没有万灵药，而且永远也不会有这样放诸四海皆准的方法。而康复圈则是一套截然不同的体系。你可以利用它创建一个强大的治疗计划，该计划可以针对你的特定问题进行个性化治疗。

我们一起来看一看如何使用康复圈。

你可能还记得杰森，他在超市排队时会感到害羞，而且一直都很想和漂亮的超市收银员搭讪。虽然这个收银员对杰森微笑过，但因为杰森实在是太焦虑了，他甚至不敢抬头看她，更别提对她微笑了。

他其中的一个消极想法就是：我是一个没有个性的人。这个想法让杰森感到如此焦虑，他感到了一种深深的不安全感，可以说是在开始比赛之前就已经输掉了比赛。如果他真的觉得自己就是一个“没有个性”的人，当他想和她说话的时候，他确实会感到尴尬，也可能会让人觉得他是个饥渴的人，还有可能让这位姑娘觉得非常尴尬，接着，杰森就会得出结论——自己确实毫无个性。

事实上，杰森很有魅力，也很聪明，总是精力充沛，还很富有创造力，他也有很强的幽默感。但是他为什么会觉得“我没有个性”呢？他的脑中有怎样的扭曲认知？下面，大家一起在下列的表格中勾选以上消极想法中的所有扭曲认知。

表22-3　杰森的认知扭曲

认知扭曲	（√）	解释
1. 非黑即白	√	杰森觉得他要么就特别有个性，要么根本没有个性。这不太现实，因为人不是这样非黑即白的。 有些时候我们会非常放松，风度翩翩。还有一些时候，我们会感到极度紧张和尴尬。但大多数时候，我们是介于两者之间的。
2. 以偏概全	√	杰森正在将一种情况推广到他的整个自我。如果他在超市排队时感到尴尬或是害羞，他就会一口咬定是因为自己没有个性。
3. 心理过滤	√	杰森只注意到了他在社交场合感到焦虑和害羞的时候，却完全忽略了他感到放松和风度翩翩的时候。
4. 优势打折	√	杰森完全忽略了自己的优秀品质。他其实还是挺有魅力的，人也比较聪明，根本就没有理由觉得自己会因为搭讪失败而被大家唾弃或者被大家看不起。而且，杰森也完全忽略了这位姑娘对他微笑的事实。
5. 妄下结论 ・读心 ・臆测未来	√	杰森觉得收银员会认为他没有个性，但他没有证据（读心+臆测未来）。
6. 放大或缩小	√	杰森最大限度地弱化了这样一个事实：当他感到放松时，他其实是非常迷人和吸引人的。
7. 情绪化推论	√	他觉得自己没有个性，所以他认为自己真的很无聊，也很无能。
8. “应该”句式	√	杰森认为他应该拥有外向的性格。他不断地将自己与理想的自我和其他人比较，并认为他应该是那样的。
9. 乱贴标签	√	杰森一直告诉自己，他没有个性，而不是告诉自己他感到害羞和尴尬，而害羞和尴尬则是完全正常的。他以破坏性的方式给自己贴上了标签。
10. 归咎责备 ・罪责归己 ・罪责归他	√	杰森对自己很失望，因为他感到害羞和焦虑。

表22-4 认知扭曲

认知扭曲	(√)	认知扭曲	(√)
1. 非黑即白		6. 放大或缩小	
2. 以偏概全		7. 情绪化推论	
3. 心理过滤		8. “应该”句式	
4. 优势打折		9. 乱贴标签	
5. 妄下结论 · 读心 · 臆测未来		10. 归咎责备 · 罪责归己 · 罪责归他	

答案：

杰森和我在他的想法中发现了十种扭曲认知，正是这十种扭曲认知让他觉得“我没有个性”。

我问杰森，他是否可以给自己一个更积极、更现实的信息。他说他可以告诉自己“我很有个性”。

我让他在“每日情绪日志”的“积极想法”这一栏中写下这个想法，并让他给这些想法的相信程度打分。你可以看到，在“相信程度”那一栏中，杰森打了20分，因为他觉得自己一看到女孩子就会浑身不自在，也没有太多和女孩子打交道的经验。他的积极想法没能满足引发情绪变化的必要条件，因为它并没有达到100分，杰森并不相信自己的这个积极想法。因此，在“之后”这一栏中，他仍然认为自己的消极想法是百分之百真实的。

表22-5 杰森的每日情绪日志（部分）

消极想法	之前	之后	认知扭曲	积极想法	相信程度
我没有个性。	100分	100分	AON, OG, MF, DP, MR, FT, MIN, ER, SH, LAB, SB	我很有个性。	20分

这个时候，我们就可以使用康复圈了。杰森目前无法识破自己的消极想法，

因此我们需要使用一些方法。

在康复圈中间写下他的消极想法。看看你是否可以列出至少十五种可能帮助他解决这个问题的方法。你可以参阅第352页的“战胜恐惧的40种方法”和第374至380页上关于每种方法的简要说明。在圈周围的每个小方框中填入你选择的方法的名称。

做完之后，再回来看第361页到362页，我将向你揭晓杰森和我选择的方法。

答案：

第361页上，是杰森和我一起绘制的康复圈。如果我们选择的方法和你选择的方法有所不同，也无须担心。只要你选择了至少十五种方法，你就会处于良好状态。

检查证据法是我们尝试的第一种方法。我问杰森，是否有任何证据证明他“确实”性格很好。

杰森回答我：“我在家的时候或是和家人一起出去玩的时候，就会非常放松，而且也非常有趣。”

表22–6　杰森的每日情绪日志（部分）

消极想法	之前	之后	认知扭曲	积极想法	相信程度
我没有个性。	100分	100分	AON，OG，MF，DP, MR, FT, MIN, ER, SH, LAB, SB	我很有个性。	20分
		95分		当我在家或是和家人一起出去玩的时候，我就会非常放松，而且也非常有趣。	100分

这种积极想法不是改变杰森情绪的必要条件，因为杰森对这种想法的相信程度只有20分。

这种积极的想法不是触发情绪变化的充分条件。
虽然这种想法是百分之百真实的，但它并没有完全攻破原先的消极想法。

但是，如果你看一下“之后”这一栏，你就会发现杰森对消极想法的相信程度只降到了95分。他仍然相信消极想法，那是因为他的积极想法实际上是一种通过微弱的赞美来对自己进行的谴责。

杰森解释说，他觉得自己与家人和兄弟在一起时的表现没有什么参考意义，因为他只有在和与自己年纪相仿的女性相处时，才会感到异常地紧张。在这种情况下，积极想法是情绪变化的必要条件，因为它是百分之百真实的，但却不是充分条件，因为它几乎没有减少杰森对消极想法的相信程度。

现在我们遇到了问题。在我问杰森是否可以挑战消极想法时，他想出了一个基本没有效果的积极想法。然后我们尝试了检验证据法，但仍然没有减少他对消极想法的相信程度，他认为自己就是一个毫无个性的人。

接下来我们该怎么办？在继续往下读之前，先在下面的横线上写下你的答案。

答案：

当某种方法不起作用时，只须接着尝试康复圈上的下一种方法就可以了。如果识破消极想法那么简单，人们就不会因为焦虑和抑郁那么痛苦了。幸运的是，我们有很多方法可以尝试。

消极想法中的扭曲认知常常可以起到提示的作用，它们可以提示你可能可以用哪些方法，因为某些方法对于某些类型的扭曲认知是尤其有效的。

杰森的想法“我没有个性”其实是一个变相的“应该”句式，因为他告诉自己他“应该”非常外向，“应该”可以跟收银员侃侃而谈。这让他承受着巨大的

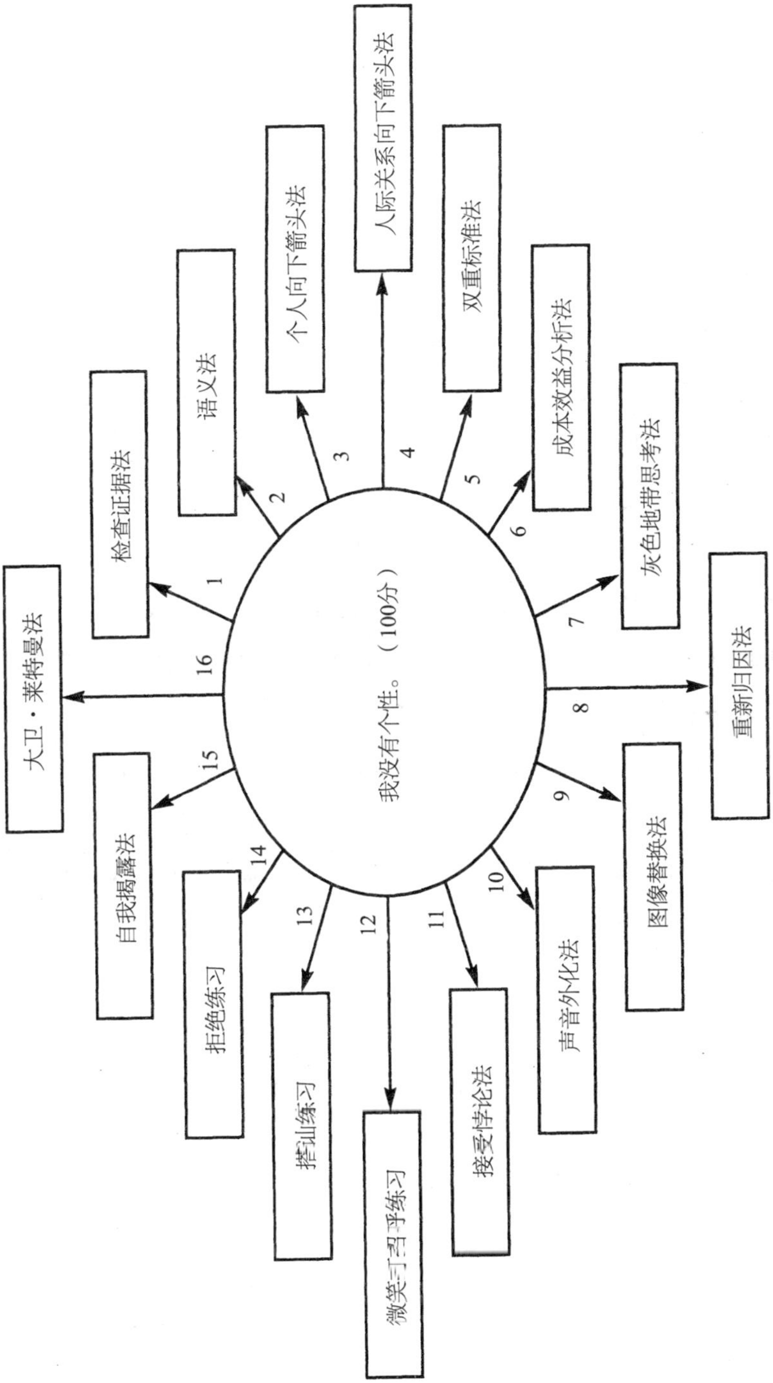

我没有个性。（100分）
1
检查证据法
2
语义法
3
个人向下箭头法
4
人际关系向下箭头法
5
双重标准法
6
成本效益分析法
7
灰色地带思考法
8
重新归因法
9
图像替换法
10
声音外化法
11
接受悖论法
12
微笑打招呼练习
13
搭讪练习
14
拒绝练习
15
自我揭露法
16
大卫·莱特曼法

表22-7　杰森的康复圈

压力。这个想法也是不切实际的，因为当我们刚刚开始约会时，我们大多数人都会感到紧张和尴尬。我也是如此！在刚开始和人搭讪的时候，你肯定无法强迫自己变得特别有趣，因为你自己也不确定会发生什么。这并不意味着你是个有缺陷或没有个性的人，这只能说明你没有经验。

语义法是我们在杰森的康复圈里选择的下一个方法。对于“应该”句式来说，语义法通常是很有效的。

我问杰森，当他感到紧张时，他是否可以给自己一个不那么负面的信息，他能不能以一种更温和的方式思考他尴尬的感受？杰森想出了这个积极的想法：“当我感到放松时，我的性格就非常好。我真正的问题是害羞，而不是缺乏个性。”

我让杰森把这个想法写在他的“每日情绪日志”的“积极想法”一栏中，并给这个想法的相信程度打分。在“相信程度”这一栏中，杰森给这个想法打了100分。在“之后”一栏中，我们可以看到，杰森将对消极想法的相信程度降低到了25分。

因此，这一回，杰森的积极想法成为了情绪改善的充分必要条件。

对消极想法的相信程度应该减少到多少才算是有效的？这取决于你消极想法的类型。有时，你可以把自己对消极想法的相信程度减少到0分。在杰森的案例中，我认为减少到25分就足够了。因为他在社交场合真的会感到尴尬，所以他的消极想法有一部分确实是真实的。未来可能还会有新的变化，但就目前而言，这已经是杰森迈出的一大步了。

一旦杰森识破了自己的这一消极想法，他的情绪就会开始改善。很快，他就能识破自己所有的消极想法。我们可以看一看他完成的“每日情绪日志”。

正如你所看到的，他所有消极情绪的强度都下降到了20分以下，但焦虑情绪是个例外，只下降到了50分。

表22-8　杰森的每日情绪日志（部分）

杰森第一次尝试积极想法并没有效果，因为他并不真正相信这个想法。

消极想法	之前	之后	认知扭曲	积极想法	相信程度
我没有个性。	100分	100分	AON, OG, MF, DP, MR, FT, MIN, ER, SH, LAB, SB	我很有个性。	20分
		95分		当我在家或是和家人一起出去玩的时候，我就会非常放松，而且也非常有趣。	100分
		25分		当我感到放松时，我的性格就非常好。我真正的问题是害羞，而不是缺乏个性。	100分

当我们使用“检查证据法”时，杰森想出了这个积极的想法。虽然他相信它，但它没有效果，因为这种想法没有减少他对消极想法的相信程度。

当我们使用语义法时，杰森想出了一个新的积极想法。这是有效的，因为他不仅完全相信这个想法，并且还将对负面想法的相信程度降低到了25分。

为什么杰森的焦虑只降到了50分？虽然焦虑减少到50分其实已经是个相当不错的结果了，但我们想要的远不只这些。我们希望杰森的羞怯感和焦虑感可以一直降到0分。但可能还需要采取其他的方法。

那么下一步应该怎样做呢？在继续往下读之前，先在下面的横线上写下你的答案。

____

____

____

表22-9 杰森的每日情绪日志

令人难受不安的事件：在超市排队。

情绪	之前	之后	情绪	之前	之后
悲伤、忧郁、沮丧、消沉、难过	80分	0分	**尴尬**、愚蠢、受辱、害羞	100分	20分
焦虑、担忧、惊恐、紧张、害怕	100分	50分	**无望**、没有干劲、悲观、绝望	90分	10分
愧疚、悔过、感觉不好、羞愧	95分	0分	**沮丧**、受阻、受挫、挫败感	90分	15分
自卑、无价值感、无能、有缺陷、无竞争力	95分	15分	**愤怒**、抓狂、仇恨、恼怒、易发火、局促不安、狂怒	90分	15分
孤独、不被爱、被排斥、被拒绝、寂寞、被抛弃	75分	20分	**其他（请描述）：**		

消极想法	之前	之后	认知扭曲	积极想法	相信程度
1. 我说不出什么有趣的话。	100分	25分	AON, OG, MF, DP, MR, MIN, ER, SH, SB	1. 我可能不需要说任何巧妙或有趣的话。我可以先微笑着打招呼，慢慢来，这就是我迈出的第一步。	100分
2.我从来没法和长得漂亮的姑娘搭话。	100分	35分	AON, OG, ER, SH	2. 那是因为我从不给自己这个机会！	100分
3. 即使我真的和这个姑娘搭上话了，我也没有时间处理人际关系。	100分	0分	DP, SH	3. 这太荒谬了。我真的很想和一个我喜欢的姑娘谈恋爱！	100分
4. 我最好什么都别说，因为我只要一张嘴，可能就会说出什么让她沮丧的蠢话。	100分	20分	MR, ER, SH	4. 这一个想法毫无根据。但我可能会在我的生活中说过多次蠢话，但说蠢话是很正常的。	100分

表22-10 杰森的每日情绪日志（续表）

消极想法	之前	之后	认知扭曲	积极想法	相信程度
5. 大家都会觉得我是一个以自我为中心的想要搭讪的混蛋。	100分	25分	AON, MR, FT, MAG, ER, SH, LAB, SB	5. 这种可能性不是很大。店里的大多数人都不会对我做的事情感兴趣。即使他们很鄙视我和收银员搭讪，他们又能把我怎么样呢？朝我扔石头？鄙视我？让警察来抓我？	100分
6. 我不应该这么聒噪，也不该这么令人讨厌。我应该保持安静，只有这样大家才会喜欢我。	100分	10分	MR, FT, ER, SH, LAB, SB	6. 我完全可以不吵不闹地搭讪。	100分
7. 我没有个性。	100分	25分	AON, OG, MF, DP, MR, FT, MIN, ER, SH, LAB, SB	7. 当我感到放松时，我的性格非常好。我真正的问题是羞怯，而不是缺乏个性。	100分
8. 我肯定是一个很糟糕的人。因为我太过于关心外在的事物了，比如成功和外表。	100分	10分	AON, OG, SH, LAB, SB	8. 大多数年轻男性都被性感、好看的女性所吸引。毕竟，我又不是要出家！	100分
9. 如果我跟走搭讪，我可能当场就会被拒绝。	100分	25分	DP, MR, FT, ER, SH, SB	9. 如果我以友好、低调的方式微笑并打招呼，我可能不会被拒绝。但如果我确实被拒绝，也没有任何关系。而且，如果我被拒绝多次，这将是一件好事，因为这意味着我终于可以直接面对我的恐惧了。我不会永远被拒绝，我迟早是可以约会的。	100分
10. 如果我被拒绝了，所有人就都会觉得我是个彻头彻尾的失败者。	100分	0分	AON, OG, MF, DP, MAG, ER, SH, LAB, SB	10. 女孩拒绝我的原因有很多。可能是因为我没经验，也可能是因为她已经有了男朋友，又或者是因为我不是她喜欢的类型。这些都不会让我成为“失败者”。	100分

表22-11 每日情绪日志

令你难受的事件：

情绪	之前	之后	情绪	之前	之后
悲伤、忧郁、沮丧、消沉、难过			**尴尬**、愚蠢、受辱、害羞		
焦虑、担忧、惊恐、紧张、害怕			**无望**、没有干劲、悲观、绝望		
愧疚、悔过、感觉不好、羞愧			**沮丧**、受阻、受挫、挫败感		
自卑、无价值感、无能、有缺陷、无竞争力			**愤怒**、抓狂、仇恨、恼怒、易发火、局促不安、狂怒		
孤独、不被爱、被排斥、被拒绝、寂寞、被抛弃			**其他（请描述）：**		

消极想法	之前	之后	认知扭曲	积极想法	相信程度
1.					
2.					
3.					
4.					
5.					
6.					
7.					
8.					

表22-12 认知扭曲对照表

1. 非黑即白（All-or-Nothing Thinking, AON）。你的世界是绝对的，非黑即白，没有灰色地带。	**6. 放大或缩小**（Magnification and Minimization, MAG/MIN）。你要么把一件事看得过分重要，要么会把一件事情的重要性无限缩小。
2. 过度概括（Overgeneralization, OG）。你认为坏事永远都不会结束，或者把一次失败看成永远的失败，你还会告诉自己："我总是这样！"	**7. 情绪化推论**（Emotional Reasoning, ER）。你的推论源于你的感受："我觉得自己是个傻子，我一定就是个傻子。"
3. 心理过滤（Mental Filter, MF）。你只看得到事物消极的一面，而完全忽视积极的一面。	**8. "应该"句式**（Should Statements, SH）。你总是告诉自己，你应该、必须、不得不做什么。
4. 优势打折（Discounting the Positive, DP）。你坚持认为自己取得的成就或是优良品质都无足轻重。	**9. 乱贴标签**（Labeling, LAB）。在不顺利的时候，你会告诉自己"我是个傻瓜"或者"我是个失败者"，而不是坦然承认自己只是犯了一个错误。
5. 妄下结论。即使没有确切的事实证明，也会迅速地下定消极结论。 **· 读心**（Mind-Reading, MR）。觉得所有人都戴着有色眼镜看自己，认为自己不好。 **· 臆测未来**（Fortune Telling, FT）。你总觉得所有的事都会以失败收尾。	**10. 归咎责备。**在遇到问题的时候你总是寻找犯错的人，而不是积极解决问题。 **· 罪责归己**（Self-Blame, SB）。每次出现了问题，不管是不是自己的责任，你都会责怪自己。 **· 罪责归他**（Other-Blame, OB）。每次出现了问题，你都会直接无视自己的问题，而不停地怪罪别人。

* 该模型由戴维·伯恩斯（David D. Burns）1984年提出，2003年修订。

答案：

当你试图克服焦虑时，自我练习可能也只能帮你到这里了。

为了达到一个新的水平，杰森将需要使用我们在他的康复圈上列出的人际暴露治疗法，比如微笑打招呼练习、搭讪练习、拒绝练习、自我揭露法、大卫·莱特曼法等。杰森和其他人一样，肯定都会有被拒绝的时候，一旦他能够直面对于被拒绝的恐惧，他对于害羞的痛苦记忆也就会留在过去。

现在是时候尝试一下了。

你可以从第366页的空白的"每日情绪日志"开始。在"每日情绪日志"的顶部，简短地描述一件让你感到不安或难受的事。在下面的词汇中圈出能够准确描述你当下情绪的词语，并且给情绪的强烈程度打分，0分代表完全没有感觉，100分代表感觉极其强烈。在“每日情绪日志”的“消极想法”框中列出你的消极想法，并从0分（根本不信）到100分（完全相信）评估你对每个想法的相信程度。使用“认知扭曲对照表”在消极想法中发现认知扭曲之后，就可以准备使用康复圈了。

首先，选择你想要应对的一个消极想法，然后将它写在第370页的空白康复圈的中间位置。请列出至少十五种方法来识破自己的消极想法。在你选择方法的时候，可以参阅“战胜恐惧的40种方法”和每种方法的简要说明。在康复圈周围的每个小方框中填入你选择的方法的名称。如果你选择的方法超过十六种，请使用第371页上的第二个康复圈。

你可能会问，在选择方法时，是否有任何可以遵循的指导原则呢？我会尽量引导大家打消这个念头。这种想法是非常具有误导性的，而且其实很难预测哪种方法对哪种人或问题最有效。选择方法的时候可以参考第365和366页上的表格，表格中提供了一些帮助大家做出方法选择的小提示：

· 你消极想法中的认知扭曲类型（第372页）。不同类型的认知扭曲会对不同类型的方法做出反应。例如，一些方法适用于“非黑即白”，而其他方法更适合涉及“臆测未来”“读心”“‘应该’句式”或“归咎责备”的想法。

· 你想要克服的问题类型（第373页）。不同类型的焦虑，例如羞怯、惊恐发作、创伤后应激障碍或强迫症，也会对不同类型的方法做出反应。此外，适用于焦虑治疗的方法可能也不同于有助于治疗抑郁、人际关系问题或上瘾问题的方法。

表格上的对钩“√”表示这一列顶部列出的方法类别可能值得一试。灰色的框则表示此类别将是一个特别好的选择。

比如，在第372页的表格上，我们就可以看到，语义法对“应该”句式就非常有效。而第373页的表格中则可以看出，如果你很羞怯，人际暴露法将对你特别有帮助。你也可以尝试揭露治疗法，如如果法或人际向下箭头法；或者也可以尝试激励治疗法，如成本效益分析法。

但是，在选择方法时，不要太过于遵循这些指导原则，因为我们无法预测什么方法对你有用。这也是为什么康复圈这么有效、灵活和强大的原因。

我们还需要强调一点，只是在康复圈中间写下一种感觉的描述，比如“害羞”或“沮丧”，是没有任何用处的。没有方法可以用来消除你的害羞、恐慌和抑郁等感受。相反，你需要关注你在某个特定时刻的感受。

在“每日情绪日志”的“情绪”部分记录你沮丧的感受。在写下你的消极想法后，将其中一个写在康复圈的中间。

许多人不理解康复圈与“每日情绪日志”的关系。实际上，康复圈是为“每日情绪日志”提供动力的引擎。你在康复圈上列出的方法将帮助你产生积极的想法。请记住，在你想出一个能够满足情绪变化的必要和充分条件的积极想法之前，你的情况是不会有所改善的：

- 必要条件：积极想法必须是百分之百真实的。
- 充分条件：积极想法需要让消极想法不攻自破。

变化通常是以下面两种模式发生的：

在第一种康复模式中，你已经尝试了各种有用的方法，但没有一种方法可以让你的消极想法和感受发生巨大变化。但你没有放弃，而是接着使用各种方法让你的焦虑逐渐消失，每一种方法都会减少你对消极想法的相信程度。

在第二种康复模式中，你尝试了一个又一个的方法，但它们都不起作用。你仍然相信你的消极想法是百分之百真实的，你会像以往一样感到焦虑、担忧、恐慌或沮丧。突然，你尝试了一种新的方法，它具有如此强大的效果，让你对消极想法的相信程度一直下降到0分，你几乎立即就康复了。我治疗的很多病人都是

表22-13　康复圈

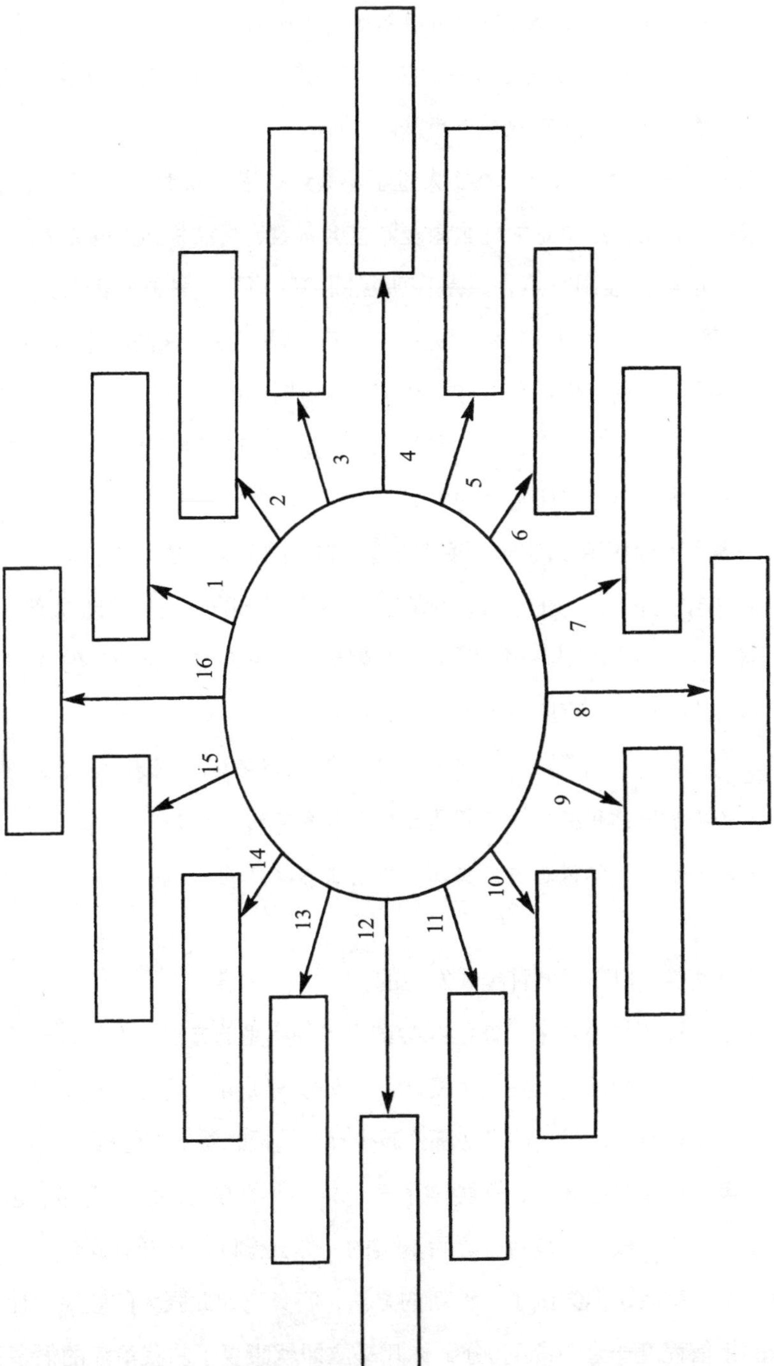

表22-14　康复圈（续表）

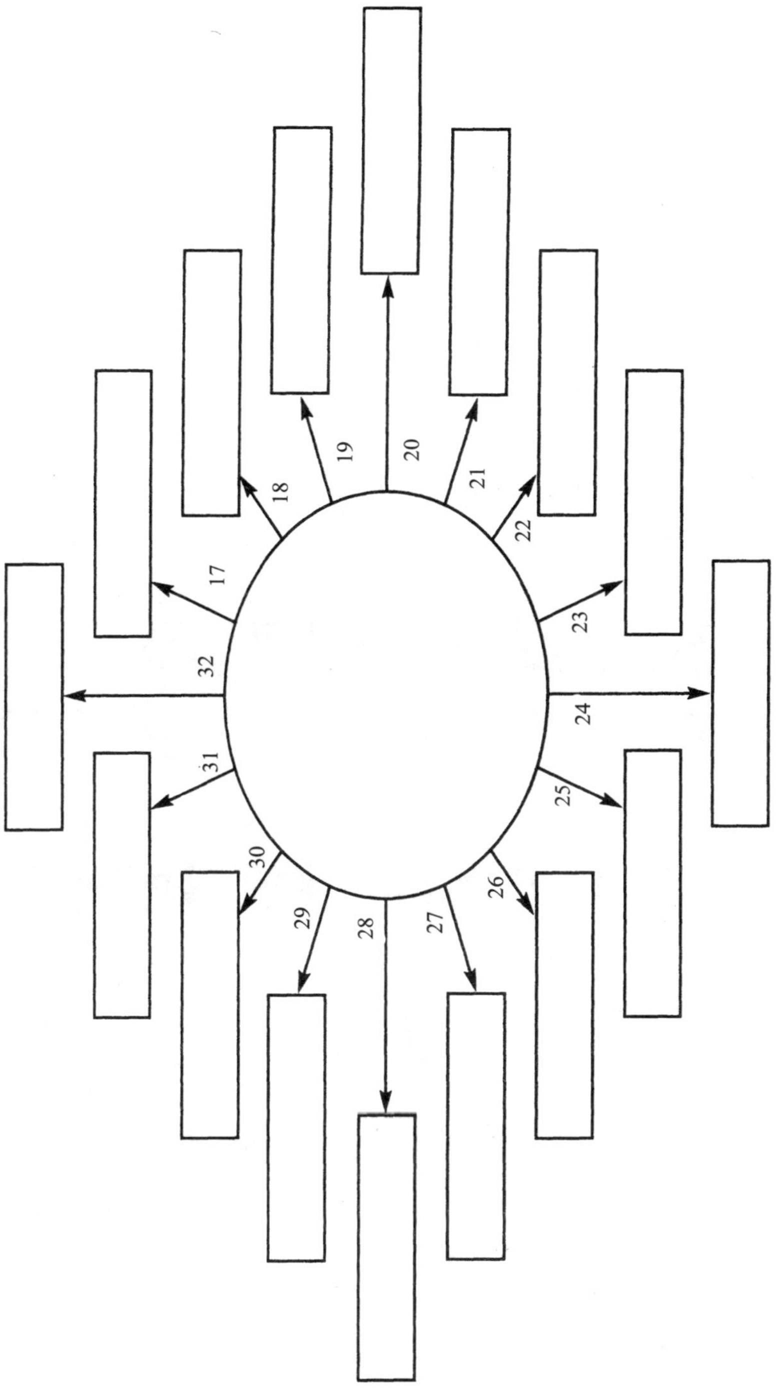

表22-15 基于消极想法中的认知扭曲选择方法

		认知治疗法											暴露治疗法			情感隐藏治疗法
		揭露治疗法	基于同情的治疗法	基于真相的治疗法	语义治疗法	基于逻辑的治疗法	量化治疗法	基于幽默的治疗法	角色扮演治疗法	精神治疗法	激励治疗法	拖延治疗法	经典暴露法	认知暴露法	人际暴露法	情感隐藏治疗法
认知扭曲	1. 非黑即白	√	√	√	√	√			√	√	√					
	2. 以偏概全	√	√	√	√				√	√	√					
	3. 心理过滤	√	√	√	√	√	√		√	√	√					
	4. 优势打折	√	√	√	√	√	√		√	√	√					
	5. 妄下结论															
	·读心	√	√	√	√		√	√	√	√	√	√	√	√	√	√
	·臆测未来	√	√	√	√		√	√	√	√	√	√	√	√	√	√
	6. 放大或缩小	√	√	√	√	√	√	√	√	√	√	√	√	√		
	7. 情绪化推论	√	√	√	√			√	√	√	√	√	√			
	8. “应该”句式	√	√	√	√	√		√	√	√	√					
	9. 乱贴标签	√	√	√	√	√	√	√	√	√	√					
	10. 归咎责备															
	·罪责归己	√	√	√	√	√	√	√	√	√	√					
	·罪责归他	√		√				√	√	√	√					

表22-16　基于你正在克服的问题选择方法

		认知治疗法											暴露治疗法			情感隐藏治疗法
		揭露治疗法	基于同情的治疗法	基于真相的治疗法	语义治疗法	基于逻辑的治疗法	量化治疗法	基于幽默的治疗法	角色扮演治疗法	精神治疗法	激励治疗法	拖延治疗法	经典暴露法	认知暴露法	人际暴露法	情感隐藏治疗法
你的问题	慢性焦虑	√	√	√			√		√		√		√	√		√
	惊恐发作	√	√	√					√	√	√		√	√		√
	广场恐怖症	√	√	√					√		√		√	√		√
	恐惧情绪	√	√	√					√	√	√		√	√		√
	害羞	√	√	√	√	√		√	√	√	√		√	√	√	√
	公共演讲焦虑和表现焦虑	√	√		√	√	√	√	√	√	√		√	√		√
	强迫观念和强迫症	√	√	√			√		√		√		√	√		√
	创伤后应激障碍	√	√						√	√	√			√		√
	疑病症	√	√	√					√		√		√	√		√
	躯体变形障碍症	√	√	√	√	√	√	√	√	√	√		√	√		√
	抑郁和羞耻感	√	√	√	√	√	√	√	√	√	√	√		√		
	习惯和成瘾	√			√				√		√	√				

以这样的模式康复的。比如琼就是一个典型的例子，当时，我让她使用了实验法来测试她的想法，看看她自己是不是真的正处于发疯的边缘。当她发现无论怎么努力都没法让自己真的发疯时，她的恐慌情绪自然而然地就随之消失了，也终结了她过去这么多年的痛苦。

如果你已经在康复圈上尝试了所有方法，但是仍然感觉没有任何改善，你该怎么办？这也并不罕见，这绝对不代表你就毫无希望了！直接再拿一张康复圈表格选择更多的方法就可以了。然后接着尝试新的方法，一次尝试一个，直到找到适合你自己的方法为止。耐心和坚持将是关键，因为我们所有人都有不同的康复之路。

战胜恐惧的40种方法

表22-17　战胜恐惧的40种方法

认知疗法

揭露治疗法	
1. 向下箭头法（第104页）	向下箭头法将帮助你识别出所有让你容易感到抑郁和焦虑的自我攻击信念。在消极想法下画一个向下的箭头并问自己：“如果这个想法是真的，为什么它会让我感到不安？这对我来说意味着什么？”接着，一个新的消极想法会浮现在脑海中。将这个想法直接写在箭头下方，并在其下方绘制另一个箭头。 然后多次重复此过程。 现在，再看看你产生的消极想法，并查看第14页的自我攻击信念列表，你就可以找到痛苦的核心原因。
2. 如果法（第131页）	这有助于我们从恐惧的根源中找出自己的妄想。在消极想法下画出一个向下的箭头，并问：“如果这是真的，可能会发生什么最糟糕的事情？”一个新的消极想法或幻想将浮现在脑海中。将其写在箭头下，并重复几次。然后问问自己，“这种情况发生的可能性有多大？如果有的话，我可以和这种想法和谐相处吗？”
基于同情的治疗法	
3. 双重标准法（第138页）	你可以想想自己与一位心烦意乱的亲朋好友交谈，再用同样的心情与自己交谈，而不是一味地埋怨鞭策自己。在这种时候，你可以试着问问自己，“如果我的亲人或者朋友和我有着同样的问题，我会对他们说什么？我会对他或她说这么严厉的话吗？”

（续表）

基于真相的治疗法	
4. 检查证据法（第150页）	不要一味假设自己的消极想法都是真实的，可以先问问自己："这个想法有什么依据？"
5. 实验法（第152页）	问问自己"我怎么能测试这个想法是否真实？"比如，如果你因为觉得自己快要发疯而惊恐发作，你就可以用力尖叫，在地板上滚来滚去，做一些让人觉得非常疯狂的事情，试着逼疯自己。这样你就可以了解自己的担忧是否切合实际。
6. 调查法（第171页）	做一项调查来测试你的消极想法。比如说，如果你认为你自己的羞怯情绪很奇怪，甚至是可耻的，你可以问几个朋友，看看他们是否会感到害羞。你可能会发现，大多数人都会感到害羞。
7. 重新归因法（第176页）	如果你感到焦虑或沮丧，你可能会无情地鞭策自己，并责备自己的缺点。当你使用重新归因法时，你会考虑导致问题的所有因素，并专注于解决问题或从中学习，而不是一味埋怨自己并认为自己一无是处。
基于逻辑的治疗方法	
8. 学会在灰色地带思考（第179页）	用一种更现实的方式看待问题，承认灰色地带的存在，这个世界并不是非黑即白的。
9. 过程结果比较法（第184页）	你可以根据过程（你投入的努力）来评估自己的结果的表现，而不是直接用结果来评估自己。不同的是，前期准备和过程中的努力都在你的掌控之中，但结果往往并非如此。
语义法	
10. 语义法（第187页）	语义法对于"应该"句式和乱贴标签应该特别有用。你只需替换那些带有侮辱性质的话语就可以了。
11. 定义术语法（第191页）	当你认为自己是"傻瓜"或"神经质"的时候，你需要问问自己这些标签的真正含义。你会发现这个世界上只存在犯傻和神经质的行为，不存在傻瓜和神经质的个体。
12. 具体法（第195页）	当你使用具体法时，你需要坚持现实并避免对自己做出过于概括全局的判断。相较于把自己当作"失败品"，你可以将自己的目光聚焦于某种特定的优势或劣势上。
量化治疗法	
13. 自我监控法（第201页）	你可以通过计数卡或手腕计数器来跟踪你的消极想法和幻想，就像运动员用高尔夫球计数器来记录他们的分数一样。一天结束时，你可以记录一下当天产生的所有消极想法的总数，并将计数器设置归零。如果你能坚持几个星期，通常消极的想法会完全消失。

（续表）

14. 放任担忧法（第209页）	放任担忧是矛盾法当中的一种。你每天可以给自己安排一个或多个时段来感到忧虑、沮丧或内疚。打个比方说，如果不断担心会妨碍你有效地参加考试，那么你就可以每小时安排一次休息时间，给自己两分钟专门用来焦虑。在每次忧虑休息期间，你都可以告诉自己，你肯定会不及格。在此期间，你可以尽可能地鞭策自己，让自己尽可能地焦虑，不要试图压抑这种情绪。休息时间结束后，你可以使用剩下的时间来学习和准备考试。当你又开始觉得紧张的时候，可以再次提醒自己，你有专门用来担忧的时间，可以把担忧的情绪留给那个时候。
基于幽默的治疗方法	
15. 害羞暴露练习法（第214页）	这项方法非常适合羞怯的人。我们不需要努力让自己看起来“正常”，而是故意在公共场合做一些愚蠢的事情，比如在拥挤的百货公司大声报时，或者在乘坐公共汽车的时候在每个站点喊出街道的名称。然后你就会发现天并没有因为你犯了一次蠢而塌下来。虽然这种方法需要很大的勇气，但它却可以缓解你的忧虑。害羞暴露练习也是人际暴露法的一种形式。
16. 悖论放大法（第218页）	你可以相信并夸大自己的消极想法，而不是一味地反驳它们。这样做了之后，这些消极想法反而会渐渐变得荒谬起来。
17. 幽默想象法（第219页）	当你感到焦虑或愤怒时，这种方法有时可以帮助你想象出一些幽默的东西。我有一个女病人因为离婚协议没有签好而感到异常焦虑。她几乎无法维持生计，每当她幻想自己的前夫在游艇上与他的新妻子一起嬉笑打闹，并且纵享奢华生活的时候，她就会觉得非常愤怒。这种源源不断的愤怒和怨恨情绪让她痛苦不堪。最后，我的这位病人发现，在脑内想象一下前夫穿着内裤在董事会上发言会让她觉得非常好笑。于是，这就成了一种有用的解毒剂，可以消除她对前夫的厌恶情绪。
角色扮演治疗法	
18. 声音外化法（第222页）	你和另一个人轮流扮演你的消极想法和积极想法的角色。扮演消极想法的人使用第二人称“你”，对积极想法进行攻击。扮演积极想法的人使用第一人称“我”进行防守。当你发现很难反驳对方的话的时候，你们可以进行角色转换。在角色扮演练习过程中，也能很好地运用其他几种方法，比如：双重标准法、接受悖论法、恶魔建议法、恐惧幻想法、搭讪练习和大卫·莱特曼法。
精神法	
19. 接受悖论法（第228页）	你以一种悦纳、幽默的心态接受了自己的缺点。接受悖论法其实源于佛教教义，这种理论认为，如果你一直采取防御姿态为自己说话，与自己之间的战争就会一触即发。如果你正在为自己的自我批评辩护，那么你最终会与自己发生争执。相反，如果你突然发现其实这些消极想法都是不真实的，那么它们立刻就会失去力量。当然，攻击你的其实就是你自己脑内的消极思想，所以说到底，你是需要和自己的内心和解，成为朋友。这是所有方法中最重要、也是最强大的方法，但一开始可能很难掌握。只有将它与诸如声音外化法和恐惧幻想法之类的角色扮演练习结合起来才更易于使用。

（续表）

激励治疗法	
20. 成本效益分析法（第235页）	列出消极想法（“我是个彻头彻尾的失败者”）、自我攻击信念（“我应该总是尽力做到完美”）、感受（愤怒、内疚或焦虑）或习惯（饮酒、吸毒、暴饮暴食或拖延）的所有优缺点。你还可以列出你将人际关系的问题归咎到别人身上的利与弊。问问自己：“这种想法、信念、感觉或习惯有哪些优点和缺点？它将如何帮助我，又将如何伤害我？”当你完成清单后，就可以衡量一下优点和缺点在你心中的重要性，并在成本效益分析表的底部为它们打分，两个分数加在一起为100分。
21. 矛盾成本效益分析法（第240页）	仅列出消极想法或感觉的优点。这将让你意识到这种让你陷入困境或感到焦虑的强大力量。列完所有的优点之后，你可以问自己：“既然这种想法或态度有那么多好处，那我为什么还要改变呢？”当你发现这些阻止你改变的隐藏力量展现出来之时，这些阻力就再也不能阻挡你了。
22. 恶魔建议法（第245页）	在你沉溺于酗酒无度、暴饮暴食或拖延的时候，列出所有会诱惑你的想法。将这个清单交给朋友或家人，并要求该人扮演诱惑你屈服的魔鬼的角色。你的朋友应该尽可能地引诱你，比如说，他们可能会问你：“为什么不去吃巧克力呢？味道真的好极了！”你的工作是与这些诱惑性的想法交谈，并打败心中的恶魔。
治疗拖延的方法	
23. 快乐预测法（第251页）	记录下各种可能带来愉悦、学习或个人成长的活动。从0分（完全不满意）到100分（完全令人满意）预测每个活动的满意度。在完成每项活动后，你可以再次从0分到100分给实际满意度打分。通常你会发现许多活动比你预测的更令人满意。你可以使用这种方法来检验某种自我攻击信念的真实性，比如：“我需要被爱来感受快乐，只有被爱我才觉得自己有价值。如果我孤身一人，那就一定会过得非常凄凉悲惨。”
24. 任务拆解法（第254页）	不要被一项巨大的任务所吓倒，而是将其分解成很多小部分。然后你可以一步一步地解决它们。
25. 反拖延法（第258页）	将大型任务分解为小步骤，并预测每个步骤在0分到100分范围内的难度和满意程度。完成每个步骤后，从0分到100分记录实际操作的困难程度和完成任务后的满意程度。通常，你会发现每一步都比预期的更容易、更有价值。
26. 问题解决法（第261页）	选择一个特定的时间开始一项被你拖延了很久的任务。在一张纸的中间画一条线，在线的两边分别写上：“问题”和“解决方案”。在“问题”下面列出阻止你开始任务的所有障碍。然后记下你将如何解决这些问题，并把解法写在“解决方案”一列中。

（续表）

暴露疗法

经典暴露法	
27. 渐进式暴露法（第270页）	当你使用渐进式暴露法时，循序渐进地、慢慢地将自己暴露在所害怕的东西之前，渐渐地它就不会那么可怕了。比如，如果你有电梯恐惧症，你可以上电梯，上一层楼，然后下电梯继续走路。当你适应之后，你可以每次上电梯坐两层，然后再下来，可以有意识地逐渐增加你在电梯里的时间。 你可以使用渐进式暴露法来消除任何恐惧症，例如，恐高症、晕针或怕狗，还有其他形式的焦虑，例如害羞或强迫症。 你还可以建立一个恐惧层次结构，将威胁最小的情况定为1级，将最具威胁的情况定为10级。你可以记录你每天所进行的暴露类型和次数，以及你感觉到的焦虑程度（介于0分和100分之间）。
28. 洪水法（第274页）	当你使用洪水法时，你会将自己暴露在恐惧之中。比如，如果你有电梯恐惧症，你可以强迫自己乘坐电梯上上下下，无论你感到多么焦虑，都要待在电梯里，直到恐惧消失为止。洪水法比渐进式暴露法更令人害怕，但它起效更快。这两种方法都已被证明能够成功治疗焦虑症。
29. 反应预防法（第279页）	你要努力让自己不再屈服于强迫性的仪式。比如，如果你每次将信投进邮箱后，都会有一种强烈的冲动去检查邮箱以确保信件没有卡住，你可以在下次寄信时强迫自己走开，而不去检查它。你可能会暂时变得更加焦虑，但如果你坚持抑制住这种冲动，最终焦虑就会消失，就像戒断反应一样。
30. 分散注意法（第282页）	如果你感到焦虑，你可以分散自己的注意力。比如，如果你在飞机飞行期间感到恐慌，你可以专注于拼字游戏或与你旁边的乘客交谈。当与洪水法等暴露法同时使用时，此方法的效果是最好的。
认知暴露法	
31. 认知洪水法（第285页）	有时候你是无法让自己暴露在现实中让你害怕的事物中的。比如说，假如你害怕坐飞机，你没法让自己乘坐坠毁的飞机来克服自己的恐惧。但是，你可以使用认知洪水法在自己的脑海中面对这种恐惧。在你的脑中尽力想象飞机失事的画面。让自己尽可能地焦虑，并尽可能地去忍受这种焦虑，不要试图压抑这种情绪。相反，我们要试着让这种想象出来的情况变得更糟，向焦虑的情绪屈服。最终，焦虑会自行消失。
32. 图像替换法（第288页）	用更积极或平和的想象代替可怕的想象。如果你害怕坐飞机，你可能会想象飞机在一团火焰中坠毁，这种想象会让你产生强烈焦虑感。你可以替换一下，想象自己安全着陆与家人一起享受美好的假期的场景。

（续表）

33. 记忆重写法（第291页）	如果你是一个可怕的事件的受害者，比如你曾遭受性虐待或其他类型的身体虐待，你可能常常觉得这段痛苦的记忆仍然在你的脑海中栩栩如生。但这部“电影”是可以编辑的，就像你可以改变自己的消极想法一样。比如，如果你有被强奸或虐待的羞辱性记忆，你可以在脑海中描绘这个事件，有意识地让你自己感到焦虑。然后你可以化身为一个强大的成年人进入记忆中的场景并惩罚虐待你的人。你可能还想与被虐待的孩子交谈，这样你就可以安慰这个孩子。你身上成熟的那一部分自我会与你内心那个感到受伤、背叛、受惊的孩子交谈。
34. 恐惧幻想法（第296页）	我们将进入爱丽丝梦游仙境的梦魇世界，你最担心的所有事情都将会一一应验。在这个噩梦般的世界里，你会遇到一个想象中的批评者，他会以最糟糕的方式抨击你，并攻击你的每一个弱点或缺点。你可以进行自卫，你可以与脑中的评论家争论，这样他对你的评论就会失去效果。你可以使用自卫法或接受悖论法进行回复。虽然敌对评论家似乎是另一个人，但他实际上是你对自己做出的最糟糕的自我批评。你可以在治疗师或朋友的帮助下将恐惧幻想作为角色扮演的对象，或者你也可以自己写出一个与脑内恐惧幻想之间的对话。
人际暴露治疗法（抗害羞）	
35. 微笑打招呼练习（第306页）	你可以强迫自己微笑，每天向十个陌生人问好。通常你会发现人们比你预期的要友善得多。
36. 搭讪练习（第311页）	你学会以轻松愉快的方式与人搭讪，而不是以一种严肃、真诚或沉重的方式。这会让你看起来更有趣、神秘和令人兴奋。
37. 拒绝练习（第318页）	如果你害怕被拒绝，就可以试着尽可能多的积累被拒绝的经验，这样你就会知道，即使被拒绝，这个世界也会照常运转。比如，你可以将目标定为在一周内被人拒绝十次。当我在医学院时，我和一个朋友在一起尝试这项练习。刚开始很可怕，但结果却让人如释重负。当然，你最终可能会在此过程中真的约到心仪的对象，但你的目标是尽可能多的被拒绝。
38. 自我暴露法（第319页）	你不在社交场合隐藏你的害羞或紧张感，而是公开披露它们。这种方法的核心是，真正让你觉得焦虑的不是你的害羞，而是你的羞耻感。如果没有这种羞耻感，害羞实际上可以成为一种资产，因为它可以让你看起来更加脆弱和有吸引力。
39. 大卫·莱特曼法（第322页）	你学会了与任何人进行轻松、随意的交谈，使用与大卫·莱特曼和杰·莱诺等成功的脱口秀节目主持人相同的技巧。你要学会赞扬其他人，使用解除武装法、质询法和夸奖法。你要把对方置于聚光灯下，而不是试图通过谈论自己来打动他或她。如果你以友好和令人愉悦的方式做到这一点，这个人通常会对你印象很好。

（续表）

情感隐藏法	
40. 情感隐藏法（第331页）	这个方法认为只有善良的人才容易焦虑。事实上，你的善良是你焦虑的原因，因此，当你感到生气或不安时，你会把自己的情绪隐藏起来，以至于你甚至没有意识到问题所在。你把自己的问题从你的意识层面抹除了。很快，你就会感到焦虑或恐慌，你甚至都不知道自己为什么会如此焦虑和恐慌。 当你焦虑的时候，问问自己，“我是否想要通过焦虑，避免一些令人沮丧的事情？什么是困扰我的真正问题？我是否暗中怨恨我的配偶、朋友或同事？我对自己的工作或职业道路不满意吗？我对生活中发生的事情的真正感受是怎样的？”一旦你把问题带到自己的意识中，你就可以表达你的感受或努力解决那些困扰你的问题。这通常可以减轻焦虑，甚至完全消除你的焦虑。 情感隐藏法对于患有疑病症、慢性疼痛、头晕、疲劳或其他非器质性病变的症状都有很大的帮助。

* 该模型由戴维·伯恩斯（David D. Burns）2005年提出。

第二十三章　全力以赴

鼻子上有疤痕的女人

你听说过躯体变形障碍症（BDD）吗？患有躯体变形障碍症的病人通常会认为他们自己的外形看起来非常丑陋或奇怪。他们常常会担心自己的外表，并竭尽全力想要解决这个问题。而其他人，包括他们身边的家人和朋友，通常都看不到这些缺陷，都会向病人表示他或她现在的状态非常好。然而，患有躯体变形障碍症的病人不会相信家人和朋友的话，还会因为这些安慰感到愤怒。这是一种严重的焦虑症，通常被认为极难治疗。

当然，我们的文化非常注重外表和身体的美，大多数人可能都很难达到我们在《大都会》等女性杂志和《GQ》等男性杂志中看到的模特们的标准。我们都知道，自己在某些方面会存在缺陷，但我们大多数人都会接受自己的不完美之处，然后继续我们的生活。但患有躯体变形障碍症的病人会把他们对外表的担忧推到极致。

在本章中，我会为大家介绍我的一位女病人，她叫海伦，她的生活因为躯体变形障碍症而受到严重的影响。这令人十分惊讶，因为她在大多数人眼里都属于“人生赢家”。她很有魅力，也很优雅，婚姻幸福，还有两个可爱的儿子。海伦的职业生涯也一直顺风顺水，一家人住在比弗利山庄①的一座华丽的别墅中。海伦还是麻省理工学院的电气工程博士。毕业后不久，她就进了一家著名的电子产品公司，为这

① 译者注：位于美国洛杉矶，有“全世界最尊贵住宅区”称号，被人们称为名利的代表和象征。

家公司设计计算机芯片。她在开发流行的计算机芯片方面发挥了关键作用，并因为自己的努力获得了丰厚的回报。也是在那个时候，海伦遇到了唐。唐是当地社区大学的生物学教师。很快，海伦就和唐坠入爱河，接着他们就结婚了。几个月后，海伦怀孕了。就在婴儿出生之前，她休了一段时间产假，在家做起了家庭主妇。

六年后，海伦和唐已经有了两个可爱的儿子，一个三岁，另一个六岁。有一天吃完晚餐，唐问海伦，有没有想过重新开始工作。因为他们最近想要给房子添置一些家具，但唐一个人的薪水不足以负担如此大额的支出。海伦似乎对重返工作岗位的想法感到兴奋。

但当天晚上，海伦在厨房里洗碗时，发生了一场小地震，厨房天花板上的一块石膏掉了下来，割伤了她的鼻子。伤口流了很多血，所以唐赶紧把海伦送到了急诊室。幸运的是，这个伤口很浅，在几周内就完全愈合了，看不出任何疤痕。

但是，海伦总是觉得自己的鼻子上有一个难看的疤。当她问唐的时候，唐说他根本看不到任何疤痕。她不相信唐，所以她就问了自己的父母。父母也都都回答了同样的内容。

尽管家人和朋友都一再跟海伦保证看不出疤痕，但海伦却越来越注意她的鼻子。她觉得自己的鼻子看起来特别丑，这个想法在她的脑中挥之不去。她对此感到非常焦虑。

于是，她开始每天花大量的时间盯着镜子看，靠化妆来掩盖她鼻子上这条看不见的疤痕。她害怕白天离开家，因为她担心人们会厌恶地盯着她的鼻子。她甚至都不敢去杂货店。

唐意识到海伦肯定是哪里出了问题，便将海伦带去了斯坦福精神病诊所，在那里，海伦被诊断出了躯体变形障碍症。

下面，我们可以一起看一看是否可以使用已经学到的一些方法来帮助海伦。我们一起看看海伦的“每日情绪日志”吧。让她沮丧的事件其实就是她每天早上会克制不住地盯着镜子，试图用化妆掩盖疤痕。

海伦感到悲伤、焦虑、羞愧、有缺陷、孤独、受辱、绝望、沮丧和愤怒。在

“之前”一栏中，海伦打的分数都很高，这说明她所有这些感受都相当激烈。

你可以看到海伦写下了三个消极的想法，并且百分之百相信它们是真实的。针对海伦的第一个消极想法“这个伤疤让我的脸变得好丑”，请在下一张表格中勾选其中的扭曲现象。

勾选了答案之后，就可以继续往后读了。

表23-1　认知扭曲

认知扭曲	（√）	认知扭曲	（√）
1. 非黑即白		6. 放大或缩小	
2. 以偏概全		7. 情绪化推论	
3. 心理过滤		8. “应该”句式	
4. 优势打折		9. 乱贴标签	
5. 妄下结论 ·读心 ·臆测未来		10. 归咎责备 ·罪责归己 ·罪责归他	

答案：

海伦和我在“这个伤疤让我的脸变得好丑”的这个想法中发现了十种扭曲现象。

我让海伦把第一个消极想法填进第380页的康复圈中。你可以把这个想法想象成她所陷入的一个陷阱。只要她相信她的鼻子上有一个难看的疤痕，她就会感到焦虑。而只要她不再相信这个想法，她就会感到宽慰。

但海伦是一个聪明的女人，很多人都想说服她她的鼻子上没有任何疤痕，但他们的努力完全没有用。我们需要一些强大的新方法来帮助她。

选择至少十五种可能有助于海伦识破消极想法的方法，并在海伦的康复圈方框中填入这些方法的名称。在你选择方法的时候，可以参阅第352页的“战胜恐惧的40种方法”摘要或第374至380页关于的每种方法的详细说明。你选择的方法中一定要包括十二到十五种认知治疗法，两到三种暴露治疗法或情感隐藏疗法，

表23-2 海伦的每日情绪日志

令人难受不安的事件：早上忍不住盯着镜子看。

情绪	之前	之后	情绪	之前	之后
悲伤、忧郁、沮丧、消沉、难过	75分		**尴尬**、愚蠢、受辱、害羞	100分	
焦虑、担忧、惊恐、紧张、害怕	100分		**无望**、没有干劲、悲观、绝望	100分	
愧疚、悔过、感觉不好、羞愧	100分		**沮丧**、受阻、受挫、挫败感	85分	
自卑、无价值感、无能、有缺陷、无竞争力	100分		**愤怒**、抓狂、仇恨、恼怒、易发火、局促不安、狂怒	60分	
孤独、不被爱、被排斥、被拒绝、寂寞、被抛弃	80分		**其他（请描述）：**		

消极想法	之前	之后	认知扭曲	积极想法	相信程度
1. 这条疤痕让我的脸变得好丑。	100分				
2. 我可能永远都找不到工作了。	100分				
3. 人们会盯着我看。	100分				

因为这三种类别的疗法都可能有助于海伦的康复。当你自己想要使用康复圈来对抗让你焦虑的想法时，你也需要这样做。

表23–3　海伦的认知扭曲

认知扭曲	(√)	解释
1. 非黑即白	√	海伦看问题非常绝对，非黑即白。即使她的鼻子上有疤痕，也不会让她变丑。
2. 以偏概全	√	海伦将她假想出的鼻子上的瑕疵概括为她的整个外表的瑕疵。
3. 心理过滤	√	海伦总是专注于自己的鼻子，过滤掉了任何有关她外表的优点。而实际上，她很有魅力。
4. 优势打折	√	许多人告诉海伦，她非常有吸引力，他们都看不到这条疤痕。她反驳了这些证据，并坚称他们只是安慰她，想让她感觉更好。
5. 妄下结论 ·读心 ·臆测未来	√	海伦觉得人们会对她的外表感到震惊，但她没有证据（读心）。 她还预测人们会盯着她看，并且觉得恶心（臆测未来）。
6. 放大或缩小	√	海伦极大地夸大了疤痕的重要性。而且，这条疤痕根本就不存在。
7. 情绪化推论	√	海伦觉得人们会对她的鼻子感到厌恶，所以她认为他们真的会对她的鼻子感到厌恶。
8. “应该”句式	√	海伦认为她自己“应该”永远是完美的，而“不应该”有任何缺陷。这也是一个“隐藏应该句式”。
9. 乱贴标签	√	海伦认为她的脸“变丑了”。
10. 归咎责备 ·罪责归己 ·罪责归他	√	海伦感到沮丧、愤怒和不安，而且把她所有的烦恼归咎于鼻子上的伤疤。

你要如何为海伦选择方法?

请记住，我们可以根据“消极想法中的认知扭曲”或“你正在克服的问题”选择方法。你可以查看第372和373页上的表格。

海伦的消极想法中包含了所有十种认知扭曲，而且她患有躯体变形障碍症，所以你在选择方法时的自由度是很大的。再次强调，请确保你选择的方法中包含情感隐藏治疗法，因为海伦可能也隐藏了一部分自己的情感。她真的是“突然间”才开始过分注意自己的鼻子的吗？她是不是还有什么事瞒着我们？

现在，我们一起来完成海伦的康复圈。不要担心自己选择的是否是“正确”的方法。如果某项方法听起来值得一试，就请将它写进其中一个方框中。如果你发现超过六种方法很有希望治愈海伦，那就太好了。你拥有的方法“弹药”越多，你就会感觉越好。

在第388页上有我给海伦画的康复圈。也许你列出的方法与我的方法不同，但只要你选择了足够多的方法，就完全没有问题。如果你尝试的方法无效，只需将它们删除，然后继续使用康复圈上的下一项方法。请记住，失败得越快，你找到适合自己的方法的速度就越快。

海伦的消极想法给她的情绪带来了巨大的痛苦，但她知道自己的情绪被扭曲了，因为她已经发现了这十种扭曲。于是，我问她，是否能想出一个更积极和现实的方式来看待她的鼻子。她能用什么样的信息来代替“这个伤疤让我的脸变得好丑”的想法？她能给自己一个不那么令人沮丧的暗示吗？

患者一开始可能很难想到如何回应这些消极想法。当他们刚开始挑战自己的消极想法时，他们想出的积极想法也通常不是很有效。

海伦想出的第一个积极想法是：“我可以告诉自己，我的脸并不像腐烂的尸体那么糟糕，但其实也差不多了。”

在第389页的图表中，你可以看到，这个想法并没有多大帮助！虽然她完全相信自己的这个积极想法，但这个积极想法没有帮助她战胜原先的消极想法。请记住情绪变化的必要和充分条件：

- 必要条件：这个积极想法必须是百分之百真实的。
- 充分条件：积极想法需要让消极想法不攻自破。

海伦的积极想法达到了情感变化的必要条件，但没有达到充分条件。

现在我来给大家介绍一下海伦的康复圈是怎样改善她的情况的。

表23-4　海伦的康复圈

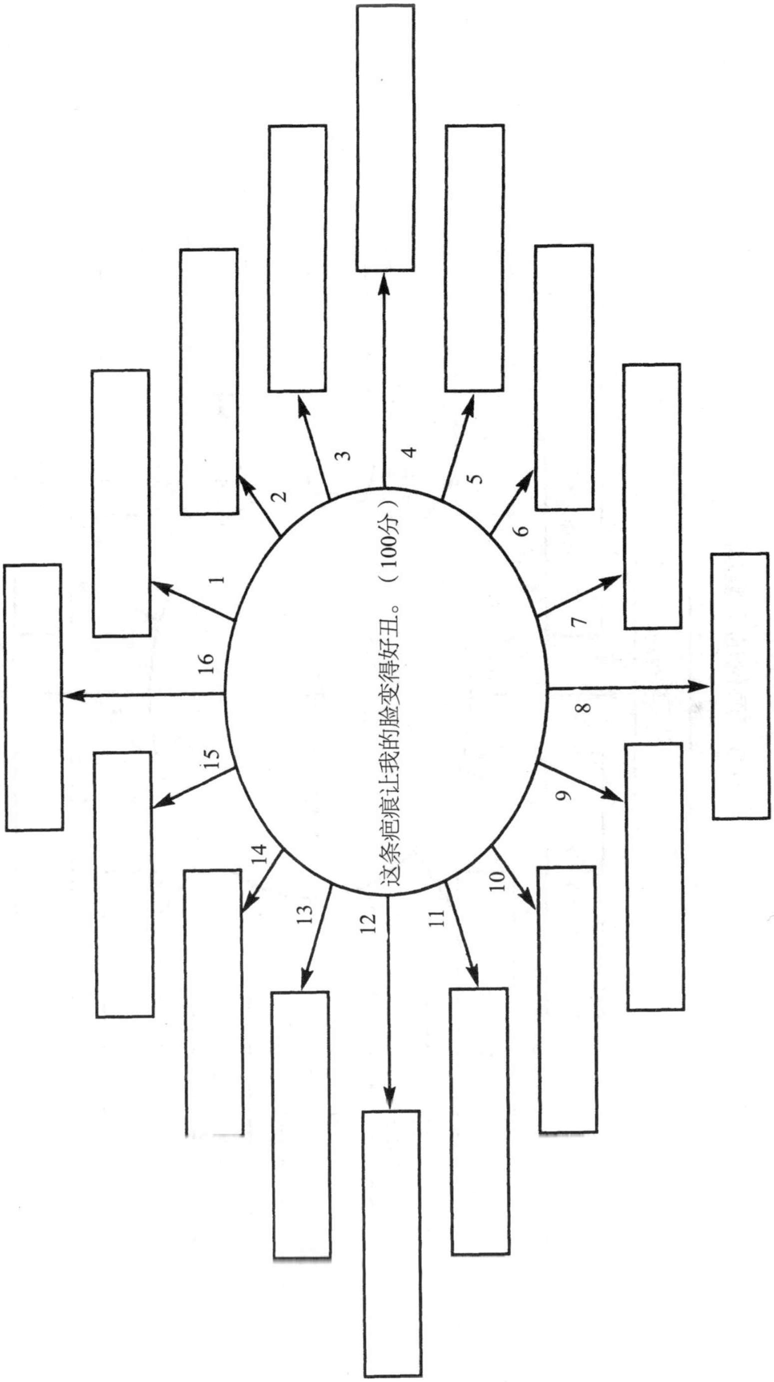

表23-5 海伦的康复圈

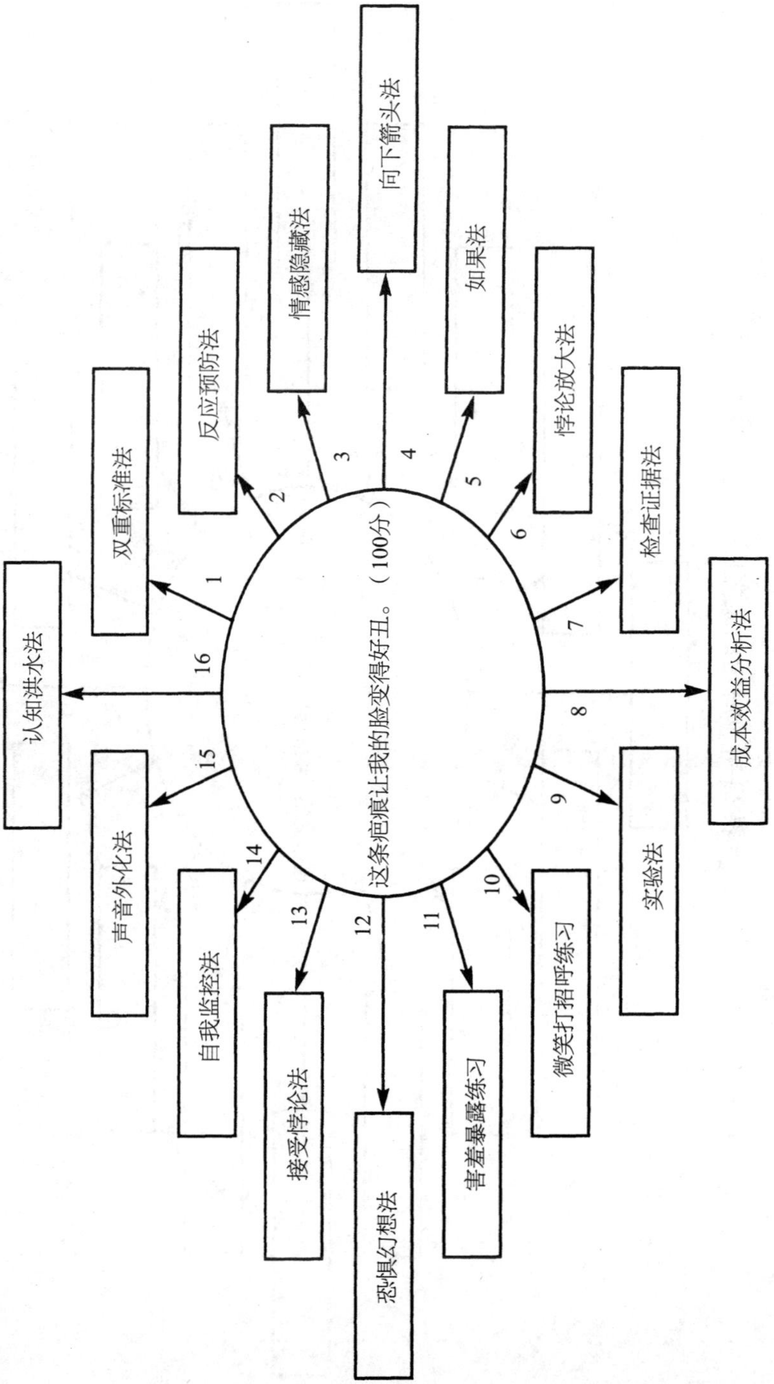
这条疤痕让我的脸变得好丑。（100分）
1 双重标准法
2 反应预防法
3 情感隐藏法
4 向下箭头法
5 如果法
6 悖论放大法
7 检查证据法
8 成本效益分析法
9 实验法
10 微笑打招呼练习
11 害羞暴露练习
12 恐惧幻想法
13 接受悖论法
14 自我监控法
15 声音外化法
16 认知洪水法

表23-6　海伦的每日情绪日志（部分）

正是这些想法让海伦觉得如此痛苦。“之前”栏中的评分表明她完全相信这一想法。

这是海伦首次尝试积极想法，“相信程度”一栏中的评分表明她完全相信这一想法。

消极想法	之前	之后	认知扭曲	积极想法	相信程度
这条疤痕让我的脸变得好丑。	100分	100分	AON，OG，MF，DP，MR，FT，MAG，ER，SH，	我的脸并不像腐烂的尸体那么糟糕，但也差不多了！	100分

虽然海伦对积极想法的相信程度是100分，但她对消极想法的相信程度并没有下降。这是因为积极想法没有让消极想法不攻自破。所以，她的焦虑并没有改善。

双重标准法

我让海伦想象她有一个关系很好的朋友，和她一样，在地震中割伤了鼻子。她会对自己的这个朋友说什么？她会告诉这个朋友“你鼻子上有一个丑陋、令人作呕的伤疤，这让你的脸变得好丑”吗？

海伦看起来震惊极了，她告诉我，她“绝对不会”对自己的朋友这样说。

然后我问她会对她的朋友说些什么。海伦说她会告诉她的朋友考虑去做个整容手术！显然，双重标准法对她来说并不是很有效。因为她本身就没有双重标准。

反应预防法

海伦每天花费大量时间盯着镜子，用化妆品遮住鼻子上那条假想出来的疤痕。这使得问题更加严重，因为她花在化妆上的所有时间和精力都强化了她的想法——她的鼻子非常难看。一些专家认为躯体变形障碍症实际上是一种强迫症。海伦对她的鼻子的关注是她的一种强迫情绪，盯着镜子和化妆是她的强迫行为。

反应预防是治疗各种强迫症的良好选择。我让海伦把她房子里的所有镜子都拆下来，然后把它们放在车库里，镜面对着墙壁。

海伦无法取下浴室里的镜子，因为浴室的镜子是钉死的，但海伦同意，只会在每天早上梳头的时候使用这面镜子，而且最多只使用一分钟。无论她有多么焦虑，都不许去照镜子。这种反应预防在刚开始那几天让海伦更加焦虑了，但几天之后，当她盯着镜子的时候，想要化妆遮住鼻子的冲动变得没有那么强烈了。

虽然反应预防是每一个强迫症患者都必须要进行的一项治疗，但通常情况下，这种方法无法完全治愈强迫症。海伦照镜子的冲动确实有所消退，但她的强迫性思想和焦虑情绪并没有消失。那是因为她仍然相信自己的鼻子上有一个丑陋的伤疤，她的脸因此变丑了。

情感隐藏法

海伦是一位才华横溢并且充满魅力的女性，她家庭美满、工作出色。突然间，她发现自己有了一种奇怪的想法，她开始觉得自己的鼻子看起来很奇怪。为什么会这样？海伦是不是在为一些没有告诉我们的事情感到沮丧？现在想一想，你认为海伦真正的问题是什么？不要担心自己的答案是否“正确”，只是单纯地记下一些想法。

1. ______________________________

2. ______________________________

3. ____

答案：

当然，只有海伦才能告诉我们是否存在隐藏的问题，如果有，也只有她自己才知道这个隐藏的问题是什么。但是，我们可以猜想一些可能会困扰她的问题。

海伦是否担在心重返工作岗位的事？高科技世界以惊人的速度发展，海伦毕竟已经离开职场六年。也许她担心自己的技能已经“生锈”，已经没有办法适应新的环境了。但如果她的鼻子上确实有一个丑陋的疤痕，大家都觉得这个伤疤很恶心，她就不必回去工作，也不会被人发现她已经落后于这个时代了。

如果这就是她的感受，她为什么不直接告诉她的丈夫，而是创造了一个关于她的鼻子的妄想呢？也许是因为海伦一生都是一个自信、成功的人。在她成长的过程中，她一直都很受欢迎，也一直是一名优秀的学生。她可能不习惯于感到紧张或不安全。同时，她可能还很担心，如果自己的这种紧张情绪被丈夫发现，丈夫会因此看不起她。

海伦对唐生气了吗？毕竟唐才是那个问海伦愿不愿意重新回到工作岗位的人，这样他们就可以给房子里再添置一些东西。海伦可能会感到压力和怨恨，但她又不想表达这些感受，因为她太“善良”。也许她的焦虑给了她留在家里的借口。然后她就可以说：“唐，我真的想回去工作，但你看我现在这样子是完全不能回去工作的——我会因为自己的这种恐惧感而无法工作。”

海伦真的想和孩子待在一起吗？也许她很喜欢带孩子，并且觉得如果能再做几年全职妈妈就好了。但她可能也会很难承认这种想法，因为她打心底认为自己应该成为一个从事高科技行业的事业成功并且家庭美满的女性。

令我惊讶的是，海伦否定了我所有的猜测。她说她真的想重返工作岗位，并认为现在孩子们也长大了，她是完全可以回去工作的。此外，她表示并没有对丈夫产生怨恨或者觉得有任何压力，也并不担心自己会因为离开太久而业务生疏。

在许多情况下，情感隐藏法都特别有效。但它对海伦没有效果，所以我们也无须恋战，是时候尝试下一个方法了。

向下箭头法

当使用向下箭头法时，你需要在消极想法下画一个箭头，然后问自己："如果这是真的，对我来说意味着什么？为什么我会因此而沮丧？"

这时，一个新的消极想法又会浮现在你的脑海中。把这个想法写下来，直接在它下方绘制另一个向下的箭头。如果你重复做几次这样的练习，你就可以一路寻找到你内心最深处的想法，正是这种想法触发了你最深层次的恐惧。

现在，让自己站在海伦的角度思考，完成下面的向下箭头法练习。我已经把你自己提出的问题写在了每个箭头的旁边，当你沿着这个向下箭头的链条思考下去时，你可以随意修改这些写好的问题，这取决于你脑子里浮现的想法。我设置了六次提问，但是你可以根据自己的情况随时增删。

海伦的向下箭头法

消极想法

---

1. 这条疤痕让我的脸变得好丑。

↓ 如果这是真的，对你来说意味着什么？为什么这会让你心烦意乱呢？

2. ____________________

____

↓ 如果这是真的，对你来说意味着什么？为什么这会让你心烦意乱呢？

3. ______________________________

____

↓ 如果这是真的，对你来说意味着什么？为什么这会让你心烦意乱呢？

4. ______________________________

____

↓ 如果这是真的，对你来说意味着什么？为什么这会让你心烦意乱呢？

5. ______________________________

____

↓ 如果这是真的，对你来说意味着什么？为什么这会让你心烦意乱呢？

6. ______________________________

____

你可以在下一页看到海伦的消极想法链，以及我给她提出的每一个问题。看看你是否可以找到海伦的一些自我攻击信念。做这个练习的时候，可以参阅第13页的“常见的自我攻击信念”对照表。

1. ______________________________
2. ______________________________
3. ______________________________
4. ______________________________
5. ______________________________

海伦的向下箭头法

____

消极想法

____

1. 这条疤痕让我的脸变得好丑。

↓ 如果这是真的，对你来说意味着什么？为什么这会让你心烦意乱呢？

2. 人们可能会看到我鼻子上的疤痕，觉得我看起来很恶心。

↓ 现在，让我们接着假设你刚才描述的事件确实发生了，这对你来说意味着什么呢？为什么这会让你心烦意乱呢？

3. 然后他们会看不起我。

↓ 接着会发生什么？为什么这会让你心烦意乱呢？

4. 他们就会拒绝我。他们也不会再想待在我身边了。

↓ 如果他们不想再在你身边，这对你来说意味着什么？为什么这会让你心烦意乱呢？

5. 我就会孤独终老。

↓ 如果你真的孤独终老，这对你来说意味着什么？你心里最害怕的是什么？

6. 这意味着我毫无价值。

答案：

以下是我和海伦一起找到的自我攻击信念：

· 行为完美主义。海伦认为她必须看起来很完美，任何微小的缺陷都会彻底破坏她外表的完美性。

· 认知完美主义。她认为其他人都非常具有判断力，如果她看起来不完美，他们就会拒绝她。

· 赞赏上瘾。海伦认为自己需要得到每个人的认可才能获得成功。

· 害怕被拒绝。海伦认为如果有人拒绝她，她一定会感到毫无价值和悲惨。

· 聚光灯谬误。海伦觉得她在舞台上的聚光灯下，每个人都在观察和判断她的表现。

·林火谬误。海伦坚信，只要有一个人看不起她，流言马上就会传开，接着所有人都会看不起她，并且离她而去。

很容易看出这些自我攻击信念是如何助长海伦的恐惧的。海伦想象出了一个充满了评判的世界，这个世界里的所有人都会拒绝她。她也相信，如果一个人看不起她，每个人都会看不起她。她的焦虑不是缘于她外表中的任何真实或想象的缺陷，而是来自她思考自己和世界的方式。除了帮助海伦识破自己的消极想法，我们还想帮助她改变这些引发她担忧情绪的自我攻击信念。这样，她将来就不会那么容易受到痛苦的情绪波动的影响。

我们在第七章和第八章中已经学到了一些关于如何改变自我攻击信念的知识。在本章的后半部分，我也将告诉大家如何使用恐惧幻想法和接受悖论法来改变海伦的自我攻击信念。

如果法/悖论放大法

你可能还记得，如果法其实和向下箭头法很像，但使用如果法的时候，你会自己问自己："如果真的发生了这件事情，我会怎么办？我心里最害怕的到底是什么？""假如我的孩子真的落到了一个绑架犯或者虐待狂手里，会发生什么呢？最坏的情况会是怎样的呢？"如果法可以让你找到一直在助长自己恐惧情绪的幻想。如果你把这种幻想推向最糟糕的极端，你会发现这种幻想其实是很荒谬的。

在治疗海伦的过程中，我是这样使用这两种方法的：

戴维：海伦，让我们假设，你有一天[illegible]，人们看到了你的鼻子，觉得你鼻子上的疤太丑了，而且令人厌恶。这种情况会让你觉得害怕吗?

海伦：是的，听起来很糟糕!

戴维：好的，我希望你能专注于这个幻想。你认为有多少人可能会因为看到你的鼻子而恶心想吐?

海伦：我不确定。可能得有一百个那么多吧。

戴维：这会吓到你吗?

海伦：听起来太糟糕了!

戴维：为什么会这么糟糕?假如真的有一百个人看到了你的鼻子，并且真的也觉得你鼻子上的疤痕很恶心，接下来会发生什么?你心里最害怕的是什么?

海伦：他们可能会告诉他们的朋友。

戴维：好的，如果看到你鼻子的每个人都告诉了十个朋友，现在有一千人知道你鼻子上有伤疤这件事了，接下来会发生什么?这个想法会让你心烦意乱吗?

海伦：我根本想都不敢想!

戴维：我知道这种情况会让你感到焦虑，但我希望你能再坚持一下。如果有一千人认为你的鼻子是他们见过的最糟糕的鼻子，那你为什么会觉得这件事这么糟糕呢?你心里最害怕的是什么?

海伦：嗯，他们可能会告诉更多的人，这件事就会从此传开。

戴维：好的，那我假设这所有一千个人都告诉他们的十个朋友。所以现在洛杉矶有一万人在谈论你的鼻子。为什么这会让你心烦意乱呢?接下来会发生什么事?

海伦：他们可能会告诉更多人!

戴维：我们来看看最糟糕的结果。假设每个人都会告诉另外十个朋友关于你的鼻子的事，然后十传百百传千……现在，关于你的鼻子的消息就像野火一样在整个洛杉矶传开了，超过一百万人都在聊你的鼻子，而且觉得你鼻子上的疤痕特别恶心。而且，《洛杉矶时报》的头版上还会有一篇关于你的鼻子的文章，其中还有一张照片是由狗仔队用长焦镜头偷拍的！文章的标题写着："购物中心惊现疤痕鼻引骚动，上万人奔逃"，还建议家长不要让孩子们去购物中心。

对话的最后一部分就是悖论放大法的典型应用。我们的目标不是取笑海伦，而是让她意识到她自己夸大事物的方式。如果海伦的鼻子上真的有这样的小瑕疵，大家会不会真的反应那么强烈地批判她的鼻子呢？

一旦你发现了你最可怕的幻想，你可以问自己："这种情况发生的可能性有多大？我的恐惧有多现实？"你也可以问自己："如果确实发生了这种情况，我可以忍受吗？会因此而导致世界末日吗？"如果海伦的鼻子真的如此令人震惊，那确实是不太方便见人，但是在这种情况下，又会有谁真的愿意像疯子一样嫌弃海伦呢？

遗憾的是，如果法也并没有给海伦带来任何真正的缓解。虽然她知道自己最害怕的事似乎极不可能实现，但她仍然确信她的鼻子上有一个丑陋的伤疤。

检查证据法

当你使用检查证据法时，你会问自己这样的问题："有没有什么可靠的证据可以支持我的消极想法？我是怎么在第一时间得出这个结论的？"有时你会发现你的恐惧是基于情绪化推论，而不是对事物真实情况的现实评价。于是，针对这一点，我向海伦提出了如下一系列问题。

戴维：海伦，我想知道你为什么会认为大家会觉得你鼻子上的疤痕很恶心，你的证据是什么呢？这种想法有没有坚实的证据？

海伦：当我照镜子时，我的脸看起来很丑，而且我非常焦虑，这才是重点。

戴维：听起来你很容易陷入自我批评，而且当你照镜子时就会感到不安。但我想知道，是否有任何证据表明其他人在看到你时也会和你有同样的感觉。有人问过你鼻子上的疤痕吗？有谁注意到了你外表上的变化吗？

海伦：不，没有人说过这样的话，但是当我想在公共场合露面时，我觉得每个人都会盯着我的鼻子，而且他们的眼神里充满厌恶。

戴维：这确实很令人紧张，我也不喜欢别人盯着我，也对此感到厌恶。但我想知道，你是否有任何真正的证据表明人们确实对你的鼻子感到厌恶呢？你在公共场合露面时，别人会惊恐地盯着你看吗？当你经过的时候，有没有母亲手忙脚乱、惊慌失措地遮住孩子的眼睛？

海伦：好像也没有。我大部分时间都待在室内，因为我认为我的鼻子看起来像小丑的鼻子。

戴维：有时你可以非常强烈地体验到某些感受，但事实证明你的感受都不是真实的。你为什么会觉得自己的鼻子看起来像一个小丑的鼻子？你最近经历了什么令你沮丧的事情吗？你在公开场合时观察到了人们的什么反应吗？

海伦：人们总是表现得很礼貌。他们假装没有注意到我的鼻子，但我觉得如果他们真的看到了我的鼻子，一定会我觉得我的鼻子很恶心。

海伦无法提出任何证据证明她的想法，她只是一味地认为自己的鼻子上有一个难看的伤疤，并因此而感到焦虑，并且不想出门。然而，她却完全忽视了这样一个事实——根本没有人因为她的鼻子而感到恶心。检查证据法对她来说好像也没有什么效果，因此我开始尝试下一种方法。

成本效益分析

一般来说，我们不会相信我们没有找到证据的事情。那为什么海伦坚持认为她的鼻子上有一个难看的疤痕呢？我想知道，是否有一些隐藏的回报或奖励会支撑着她的这种焦虑。如果真的是这样，就可以解释为什么她没有办法摆脱这种想法了。如果我们能够把这些隐藏的回报拿到台面上来，就可以帮助海伦减轻一些压力，并帮助她更真实地思考自己的外表。

为了找到答案，我决定尝试成本效益分析法。我让海伦列出自己所有的优点和缺点，并告诉自己，她的鼻子上有一个丑陋的伤疤，这让她的脸变得特别丑。这种想法对她有什么帮助，又会有怎样的影响？

首先，我们要做一个成本效益分析，海伦列出了这个想法的一些优点，还有一些缺点。而且，经过衡量后，海伦认为自己想法的缺点远大于优点。

遗憾的是，成本效益分析对她没有多大帮助，因为即使她能看出消极想法不利于她自己，却仍然相信这个想法是真实的。显然，是时候采用更强大的方法了。

表23-7　海伦的成本效益分析

描述你想要改变的一种态度、感受或习惯：疤痕让我的脸变得好丑。

优点	缺点
1. 我不用去参加工作面试。	1. 我将无法回去工作。
2. 我可以和孩子待在家里。	2. 我会感到焦虑和羞愧。
3. 我不想冒任何风险，也不想尝试任何会让我觉得焦虑的事情。	3. 每当我的丈夫和父母坚持说我的鼻子上没有疤痕时，我就会和他们吵起来。
4. 我可以自怨自艾，扮演受害者。	4. 我会感到自己有缺陷。
5. 我心情沮丧的时候，我的丈夫和父母就会格外关心我。	5. 我会害怕与人交往。
6. 我觉得我很诚实，因为我的鼻子上似乎确实有一个难看的伤疤。	6. 我会感到孤独和被孤立。
	7. 我会把自己永远禁锢在家中。
50	50

实验法/微笑打招呼练习

实验法其实就是要做一个实际的实验，以测试消极想法或自我攻击信念是否真实有效。我们都知道，海伦的鼻子上其实并没有疤痕。我们也知道，即使她的鼻子有瑕疵，大多数人也不会对这个瑕疵有过多的关注。外人对海伦的判断完全基于海伦与他们之间互动，但海伦自己没有意识到这一点。

我问海伦是否愿意进行大胆的实验来测试她的消极想法。我建议她挑一个大白天，前往比佛利山购物中心，微笑着和二十个陌生人打招呼。我还让她带上一张小卡片，并让她在微笑并向某人问好之后，在卡片上记录这个人的反应是积极、消极还是中立的。这样她就可以切切实实地了解，人们到底会不会因为她鼻子上的疤痕而感到恶心反胃了。

最开始，海伦对这个提议非常抗拒。她已经在她的房子里躲了几个星期，并且确信人们会因她的外表而感到恶心。但她也非常渴望能够摆脱焦虑与恐惧，因此，尽管她特别害怕这个实验，但她还是决定一试。我提议，在她完成实验后我们可以见个面，这样我们就可以谈谈测试结果。

第二天早上，海伦去购物中心做了她的微笑打招呼练习。令她惊讶的是，她所打招呼的二十个人中有十五个人以友好、愉快的方式回应。还有五个人没有意识到海伦向他们打招呼而忽略了她。她认为他们的反应属于中立。没有人因她的外表而感到厌恶或恶心。

这一结果与海伦一直以来的想法都相反，并没有很多人因为她鼻子上的疤痕而觉得恶心，因此她对这种消极想法的相信程度降到了70分。

这是我们第一次成功撼动她对鼻子上疤痕的执念。

然而，由于她那天化着浓妆，所以她仍然怀疑这个实验结果。她最终得出的结论是，人们之所以会友好地对待她，是因为他们没有注意到疤痕，但如果她没有化妆，他们肯定会因为自己鼻子上的疤痕而感到恶心。如果你是海伦的心理治疗师，你接下来会建议她做什么？在继续往下读之前，先在下面的横线上写下你的答案。

答案：

我让海伦第二天再去一次购物中心，重复实验，这一次不要化妆。这个想法把海伦吓坏了，因为她确实认为人们会震惊地盯着她的鼻子。我再次提议，在完成实验之后我们可以见个面讨论实验结果。

实验的结果让海伦大吃一惊。几乎每个人都很友善，似乎没有人觉得她的鼻子有什么问题。她甚至与几个带孩子一起外出购物的女性进行了交谈。这就与她一直以来的消极想法完全相反了。因此，从这一刻开始，她对消极想法的相信程度一直下降到了10分，她感到非常宽慰。

害羞暴露练习

当海伦发现人们并没有厌恶她的鼻子时，她感觉好多了。

但如果她真的看起来很丑、很蠢，或者人们真的看不起她，会发生什么事呢？世界末日会因此到来吗？

为了找到答案，海伦同意再次回到购物中心做一个更加离谱的实验——害羞暴露练习。我告诉她，这种练习其实就是故意在公共场合做一些愚蠢的事，你会发现，做愚蠢的事并不会导致世界末日。很显然，害羞暴露练习需要巨大的勇气。

为此，海伦穿上了一件特别戏剧化的衣服，所以她看起来非常夸张——她的头上扣着一顶在新奥尔良狂欢节的游行中戴的巨大的紫色羽毛帽子，身上裹了一条华丽的红色连衣裙，她还在脖子上挂了一串色彩鲜艳的狂欢节珠子，脚踩一双贴满亮片的高跟鞋。

这一次，海伦觉得，当她微笑并向别人问好时，人们会觉得她很奇怪，并且一直盯着她看。但令海伦惊讶的是，人们仍然没有做出消极反应，反而似乎更加热情和友好了，而且，购物中心的不少人看起来比她穿得更夸张，毕竟这里是加州呀!

当海伦在商场时，她遇到了一位她以前的同事，这位同事以前和海伦同属一个芯片开发团队。他对海伦说，团队的同事们一直都很想念她，几天前还说起了她。同事对她说现在竞争越来越激烈，他们公司必须开发出一款更好的芯片才能重回领先地位。他问海伦是否考虑回来再次领导他们的团队。海伦高兴极了，她说她已经在考虑设计一种全新的超高速芯片了。她的同事也表示希望她尽快与团队的成员们讨论这个想法。

下周我再见到海伦的时候，她的状态好极了，并且准备停止治疗。她对鼻子上伤疤的恐惧已经完全消失了，她也已经接受了前雇主的邀请，准备重新回到工作岗位。

恐惧幻想法/接受悖论

当海伦发现她的消极想法其实并不真实的时候，她就感觉好多了。她所有的焦虑都消失了。但是“感觉更好”和“真的变得更好”之间存在着很大的区别。

在我终止海伦的治疗之前，我们还需要做一些防复发训练，这样的话，她将来就不必一次又一次地因为同样的问题而烦恼了，毕竟，她不会永远年轻美丽。当她年长之后，发现自己长了皱纹，头发变白，她会又一次陷入低落的情绪之中吗？

换句话说，海伦仍然没有直面自己心中最大的恐惧。当她在购物中心进行实验时，她发现别人的态度并不是敌对和拒绝的。但如果人们真的拒绝了她，她可以忍受这种痛苦吗？

她没法在现实中面对这种恐惧，但她可以在幻想中面对它。你可能还记得我们曾经介绍过的恐惧幻想法，使用这种方法的时候，你会进入一个噩梦般的世界，在这个世界中你最害怕的事情会成真。在这个想象的世界中，当你认为人们看不起你时，他们确实看不起你。其次，这些人总是告诉你他们在想什么。

在下面的“恐惧幻想”对话中，海伦扮演的是来自地狱的恶魔母亲的角色，我扮演海伦。我们来假想这位恶魔母亲带着自己的两个女儿在购物中心逛街。我告诉海伦，在她扮演恶魔母亲的角色时，她的工作就是尽可能地羞辱我，怎么刻薄怎么说，尽量说那些现实生活中人们基本不会说的话。以下是我和海伦的对话。

恶魔母亲（海伦饰）：我的天啊，你的鼻子怎么了？

海　　伦（戴维饰）：之前地震的时候，一块石膏落在了我的鼻子上，那里可能还有一点疤痕。

恶魔母亲：那是“一点”疤痕吗？这条疤简直就像科罗拉多大峡谷一样！在公共场合你就没有想过戴个口罩遮一下吗？

海　　伦：哎呀，我从来没有想过这个，我现在手边也没有口罩呀。这个疤痕让你不舒服了吗？

恶魔母亲：不舒服？我觉得这很恶心。我根本没法直视你！

海　　伦：我不知道我鼻子上的疤会对人产生这样的影响。你有额外的购物袋吗？也许我可以把购物袋套在头上，在眼睛和嘴巴的位置打几个洞，这样可能可以让你舒服一些。

恶魔母亲：说实话，我觉得像你这样的人应该待在家里，而不是在公共场合露脸。你的鼻子太吓人了！难道你没意识到商场里有小孩吗？你有没有想过如果他们看到你的鼻子会发生什么？快转身，孩子们，别看这个女人可怕的鼻子！

海　　伦：天哪！我从来没想过这一点。你觉得看到我的鼻子会让你的孩子感到不安吗？他们这么脆弱吗？他们以前从未见过有任何身体缺陷的人吗？

恶魔母亲：我会尽可能地保护他们。他们只会去最好的学校和最好的人交朋友。如果他们看到你可怕的鼻子，他们可能会受伤，还会做噩梦。

海　　伦：听起来很严重啊。也许你可以在我们说话时蒙住他们的眼睛。

恶魔母亲：别这么不正经！你的行为真是令人发指。在公开场合露出你的鼻子是对公众的侮辱。我要去举报你。

海　　伦：那真是麻烦你了。听起来是个挺不错的主意呢。也许警察们可以警告公众，让他们不要在星期三来购物中心，因为我经常会在那天来购物。而且这样真的很棒！如果星期三大家都不来，那这个地方就是我一个人的啦！不用排队，也不用等着结账。

从这段对话来看，谁才是真正的疯子？海伦，还是这位来自地狱的恶魔母亲？

海伦可以看出，恶魔母亲才是真正有问题的人。这对海伦来说是个启示，因为她此前总是不停地逃避这个恶魔母亲的批评。她总是告诉自己："我无法忍受这种批评，太糟糕了！"但是，一旦她看到我通过使用"接受悖论"轻易打败了她，她就意识到从一开始就没有什么可担心的。

请记住，恐惧幻想不是自信训练。其他人肯定不会像恶魔母亲这样对你说话。当你进入恐惧幻想世界时，你所面对的怪物就是你自我批评的投射。所以你是在和自己做斗争。海伦第一次胜利是因为她发现人们看到她的鼻子时没有拒绝她。第二次胜利是因为她发现，即使有人拒绝了她，真正疯狂的人也是那些拒绝了她的人，而不是她自己。这就让她的自我攻击信念发生了转变，此前正是这种想法引发了她的恐惧。直至此时，她已准备好停止治疗。第399页上有她的每日情绪日志。

海伦的治疗仅仅用了六个治疗方法，我们甚至不需要使用她的康复圈上列出的所有方法。这对于躯体变形障碍症的治疗来说是非常鼓舞人心的，因为人们一直都认为这种病是无法治疗的。

在海伦的案例中，有两种力量在起作用。首先，她有必要的动力和决心来打败她的恐惧。她非常勇敢，愿意尝试一些对她来说很可怕的方法。其次，发现一种方法不适合她时，我们会尽可能快地尝试另一种，直到找到适合她的方法。

听到海伦的案例，有人会问："好吧，如果她的鼻子上真的有一个奇怪的伤疤怎么办？人们实际上真的会对她的样子感到震惊。"

海伦很有魅力，而且口才也很棒，因此她所做的实验适合她。如果她面对的问题是不同的问题，或者她的生活环境不同，我会使用完全不同的方法。这是本书最重要的价值之一：没有公式或噱头可以盲目地应用于不同的问题或焦虑类型，相反，我给了你一些灵活、强大、个性化的方法，你可以用它们来克服困扰你的情绪问题。

表23-8 海伦的每日情绪日志

令人难受不安的事件：早上忍不住盯着镜子看。

情绪	之前	之后	情绪	之前	之后
悲伤、忧郁、沮丧、消沉、难过	75分	0分	**尴尬**、愚蠢、受辱、害羞	100分	0分
焦虑、担忧、惊恐、紧张、害怕	100分	0分	**无望**、没有干劲、悲观、绝望	100分	0分
愧疚、悔过、感觉不好、羞愧	100分	0分	**沮丧**、受阻、受挫、挫败感	85分	0分
自卑、无价值感、无能、有缺陷、无竞争力	100分	0分	**愤怒**、抓狂、仇恨、恼怒、易发火、局促不安、狂怒	60分	0分
孤独、不被爱、被排斥、被拒绝、寂寞、被抛弃	80分	0分	**其他（请描述）**		

消极想法	之前	之后	认知扭曲	积极想法	相信程度
1. 这条疤痕让我的脸变得好丑。	100分	0分	AON，OG，MF，DP，MR，FT，MAG，ER，SH，LAB，OB	1. 我可能“感觉”我的鼻子上有一个难看的伤疤，但没有人盯着我看，也没有人看起来很震惊。事实上，即使我没有化妆，几乎每个人对我都热情友好。如果有人真的被我的鼻子震惊，我也可以忍受。每个人都有缺陷，大多数人会更关心我对待他们的方式，而不是鼻子上的任何瑕疵。	100分
2. 我可能永远都找不到工作了。	100分	0分	AON，DP，MR，FT，MIN，ER	2. 我的技能是公司需要的，我的同事可能不会对我的鼻子感兴趣。	100分
3. 人们会盯着我看。	100分	0分	DP，MR，FT，ER	3. 这不是真的，没有人在盯着我看。	100分

第二十四章　感觉变好和真的变好

防复发训练

假设你一直都坚持使用“每日情绪日志”和康复圈，并且也找到了一系列对你自己非常有效的方法；假设你已经识破了消极的想法，并且感觉好多了。如果你曾经有过惊恐发作，那么现在这一切已经成为历史；如果你曾经很害羞，那么现在你已可以在社交场合与其他人自然地交流，而不会感到害羞和尴尬；如果你曾经感到自卑或沮丧，那么你现在也重拾了自尊心。你觉得自己的工作效率有所提高，整个人都充满创造力，也很享受与他人的关系。当你早上起床时，你期待着新的这一天，并告诉自己活着真好。

“感觉变好”是一项伟大的成就。但是“感觉变好”和“真的变好”之间存在着很大的区别。“感觉变好”意味着焦虑或抑郁的感觉已经消失，你再次感到快乐和自信。而“真的变好”意味着你掌握了所有你需要的工具与方法来处理你余生可能出现的焦虑或抑郁情绪。

你第一次康复的时候，可能会感觉很好，而且你会很难想象自己再次陷入焦虑的感觉。你可能会认为，你所有的问题都已经得到了很好的解决，而快乐和自信的感觉将会永远持续下去。但是你有没有想过，将来焦虑会复发的概率是多少?

给大家一点提示。我将“复发”定义为一分钟或更长时间的糟糕感觉，包括焦虑，沮丧，没有干劲，觉得自己有缺陷、挫败、烦躁等。考虑到这一点，你认为复发的可能性是多少？在你认为最可能正确的答案前打个钩：

表24-1　复发可能性预测

	（√）		（√）		（√）
0%		25%		75%	
10%		50%		100%	

答案：

虽然关于复发的概率，各家之言都有不同，但我个人认为，正确的答案是“100%”。如果你曾经因焦虑或抑郁而挣扎，你迟早会再次感到焦虑或沮丧。事实上，所有人的焦虑都会复发！

佛陀说，痛苦是人类的固有特征，这是不可避免的。没有人能够一直感到幸福，如果可能的话，一直开心其实也不会是件好事。如果我们一直很开心，我们的情绪就没有任何变化，也不存在任何挑战，生活很快就会变得无聊，因为我们总是感觉完全一样。古拉丁谚语说得好：饥饿是才最甜的酱汁。

生活中发生了不愉快的事情，我们都会以自己独特的方式去感受。有些人会感到不适和易怒，有些人会变得焦虑和恐慌，有些人会感到抑郁，并且觉得自己毫无价值。我们会不时地感觉糟糕，就像每天早晨太阳都会照常升起一样。

患有抑郁症和焦虑症的人与健康的人之间的主要区别在于，抑郁症和焦虑症患者往往会陷在消极情绪里无法自拔。感觉不安的那一分钟变成了一个小时，一小时变成了一天，一天变成了一周、一个月，最后甚至变成延续几年的绵绵不绝的痛苦。没有患抑郁症和焦虑症的人也会经常感到不安，但他们知道如何快速摆脱他们的不良情绪。这就是我们需要学习做的事情。

我们完全可以接受在情绪的垃圾场里待一小时、一天，甚至一两周，但是被困在绝望之中几个月或几年则是完全没有必要的。这就是防复发训练的意义。我不能告诉你如何一直保持快乐，但我可以告诉你如何处理你的不良情绪，这样你就不会再被这些情绪困住了。

一旦你从严重抑郁或惊恐发作中恢复过来并且感觉很好，你认为你会在多长时间后第一次复发？其实每个人都不一样，但你可以先猜一猜。可以在你认为最有可能复发的时间前面打个钩：

表24–2　复发时间预测

	（√）		（√）
1. 几个小时之内		4. 几个月之内	
2. 几天之内		5. 几年之内	
3. 几周之内		6. 永远不会	

答案：

在我的临床实践中，大多数从严重抑郁或惊恐发作中恢复的人会在第一次康复后的几周内复发。有时他们会在几天内复发，有时则会需要一个月或更长时间。但复发是肯定的。

当你复发时，你可能会感到比以前更加沮丧和焦虑。为什么会这样？在你康复之前，你可能已经长期处于抑郁和焦虑之中了，所以你可能已经放弃并接受了“你是有缺陷的”这一“事实”，并认为自己注定不会感到快乐。然后，当你康复的时候，你可能会告诉自己，“哇，我的问题已经消失了！我会永远开心快乐！这真的是太棒了！”

当然，这就是“非黑即白”思维的“白”的那一面，“白”面让你产生的快乐与“黑”面让你产生的绝望一样不合逻辑，因为这短暂的快乐会让你在之后感到更加失望。

几个星期后，当你突然复发时，与你一直享受的令人难以置信的良好感觉相比，突然袭来的消极情绪会让人感到更加无法忍受。你可能觉得，本来已经看到的希望又再次破灭了。你像是被打了耳光，又像是有人把你一直躺着的那块舒服的毯子一下子给抽走了，你的痛苦可能会变得很激烈。

所以，我想让你知道，你康复后肯定还会复发，这与万有引力定律一样。

大多数人认为复发就是世界上最糟糕的事情，但它实际上是最好的事情。你知道为什么吗？这是因为你又有机会学会克服它，并迅速找回乐观和自尊的感觉。然后你会发现你的改进不是侥幸，而是你学习使用的这些方法的直接结果。你将永远不必再担心抑郁或焦虑，因为你知道你可以随时应对痛苦的情绪波动。这就是我所说的“真的变好”的意思，而不只是“感觉变好”。这可能是你生命中最激动人心的发现之一。

在第一章中，你了解了三种可以帮助你克服焦虑和抑郁的模型：认知模型、暴露模型和情感隐藏模型。这三个模型也是预防复发的关键。

认知模型

想象一下，几周以来你已经完全没有焦虑或抑郁的感觉了。一天早上，你醒来之后，突然发现你再次感到焦虑和抑郁。你会感觉如何？你会怎么想？如果你像我多年来一直治疗的那些病人一样，你可能会感到悲伤、烦恼、绝望、觉得自己毫无价值，感到沮丧、愤怒和失望，你会告诉自己：

· 我的病情不可能好转，我没希望了。

· 复发说明之前的治疗没有效果。

· 我的改进只是侥幸。

· 我并没有康复，我只是自以为自己已经康复了，其实我的内心还是很抑郁的。

· 这种疗法对我不起作用，我的问题太严重了。

· 我毫无价值。

· 这几周的改善有什么好处？现在，我将继续焦虑和沮丧十年。

· 这不公平，其他人轻轻松松就可以感到快乐，我肯定哪里出了问题。

在复发期间，这些想法似乎都是真实的，并且它们对你的影响可能是毁灭性的。研究表明，许多患者在复发期间自杀，因为这些消极想法在复发的时候似乎对他们很有说服力，那一刻的痛苦也非常具有压倒性。

但其实，这些消极想法仍然不是真实的。这些想法被严重地扭曲了，并且不合逻辑。如果你屈服于他们，你会再次感受到焦虑或抑郁。但如果你知道如何识破这种情绪，你可以再次反击，康复起来。

如果你知道自己的消极情绪只是暂时的，并且很快会好起来，就会让你的状态发生很大的改变。你只需要等待这些情绪的影响过去，或者主动出击，制订计划来解决令你感到不安的问题。但大多数抑郁的人都固执地认为，无论他们做什么，他们都无法变得更好。当然，这种想法就像是一种自我暗示，最后肯定会成真：一旦你真的放弃改变自己，你就真的无法再改变了。然后你会得出结论——你真的没有希望了。

那么我们应该怎样预防这种情况的发生呢?

当你感觉良好时，你可以提前为复发做好准备。如果你在复发之前就有意识地练习如何处理复发后出现的消极想法，那么在这些消极想法真的出现的时候，你就更容易对抗它们。

下面，我就教大家具体如何使用这种方法。

想象一下，你已经从抑郁或焦虑中康复了，你感觉很棒。你知道，在将来的某个时刻，你会再次感到沮丧或焦虑，所以你现在要为复发做好准备。拿起你的“每日情绪日志”，并且在顶部“描述令你不安或难受的事件”一栏中写下：“复发”。请记住，此时你实际上还没有复发。你只是想象当你真的复发时会是什么样子。

第413页上，我也给大家准备了一个关于复发的“每日情绪日志”样例。在你对你认为在复发期间会有的所有负面情绪进行圈选和评价之后，写下所有你认为你可能会产生的消极想法，并根据你对这些想法的相信程度打分。

“每日情绪日志”样例中的第一个消极想法是：“我的病情不可能好转，我毫无希望。”我给这个想法打了100分，因为这个想法在复发期间对我来说就是完全真实的，即使它现在看起来不太像真的。

这种想法中包括了哪些认知扭曲？请查看第414页上关于认知扭曲的定义，并将你的答案写在第436页。

表24-3 认知扭曲

认知扭曲	（√）	认知扭曲	（√）
1. 非黑即白		6. 放大或缩小	
2. 以偏概全		7. 情绪化推论	
3. 心理过滤		8. “应该”句式	
4. 优势打折		9. 乱贴标签	
5. 妄下结论 ·读心 ·臆测未来		10. 归咎责备 ·罪责归己 ·罪责归他	

答案：

在“我的病情不可能好转，我毫无希望”的这个想法中，我们发现了所有的十种认知扭曲。

一个包含十种认知扭曲的想法肯定是站不住脚的。那我们要如何应对这种想法呢？相比于总是告诉自己“我没法康复，我毫无希望”，我们实际应该给自己怎样的暗示？

你也可以问自己：“如果我现在感到不安，是不是意味着治疗对我没有什么帮助？如果我现在感觉很糟糕，我就真的再也不会变好了吗？”

正如你在第406页的每日情绪日志中所看到的，我写下了这个消极想法及其中包含的所有扭曲认知。而你的工作是提出一个令人信服的积极想法，并将其写在“积极想法”一栏中，并在“相信程度”栏给你对这种想法的相信程度打分。记住情绪变化的必要和充分条件：积极想法必须是百分之百真实的，并且能够减少你对消极想法的相信程度。

表24-4　复发每日情绪日志

令人难受的事件：抑郁症复发。

情绪	之前	之后	情绪	之前	之后
悲伤、忧郁、沮丧、消沉、难过	100分		**尴尬**、愚蠢、受辱、害羞	100分	
焦虑、担忧、惊恐、紧张、害怕	100分		**无望**、没有干劲、悲观、绝望	100分	
愧疚、懊悔、感觉不好、羞愧	100分		**沮丧**、受阻、受挫、挫败感	100分	
自卑、无价值感、无能、有缺陷、无竞争力	100分		**愤怒**、抓狂、仇恨、恼怒、易发火、局促不安、狂怒	100分	
孤独、不被爱、被排斥、被拒绝、寂寞、被抛弃	100分		**其他（请描述）：**失望	100分	

消极想法	之前	之后	认知扭曲	积极想法	相信程度
1. 我的病情不可能好转，我毫无希望。	100分				
2. 复发证明之前的治疗没有效果。	100分				
3. 我情况改善只是侥幸。	100分				
4. 我并没有康复，我只是自以为自己已经康复了，其实我的内心还是很抑郁的。	100分				
5. 这种疗法对我不起作用，我的问题太严重了。	100分				
6. 毕竟，我毫无价值。	100分				
7. 几周的改善有什么好处？现在，我将焦虑和沮丧十年。	100分				
8. 太不公平了，为什么其他人轻轻松松就可以感到快乐。	100分				
9. 我一定有问题。	100分				

现在，再次评估你对每个消极想法的相信程度。你现在有多相信这些消极想法呢？在“之后”这一栏的下面打上分数。当你完成后，我会向你展示我想出的积极想法。

答案：

你真的写下了一个积极的想法吗？还是你只是在脑子里想了想，而没有动笔？在继续阅读之前，我鼓励你写下积极的想法。这是防复发训练中最重要的部分之一。你只需要花一分钟，拿起笔并写下积极的想法。

表24–5 复发时的认知扭曲

认知扭曲	（√）	解释
1. 非黑即白	√	这是非黑即白的典型例子。你告诉自己，这种疗法要么完美无缺，要么根本没用，不存在中间的状态。
2. 以偏概全	√	你因为这次复发得出自己永远都无法康复的结论。你认为你现在的感觉会变成一种永无止境的失败和痛苦。
3. 心理过滤	√	当你复发的时候，你只会关注你现在感觉有多糟糕，并完全忽视过去几周的快乐。
4. 优势打折	√	你对这种治疗的用处不以为然，完全忽视这个治疗曾经让你变好的事实。
5. 妄下结论 ·读心 ·臆测未来	√	你预测你会永远抑郁（臆测未来）。
6. 放大或缩小	√	复发确实令人痛苦，但是你夸大了复发的消极影响。
7. 情绪化推论	√	你总是用自己的感受来推论。你告诉自己，你肯定是毫无希望的，因为你“感觉”绝望。
8. “应该”句式	√	你告诉自己，你永远不应该感到不安，也不应该复发。
9. 乱贴标签	√	你自己给自己贴上了“毫无希望”的标签。
10. 归咎责备 ·罪责归己 ·罪责归他	√	你没有因为复发而责怪其他人。但是，你可能会责怪自己，认为复发是你自己的错。

我们可以看到，在第415页，在“相信程度”一栏中，我给我的积极想法打

了100分，而相应地，我对消极想法的相信程度降低到了25分。于是我把原先预测的100分划掉了，并在“之后”一栏中写入了25分。

这是一个很好的迹象，但如果你想更多地降低你对消极想法的相信程度，你可以尝试一些更积极的想法。

表24-6　复发每日情绪日志（部分）

消极想法	之前	之后	扭曲	积极想法	相信程度
我的病情不可能好转，我毫无希望。	100分		AON, OG, MF, DP, FT, MAG, ER, SH, LAB, SB		

你可以根据认知扭曲的类型，参考第372页的表格选择合适的方法。比如，你的消极想法包含非黑即白这种扭曲认知，你就可以尝试基于同情的治疗方法，例如双重标准法；还可以使用基于逻辑的治疗方法，比如在灰色地带进行思考；也可以使用成本效益分析的激励式治疗法等。

现在，我希望你能够识别第413页“复发每日情绪日志”中其他消极想法中的扭曲认知。这可能需要五到十分钟。看看你是否可以用积极想法挑战每个消极想法。在右栏中写下你的积极想法，并给你的积极想法打分。然后再给你的消极想法重新打分，把新的分数写在“之后”这一栏中。现在你可能没有复发，所以想出令人信服的积极想法应该不会太困难。虽然复发是很正常的，但在复发期间，提出有效的积极想法是极其困难的，因为消极的想法看起来总是绝对正确。

表24-7　复发每日情绪日志（部分）

消极想法	之前	之后	扭曲	积极想法	相信程度
我的病情不可能好转，我毫无希望。	100分	25分	AON, OG, MF, DP, FT, MAG, ER, SH, LAB, SB	这个想法并不是真实的，因为几周前我好起来了。而且，每当我感到焦虑或沮丧时，我迟早会好起来。	100分

如果你了解这一点，并为复发做好准备，那么当你复发时，你可以更轻松地识破这些消极想法。完成后，你可以在第418至419页上查看已完成的复发每日情绪日志中的积极想法。这不是一门精确的科学，你的积极想法肯定会和别人有所不同。最重要的是提出一些适合你自己的积极想法。你会注意到，对某些消极想法的相信程度比对其他消极想法的更容易降低。在这个例子中，最难改变的是第八个消极想法："太不公平了，为什么其他人轻轻松松就可以感到快乐。"

这个想法中包含了"罪责归他"的扭曲认知，这是很难质疑的，因为这种扭曲认知会让你产生愤怒、道德优越和自怜的感觉。而且这些感觉可能让人上瘾。为了让你对这一想法的相信程度降低到50分以下，可以参考第372页的方法选择表。其实，诸如成本效益分析法之类的激励式治疗法就是一个很好的尝试。你要怎么用这个方法来质疑"这不公平，其他人轻轻松松就可以感到快乐"这种想法呢？如果你对成本效益分析法的用法有所遗忘，可以回到第370页上查看成本效益分析的定义。请在下方写下你的看法：

____

____

____

____

答案：

你可以列出告诉自己复发是"不公平的"这一行为的利弊。问问自己，"这种思维方式将如何帮助我，又将如何伤害我？"

这个想法可能有很多优点，比如说：

- 你可以感觉自己是受害者并为自己感到难过。
- 你在道德上也会有优越感。

- 你可以因为你的命运而责怪上天，所以你不必觉得这是你的错。
- 你会感到愤怒。
- 你可能会因为愤怒而感到精力充沛。

可能还有很多其他的优点。在列出所有优点和缺点之后，就可以对这些优缺点进行权衡了。问问自己，这种想法到底是利大于弊还是弊大于利。在列表底部画两个圆圈，并在其中填上你对优缺点的评分，两个分数相加的总分为100分。如果这个消极想法的优点明显更多，那么你可能就不需要去质疑它，因为它似乎对你是有帮助的。但如果缺点更多，就要尝试挑战这一想法了。

一旦你写下了对“复发每日情绪日志”的所有消极想法的有效回应，你就可以用声音外化法来挑战它们。你可能还记得声音外化法这种角色扮演练习，使用这种方法需要朋友的帮助。你的朋友可以扮演你消极想法的角色，直接从你的“每日情绪日志”中读出你的消极想法，并且使用第二人称“你”。

你们的对话可能如下：

消极想法（由你的朋友扮演）：你永远不会康复，你毫无希望。

而你自己可以发挥你的积极想法的作用，并使用第一人称“我”，与消极想法做斗争。比如，你可能会说：

积极想法（由你自己扮演）：实际上，这种情况从未发生过。我刚复发，今天感到心烦意乱，但这是很正常的。我只需要弄清楚困扰我的是什么，并再次想办法应对我的消极想法。

请记住，你扮演消极想法角色的朋友并不是真正攻击你的另一个人，即使听起来如此。你的朋友只是代表你自己心中的消极声音，所以你是在和自己做斗

表24-8　复发每日情绪日志

令人难受的事件：抑郁症复发。

情绪	之前	之后	情绪	之前	之后
悲伤、忧郁、沮丧、消沉、难过	100分	50分	**尴尬**、愚蠢、受辱、害羞	100分	10分
焦虑、担忧、惊恐、紧张、害怕	100分	20分	**无望**、没有干劲、悲观、绝望	100分	25分
愧疚、悔过、感觉不好、羞愧	100分	10分	**沮丧**、受阻、受挫、挫败感	100分	35分
自卑、无价值感、无能、有缺陷、无竞争力	100分	15分	**愤怒**、抓狂、仇恨、恼怒、易发火、局促不安、狂怒	100分	35分
孤独、不被爱、被排斥、被拒绝、寂寞、被抛弃	100分	10分	**其他（请描述）：**失望	100分	25分

消极想法	之前	之后	认知扭曲	积极想法	相信程度
1. 我的病情不可能好转，我毫无希望。	100分	25分	AON, OG, MF, DP, FT, MAG, ER, SH, LAB, SB	1. 这个想法并不是真实的，因为几周前我已经好起来了。而且，每当我感到焦虑或沮丧后，我总会好起来。	100分
2. 复发说明之前的治疗没有效果。	100分	10分	AON, OG, MF, DP, MIN, ER, SH, OB	2. 尽管治疗效果不好，但确实有效。没有人能一直幸福，我只需要实打实地使用第一次帮助到我的方法就可以了。	100分
3. 我情况改善只是侥幸。	100分	10分	DP, ER	3. 这个想法太奇怪了，我的情况有所改善当然是我努力的结果，这不是“侥幸”。	100分
4. 我并没有康复，我只是自以为自己已经康复了，其实我的内心还是很抑郁的。	100分	10分	DP, ER	4. 这也是一种很奇怪的想法。我之前确实感觉好多了，但现在我又焦虑又沮丧，所以我需要重新开始寻找新的方法，改变我扭曲的想法。	100分
5. 这种疗法对我不起作用。我的问题太严重了。	100分	20分	AON, OG, DP, FT, MAG, ER	5. 这种疗法对我很有帮助。复发很常见——人人都复发。	100分

表24-9　复发每日心情日志（续表）

消极想法	之前	之后	认知扭曲	积极想法	相信程度
6. 毕竟，我毫无价值。	100分	35分	AON，OG，MF，DP，MAG，ER，SH，LAB，SB	6. 我很抑郁，但绝对不是毫无价值！也许我需要考虑引发这些感受的问题。	100分
7. 几周的改善有什么好处？现在，我将焦虑和沮丧十年。	100分	25分	DP, FT, ER, SH	7. 三个星期取得这样的进步是很棒的。这是一个了不起的突破，也是一种解脱。现在我需要重新开始努力，我的下一次改善可能会持续更长时间，我们要循序渐进。	100分
8. 太不公平了，为什么其他人轻轻松松就可以感到快乐。	100分	50分	MR，ER，SH，LAB，OB	8 现在我又为自己感到难过了。我有权这样做，但我真的想要这样的结果吗？不幸的是，我患有抑郁症，但这并不是“不公平的”。	100分
9. 我一定有问题。	100分	25分	AON，OG，MF，DP，MAG，ER，SH，LAB，SB	10 我确实有很多缺点，但其他人似乎也有很多缺点，所以我决定接受自己所有的瑕疵和缺陷。我真正的问题其实在于我总是喜欢用消极的想法来鞭策自己，而不在于我的“缺陷”。	100分

争。如果你觉得很难回应对方的疑问，可以尝试角色转换。这样你的朋友就可以帮助你建立一个更有效的反应模型。如果你经常进行角色转换练习，你就能很快地提出有效的积极想法。

为了避免在角色扮演过程中产生混淆，你可以在一张纸上写下："我是消极想法，我会用第二人称'你'。"

接着，你可以再拿另一张纸，写上："我是积极想法，我会用第一人称'我'。"

如果你在练习的过程中和你的同伴都举着这张纸，就可以起到很好的提示作用：

·你们可以时刻提醒自己，你们扮演的是同一个人的积极想法和消极想法。

·这些是你自己心灵的两个部分，而你正在与自己作战，而不是与另一个人作战。

·此外，扮演消极想法角色的人应该始终使用第二人称"你"。

·扮演积极想法角色的人应该始终使用第一人称"我"。

这些细节对于练习的成功至关重要。通过下面的例子，我给大家示范一下如何使用"声音外化法"。

消极想法（使用第二人称"你"）：你得面对事实，复发恰恰证明了这些方法不可能对你有效果。很显然，你的治疗失败了，你现在非常沮丧，也非常焦虑。

积极想法（使用第一人称"我"）：实际上，那些治疗方法对我的帮助很大。我现在感受到的抑郁和焦虑只能说明我现在正在复发，我只需要再次使用这些方法就可以再度摆脱这些消极情绪。但是，如果我一直都在这儿听你废话，我可能会气馁，还会想要放弃，所以我要忽略你。

消极想法：你可以忽略我，但是你无法忽略这样一个事实：你就是毫无希望，也毫无价值。而且，之前的治疗本来就一点用都没有，你只是在愚弄自己。你以为你感觉好多了，但这都是假象！

积极想法：实际上，我确实感觉好多了，我很期待能够迅速摆脱这种复发，让我再次感觉良好。我并不绝望，也并不是毫无价值，我只是现在感到沮丧和焦虑。显然，有些东西在困扰我，我需要弄清楚它是什么。

你们可以继续对话，直到扮演消极想法的人放弃。而且你们可以根据需要随时切换角色。在消极想法明显失败之前不要停止。

这项练习是非常有效的，并且非常具有挑战性。当另一个人用你自己的消极想法攻击你时，打败他并不容易。那为什么还要这样做？因为这正是你复发时会发生的事情。等到真的复发的时候，你的消极想法看起来会非常逼真，届时，你的动力将处于最低水平，挑战你的消极想法也会变得更加困难。

相比之下，如果你提前在你心情愉快的时候学会如何对抗消极想法，那么当你复发时，识破消极想法就会容易得多。这可能看起来有点蠢，也很复杂，很多人觉得做这个练习没有必要，但相信我，这种提前练习真的会给你带来面对真正的“战斗”时击败“魔鬼”所需的“肌肉”和“力量”。

康复后，你肯定要与抑郁症或焦虑症做斗争，但避免这个问题的方法也很简单。如果你拿起工具并反击，你通常可以在萌芽状态下扼杀病症的复发，并快速恢复起来。

康复圈也是一个重要的预防复发工具。我之前反复强调，在治疗过程中，你可能需要尝试多达十到十五种方法，一种方法不奏效就马上尝试下一种，直到最终找到适合你自己的治疗方法。这需要耐心、坚持和努力。而且一旦你找到适合自己的方法，这种方法很可能会一直适合你。

还记得特丽吗？在我对她的一次治疗中，我诱发了她的惊恐发作，然后她就在我们的面前窒息了。当她开始做开合跳时，她突然意识到她不可能像她所认为的那样处于死亡或窒息的边缘，并且她的恐慌已经消失了。对于特丽来说，实验法结束了她十年的苦难。如果她将来再发生惊恐发作，她只需要再次进行开合跳就可以了。她可能不必做康复圈练习，因为她已经知道哪种方法对她有用。

除了应对对于复发的消极想法，你还需要使用第一次康复时对你最有帮助的方法。当然，这对每个人来说都是不同的。可能是向下箭头法、双重标准法、情感隐藏法、洪水法、恐惧幻想法、接受悖论法，也有可能是两种或三种方法的组合。

有一种看待复发的方法是想象每个人，包括你自己，都有幸福、内心平静、自尊和自信的潜力。但有时幸福似乎被锁在一个保险箱里，所以你无法获得它，于是你备受折磨。我们将一起努力挑选钥匙。第一次挑选的钥匙可能打不开这把锁，然后我们会尝试另一个，可能还是打不开锁。我们可能会一遍又一遍地失败，但如果我们坚持下去，最终就会弄清楚到底用什么钥匙可以打开这把锁。然后，突然之间，保险柜的门打开了，你会再次感到快乐和自信。

但你必须记住这些“钥匙”是什么。你可以把这个组合写下来，加深记忆，不要忘记，因为保险柜的门可能将再次关闭。如果你知道“钥匙”是什么，以后不管这个门关闭多少次，对你来说都没有任何问题。

暴露模型

如果你想要彻底战胜你的焦虑，你迟早要直面你心中的怪兽，战胜你心中最深的恐惧。一旦你击败了怪兽，你的恐惧也会随之消失，你会感觉特别好，但也不要因此而自满。要经常让自己面对心中的恐惧，这样你的信心就会增长。如果你又开始回避你害怕的事情，就可能会让心中的怪兽复活，你的焦虑可能会再次出现。

我之前也介绍过，我通过逼自己站在梯子上克服自己的恐高症。从那之后，我开始喜欢上了爬梯子，甚至喜欢上了在悬崖边上进行徒步旅行。这种方法的见效速度是非常快的，我对高度的恐惧似乎完全消失了。

后来我去读了医学院，不再把自己暴露在高处了。当然我也不是故意的，只是我的生活转向了一个新的方向，我只是没有机会做任何需要登高的事情了。

二十年后，当我和我的孩子一起在亚利桑那州的哈瓦苏帕峡谷度假时，我发现我对高度的恐惧又死灰复燃了。当然，如果你有动力，你可以再次使用暴露法来克服恐惧，但是如果你能够在复发之前就一直有意识地持续做暴露法练习，在真正复发的时候就会轻松得多。

我后来还跟大家描述了我的公共演讲焦虑如何使我在牛津大学的第一次学术讲座变成了一场彻底的"灾难"，以及我后来如何使用图像替换法克服了我的焦虑。这种方法特别有效。现在我经常进行演讲，我每周都会在斯坦福大学举办心理治疗研讨会，每年都会为全国各地的精神卫生专业人员举办超过二十个研讨会。我总是在没有笔记的情况下即兴发挥，每次的演讲都是我展示自己的舞台。在演讲开始之前，我甚至没有一丝焦虑。事实上，大多数时候，我都迫不及待地想要赶快开始演讲。

假设你已经开始克服自己的羞怯，并且正在使用微笑打招呼练习以及大卫·莱特曼法等人际暴露治疗法，你会变得更放松并以更自然、有效的方式与人交往。如果你此时再次爬回你蜗居的小贝壳，你的消极想法和感受会再一次开始蓬勃发展，很快，你会再次陷入社交焦虑。但是如果你继续挑战自己的上限，那么你的社交技巧和自信心就会不断提高，很快，你的这些新学会的社交技巧将内化为你的第二天性。

情感隐藏模型

请记住，焦虑往往是你的身体在告诉你：某些东西在困扰你。不要反复思考自己焦虑的症状，不要总是去想自己担心、恐慌或头晕的感觉，而是要去问自己，是什么人或什么事情让你心烦意乱。试着去找出问题的所在。当你表达自己的感受并解决问题时，你的焦虑一般都会消失。当你以这种方式看待它时，你会发现焦虑或恐慌的感觉并不是一件坏事，而是一个重要的信号，表明有你需要注意的事情发生了。

我曾经治疗过一位名叫威尔逊的股票经纪人，他常常感到沮丧和焦虑，而且患有轻微的慢性焦虑和惊恐发作。在他的惊恐发作期间，他总是觉得他的心脏跳得很快，并且觉得自己快死了。然后他会赶去最近的急诊室。在对他进行身体检查后，医生总是会把他送回家，并且向他保证他没事。威尔逊还主动去接受了心律失常的治疗，但心律失常并不危及生命，而且与他的惊恐发作无关。威尔逊也患有轻度抑郁症，他一直都认为自己还不够好，虽然他的条件也相当不错：他住在一个漂亮的街区，有一栋大房子。但他有几个朋友已经赚了数百万的股票期权，所以他总是把自己和朋友们相比较。他感到自卑，并且认为只有“拥有大量金钱”的人才配拥有幸福感。这种想法在我们的文化中很常见。很多人都相信幸福和自尊看起来很像路上的新款雷克萨斯车。威尔逊自己也发现，他将自己的自我价值感建立在了他的成功之上。

这就是成就上瘾，是最常见的自我攻击信念之一。他也知道他的想法对自己不利，因为这种想法让人克制不住地埋怨自己。但他确实相信，家财万贯的成功人士才更幸福、更有价值。

当然，他有一些“证据”。威尔逊觉得自己从来没有取得过巨大的成功，而且他也知道他从未感到真正的快乐或价值感，所以他认为成功与快乐之间是有联系的。

威尔逊喜欢对过去进行反思，并将自己的低自尊与父亲联系了起来。他觉得自己必须获得优秀的成绩才能获得父亲的爱，因为在学校里他从来没有得到过无条件的爱。他认为这解释了他对成功的关注。他希望在自己认识到这些想法之后，自己的自尊水平可以大大提升，但他在“简明情绪量表”测试中的分数表明，他的抑郁和焦虑情绪根本没有改善。

我使用了许多认知行为治疗法来帮助威尔逊挑战“我比不上那些取得更多成

就的人”的想法。我们尝试了向下箭头法、检查证据法、成本效益分析、声音外化法、恐惧幻想法和接受悖论法等。威尔逊喜欢这些方法，治疗的过程也总是显得非常有趣。但他就是无法识破这个让他的生活变得如此悲惨的消极想法，因此他一直在与焦虑和抑郁做斗争。

有一天，威尔逊与老板进行了一次保密会谈，并了解到公司因经济衰退而面临财务危机。他的老板告诉他，他很确定公司还有救，但所有员工们都必须同意减薪20％，这样公司才能够重新运转起来。他承诺，当公司运营回归正轨，他会增加威尔逊的工资。威尔逊非常钦佩他的老板，也很想帮助公司，所以他同意了。

六个星期后，威尔逊下班后和他的同事迪恩一起去喝啤酒，威尔逊问迪恩对减薪的看法。迪恩说，他直接拒绝了减薪。迪恩还告诉他，就他所知，所有其他同事都拒绝了减薪。威尔逊突然发现自己是唯一一个同意降薪的人，他觉得自己像个堕落者。他突然开始感到恐慌，开始觉得心脏不舒服。他告诉迪恩，他感觉不太好，于是两人开车到最近的急诊室检查心脏。当然，威尔逊的检查结果完全正常，但他仍然感到焦虑和沮丧。

这个故事突然让我有了一种全新的角度来看待威尔逊的问题，我突然意识到，他的症状总是在他和朋友、家人、老板出现争执后才会出现，而且几乎总是愈演愈烈。每次争吵后，他都小心翼翼地藏起自己的感受。接着，焦虑和沮丧的感觉突然爆发并开始蚕食他。

我问威尔逊是否考虑过他对减薪的感受与他的焦虑和抑郁症状之间的关系，他说他从未考虑过这种可能性。我还问他是否打算与他的老板谈论这个问题，他可以告诉老板，他觉得自己被利用了。这个提议让威尔逊的焦虑感瞬间飙升，他一下子给我列了十几个理由，表明他绝对不能这样做。他说，他不想在这个时候动摇军心，并解释说，他钦佩他的老板，认为他正在尽最大努力经营公司。威尔逊告诉我，他的资历并不像其他同事那么丰富，而且危机很快就会过去，他相信他的老板会尽快恢复他的薪水。

我告诉威尔逊，这个老板就是在胡说八道，我甚至想在他胡说的时候给他配个小提琴伴奏当背景音乐渲染气氛。我解释说，威尔逊自己才是最终拿主意的人，他可以做他认为正确的任何事情，而且很显然，他有冲突恐惧症。我担心威尔逊可能无法克服长期不适和焦虑的感觉，除非他开始坚持自己的立场并告诉人们他的真实感受。我告诉他，我知道这很可怕，但他最终必须打开心门，面对他一直逃避的怪物。

最后，威尔逊才不情愿地承认，与老板谈论薪资的问题是合理的，并表示他会这样做，即使他有点害怕。

在我们的下一次治疗的时候，威尔逊很高兴地告诉我，和老板的谈话比他预期的要好得多。他的老板似乎很尴尬，同意退还他扣留的所有工资。他告诉威尔逊，他很重视威尔逊对公司的贡献，并希望他们能够继续合作。

威尔逊的自信感激增，而且他在抑郁和焦虑测试中的得分首次降至0分。威尔逊和我这六个月来一直在努力应对的焦虑问题突然消失了。他告诉我，他现在感觉特别好。

威尔逊很高兴自己终于康复了，但也有些失望地发现他的问题的解决方案原来这么简单。他喜欢谈论自己的童年，在治疗期间，他也会跟我探索深刻的哲学问题。我很喜欢威尔逊，也很享受我们一起进行的治疗，但一直以来的治疗似乎对他都没有什么帮助，更别说在一瞬间治愈他了。没想到，当我们使用情感隐藏法时，他的症状竟然在二十四小时内消失了！

现在，我有几个问题要问你。请拿起一支笔，在下面的空白处回答。

1. 威尔逊终于康复了。他所有的焦虑、恐慌和不安的感觉都消失了。在你看来，他将来会再次复发的可能性有多大？请在下面做出预测。请给复发的可能性打分，0%意味着根本不可能复发，而100%意味着肯定会复发。

我相信威尔逊复发的可能性是：____%

2. 如果威尔逊复发了，焦虑症和抑郁症再次发作，那么会导致什么样的后果呢？

____

____

____

____

3. 如果威尔逊将来真的复发了，那会有什么治疗方法呢？

____

____

____

答案：

1. 答案是“100%”。威尔逊迟早会再次感到焦虑和压抑。真正的问题不是他是否会复发，而是他是否准备好接受复发的治疗。

2. 威尔逊的焦虑和抑郁感可能总是在他与某人发生冲突之后出现，因为他总是隐藏自己的情感，他想要“善良”地避免冲突。当然，威尔逊的脑中会再次充满消极的想法，你可能会认为，是他的想法引发了他的焦虑和抑郁。但真正的问题是：是什么让他的消极想法和感受突然飙升？在威尔逊的案例中，他似乎总是有很多试图避免的冲突。

3. 上一次威尔逊康复是因为使用了情感隐藏法，因此，这可能是帮助他对抗焦虑和抑郁复发的唯一方法。每当他开始焦虑，就可能意味着他与某人相处时没有完全表达自己的感受。所以在说出自己的感受以后，他的消极情绪将再次消失。

这是我给大家留的最后的作业！我希望你为自己准备一份名为“我的康复蓝图”的备忘录。该蓝图包括：

- **通常会引发抑郁或焦虑情绪的事件。**比如，你可能特别容易受到失败、批评或拒绝的影响。
- **当你心烦意乱时，你通常会感觉如何。**比如，你可能会感到焦虑不安、恐慌、受伤、觉得自己低人一等、毫无价值、愤怒或无望。
- **你经常冒出来的想法。**比如，你可能会告诉自己，自己一无是处，搞砸了一切，大家都会看不起你。
- **曾经帮助你识破消极想法的治疗方法。**这是你在将来感到不安时应该立即尝试的方法。可能是向下箭头法、实验法、双重标准法、成本效益分析法、恐惧幻想法、接受悖论法、自我揭露法，或者其他收录在“战胜恐惧的40种方法”中的治疗手段。

请妥善保管此备忘录，以便在复发时阅读。

还要记得填写“复发每日情绪日志”，写下一些经常困扰你的消极想法，以及那些可以用来对抗它们的积极想法。

下次复发时请查看此备忘录，这就像你有了一个方便的梯子，每次掉进幽深之处，都有方法能够爬出来重见阳光。

你的抗焦虑工具箱

本节包含你可能需要用到的空表。如果你不想在书上直接填写，也可以将它们复印下来，单独进行填写。

希望获得其他治疗和评估工具的精神卫生专业人员可发送电子邮件至：Toolkit@FeelingGood. com获取更多信息。

简明情绪量表

说明：请将日期填写至右栏中。请基于您最近的感受为每一项打分，每一项的得分都填写在日期下面的空白处。在底部的空白处填上您的分数总和。 **请回答下面的问题。**	填写日期							
计分规则：0分=从不；1分=有一点；2分=不少；3分=很多时候；4分=极其								

焦虑情绪测试

1. 焦虑								
2. 紧张								
3. 担忧								
4. 恐惧								
5. 坐立不安								
今日总分→								

焦虑的躯体症状

1. 心慌心悸、心跳加速								
2. 出汗、打寒战，或者感到脸上发烫								
3. 发抖								
4. 觉得呼吸困难								
5. 觉得窒息								
6. 胸部感到很紧绷或疼痛								
7. 恶心想吐								
8. 感到晕眩、头重脚轻或失去平衡								
9. 感到不真实								
10. 全身麻木或有麻刺感								
今日总分→								

抑郁情绪测试

1. 悲伤或觉得情绪低落								
2. 觉得提不起精神，毫无希望								
3. 自卑								
4. 觉得自己毫无价值或不完整								
5. 无法感受到生活中的快乐或满足感								
今日总分→								

自杀倾向测试

1. 你是否有过想要自杀的想法？								
2. 你想结束自己的生命吗？								
今日总分→								

* 该模型由戴维·伯恩斯（David D. Burns）2005年提出。

如何使用“每日情绪日志”

“每日情绪日志”是最基本和最重要的方法。它包括五个步骤：

第一步 描述一件令人难受沮丧的事件。如你需要治疗焦虑，请描述你感到焦虑的特定时刻。如果你需要治疗抑郁症，请描述你感到抑郁的特定时刻。如果你需要解决与人际关系相关的问题，请描述你在感到不安或与该人相处时的特定时刻。

在“每日情感日志”的顶部简单描述一下你遇到的一件令你难受的事情。模糊的一般性描述将会影响治疗效果，请确保你的问题是确切的，问题中应提到相关的人物、时间和地点信息。问问自己：“它发生在什么时间？我当时在哪儿？我与谁互动？当时发生了什么？”

第二步 在你描述完令你难受不安的事件后，在“每日情绪日志”的“情绪”一栏的词汇中圈出能够准确描述你此刻情绪的词语，并且给以下情绪的强烈程度打分，0分代表完全没有感觉，100分代表感觉极其强烈。在“之前”这一栏的下面打上分数。

第三步 尝试调整你的消极想法。当你感到不安时，你会告诉自己什么？请记住，每种消极情绪都会与特定类型的消极想法联系在一起。比如：

· **焦虑、紧张或担忧。**你告诉自己你处于危险之中并且即将发生可怕的事情。

· **惊恐。**你突然觉得自己好像马上就要晕倒、发疯，或者觉得自己马上就要死去，或者马上会失去控制。

· **尴尬。**你告诉自己，你在别人面前看起来像个白痴。

· **害羞。**你告诉自己，其他人会发现你特别紧张不安，并且会因此而看不起你。

· **孤独。**你告诉自己，你是不值得被爱的，注定要永远孤独。

· **忧郁。**你告诉自己，你失去了对自己的自尊来说很重要的东西。

· **无望。**你告诉自己，你的问题永远不会得到解决，你的痛苦将永远持续下去。

· **愧疚。**你告诉自己你是一个坏人，你违反了自己的价值观。

· **羞愧。**你告诉自己，其他人会看到你有多么糟糕，会觉得你有很多的缺陷，并且因此看不起你。

· **自卑。**你会觉得自己是个彻头彻尾的失败品，觉得自己达不到应有的期待。

· **无价值感。**你告诉自己，你是一个有缺陷的人。

· **沮丧。**你告诉自己其他人或事本应该符合你的期待。

· **愤怒。**你告诉自己，其他人都是以自我为中心的混蛋，他们会不公平地对待你或者故意利用你。

· **束缚。**你告诉自己，你必须屈服于你的配偶、爱人、朋友或家人的要求。

给每一个消极想法打分，0分表示你完全不这么想，100分表示完全就是你的想法。在“之前”这一栏的下面打上分数。

第四步 识别出每一个消极想法的扭曲之处，可以对照“消极情绪认知扭曲对照表”进行填写。使用缩写，例如AON表示非黑即白，OG表示过度概括，等等。

第五步 试着用新的、更积极的想法来推翻之前的每一个消极想法。给每一个积极想法打分，0分表示你完全不这么想，100分表示这完全就是你的想法。然后在“相信程度”这一栏里打分。请记住，积极想法只有满足情绪变化的必要和充分条件才会对你有帮助

· 必要条件：积极想法必须是百分之百真实的。

· **充分条件：积极想法需要让消极想法不攻自破。**

然后再给你的消极想法重新打分，把新的分数写在“之后”这一栏中。如果积极想法没有效果，请再试一次。在你发现识破消极想法的方法之前，你可能需要从许多不同角度质疑消极想法。这也是认知行为疗法背后最重要和最不被理解的观点之一。

康复圈

康复圈将帮助你完成“每日情绪日志”的第五步。选择你想要首先处理的消极想法，把它写在康复圈的中间。列出至少十五种方法来识破自己的消极想法。在圈周围的每个小方框中填入你选择的方法的名称。你选择的方法中一定要包括十二到十五种认知治疗法，两到三种暴露治疗法或情感隐藏疗法。

可以参考第440页上的简版“战胜恐惧的40种方法”，你还可以查看第367页的详细说明，里面包含定义及具体使用说明。

随着时间的推移，你在选择可能有效的方法时也会越来越得心应手。第435页的表格列出了对不同的扭曲认知（如：非黑即白、臆测未来和“应该”句式）有效的方法类型。第436页的表格列出了对不同问题（如：害羞、强迫症或抑郁症）有效的方法类型。

但是，你也不必完全遵循表格的指导，因为适用于不同人的方法总是不可预测的。但是，一旦你找到适合你的方法，它们可能总是适合你。

每日情绪日志

令你难受的事件：

情绪	之前	之后	情绪	之前	之后
悲伤、忧郁、沮丧、消沉、难过			**尴尬**、愚蠢、受辱、害羞		
焦虑、担忧、惊恐、紧张、害怕			**无望**、没有干劲、悲观、绝望		
愧疚、悔过、感觉不好、羞愧			**沮丧**、受阻、受挫、挫败感		
自卑、无价值感、无能、有缺陷、无竞争力			**愤怒**、抓狂、仇恨、恼怒、易发火、局促不安、狂怒		
孤独、不被爱、被排斥、被拒绝、寂寞、被抛弃			**其他（请描述）：**		

消极想法	之前	之后	认知扭曲	积极想法	相信程度
1.				1.	
2.				2.	
3.				3.	
4.				4.	
5.				5.	
6.				6.	
7.				7.	
8.				8.	

每日情绪日志（续表）

消极想法	之前	之后	认知扭曲	积极想法	相信程度

康复圈

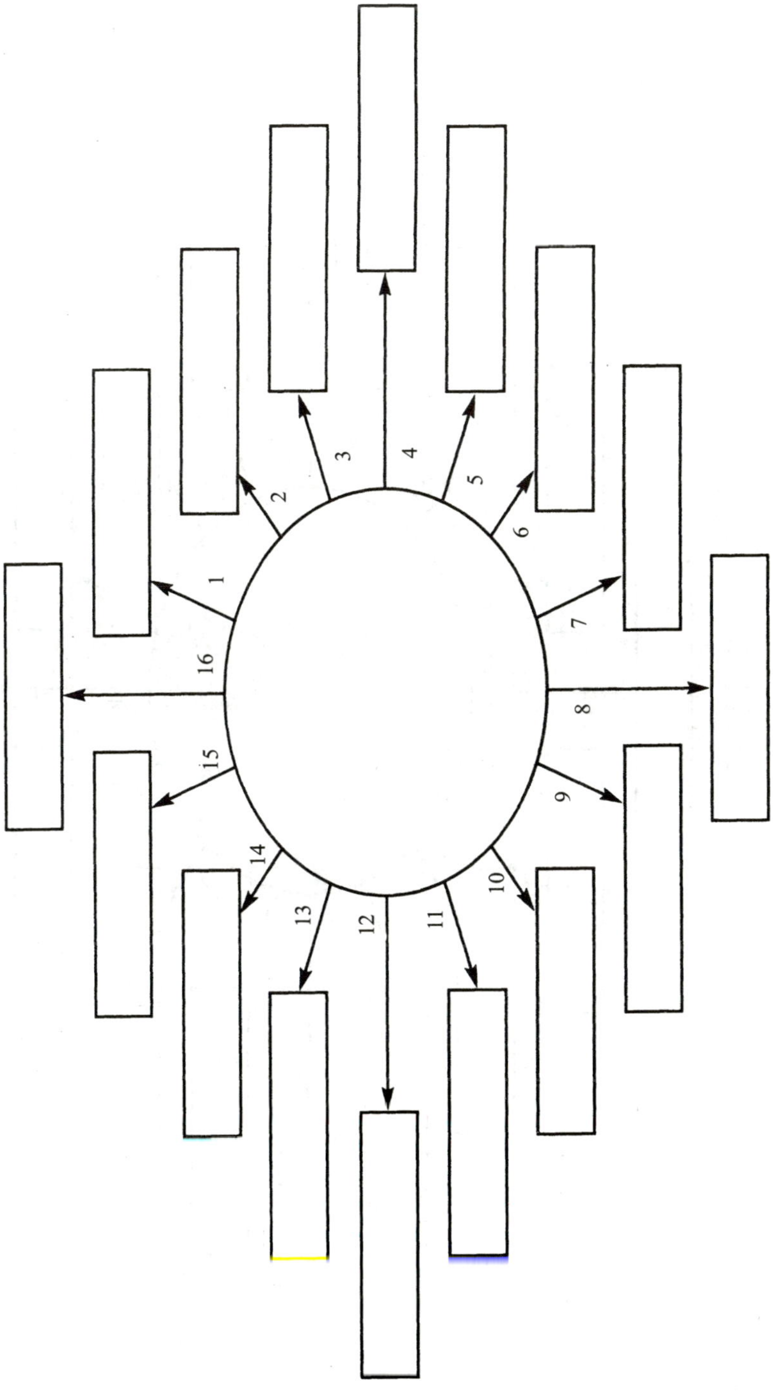

康复圈（续表）

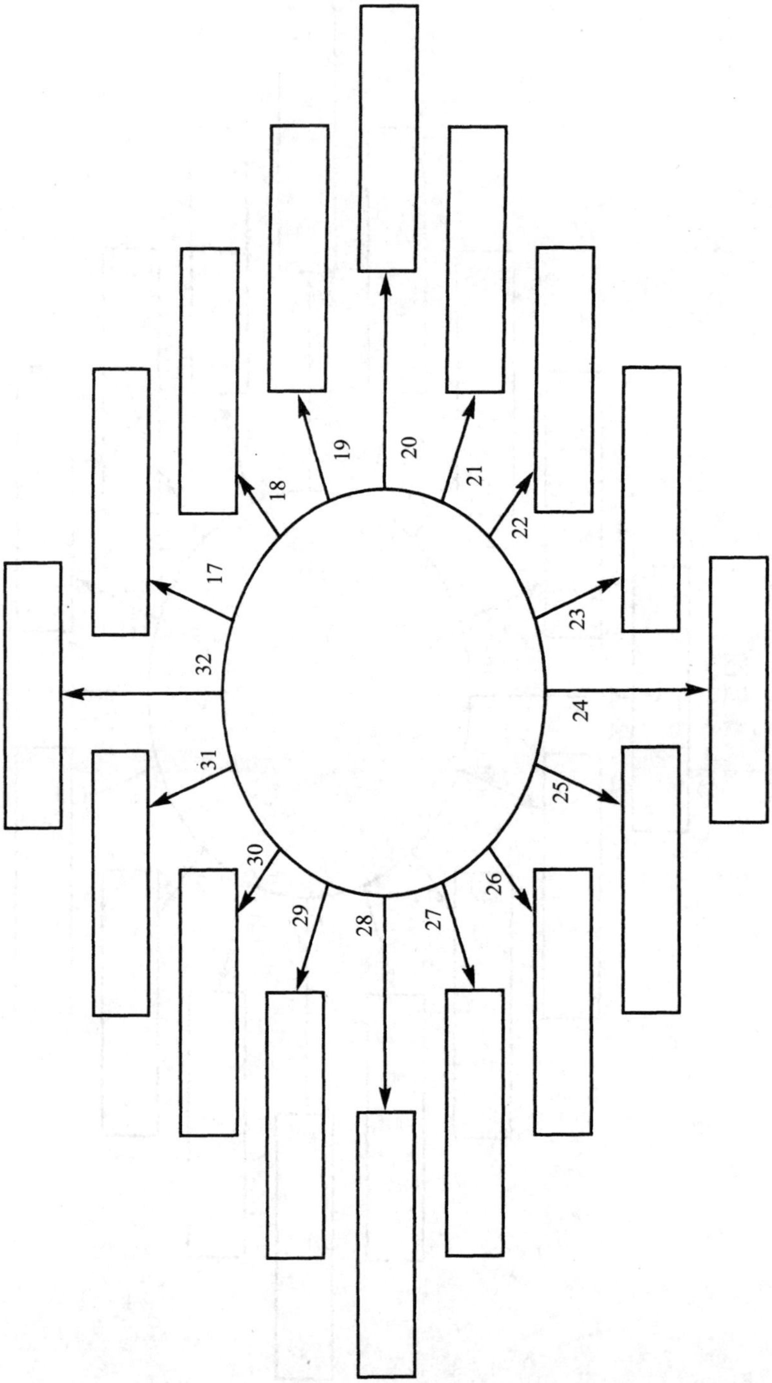

战胜恐惧的40种方法

认知模型	**激励治疗法**
自我揭露法	20. 成本效益分析法（CBA）
1. 向下箭头法	21. 矛盾成本效益分析法
2. 如果法	22. 恶魔建议法
基于同情的治疗法	**治疗拖延的方法**
3. 双重标准法	23. 快乐程度预测表
基于真相的治疗法	24. 任务拆解法
4. 检查证据法	25. 拖延治疗清单
5. 实验法	26. 问题解决清单
6. 调查法	**暴露模型**
7. 重新归因法	
基于语义的治疗法	**经典暴露法**
8. 语义法	27. 渐进式暴露法
9. 术语定义法	28. 洪水法
10. 具体法	29. 反应预防法
基于逻辑的治疗方法	30. 分散注意法
11. 灰色地带思考法	**认知暴露法**
12. 过程结果比较法	31. 认知洪水法
量化治疗法	32. 图像替换法
13. 自我监控法	33. 记忆重写法
14. 担忧休息法	34. 恐惧幻想法
基于幽默的治疗方法	**人际暴露法**
15. 害羞暴露练习法[a]	35. 微笑打招呼练习
16. 悖论放大法	36. 搭讪练习
17. 幽默想象法	37. 拒绝练习
角色扮演法[b]	38. 自我揭露法
18. 声音外化法	39. 大卫·莱特曼法
精神治疗法	**情感隐藏模型**
19. 接受悖论法	40. 隐藏情感法

a. 该方法也属于为人际暴露法的范畴。

b. 在使用角色扮演法的时候，还可以搭配其他的方法，效果也非常好。比如：双重标准法、接受悖论、恶魔建议法、恐惧幻想法、搭讪练习和大卫·莱特曼法。

* 该模型由戴维·伯恩斯（David D. Burns）2005年提出。

基于消极想法中的认知扭曲选择方法

		认知治疗法										暴露治疗法			情感隐藏治疗法
		揭露治疗法	基于同情的治疗法	基于真相的治疗法	语义治疗法	基于逻辑的治疗法	量化治疗法	基于幽默的治疗法	角色扮演治疗法	精神治疗法	激励治疗法	拖延治疗法	经典暴露法	认知暴露法	人际暴露法	情感隐藏治疗法
认知扭曲	1. 非黑即白	√	√	√	√	√			√	√	√					
	2. 以偏概全	√	√	√	√				√	√	√					
	3. 心理过滤	√	√	√	√	√	√		√	√	√					
	4. 优势打折	√	√	√	√	√	√		√	√	√					
	5. 妄下结论															
	·读心	√	√	√	√		√	√	√	√	√	√	√	√	√	√
	·臆测未来	√	√	√	√		√	√	√	√	√	√	√	√	√	√
	6. 放大或缩小	√	√	√	√	√	√	√	√	√	√	√	√	√		
	7. 情绪化推论	√	√	√	√			√	√	√	√	√	√			
	8. “应该”句式	√	√	√	√	√		√	√	√	√					
	9. 乱贴标签	√	√	√	√	√	√	√	√	√	√					
	10. 归咎责备															
	·罪责归己	√	√	√	√	√	√	√	√	√	√					
	·罪责归他	√		√				√	√	√	√					

基于你正在克服的问题选择方法

		认知治疗法											暴露治疗法			情感隐藏治疗法
		揭露治疗法	基于同情的治疗法	基于真相的治疗法	语义治疗法	基于逻辑的治疗法	量化治疗法	基于幽默的治疗法	角色扮演治疗法	精神治疗法	激励治疗法	拖延治疗法	经典暴露法	认知暴露法	人际暴露法	情感隐藏治疗法
你的问题	慢性焦虑	√	√	√			√		√		√		√	√		√
	惊恐发作	√	√	√					√	√	√		√	√		√
	广场恐怖症	√	√	√					√		√		√	√		√
	恐惧情绪	√	√	√					√	√	√		√	√		√
	害羞	√	√	√	√	√		√	√	√	√		√	√	√	√
	公共演讲焦虑和表现焦虑	√	√		√	√	√	√	√	√	√		√	√		√
	强迫观念和强迫症	√	√	√			√		√		√		√	√		√
	创伤后应激障碍	√	√						√	√	√			√		√
	疑病症	√	√	√					√		√		√	√		√
	躯体变形障碍症	√	√	√	√	√	√	√	√	√	√		√	√		√
	抑郁和羞耻感	√	√	√	√	√	√	√	√	√	√	√		√		
	习惯和成瘾	√			√				√		√	√				

认知扭曲对照表

1. 非黑即白。看问题非常绝对，非黑即白。你认为自己如果没有成功，就肯定是一个彻头彻尾的失败者。

2. 以偏概全。认为坏事永远都不会结束，或把一次性的失败看成永远的失败。你可能会告诉自己："永远都是这样"或者"我总是会搞错"。

3. 心理过滤。这就好比一滴墨水染黑了一池水一样，满脑子里想的都是消极的细节，只看到自己犯下的错误，却全盘忽略了自己做对的事。

4. 优势打折。坚信自己取得的成就或是优良品质都无足轻重。

5. 妄下结论。即使没有确切的事实证明，也会迅速地下定消极结论。有两种类型：

· **读心。**觉得所有人都戴着有色眼镜看自己。

· **臆测未来。**总是会杞人忧天，比如在考试之前就会自我暗示："下周的考试我肯定会考砸"。

6. 放大或缩小。无法正确地看待一件事的重要性。这也被称为"望远镜假象"，当你从望远镜放大的一端看事物，任何缺点都会被无限放大，但如果你从望远镜的另一头看自己，你的优点和长处又会被无限缩小。

7. 情绪化推论。你的推论源自你的感受。比如你会告诉自己"我感到很焦虑，我肯定有危险"或是"我感觉自己很失败，我一定是个失败者"。

8. "应该"句式。你总是用"你应该""你不应该""你必须""你不得不"这样的句式来批判自己或别人。比如说，你会想："我不应该觉得害羞，也不应该紧张，我到底出了什么问题？"

9. 乱贴标签。你把一个小小的缺点无限放大，认为这就代表了你的个性。在犯错误的时候，你不会承认"我犯了错误"，而是会消极地认为"我真是个失败者"。这是一种以偏概全的极端形式。

10. 归咎责备。在遇到问题的时候你总是寻找犯错的人，而不是积极解决问题。

· **罪责归己。**每次出现了问题，不管是不是自己的责任，你都会责怪自己。

· **罪责归他。**每次出现了问题，你都会直接无视自己的问题，而不停地怪罪别人。

* 该模型由戴维·伯恩斯（David D. Burns）1980年提出, 2003年修订。

常见的自我攻击信念

成就	抑郁
1. 行为完美主义。认为自己不可以失败，也不可以犯错。 **2. 认知完美主义。**认为如果自己不够完美或表现得很脆弱，他人就不会喜欢自己，也不会接受自己。 **3. 成就上瘾。**认为自己的人生价值依赖于自己的成就、智慧、才能、地位、收入或外表。	**13. 失去希望。**认为自己的问题永远无法解决，自己永远无法获得真正的快乐与满足。 **14. 觉得自己毫无价值或低人一等。**认为自己是个没有价值的“残次品”，比不上别人。
爱	**焦虑**
4. 赞赏上瘾。需要所有人都赞赏自己才觉得自己有价值。 **5. 被爱上瘾。**认为如果没有被爱，就不会感到开心和满足；认为如果没有被爱，人生也会变得无足轻重。 **6. 害怕被拒绝。**认为如果被拒绝，就意味着自己有问题，如果自己孤身一人，就一定会过得非常凄凉、悲惨。 **服从** **7. 讨好他人。**认为自己必须讨别人开心，即使这个过程会让自己很不开心。 **8. 害怕争斗。**认为所有人都应该互敬互爱，不应该吵架、争斗。 **9. 罪责归己。**认为所有关系当中出现的问题都是自己的问题。	**15. 情感完美主义。**认为自己应当觉得开心、自信，且能够自我控制。 **16. 害怕愤怒。**认为愤怒是危险的，不可以发怒。 **17. 情感恐惧。**认为自己不应该感到悲伤、焦虑、不满足、嫉妒或脆弱；觉得应该隐藏所有的情绪，不要把负能量带给他人。 **18. 认知自恋。**认为自己关心的人都毫不知足，权力巨大，且想要控制自己。 **19. 林火谬误**（brushfire fallacy）。认为所有人的想法都一样。只要有一个人鄙夷自己，这种情绪就会像林火一样迅速蔓延，很快所有人都会讨厌自己。 **20. 聚光灯谬误**（spotlight fallacy）。认为自己在和别人说话的时候就好像在聚光灯下表演；认为自己如果不努力表现得非常有趣或睿智，别人就不会喜欢自己。 **21. 魔法思维**（magical thinking）。认为如果自己担心得够多，一切都会好起来。
绝对化的要求	**其他**
10. 罪责归他。认为所有关系当中出现的问题都是他人的问题。 **11. 理所应当。**认为所有人都应该按照自己设想的样子对待自己。 **12. 我对你错。**认为自己才是真理。	**22. 无法容忍沮丧。**认为自己根本不应该感到沮丧，认为生活必须一直都顺风顺水。 **23. 超人思维。**认为自己必须强大，不能软弱。

成本效益分析表

描述你想要改变的一种态度、感受或习惯：

优点	缺点

* 该模型由戴维·伯恩斯（ David D. Burns ）2003年提出。

我的恐惧层次结构图

描述你的恐惧：

将威胁程度最低的活动列为第1级，将最可怕的活动列为第10级。

等级	我害怕什么
1	
2	
3	
4	
5	
6	
7	
8	
9	
10	

暴露治疗日志

说明：记录你正在应对的恐惧的层次结构级别和具体日期。每隔一两分钟，在表格中按照从0分（一点都不焦虑）到100分（强烈焦虑）的记分标准记录时间和焦虑感。描述你的可怕想法或幻想，比如，如果你在乘坐电梯，你可能会想：“墙壁正在合上”或者“电梯会卡住，我会被困在这里”或者“氧气将被耗尽，我会窒息”。

日期：________ 恐惧层级：________

层级	焦虑（0～100分）	令人恐惧的想法和幻想

恐惧治疗日志

说明：在每次暴露开始和结束时按照从0分（根本不焦虑）到100分（特别焦虑）的标准评估你的焦虑程度。描述你有的任何恐惧的想法或幻想。

暴露类型：______________________________

日期	所花费的时间	开始时的焦虑（0～100分）	结束时的焦虑（0～100分）	令人恐惧的想法和幻想

有效沟通的五个秘诀（EAR）

E =同理心
1. 解除武装法（DT）。即使整个言论看起来非常荒谬，也要努力找到对方言论中可圈可点的部分。
2. 同理心。站在别人的角度想问题，试着通过他或她的眼睛看世界。
· 思想同理（TE）。用自己的话概括别人的话。
· 感受同理（FE）。根据对方说的话，总结对方可能的感受并接受这种感受。
3. 质询法（IN）。温和、探究地问问题，以更多了解对方的想法和感受。
A = 肯定
4. "我觉得"句式（IF）。以直接、有策略的方式表达自己的想法和感受。使用"我觉得"句式，比如"我觉得有些沮丧"，而不是以"你"开头的句式，比如"你错了！"或"你让我生气！"。
R =尊重
5. 夸赞法（ST）。即使你对另一个人感到沮丧或生气，也要保持尊重的态度。即使在激烈的争吵中，你也要努力找到真心夸赞对方的话。

* 该模型由戴维·伯恩斯（David D. Burns）1991年提出, 2001年修订。

快乐程度预测表

相信程度：

活动 计划一系列可能会收获快乐、掌握新知识或实现个人成长的活动	同伴 如果是自己独立完成请注明“我自己”	预期快乐值（0分～100分） 在开始活动之前填写	实际快乐值（0分～100分） 在活动完成之后填写

* 由戴维·伯恩斯（David D. Burns）2003年提出。

反拖延表

任务 将复杂的任务分解为一系列可以在几分钟之内完成的小步骤。	预期困难程度 （0分～100分）	预期满意度 （0分～100分）	实际困难程度 （0分～100分）	实际满意度 （0分～100分）
1.				
2.				
3.				
4.				
5.				
6.				
7.				

参考文献

F. Scogin, D. Hamblin, and L. Beutler, “Bibliotherapy for Depressed Older Adults: A Self-Help Alternative,” The Gerontologist 27 (1987): 383–387.

F. Scogin, C. Jamison, and K. Gochneaut, “The Comparative Efficacy of Cognitive and Behavioral Bibliotherapy for Mildly and Moderately Depressed Older Adults,” Journal of Consulting and Clinical Psychology 57 (1989): 403–407.

F. Scogin, C. Jamison, and N. Davis, “A Two-Year Follow-up of the Effects of Bibliotherapy for Depressed Older Adults,” Journal of Consulting and Clinical Psychology 58 (1990): 665–667.

F. Scogin, C. Jamison, M. Floyd, and W. Chaplin, “Measuring Learning in Depression Treatment: A Cognitive Bibliotherapy Test,” Cognitive Therapy and Research 22 (1998): 475–482.

N. M. Smith, M. R. Floyd, C. Jamison, and F. Scogin, “Three-Year Follow-up of Bibliotherapy for Depression,” Journal of Consulting and Clinical Psychology 65 (1997): 324–327.

R. J. DeRubeis, S. D. Hollon, J. D. Amsterdam, R. C. Shelton, P. R. Young, R. M. Salomon, J. P. O’ Reardon, M. L. Lovett, M. M. Gladis, L. L. Brown, and R. Gallop, “Cognitive Therapy vs. Medications in the Treatment of Moderate to Severe Depression,” Archives of General Psychiatry 62 (2005): 409–416. Web abstract: http://archpsych. ama-assn. org/cgi/content/abstract/62/4/409.

S. D. Hollon, R. J. DeRubeis, R. C. Shelton, J. D. Amsterdam, R. M. Salomon, J. P. O’Reardon, M. L. Lovett, P. R. Young, K. L. Haman, B. B. Freeman, and R. Gallop, “Prevention of Relapse Following Cognitive Therapy vs. Medications in Moderate to Severe Depression,” Archives of General Psychiatry 62 (2005): 417–422. Web abstract: http://archpsych. ama-assn. org/cgi/content/abstract/62/4/417.

As quoted in Medical News Today, July 8, 2005, “Cognitive Therapy as Good as Antidepressants, Effects Last Longer. ” Web link: http://medicalnewstoday. com/medicalnews. php?newsid=22319#.

H. A. Westra and S. H. Stewart, “Cognitive Behavioral Therapy and Pharmacotherapy:Complementary or Contradictory Approaches to the Treatment of Anxiety?” Clinical Psychology Review 18, no. 3 (1998): 307–340.

H. A. Westra and S. H. Stewart, “Cognitive Behavioral Therapy and Pharmacotherapy: Complementary or Contradictory Approaches to the Treatment of Anxiety?” Clinical Psychology Review 18, no. 3 (1998): 307–340.

J. Mendels, J. L. Stinnett, D. D. Burns, and A. Frazer, “Amine Precursors and Depression,” Archives of General Psychiatry 32 (1975): 22–30.

Hypericum Depression Trial Study Group, “Effect of Hypericum perforatum (St. John’s Wort) in Major Depressive Disorder: A Randomized, Controlled Trial,” Journal of the American Medical Association 287 (2002): 1807–1814. Online summary: http://www. nih. gov/news/pr/apr2002/nccam-09. htm.

I. Kirsch and G. Sapirstein, “Listening to Prozac but Hearing Placebo: A Meta-Analysis of Antidepressant Medication,” Prevention and Treatment 1 (1998), article0002a. Online article: http://journals. apa. org/prevention/volume1/pre0010002a. html.

I. Kirsch, T. J. Moore, A. Scoboria, and S. S. Nicholls, “The Emperor’s New Drugs:An Analysis of Antidepressant Medication Data Submitted to the U. S. Food and

Drug Administration," Prevention and Treatment 5 (2002), article 23. Online article: http://journals. apa. org/prevention/volume5/pre0050023a. html.

S. H. Preskorn, "Clinically Relevant Pharmacology of Selective Serotonin Reuptake Inhibitors: An Overview with Emphasis on Pharmacokinetics and Effects on Oxidative Drug Metabolism," Clinical Pharmacokinetics 32, suppl. 1 (1997): 1–21.

I. Kirsch and G. Sapirstein, "Listening to Prozac but Hearing Placebo: A Meta-Analysis of Antidepressant Medication," Prevention and Treatment 1 (1998), article 0002a. Online article: http://journals. apa. org/prevention/volume1/pre0010002a. html.

I. Kirsch, T. J. Moore, A. Scoboria, and S. S. Nicholls, "The Emperor' s New Drugs: An Analysis of Antidepressant Medication Data Submitted to the U. S. Food and Drug Administration," Prevention and Treatment 5 (2002), article 23. Online article: http://journals. apa. org/prevention/volume5/pre0050023a. html.

D. O. Antonuccio, W. G. Danton, and G. Y. DeNelsky, "Psychotherapy versus Medication for Depression: Challenging the Conventional Wisdom with Data," Professional Psychology: Research and Practice 26 (1995): 574–585.

D. O. Antonuccio, W. G. Danton, G. Y. DeNelsky, R. Greenberg, and J. S. Gordon, "Raising Questions about Antidepressants," Psychotherapy and Psychosomatics 68 (1999): 3–14.

D. O. Antonuccio, D. Burns, and W. G. Danton, "Antidepressants: A Triumph of Marketing over Science?" Prevention and Treatment 5 (2002), article 25. Online article: http://journals. apa. org/prevention/volume5/toc-jul15-02. htm.

E. J. Garland, "Facing the Evidence: Antidepressant Treatment in Children and Adolescents," Canadian Medical Association Journal 170 (2004): 489–491.

N. Jureidini, C. J. Doecke, P. R. Mansfield, M. M. Haby, D. B. Menkes, and A. L. Tonkin, "Efficacy and Safety of Antidepressants in Children and Adolescents," British Medical Journal 328 (2004): 879–883.

C. J. Whittington, T. Kendall, P. Fonagy, D. Cottrell, A. Colgrove, and E. Boddington, “Selective Serotonin Reuptake Inhibitors in Childhood Depression: Systematic Review of Published versus Unpublished Data,” Lancet 363 (2004): 1341–1345.

D. Healy, “Lines of Evidence on the Risk of Suicide with Selective Serotonin Reuptake Inhibitors,” Psychotherapy and Psychosomatics 72 (2003): 71–79.

H. A. Westra and S. H. Stewart, “Cognitive Behavioral Therapy and Pharmacotherapy: Complementary or Contradictory Approaches to the Treatment of Anxiety?” Clinical Psychology Review 18, no. 3 (1998): 307–340.

D. O. Antonuccio, W. G. Danton, and G. Y. DeNelsky, “Psychotherapy versus Medication for Depression: Challenging the Conventional Wisdom with Data,” Professional Psychology: Research and Practice 26 (1995): 574–585.

R. J. DeRubeis, S. D. Hollon, J. D. Amsterdam, R. C. Shelton, P. R. Young, R. M. Salomon, J. P. O’Reardon, M. L. Lovett, M. M. Gladis, L. L. Brown, and R. Gallop, “Cognitive Therapy vs. Medications in the Treatment of Moderate to Severe Depression,” Archives of General Psychiatry 62 (2005): 409–416. Web abstract: http://archpsych. ama-assn. org/cgi/content/abstract/62/4/409.

S. D. Hollon, R. J. DeRubeis, R. C. Shelton, J. D. Amsterdam, R. M. Salomon, J. P. O’Reardon, M. L. Lovett, P. R. Young, K. L. Haman, B. B. Freeman, and R. Gallop, “Prevention of Relapse Following Cognitive Therapy vs. Medications in Moderate to Severe Depression,” Archives of General Psychiatry 62 (2005): 417–422. Web abstract: http://archpsych. ama-assn. org/cgi/content/abstract/62/4/417.

F. Scogin, D. Hamblin, and L. Beutler, “Bibliotherapy for Depressed Older Adults: A Self-Help Alternative,” The Gerontologist 27 (1987): 383–387.

F. Scogin, C. Jamison, and K. Gochneaut, “The Comparative Efficacy of Cognitive and Behavioral Bibliotherapy for Mildly and Moderately Depressed Older

Adults," Journal of Consulting and Clinical Psychology 57 (1989): 403–407.

F. Scogin, C. Jamison, and N. Davis, "A Two-Year Follow-up of the Effects of Bibliotherapy for Depressed Older Adults," Journal of Consulting and Clinical Psychology 58 (1990): 665–667.

F. Scogin, C. Jamison, M. Floyd, and W. Chaplin, "Measuring Learning in Depression Treatment: A Cognitive Bibliotherapy Test," Cognitive Therapy and Research 22 (1998): 475–482.

N. M. Smith, M. R. Floyd, C. Jamison, and F. Scogin, "Three-Year Follow-up of Bibliotherapy for Depression," Journal of Consulting and Clinical Psychology 65 (1997): 324–327.